〖和最优秀的学生一起思考，越玩越聪明〗

清华北大学生爱做的
1500个
思维游戏

上

黎 娜 主编

全国百佳图书出版单位

江苏美术出版社

图书在版编目（CIP）数据

清华北大学生爱做的1500个思维游戏：两卷版/黎娜主编. —南京：江苏美术出版社，2014.3

ISBN 978-7-5344-6604-5

Ⅰ.①清… Ⅱ.①黎… Ⅲ.智力游戏—青年读物 Ⅳ.①G898.2

中国版本图书馆CIP数据核字（2013）第190840号

出 品 人　周海歌

责任编辑　王林军

装帧设计　王明贵

责任校对　刁海裕

责任监印　贲　炜

出版发行　**凤凰出版传媒股份有限公司**

　　　　　江苏美术出版社（南京市中央路165号　邮编：210009）

出版社网址　http://www.jsmscbs.com.cn

经　　销　凤凰出版传媒股份有限公司

制版印刷　南京孚嘉印刷有限公司

开　　本　718mm×1020mm　1/16

总 印 张　36

版　　次　2014年3月第1版　2014年3月第1次印刷

标准书号　ISBN 978-7-5344-6604-5

总 定 价　29.80元（全套2册）

营销部电话　025-68155677　68155670　营销部地址　南京市中央路165号

江苏美术出版社图书凡印装错误可向承印厂调换

前 言

具有超常思维能力的人，到哪里都是卓尔不群的人，他们办事更高效，行动更果断，更容易获得成功。清华大学、北京大学等著名学府成功的经验和智慧告诉我们，优等生之所以成为优等生，并不完全在于他们有多努力，而是在于他们掌握了科学的思维方法。对于大多数学生来说，培养他们建立一套行之有效的学习方法，全面开发他们的思维能力，远远要比仅获得优异的成绩更加重要。

人的一生可以通过学习来获取知识，但思维训练从来都不是一件简单容易的事。人的头脑中蕴藏着无尽的宝藏，大多没有被人充分利用。作为一种能"使思维流动的活动"，思维游戏是锻炼思维能力、提高智力水平的重要方法之一，它不但能够帮助发掘个人潜能，而且能使人感到愉快，是充分发掘大脑潜能、开启智慧大门的金钥匙。

本书精选了清华大学和北京大学学生最爱做的近1500个思维游戏，这些思维游戏有的来源于水木清华BBS和北大未名BBS，有的是清华、北大学生与哈佛等世界著名高校的学生的交流对抗题，有的被清华、北大的教师用来训练学生的思维能力，还有的是世界500强企业的面试题和MBA的考试题等，兼具趣味性与科学性。游戏内容丰富，形式活泼，难易有度，有看似复杂但却非常简单的推理问题，有让人迷惑不解的图形难题，有运用算术技巧以及常识解决的纵横谜题等。其中形象思维类游戏需要调动敏锐的洞察力，一眼发现事物的关键点；逻辑思维类游戏需要以已有的事实为起点，沿着归一或单一的方向进行推导；数字思维类游戏需要通过数学运算，按照特定的规则找到答案；想象思维类游戏需要提高神经系统的活跃性，同时调动抽象与概括、联想与猜想等思维能力；创新思维类游戏需要打破定式思维的枷锁，多角度、多层次思考问题。这些浓缩清华和北大思维训练精华的游戏，能帮助游戏者快速提高观察力、思考力、分析力、判断力、计算力、推理力、想象力、创造力等多种思维能力。

书中没有枯燥的公式，也没有难解的习题，每一类游戏都经过了精心的选择和设计，每一个游戏都极具代表性和独特性。游戏者不但可以获得解题的快乐和满足，还可以通过完成各种挑战活跃思维，全面发掘大脑潜能，掌

1

握最好的思维方法，得到更多可能的视角和解决问题的途径，越玩越聪明，越玩越成功。本书虽是一本游戏书，但却不是一本简单的娱乐书，书中的游戏极富思维训练的张力，无论孩子、大人，或是学生、上班族、管理者，甚至高智商的天才们，都能在此找到适合自己的题目。

本书首先想献给千千万万对思维游戏感兴趣的读者朋友们：这是一本思维游戏玩家必备的工具书，让你在享受乐趣的同时彻底带动思维高速运转。

本书还想献给那些喜欢不断挑战自我的读者朋友们：书中的思维游戏具有极大的挑战性，一次次挑战成功，就是一次次超越；一次次破解，就是一次次创新。

本书最想献给那些渴望进入著名大学的莘莘学子：和清华、北大最优秀的学生玩同样的思维游戏，掌握最好的思维方法，提升思维的敏捷性、深刻性、灵活性和解决问题的能力，轻松迈入梦寐以求的高校。

本书还想献给那些望子成龙的家长们：这是一本培养孩子学习兴趣、激发求知欲的思维"魔法"书，书中的游戏可以帮助孩子开启智慧，发掘潜在的天赋，培养科学的探索精神。

本书也想献给那些渴望开拓学生思维、提升教学水平的老师：书中的思维游戏将向你形象地展示清华、北大是如何培养学生的各种思维能力的，帮助你快速开拓学生的思维，提升学生的综合能力，培养出最优秀的学生。

目 录

清华北大学生爱做的1500个思维游戏

第2章 提高思考力的思维游戏

清华北大学生爱做的1500个思维游戏

第3章 提高分析力的思维游戏

清华北大学生爱做的1500个思维游戏

7

清华北大学生爱做的1500个思维游戏

第4章 提高判断力的思维游戏

9

清华北大学生爱做的1500个思维游戏

第 5 章　提高计算力的思维游戏

清华北大学生爱做的1500个思维游戏

第6章 提高推理力的思维游戏

清华北大学生爱做的1500个思维游戏

清华北大学生爱做的1500个思维游戏

第7章 提高想象力的思维游戏

清华北大学生爱做的1500个思维游戏

第8章　提高创造力的思维游戏

清华北大学生爱做的1500个思维游戏

清华北大学生爱做的1500个思维游戏

清华北大学生爱做的1500个思维游戏

第 1 章

提高观察力的思维游戏

1.添加六边形

先用 12 根火柴摆个正六边形，再用 18 根火柴在里面摆 6 个相等的小六边形，知道是怎么摆的吗?

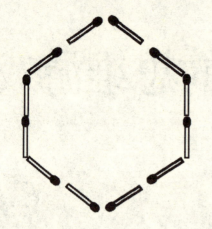

2.四分均等

把下面的长方形分成全等（完全一样）的 4 个图形，你能画出 4 种以上的图案吗?

3.对号入座

A，B，C，D，E 几个图形，哪一个填入图中的问号比较合适?

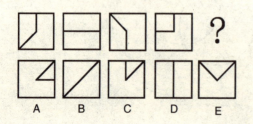

4.美丽的花瓶

这个造型美观的花瓶是位技术高超的工匠用旁边的碎瓷片拼成的。请你仔细看了后，在碎瓷上写上对应的编号。

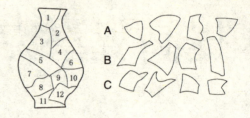

5.不同的箭头

找出下面 5 个箭头中与众不同的一个。

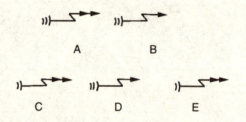

6.神秘单词

字母方阵里藏了一个神秘单词。你能发现它吗?

R	V	E	O	V	C
S	I	O	V	R	D
V	E	R	C	V	O
R	O	V	E	S	E
E	R	S	C	R	I
C	E	R	E	O	R

7.圆中圆

下图中共有多少个圆圈呢？

8.观察正方形

观察图1的3个正方形，它们有一个特点，只有一组图形具备这一特点。这一特点是什么？哪一组和它相配？

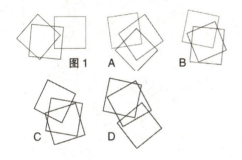

图1   A   B

C   D

9.手势与影子

不同的手势会产生不同的影子，那么下列手势会出现什么样的影子呢？

10.找兄弟

有16只小猫，其中有两只小猫长得一模一样。帮它们找一找。

11.相同画面

仔细观察下面这幅图，找出图画完全相同的格子。

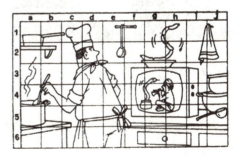

12.玻璃上的弹孔

某寓所发生一起枪击案，下图是窗户上的玻璃被枪击后，留下的2个弹孔。你能分辨出哪个孔是先射的，哪个孔是后射的吗？

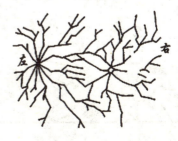

13.自制时针

亮亮手工制作了一个纸时针，他的时间做得有毛病吗？

14.是冬还是夏

下面这两幅图，你能区别哪一幅是夏天，哪一幅是冬天吗？

15.儿童溜冰

在下面这张图中，你能找到几个儿童与左上方向那个儿童溜冰姿势相同？

16.折叠魔方

A，B，C哪个立方体的图案跟平面图形 D 的图案完全相同？

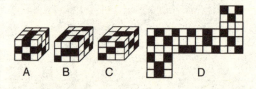

17.窗外的一角

3 幅窗外照片，哪一幅是右列铁门里的一扇窗户？

18.哪个不相关

下面哪个图与其他的图不相关？

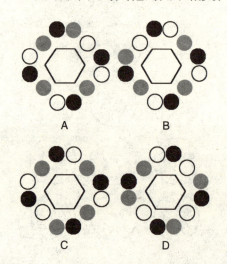

清华北大学生爱做的1500个思维游戏

第一章 提高观察力的思维游戏

19.图形识别

依据图形变化规律找出第 4 幅图形。

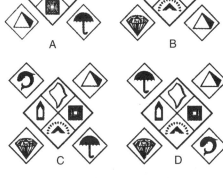

A   B

C   D

20.老师出的谜题

有一天，老师让同学们观察下列 4 幅图，并要求同学们说出哪个与其他 3 个不同，你知道吗？

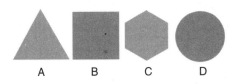

A   B   C   D

21.错在哪里

刚上幼儿园的花花画了一幅画，她哪些地方画得不对呢？

22.最长的线

在下面这些流动的竖线中，你能找出最长的一条吗？

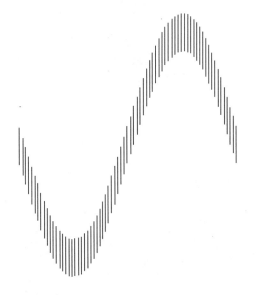

23.让圆点消失

想办法让图中的圆点消失，不要用手，也不要用工具遮盖。

24.神奇的绳子

图中有4根绳子，在绳的两端用力拉，除一根外，其他3根都打不成结，请问哪一根绳子能打结?

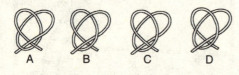

25.黑白图

仔细观察下面这幅图，说说看，你都看到了什么。

26.小猫找尾巴

在2分钟内，把猫的两截正确连接（找寻猫尾），不要搞错它的尾巴。

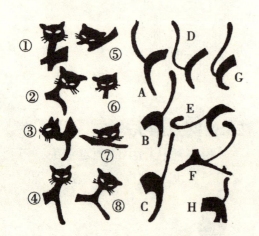

27.鲸鱼图案

如图所示，3个小方格的画面与整个画面中的哪部分相同呢? 在括号中填上数字标号。

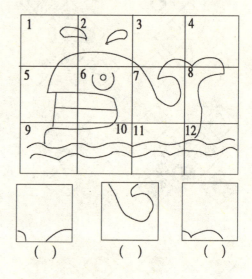

（　）　　　（　）　　　（　）

28.给卓别林找道具

卓别林的道具丢了，你能在住宅前后帮他找到吗?

清华北大学生爱做的1500个思维游戏

第一章 提高观察力的思维游戏

29.考考你

下图有几个三角形？

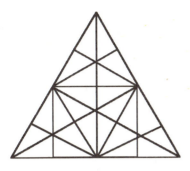

30.破损的宝塔

年久失修的宝塔，裂缝多多，其中有 2 块碎片形状是一模一样的，是哪 2 块碎片？

31.灰黑相间

灰色的部分和黑色的部分哪个面积更大些？

32.群鸟展翅

下图中有几只小鸟？

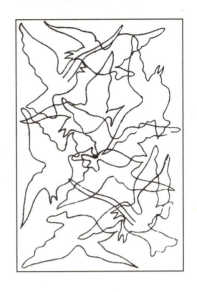

33.女子画像

这是一幅妙龄女子的肖像还是一幅年迈老太的肖像呢？仔细观察一下吧！

34.按图索骥（1）

此组图案右边给出的 6 块拼图中，找出哪一块是漏掉的？

35.按图索骥（2）

左侧标有字母的6个形状中，其中有5个分别与右侧标有数字的形状相同，把它找出来。

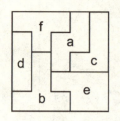 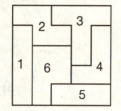

36.按图索骥（3）

标有字母的拼块中，哪一个不属于左边的拼图，把它找出来。

 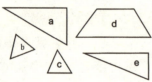

37.找袜子

图中7只袜子随便地摆放着，请你仔细地观察一下，放在最下面的是几号袜子呢？

38.补缺口

请你仔细观察积木的缺口形状（如图1），在A～F的小木块中，哪一块正好能嵌入积木？

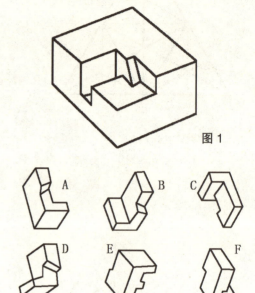

图1

39.头像剪影

A～D头影图（反白）分别是由①～⑧中的2个黑影拼成的，请问4个人头像分别是由哪两个剪影合成的？

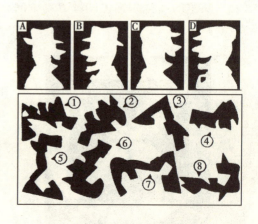

40.不同的脸谱

在下列 12 张脸谱中，你能看出哪幅与众不同呢？

41.谁是罪犯

一个罪犯溜进了一家美容理发店。当公安人员根据线索前去拘捕时，发现镜子里有 3 个人像。他们掏出相片进行核对，在他们没有拘捕前，你能认出哪个是罪犯吗？

甲　乙　丙

42.残缺的迷宫

如图是一张残缺了的迷宫图。为使迷宫能走得通，请你在 A，B，C 中选出合适的残缺图补上，并试着走走这张迷宫图。

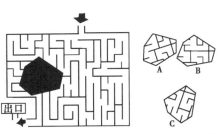

43.多余的线

下图不能用一笔画出，可是，只要擦去一根线，就可以一笔画成。应该擦掉哪根线，你知道吗？

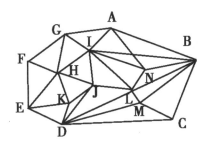

44.公路设计图

这是某高速公路的立体交叉路口图，中央部分为立体交叉钢桥。如果只要求立交桥能使车辆由一个方向向三个方向自由换向，不要求其他功能，请问该立交桥中有哪些部分可以去掉？要求岔路部分可以像（A）那样通过、不能像（B）那样通过，也不能越过中间线，不能 U 字形转向。

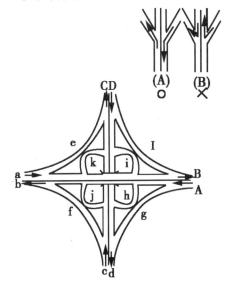

45.找出 4

A 图中有一个阿拉伯数字 4，B 图中也有一个大小一样、形状相同的 4，你能看出在哪里吗？

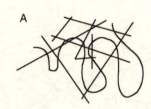

A

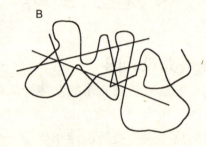

B

46.完全相同

下面 6 个选项中哪一个与所给剪影的轮廓完全契合？

47.黑点方格

空缺处应该放入图形 A ~ F 中的哪一个？

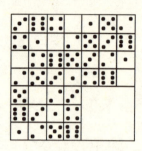

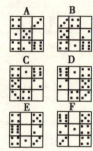

48.妙手剪纸后的图

把正方形的纸张按虚线折叠，再从三等分处折成三层，然后剪去涂黑的部分。把它展开，应该是下面选项中的哪一个？

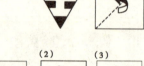

(1) (2) (3) (4)

49.大象几条腿

请仔细观察下图奇怪的大象，数数看，它有几条腿？

50.错误多面角

在图中，画了一个六角帐篷，它的几何形状是一个正六棱锥，这顶帐篷有7个角落，6个着地，一个悬空。它的三面角有什么毛病？

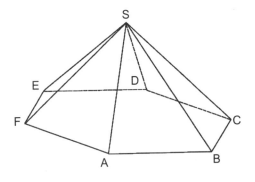

51.巧切蛋糕

有一个正四面体形状的蛋糕，将它从某一平面切开，切口处呈正方形，该怎样切呢？

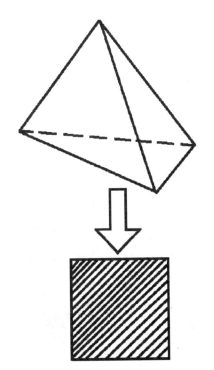

52.心灵手巧的少妇

这是一个钳子形状的布片，一个心灵手巧的少妇用剪刀剪了3刀，竟然奇迹般地拼出了一个正方形。她是怎样做到的？

53.远近

下图中的黑点表示支点。如果将A点和B点移近，C点和D点会接近些还是离远些？

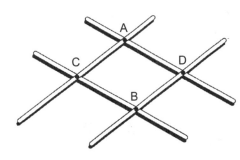

54.巧穿数字

下面是由数字组成的迷宫图，如何从进口处走到出口处？

55. 捉老鼠

猫逮住白鼠还是黑鼠？

56. 建操场

学校要进行改建，操场边堆放着两堆叠放整齐的砖块。如果不一块一块地数，你能看出这两堆砖块各有多少块吗？

57. 比比谁大

哪幅图的中间圆较大？

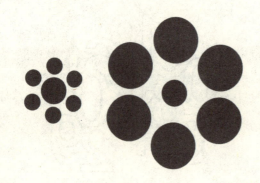

58. 添上一条线

如果在 A，B，C，D，E 各图中某处添上一条线（任何形状的线皆可，但线条不能重叠），哪幅图案能够变成图 1 所示的形态？

图 1

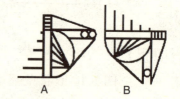

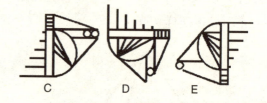

59. 封口

羊栏里有 36 个出口，但只要封住其中一个出口，羊就根本无法跑出去，应封住哪个出口？

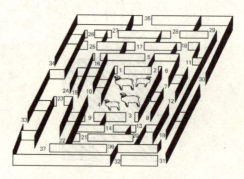

60.蚂蚁回家

找 4 个立方体纸盒子堆成一个大立方体（如图所示），并标上相应的符号。现在有一只蚂蚁在 A 处找到了食物，它要把食物搬回家（B）。因为食物比较重，小蚂蚁想找一条最近的路线，可是它冥思苦想怎么也想不出，你能帮助小蚂蚁找到这条路线吗？

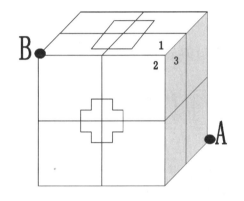

61.魔方

下图是一个魔方从两个方面看的视图效果，这个魔方的 6 个面上各写着 A ~ F 不同的字母，请问 C 的对面是哪个字母？

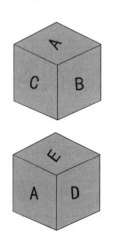

62.渡河

渡过小河唯一的办法就是小心翼翼地踩着一块块石头，一旦踩错了石头，就会掉进河里。从 A 开始，每一排只能踩一块石头，你会沿着什么顺序走呢？

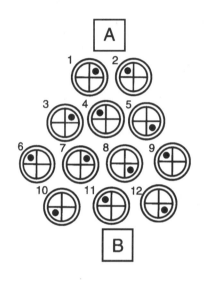

63.一刀两断

下面的图中有 4 个圈，把其中的 1 个圈剪开，其他的 3 个圈就会全部分开，想一下，看看剪哪个圈，才会使其余的 3 个圈全部分开。

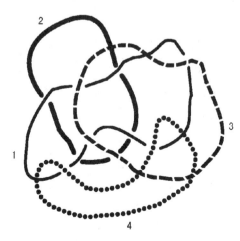

64.鱼儿有几条

圆框内有几条鱼?

65.残缺的纸杯

一个斜切的纸杯,其侧面展开图是什么样的呢?

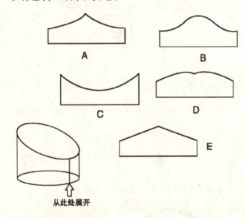

从此处展开

66.回忆填图

仔细观察第一组图,然后将图遮住,根据记忆选出第二组图中缺失的图形。

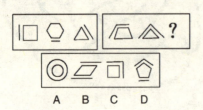

A B C D

67.寻找底片

观察图片1分钟,然后盖上图片,说出这张瓷瓶照片的底片是①~⑦中的哪一张?

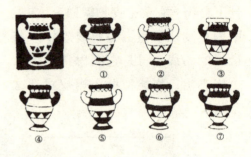

68.图形再现

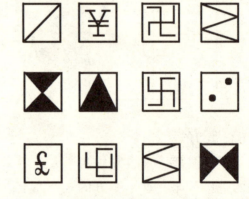

观察上图2分钟,然后盖上图片,请你在下图中找出你看过的图形并打"√"。

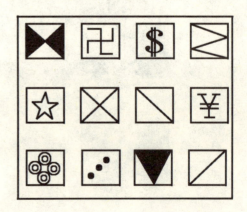

69.记忆涂格

图1是一个边长为5个单位的大正方形，内分成25个小正方形，请仔细观察1分钟，并记住这些正方形的颜色。

图1

把图1盖住，请根据回忆在游戏卡上相应的位置填色。

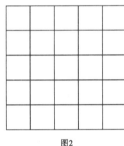

图2

70.面面俱到

下面的6个正方形可以合成为一个正方体，那么你知道是哪一个正方体吗？

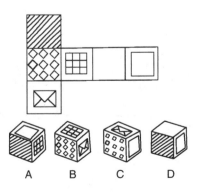

A B C D

71.消失的标记

请用10秒钟观察A图，然后盖住图，说出A图中哪些标记从B图中消失了。

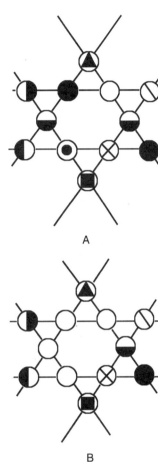

A

B

72.图形选择（1）

观察第1组图形，依据规律选出第2组图形中缺少的图形。

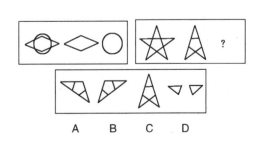

A B C D

73.图形选择（2）

观察第1组图形，依据规律选出第2组图形中缺少的图形。

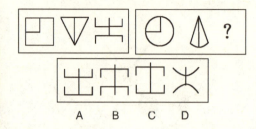

A B C D

74.慧眼识星

仔细观察图1，从图2中迅速地找出图形发生了什么变化，并用彩笔把它改正过来。

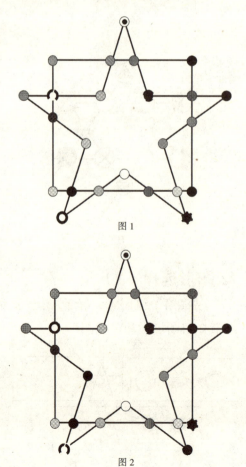

图1

图2

75.图形组合

下面4幅图中，有一个是由图1折叠而成，你知道是哪一幅吗？

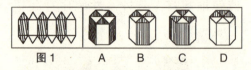

图1 A B C D

76.拼凑瓷砖

问号处应是A，B，C，D中的哪一块瓷砖？

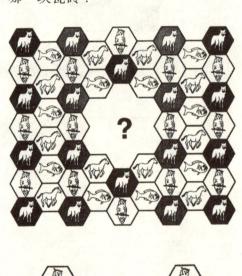

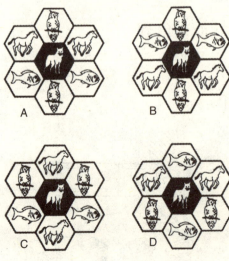

A B

C D

77.细节比较

仔细观察图 A，然后盖上，通过回忆找出图 B 中 15 处与图 A 不同的地方。

A

B

B

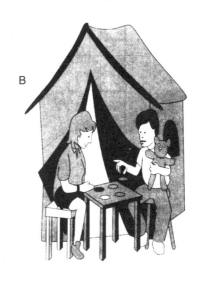

78.记忆分辨

观察 A 图一分钟后，盖上 A，找出 B 图中与 A 图 12 处不同的地方。

A

79.特殊的时钟

哪个时钟显示的时间特殊？

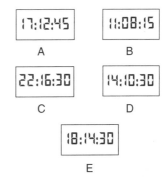

17:12:45   11:08:15
   A   B

22:16:30   14:10:30
   C   D

18:14:30
   E

80.数等边三角形

发挥你的想象力，仔细数一数，下面图形中到底有多少个大小不同的等边三角形？

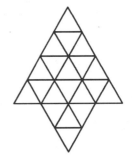

81.巧妙连线

请你沿着图中的格子线，把圆圈中的数字两个两个地连起来，使两者之和为10。注意：连接线之间不能交叉或重复。

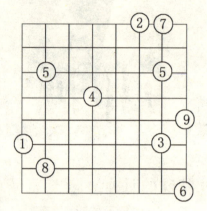

82.哪一个不一样

下面几个图片中，哪一个与其他的不一样？

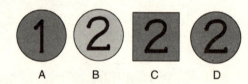

A   B   C   D

83.六角迷宫

托米要去森林采草莓，你能帮他穿过六角森林吗？

84.一笔画五环

你可以用一笔画出五环奥运会标吗？

85.视图

下图是一个立方体从三个方向看的视图效果，请问黑面的对面是什么样子的？

86.裁展纸环

把纸按图示方法裁切后再展开。请问哪种裁法能展成一个大环而不浪费纸张？

1   2

3   4

87.三棱柱

4个选项中哪一个图形是图1的展开图。

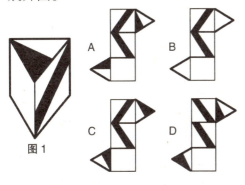

图1

88.哪边的灯亮

甲和乙在讨论一幅图，甲说左边的路灯亮着，乙则说右边的路灯亮着，你说到底是哪边的路灯亮着？

89.切割马蹄

你能否只用2刀就将这个马蹄形切成6块？

90.降妖魔圈

有一天，唐僧师徒四人来到十魔山，被眼前的10个妖怪挡住了去路，孙悟空、沙僧和猪八戒奋力拼杀，最后还是以失败而告终。这时，土地公公告诉孙悟空，只要你能用金箍棒在大圆圈中画出3个一样大的圆圈，这3个圆圈要把他们10个妖怪一个一个地分开，你就可以打败他们了。孙悟空聪明一世糊涂一时，抓破了头皮也没有想出办法来，你有办法吗？

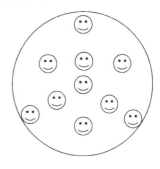

91.贪玩的蜗牛

一只蜗牛掉进了棋盒，它想走完所有的格子回到原点，但它每次只能"上下"或"左右"移动一格，不能跳动。它要怎样走呢？

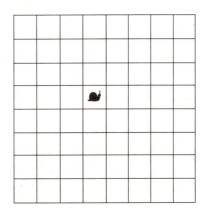

92.形单影只

下列图形中哪一个是与众不同的？

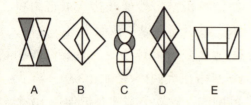

A　B　C　D　E

93.钟表成语

图中每个钟面上指针所指示的时间都能构成一个成语，请你猜一猜，这是3个什么成语？

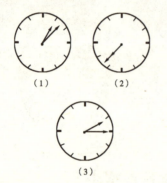

（1）　（2）

（3）

94.迷宫成语

这是一座成语迷宫，其中有10条成语首尾相接。请从成语的首字开始，用一条不重复的线把它们串起来。

天	经	天	冲	飞	一	鸣	惊
人	地	义	走	沙	鬼	神	人
不	义	达	石	破	天	共	灾
容	辞	不	道	乐	惊	怒	苦
久	治	长	安	贫	天	心	良
安	国	天	久	地	动	用	天
居	乐	手	勤	工	以	致	涯
事	业	精	于	俭	学	海	无

95.成语之最

根据图片中的文字提示，快速写出这一系列的"最"相对应的成语。

96.巧拼省名

用23根火柴摆成下面的图案。请你移动其中的4根，将其变成两个汉字，并使它们连起来是我国的一个省名。动动脑筋，怎样移才能成功呢？

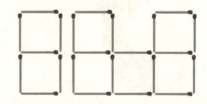

97.藏头成语

在下面的空格里填上适当的字，使每一竖行组成一个四字词语。填上的字就是谜面，请你猜一地名。

经	衣	碑	落	衣	积	月	感	言	源
地	无	立	归	使	月	如	交	巧	节
义	缝	传	根	者	累	梭	集	语	流

98.骑士与财宝

这6个英勇的骑士中，只有一个能最终到达藏有财宝的地方，你猜是哪个呢？

99.风筝

下图就是著名的"风筝思维游戏"。要做这个游戏，你得先画一个风筝。然后画一条线把风筝连接起来，但是必须一步完成（即用一条线连续画出）。线与线之间不能交叉，也不能重复出现。你必须从线团开始画，然后到风筝的正中央结束。

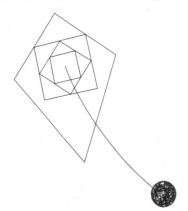

100.冰激凌棒与樱桃

我们用4根冰激凌棒做一个带柄的高玻璃杯，杯中涂色的圆圈是一个多汁的樱桃。你要把樱桃从杯子里拿出来，但是只能移动其中的两根木棒的位置。你不能把樱桃拿走，而且必须保证杯子的形状不变。

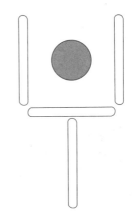

101.寻找公主

走哪条路才能与公主会面呢？

102.魔鬼迷宫

你能以最快的速度走出这个迷宫吗？

104.烟雾通道

请帮助两位研究员找到烟雾的通道。

103.园丁与树叶

请帮助园丁找到最后一片树叶。

105.宝石徽章

思维游戏起源于 3000 多年前的尼罗河流域。这里，我们关注的是那

些石匠们正在抛光的智慧之神斯塔姆尤莫斯特的头像。他的头盔上的徽章就是有记载的最早的直线思维游戏。要解决这个题，你必须用1笔把这个饰有宝石的徽章画下来。在画的过程中，你既不可以把铅笔从纸上抬起来，也不可以使线条交叉在一起。

106.电动汽车

这辆电动汽车的插头是哪个？

107.沙滩假期

阿莫斯·埃德哈根想要一笔画出下图的图案，每部分的线条彼此不能交叉。你能做到吗？

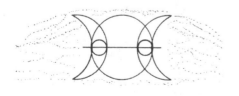

108.晚餐

下面的两幅图中一共有7处不同，你能找出来吗？

109.老鼠造反

老鼠造反啦。这两幅图中有7处不同，请把它们找出来。

110.跳房子

下面是 19 世纪年轻人在消磨时间时所玩的跳房子游戏。在跳房子游戏中其中有一种是"难题型"的跳房子游戏。这个题要求你用一笔把这个跳房子的轮廓画出来，但前提是笔不离纸、线不重叠。同时，任何部分也不可以重复。

111.电视天线

巴罗·威盖特退休后便搬到了山区，他确信他的电视天线大得足够可以接收到他喜欢看的节目。那么，你能否用一笔将这个天线画出来？前提是直线不能在任意点交叉或者与已画直线重复。

112.占卜

虽然你不是巫师但同样可以解决这个题，而且可以令人刮目相看！下图中的保罗和维维安正在与样子看起来像暹罗的好斗鱼进行交流。我不知道他们是怎么做的，他们告诉我这幅画是这个占卜写板用一条线画出来的，写板上的笔没有离开纸，而且线条也没有相互交叉。那么，你能按照这些规则重复以上的过程吗？

113.龟形岛

方格最下面 1 行符号指示的是龟形岛上的藏宝地点，你能以最快的速度找到宝藏吗？

114.搬运雪块

这两个人以同样的速度搬运同样大小的雪块，逻辑上来说，谁会先完成呢？

115.鱼形岛

地图下面的符号指示的是鱼形岛上的藏宝地点，你能快速找到宝藏吗？

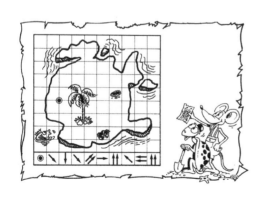

116.年轻的艺术家

这是我们所喜欢的"一笔连线"题当中的一个。手里拿着一支铅笔，然后按照下图再重新画一个。画的时候必须用一笔画完，线条不能彼此交叉、也不能重复，从图中那位年轻的艺术家手中铅笔的笔尖所指的位置开始。

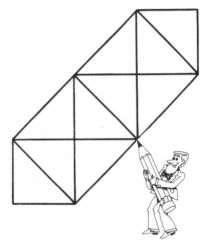

117.风景画

这幅风景画中，出现了12个"100"。其中有的隐藏得很好，睁大眼睛，把它们找出来吧。

118.雪景画

仔细找找，这幅雪景画中一共有多少个人呢？

好冷哦！

120.潜艇

10个不同的物品挂在潜艇上，请你把它们的找出来。

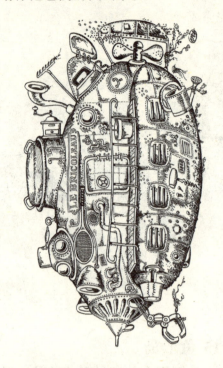

119.左轮手枪

淘金者若尔把一支左轮手枪分成6部分，藏在了这片风景里，你能把它们找出来吗？

121.肖像画家

女士们、先生们，约翰是莎士比亚风格的画猿高手也是出色的肖像画家！他的吟游诗人画像很受欢迎。这个神奇的画是约翰1笔画下来的，线条无一重叠。你能做到吗？

122.投票箱

　　在新泽西竞选的政客给了我们一个十分有趣的思维游戏。图中有一个投票箱，箱子上画着一个"×"。你的任务就是把这个投票箱用一笔连续画出。当然，线条不可以在任何地方交叉。

123.自由速记员

　　行走满天下，羽翼丰满时！这是上个世纪的一位自由速记员——内尔·库克的座右铭。库克女士随

时做好记录任何听写任务的准备，为了磨炼自己的书写技巧，她每天都会进行她自己十分熟练的练习。其中就包括用一笔连续画出下图所示的4个完整的圆圈，而且它们不会在任何地方交叉。手法稳健、思维敏锐是解决这个书法思维游戏所必需的条件。

124.比夫的风筝

　　欢迎读者朋友来解答比夫的这个获奖思维游戏。

27

125.更衣室

　　画这幅图的人犯了一系列视觉的、概念的和逻辑的错误。你能把这些错误都找出来吗？

126.赌桌

　　画这幅图的人犯了一系列视觉的、概念的和逻辑的错误。你能把这些错误都找出来吗？

127.十字路口

画这幅图的人犯了一系列视觉的、概念的和逻辑的错误。你能把这些错误都找出来吗？

128.法老

法老要怎样才能走出金字塔呢？快来帮帮他吧！

129.幼儿园

画这幅图的人犯了一系列视觉的、概念的和逻辑的错误。你能把这些错误都找出来吗？

130.美容院

下面两幅图有 8 处不同，你能全部找出来吗？

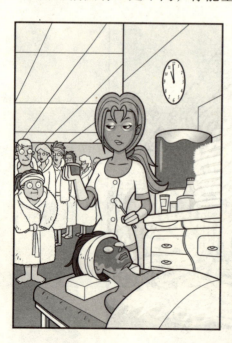 

131.快乐滑雪

画这幅图的人犯了一系列视觉的、概念的和逻辑的错误。你能把这些错误都找出来吗？

132.数字

到达数字 4 的最好的线路是哪条呢？

133.奇特的迷宫

这是一个路径奇特的迷宫，其中迷宫的直道构成了一幅图，当你用粗线条作标记的时候就会特别明显，这个图案看起来像一个小伙子。试试看吧！

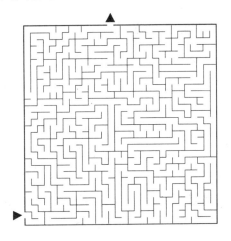

134.正方形风筝

　　加尔文·博斯特伯这次真的遇到了麻烦。如果风不能停下来的话，他那个极有"雄心"的风筝真的会把他带到某个神秘之地。这个风筝不仅因为空气动力飞得很高，而且也包含了一道题。风筝的撑木形成了形状各异、彼此相连的正方形。请试试，看你能否正确计算出风筝上大大小小的正方形有多少个。而你只能在 60 秒之内正确地计算出正方形的总数。

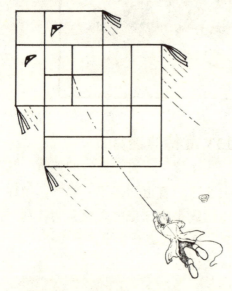

135.迷宫与猴子

　　这是个令人迷惑的题目，同样它的答案也令人惊讶：如果你使用一支黑线笔描绘出正确的路径，你就可以得到一幅画。在此题中，最后画出的图是一只猴子。为了不走错路，可以使用一个小窍门：一旦你辨认出这条路是死路时，就先用笔封闭这条死路，然后再进行下一步。

136.形状各异的三角形

　　尼罗河下游的人们经常就金字塔和三角形进行思考。图中的那个年轻女子正在计算图中所示的三角形的个数，这个图形里有许多形状各异的三角形。你能在 60 秒之内找出多少个三角形。

137.完美的六边形

如果将直线部分连接起来的话，能形成一个完美的六边形吗？

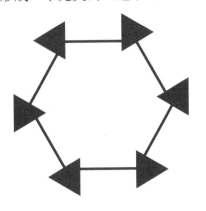

138.两个单词

这个图中有 Figure 和 Ground 两个单词，你能看见吗？

139.萨拉与内德

你能找到一张女人的脸和一个萨克斯演奏家吗？萨拉是一个女人的名字，内德是吹萨克斯的男人。

140.曲线半径

哪条线的曲线半径最大？

141.更长的线段

哪条线段更长？

142.线段 AB 与 BC

线段 AB 长还是线段 BC 长？

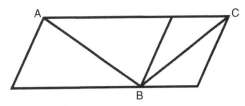

143.字母立方体（1）

以下立方体中，哪两面上的字母相同？

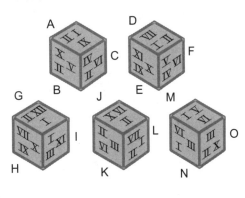

144.字母立方体（2）

以下立方体中，哪两个面上的字母相同？

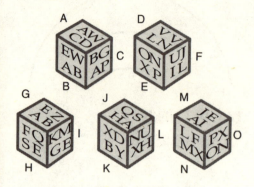

145.不可能的三叉戟

这是一幅经典的图像——不可能的三叉戟。你能数出几根尖齿？仔细看中间那根齿，发现什么了吗？

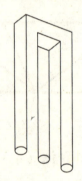

146.有问题的图

这幅图有问题吗？

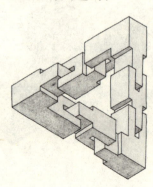

147.排列的阶梯

这样排列的阶梯在现实中可能存在吗？

148.折叠立方体

哪个立方体不能由 A 图折成？

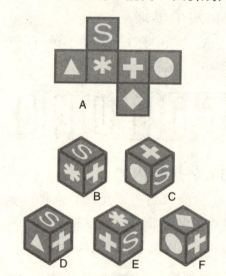

149.延伸的房子

线段 AB 与 CD 谁更长？

清华北大学生爱做的1500个思维游戏

第一章 提高观察力的思维游戏

150.数字立方体（1）

以下立方体中有两个面的数字是相同的，你能把它们找出来吗？

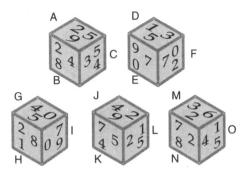

151.横向的线段

图中横向的两条线段哪条更长？

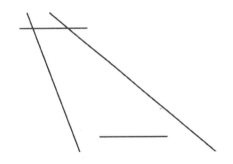

152.侧面的线

细看立方体侧面的那3条线，哪条线是与竖线垂直的，哪条线是斜着的？

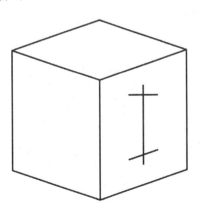

153.符号立方体（1）

你能在以下立方体中找到含有相同符号的两个面吗？

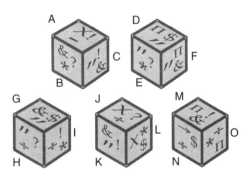

154.隐藏

这幅图里隐藏着什么？

155.符号立方体（2）

你能在以下立方体中找到含有相同符号的两个面吗？

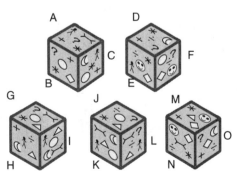

清华北大学生爱做的1500个思维游戏

第一章 提高观察力的思维游戏

156.符号立方体（3）

你能在以下立方体中找到含有相同符号的两个面吗？

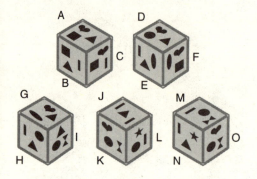

157.符号立方体（4）

你能在以下立方体中找到含有相同符号的两个面吗？

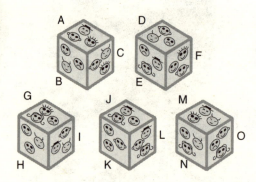

158.折叠平面图

用可折叠的平面图不能折成哪个立方体？

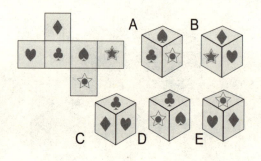

159.数字立方体（2）

你能在以下立方体中找到含有相同数字的两个面吗？

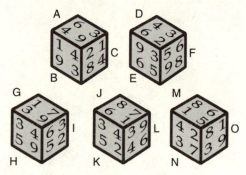

160.个正方形

你能从这个图形中找出15个正方形吗？

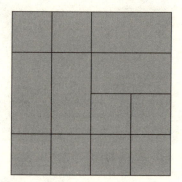

161.符号立方体（5）

你能在以下立方体中找到含有相同符号的3个面吗？

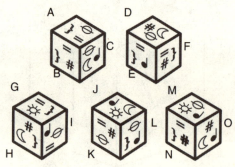

162.马戏团小丑

你能找到马戏团的小丑吗?

163.电路

哪个部件能将这个电路连通?

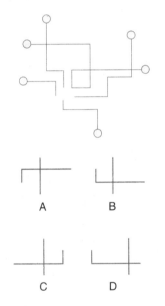

164.数六边形

图中有多少个六边形?

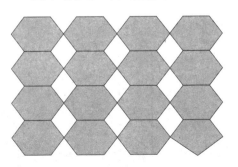

165.份数

请说出哪个图形被分成的份数最多。

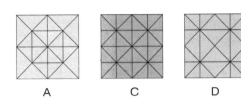

166.五边形中的三角形

在这个图形中总共有多少个三角形呢?

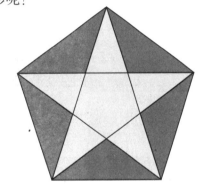

167.立方体的折叠

你能找出哪个立方体是不能由例图折叠而成的吗?

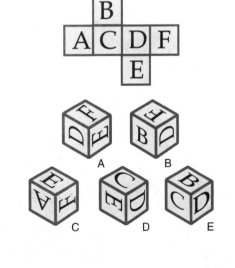

37

168.图纸

B，C，D，E，F中哪张图纸能够折叠成 A 图所示的立方体？

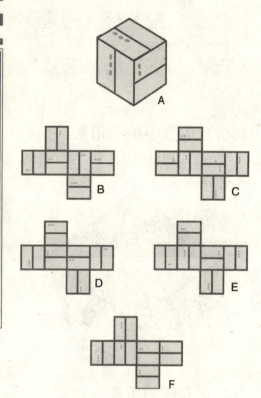

169.菱形

在这个图形中，你能找出多少个菱形？

170.错的图像

这里有一个正方体，从 5 个角度看到的图像如下。其中的一个图像是错的。你知道哪个是错的吗？

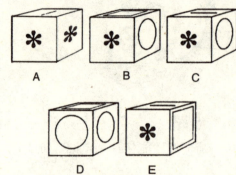

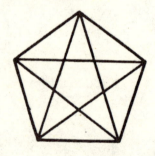

171.数三角形（1）

图中有多少个三角形？

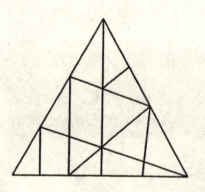

172.数三角形（2）

下面的这个图形总共包含多少个三角形？

173.数正方形（1）

下面的图中共有多少个正方形？

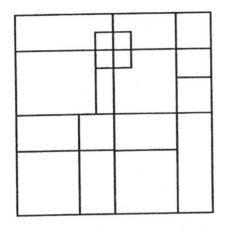

174.立方体的个数

下面共有多少个立方体？

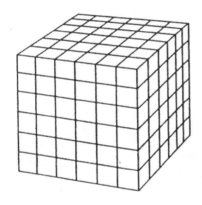

175.数三角形（3）

下面的图形中一共有多少个三角形？

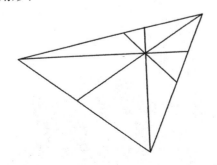

176.数正方形（2）

下图中有多少个正方形？

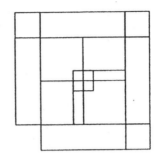

177.立方体的图案

图1是一个立方体的展开图，将6个彼此连接的正方形折起即可得到一个立方体。图2则是这个立方体在4个不同方向所显示的图案，你能将这几个图案准确填入展开的方格中吗？

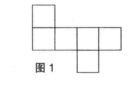

图1

    图2

178.方格折叠

将这6个相连的方格折叠成一个立方体。选项中有两个立方体图案是不可能看到的，是哪两个？

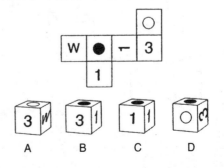

A   B   C   D

179.正视图和俯视图

下面是一个物体的正视图和俯视图。你能画出这个物体的立体图吗？

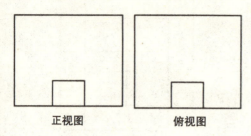

正视图　　俯视图

180.盒子

这个盒子是由 4 个选项中的其中一个折叠而成的，是哪个呢？

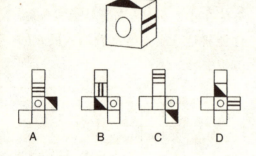

A　　B　　C　　D

181.小立方体

这个图形中有多少个小立方体？

182.数人

你能找到多少个人？

183.隐藏的小狗

仔细观察图片，你能看到小狗隐藏在哪吗？

184.不中断的链条

你要做的就是把这些图片组成一个正方形，且链条不允许中断。

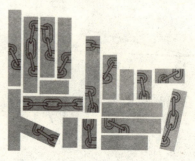

185.肖像

认出这个肖像了吗？

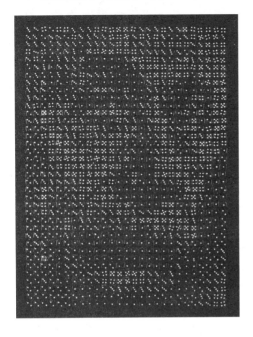

186.描画图形

你能仅仅利用一根连续的线就把下边的图形整个描画下来吗？将你的铅笔放置于图形的任意一个点，然后描画出整个图形，铅笔不得离开纸面。

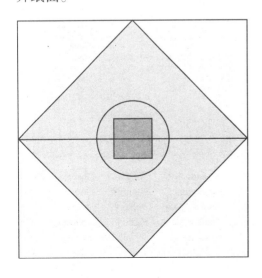

注意：这条线既不能自行交叉也不能重复路线中的任何部分。

187.砖

如果下面这个建筑四面都很完整，那么它总共用了多少块砖呢？

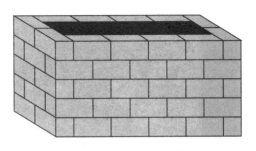

188.不同的脸

仔细看看，哪幅图与众不同呢？

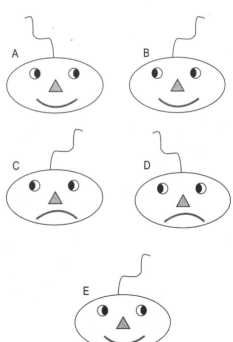

189.墙壁纸

已经给出墙壁纸的形状，在可供选择的墙壁纸中，哪两幅适合挂在它的两边？

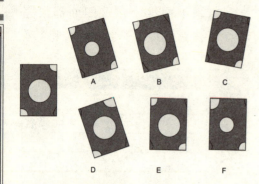

190.数字狭条

你能不能把这个图案分成85条由4个不同数字组成的狭条，使得每个狭条上的数字和都等于34？

用数字 1 ~ 16 组成和为 34 的四数组合共有 86 种。下边的网格图中只出现了 85 条。你能把缺失的那条找出来吗？

1	4	14	15	1	3	5	12	14	14	4	7	11	12	3	13	2
12	13	4	5	6	10	16	3	5	7	2	16	9	7	6	8	10
11	8	1	14	12	16	5	2	11	9	1	7	12	14	10	3	7
10	9	13	2	15	6	7	4	2	9	11	12	15	10	15	4	3
6	3	15	8	9	2	3	6	3	7	8	16	4	1	5	1	1
7	11	7	4	16	8	6	4	7	3	16	1	4	7	6	—	—
8	9	9	2	5	12	15	9	13	10	11	12	1	8	8	10	11
6	8	15	16	11	10	12	14	14	11	14	1	10	9	14	13	16
2	8	11	13	4	11	7	1	15	4	2	1	6	2	6	11	15
6	7	9	12	9	15	3	14	2	9	5	9	5	7	9	13	—
3	7	11	13	10	1	16	10	7	16	1	10	1	3	14	16	—
3	7	10	14	11	2	8	10	14	15	14	15	12	16	12	14	1
3	14	2	5	6	10	13	4	3	4	7	2	11	2	12	14	5
8	13	6	7	2	3	13	16	7	1	8	6	1	1	2	1	8
9	10	12	3	5	11	15	11	12	13	6	6	4	16	13	1	10
12	8	13	1	2	15	14	4	5	14	14	13	2	3	4	9	14
4	16	12	2	14	2	11	3	4	5	2	6	7	3	12	11	7
3	4	11	16	12	1	9	14	15	12	5	12	4	2	4	13	15
12	11	1	10	8	1	4	4	2	15	4	2	15	12	5	7	10	12
16	3	9	6	16	10	15	11	5	11	1	5	12	14	4	5	9	16

| a | b | c | d |

a + b + c + d = 34

191.火柴人

根据 A ~ F 这几个火柴人的排列规律，接下来应该排列的是 G，H，I 中的哪个？

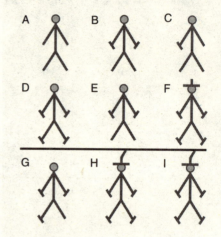

192.作家的名字

在下边的格子中隐藏着 18 位著名作家的名字。你能找出他们吗？你可以横向、纵向或者斜向地往前、往后排列寻找。

```
C W C O A L M K W O E A C K L G O Z A N
L H E M I N G W A Y N E I Y L M O X A E
L E E C M O X K W A X F E X A N B K O S
C F A K K E N Z A E X L A E B L P E F B
A Y E L H M Z N O E X I A I F H R K L I
M O Q V T O A T E U I W E H T E O G M O
A T K V L A V C H A E M N O L E U A B C
F S I A T A M Q L S D I C K E N S S T A
A L S T V E M W M N O E I A C H T A C T
F O O X W A B E A L L E I T A W W A C G
G T O X A E A K F A K I L A A S T A W N
O N F B C H J K W L L T J I I E X G H I
E N O L F M G O Z X A Y N A E B E C W L
R V O L F I G A E Z I U I E J C C K T P
E W U V E C U O P T E G B P N H T S E I
C S E W X H L H J A L E C E K L T U Z K
A U S T E N X A T A Q W A L E T A W V E
H A P E X E A B C B A C A E W W E X L E
C C W A O R W E L L K M N O P P E L T U
```

Austen	Chaucer	Chekhov
Dickens	Flaubert	Goethe
Hemingway	Huxley	Ibsen
Kafka	Kipling	Lawrence
Mickener	Orwell	Proust
Tolstoy	Twain	Zola

答案

1...

如图：

2...

如图：

3...

C。

4...

A：6，7，8，1；B：2，3，4，5；C：12，11，10，9。

5...

A。除A外，其余的两两成对。

6...

如果你数一数各个字母出现的次数，就会发现，字母"D"出现1次，"I"2次，"S"3次，"C"4次，"O"5次，"V"6次，"E"7次，"R"8次。按这个顺序排列字母，就能得到单词"discover"（发现）。

7...

共25个圆圈。

8...

D。这3个正方形组成了4个三角形。

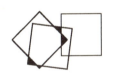

9...

如图：

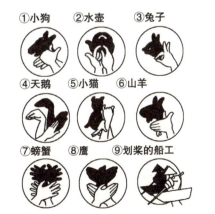

10…

4 和 9。

11…

完全相同画面的格子是 b1,j3,d5。

12…

左边的是先射的。右边枪孔周围裂痕扩散受限制，故可做出判断。

13…

有。分针太长；针的位置错了：短针在最里面、分针在中间、秒针在最外边。

14…

左图是夏天。因为夏天11点钟时太阳处于屋顶上方，照射进屋里的光线面积小。右图是冬天。

15…

只有图中最下方中间的那个儿童与上面的儿童溜冰姿势相同。

16…

C。

17…

2。

18…

D。B，C 图形为图形 A 每次递时针旋转90°所得。

19…

C，其他各个图形的中心部分是递时针方向旋转，而周围部分是顺时针方向旋转。

20…

A。正三角形。其他的都既是左右对称也是中心对称，只有正三角形不是中心

对称。

21…

（1）夏天没有雪人；（2）树叶、烟运动方向不一致；（3）猫不抓蝴蝶；（4）蝙蝠白天不飞翔。

22…

虽然我们看起来这些线段是有差别的，但所有的线段的长度都是相等的。

23…

人眼存在视觉盲点，仅用左眼盯住 ×，改变眼睛与纸面的距离，●就会突然消失。

24…

B。

25…

略。

26…

①H，②D，③C，④G，⑤B，⑥F，⑦E，⑧A。

27…

依次与画面中的 3，7，4 相同。

28…

帽子在前门上方，领节在屋前花丛中，胸花在后门上方，拐杖在树上，靴子在后门墙上倒放着。

29…

74 个。

30…

10 与 16 相同。此题考察观察的灵敏度、记忆能力、分析能力。

31…

灰色部分的面积比黑色部分面积的 1.3

倍还多一点。视力错觉会让你觉得黑色部分的面积大。

32...

10 只。

33...

略。

34...

b。

35...

a 和 2，b 和 3，c 和 4，d 和 5，e 和 6。

36...

c。

37...

1。

38...

E。

39...

A（4，5），B（1，8），C（3，6），D（2，7）。

40...

脸谱 4 与众不同。其他脸谱都有 3 个是一模一样的，只有脸谱 4，6，11 大致一样，但脸谱 4 的嘴形略有不同。

41...

丙。

42...

C。

43...

什么样的图形才能一笔画出呢？有一个条件是图形必须是连通的。图形上线段的端点可以分成两类：奇点和偶点。一个点，以它为端点的线段数目是奇数的话，就为奇点，如下图中的 C，B，E，F；一个点，以它为端点的线段数目是偶数的话，就称为偶点。一个连通的图形，如果它的奇点的个数是 0 或者 2，这个图形一定能一笔画出。本题图形上的 F，I，J 和 C 都是奇点，I 和 J 之间有线段相连，只要把这条线段擦掉，I 和 J 将变成偶点，于是只剩下 F 和 C 两个奇点，任选其中一点作起点，就可以一笔画出。

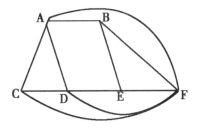

44...

图中的 e，f，g，h 4 条道可以去掉。从 a 穿过 C，使用 e，确定距离最短，但是，不使用 e，也可由 a→I→k→j→C，最终也穿过 C。f，g，h 也是同样道理。所有换向可以在中间的四叶形通道里进行，而 e，f，g，h 是为向左换向设计的最短距离的路面。

45...

如图：

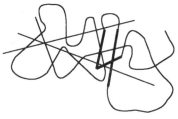

46...

E。

47...

D。每一行或列小方格中的黑点数目

都不同。

48...

（2），如图：

49...

如果目光停留在大象的身体，或许觉得从它的浑圆躯干往下长出四条立柱体的粗腿，外表正常，并无异样。但是，将视线迅速移到画面下端，注意观察象脚，数一数，共计有几只脚，然后将视线缓慢向上移动，看看脚怎样连着腿，腿怎样连着身体，就能发现这头大象的非凡之处。

50...

设图中的帐篷形状是正六棱锥，那么棱锥底面是正六边形，每个内角等于120°。如果侧面是正三角形，那么侧面的每个底角都是60°。这时在棱锥底面任一顶点处的三面角中，三个面角将是60°、60°、120°，不满足"任意两个面角之和大于第三个面角"。所以这样的三面角不存在。

51...

如图所示，从各边中心点连成的平面切开即可。

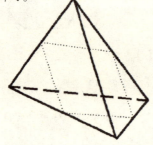

52...

如图：

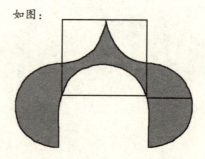

53...

离远一些。

54...

如图：

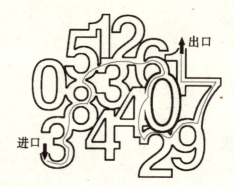

55...

黑鼠。

56...

左边 15 块，右边 26 块。

57...

一样大。

58...

B。只要再加一个小圆就可以和图1相同。A完全与图1相同，其他几个相差太大。

59...

12。

60…

将立方体展开（如下图所示），A 和 B 的连线就是最短的路线。

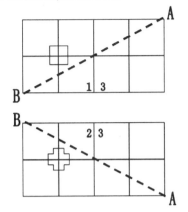

61…

D。如果只通过大脑思考就能解决的话是最好不过了，不过画一个展开图来看是比较常用的方法。

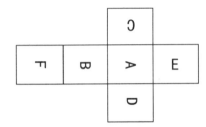

62…

2，3，8 和 10，每一排的圆圈都是沿着顺时针方向旋转 90°。

63…

第 3 个。

64…

有 38 条鱼。

65…

B。

66…

C。

67…

③。

68…

略。

69…

略。

70…

C。

71…

略。

72…

D。

73…

D。

74…

略。

75…

B。

76…

B。

77…

如图：

B

78...

如图所示：

79...

E。其他各组中"分、秒"的数字约为"小时"数字的 0.75 倍。如，17：12：45 12.45÷17 ≈ 0.73。

80...

35 个。

81...

连接如图：

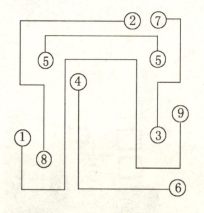

82...

B 图的符号和其他符号不一样，因为它是浅灰色的，而其他是深灰色的。A 图

的符号和其他的不一样，因为它是 1，而其他是 2。C 图的符号也不一样，因为它是正方形而其他符号是圆形。因此，D 图的符号才是真正不一样的，因为它没有"不一样"的地方。

83...

如图：

84...

可以一笔画出来（如图所示）。

85...

另一个黑面。这道题也要画一个展开图来考虑，但你很快会发现自己被捉弄了，那就是因为存在两个黑色的面，黑色面的对面还是一个黑色的面。

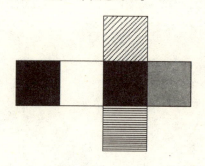

86…

如图：

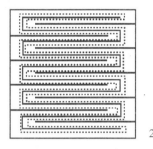

1

2

3

4

87…

C。

88…

一眼可以看出右边的灯亮着，因为人的影子是在左边。

89…

如图：

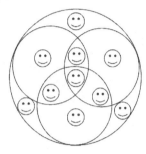

90…

如图：

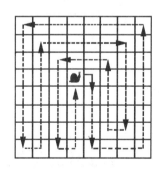

91…

这只是正确答案的一种，你可以发挥你的想象帮蜗牛设计路线。

92…

E。其他的都是中心对称图形。换句话说，如果它们旋转 180°，将会出现一个完全相同的图形。

93…

（1）一时半刻；（2）七上八下；（3）三长二短。

94...

如图：

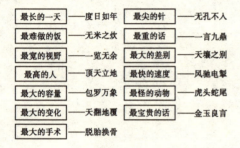

95...

如图：

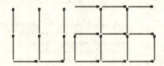

最长的一天	度日如年	最尖的针	无孔不入
最难做的饭	无米之炊	最重的话	一言九鼎
最宽的视野	一览无余	最大的差别	天壤之别
最高的人	顶天立地	最快的速度	风驰电掣
最大的容量	包罗万象	最怪的动物	虎头蛇尾
最大的变化	天翻地覆	最宝贵的话	金玉良言
最大的手术	脱胎换骨		

96...

如图：

97...

天天树叶绿，日日百花开。地名：长春。

98...

99...

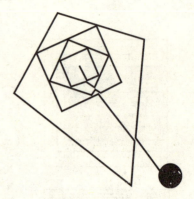

100...

将玻璃杯的"底"向左滑动，紧接着把玻璃杯"右边"的木棒挪到玻璃杯的柄脚的左边（如图所示）。这样，杯子就倒过来了，同时，樱桃也就到了杯子的外边。

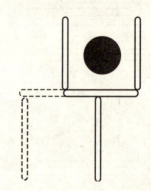

101...

102…

104…

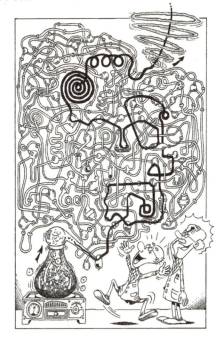

105…

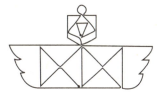

106…

103…

第一章 提高观察力的思维游戏

51

107...

答案如下：

108...

109...

110...

答案如下：

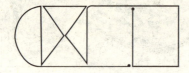

111...

答案如图所示：

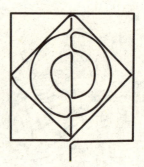

112...

答案如图所示

113...

114...

　　通过观察两个人放置的雪块，我们发现每个雪屋都还需要6块。比赛者保持同样的频率的话，A会首先完成，因为，每次他拿回一块雪块的时候，B都是空着手去搬，所以B会落后搬一块的时间。

115...

　　从黑点处开始，顺着箭头指示的方向，

每个小方框中 1 个箭头，依次类推。

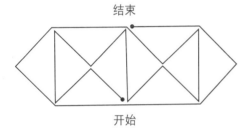

116...

答案如下图：

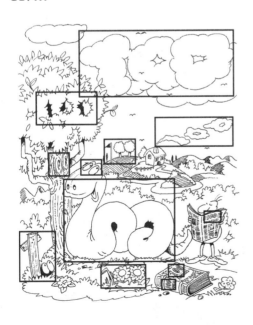

117...

118...

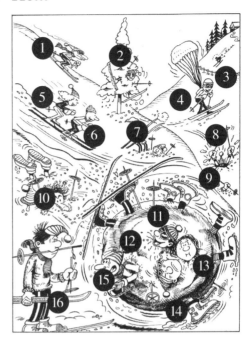

119...

第一章 提高观察力的思维游戏

120...

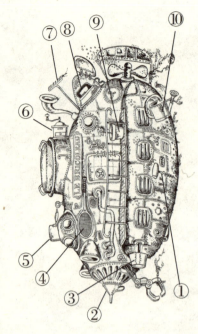

121...

要解决这个题，直线开始和结束的地方必须是直线的 3 个部分的连接处。在下面的图中，这几个连接处是莎翁右眼的上面、与他衣领和头发相邻的左肩。

122...

按照图 1 所示将一张纸的顶部和底部的一部分折叠。然后，画出"×"的一边，并将线画到顶部折纸上（如虚线所示）；接着往回画线，返回纸张的中部并将"×"的另一边画出来（如图 2 所示）。随后，继续画线并延伸到底部折纸上，同时，将线延伸到另一侧（如图 3 中虚线所示）。最后，使线条离开折纸，并返回纸张的中部，再围绕"×"画出方框（如图4 所示）。这时，你就可以用一笔在线条不相互交叉的前提下连续画出一个正方形，其正中央有一个"×"。

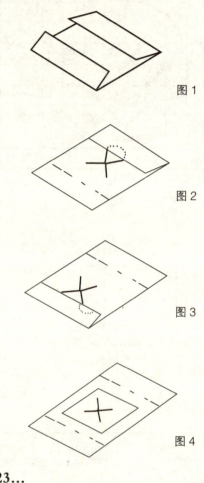

图1

图2

图3

图4

123...

答案如下图：

清华北大学生爱做的1500个思维游戏

第一章 提高观察力的思维游戏

124...

答案如下图：

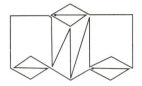

125...

126...

127...

128...

129...

130...

清华北大学生爱做的1500个思维游戏

第一章 提高观察力的思维游戏

132...

133...

134...

　　这个风筝上有 17 个正方形，它们是由 4 种不同大小的正方形组成的。每种大小的正方形的个数见下图：

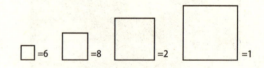

135...

136...

　　图中有 4 种形状的三角形。最小的三角形有 7 个；大一些的三角形有 3 个；再大一些三角形有 3 个；最大的三角形有 1

个。总共有 14 个三角形。

137...

线条如果连接，会形成一个完美的六边形。它们相连的点被三角形掩蔽。当线条在物体后面消失时，视觉系统会延伸线的长度。就如本例中的情况，每根线条的终点好像都在三角形的中心，这导致定线错误。

138...

"Figure"外围较暗边缘形成"Ground"。

139...

黑色的部分呈现的是吹萨克斯的男人，男子旁边的白色及部分黑色构成女人的轮廓。

140...

3 个圆弧看起来弯曲度差别很大，实际上它们是一样的，只是下面 2 个比上面那个短一些。

141...

两条线段长短完全一样。当箭头向外时，造成了对线段长度的低估；当箭头向内时，引起对长度的高估。

142...

两条线段一样长。

143...

D 和 L。

144...

E 和 O。

145...

要解释这其中的奥秘很简单。首先这个三叉戟没有固定的边沿，这幅图也没侧影不能上色。中间那根尖齿轮廓夹在旁边两根尖齿的轮廓之间，而且看上去比旁边

尖齿的轮廓要低一些。这幅图之所以神奇正是因为让你感到它没有一个完整的轮廓，而事实上却是有的，你还会发现 3 根尖齿变成了两根。

将右边的图盖住，你会发现左图是完全正常的，即由两根尖齿构成的一把叉子。然后再盖住左边，你会发现右图是由 3 条线构成的一幅平面图。

146...

看最上面的木板，木板的接嵌方式是不可能的。线条是不可能在 3 个点处忽然转弯的。

147...

不可能。

148...

D。

149...

线段 AB 与 CD 一样长。

150...

E 和 I。

151...

两条线段是一样长的。

152...

下面的线与竖线垂直，上面的线是斜着的。

153...

C 和 K。

154...

1 只达尔马提亚狗。组成图像和背景的元素被有意扭曲，导致一眼很难看出。

155...

I 和 K。

156…

K 和 O。

157…

B 和 H。

158…

E。

159…

A 和 L。

160…

这 15 个正方形分别是：
1 个 4×4 的正方形；
2 个 3×3 的正方形；
4 个 2×2 的正方形；
8 个 1×1 的正方形。

161…

B，F 和 N。

162…

将图旋转 90° 能看到小丑。

163…

B。

164…

21 个。一共有 15 个小的六边形和 6 个大的六边形。

165…

B。

166…

35 个。

167…

C。

168…

C。

169…

42。有 5 个菱形是由 9 个正方形构成的，有 12 个菱形是由 4 个正方形构成的，还有 25 个菱形是由 1 个正方形构成的。

170…

C 是错的。

171…

35 个。

172…

总共有 31 个三角形。

173…

共有 19 个正方形。

174…

总共有 441 个立方体。

当一堆立方体堆成的物体长、宽和高都一样时（每条边包含的小立方体的数目一样时），我们可以用下面的公式来求这堆立方体存在的立方体的数目：

C3+（C－1）3+（C－2）3+（C－3）3+…+（C－C）3

所以本题为
63+53+43+33+23+13
=216+125+64+27+8+1=441。

175…

共有 23 个三角形。

176…

共有 17 个正方形。

177…

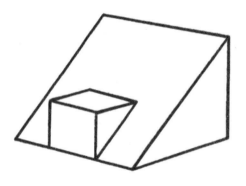

178…

B 和 D。

179…

答案如图所示：

180…

D。

181…

44。

182…

图中有 5 个脑袋，但是可以数出 10 个完整的身体。

183…

你可以同时看到一个岛屿和两只狗。

184…

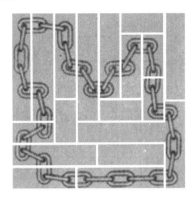

185…

爱因斯坦。

186…

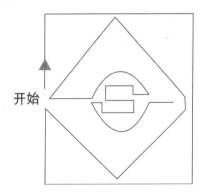

开始

187…

60 块砖。你不需要将所有的砖块清点一遍，只需要数出最上面那层砖块的数量（12 块）并将其与层数（5 层）相乘，这样你就可以得出砖块的总数 60 块了。

188…

B。其他图都是向左看的不高兴，向右看的微笑。

189…

C 和 E。

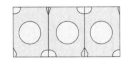

190...

缺失的是：| 4 | 7 | 8 | 15 |

```
1  4  14 15 1  3  5  12 14 14 4  7  11 12 3  13 2
12 13 4  5  6  10 16 3  5  7  2  16 9  7  6  8  10
11 8  1  14 12 16 5  2  11 9  1  7  12 14 10 10 3  7
10 9  13 2  15 5  16 11 8  3  9  11 12 15 10 15
5  6  14 5  6  7  2  3  2  6  5  2  4  1  4  1
7  11 7  4  16 8  6  8  5  7  6  13 16 1  4  7
8  9  2  5  12 15 9  13 10 11 12 1  13 8  10 11
6  8  15 16 6  10 2  14 14 11 14 1  10 9  14 13 16
2  8  11 13 4  11 7  1  15 4  2  1  3  2  6  11 15
9  7  9  12 9  15 3  14 2  6  7  5  9  5  7  9  13
3  7  10 14 1  2  8  10 14 15 14 15 12 5  8  12
3  4  14 2  5  6  10 13 4  3  4  7  2  6  12 14 5
8  13 6  7  2  3  13 16 5  6  11 8  13 9  11 1  8
11 9  10 12 3  5  1  15 11 12 6  9  16 2  15 3  10
4  16 12 2  12 4  8  14 13 13 10 5  8  3  10 4  11
3  4  11 16 5  2  6  4  3  15 12 9  2  4  13 15
12 11 1  10 1  8  10 9  10 5  6  5  7  10 12
16 3  9  6  16 10 15 8  6  11 5  12 4  5  9  16
```

191...

G。在火柴人上加入2条线，拿走1条；加上3条线，拿走2条；加上4条线，拿走3条。

192...

如图：

```
C W C O A L M K W O E A C K L G O Z A N
L H E M I N G W A Y N E I Y L M O X A E
L E E C M O X K W A X F E X A N B K O S
C F A K K E N Z A E X L A E B L P E F B
A Y E L H M Z N O E X I A I F H R K L U
M O Q V T Q A T E U I W E H T F O G M O
O A T K V L A V C H A E M N O L E U A B
F S I A T A M O L S O I C K E N S S T A
A L S T V E M W M N O E I A C H T A C T
F O O X W A B E A L L E I T A W W A C G
G T O X A E A K F A K I L A A S T A W N
O N F B C H J K W L L T J I I E X G H I
E N O L F M G O Z X A Y N A E B E C W L
R V O L F I G A E Z I U I E J C C K T P
E W U V E C U O P T E G B P N H T S E I
C S E W X H L H J A L E C E K L T U Z K
U A T A E E C K U W P O R A R A E P A Z
A U S T E N X A T A Q W A L E T A W V E
H A P E X E A B C B A C A E W W E X L E
C C W A O R W E L L O K M N O P P E L T U
```

清华北大学生爱做的1500个思维游戏

第一章 提高观察力的思维游戏

第 2 章

提高思考力的思维游戏

1.希罗的开门装置

亚历山大城的希罗（公元 10 ~ 70 年）的机械发明堪称是古代最天才的发明，完全可以将希罗看做是自古以来第一个，也可能是最伟大的一个玩具发明家。

右边的这个开门装置是他所设计的很多种玩具和自动装置的典型代表，它最初是用于宗教目的。这个设计图复制于希罗的原图，它是一个使神殿大门能够自动开合的神奇装置。

你能说出这个装置的工作原理吗？

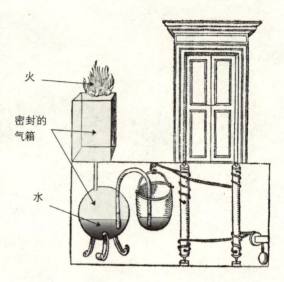

火

密封的气箱

水

2.绳子上的猴子

这是路易斯·卡罗尔的一个经典的思维游戏：

如图所示，现在猴子和绳子另一端的香蕉处于平衡状态。

如果这只猴子现在开始沿着绳子往上爬，左边的香蕉将会怎样移动？

3.举起自己?

如果这个女孩将绳子向下拉,她能否令自己坐着的这端向上升?

4.木板上升

如果这个男孩使劲拉绳子,他能否把自己和他所站的木板都拉起来?

5.数轴

古代数学是以计算为目的而出现的,因此在引入现代数学体系之前,就已经有了各种形式的日常生活中的计算了。

古埃及人使用了一种十进制:10, 100, 1000, 10000, 100000 和 1000000;但是它没有"位"的概念,而且也没有数字 0。

在 5000 年前出现了算盘。它是一种比较原始但是非常有效的计算器——可以说是一个数学玩具,直至今天还在使用。它是少有的既简单又有效的发明之一,因此它在从一种文明传递到另一种文明的过程中,一直都没有改变。早在 0 的概念还没有发明之前,算盘就用一个空栏来代替它的计算。

古希腊人用字母表的所有字母来代表数字。罗马人的计算系统与此类似,他们用特定的几个字母和字母组合来代表数字。0 这个数字在历史上第一次出现是在约公元前 200 年的古巴比伦的陶板上。而有理数(包括分数)则早在公元前 1500 年的古埃及的《莱茵德纸草书》中就已经出现了。公元 6 世纪,毕达哥拉斯学派发明了一个数,它不能被归类到任何已知的数中。他们的发现等于发现了正方形的对角线无法测量。

这个问题直到今天还没有解决:人类所发现的第一个无理数究竟是

$\sqrt{2}$（根据毕达哥拉斯定理，等于直角边均为1的三角形的斜边），还是 π（圆周率）？

负数直到1545年才全部进入数学体系，其标志是意大利数学家卡尔达诺《大衍术》的发表。

印度人在公元后的前几个世纪就发明了"位"的概念，他们用10个符号来分别表示0和前9个自然数。尽管这个系统十分先进，但是直到13世纪，它才通过阿拉伯人传到了西欧，而它被采用又经过了几个世纪。

请问是否所有的实数都可以在数轴上表示呢？

6.数字筛选

请你选出10个小于100的正整数。然后从这10个数中选出两组数，使得它们的总和相等。每一组可以包含一个或者多个数，但是同一个数不能在两组中都出现。请问是否无论怎样选择，这10个数中总是可以找到数字之和相等的两组数呢？

下面是一个例子：

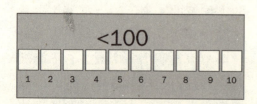

1	2	4	6	11	24	30	38	69	99
2			+			30 + 38			= 70
1			+					69	= 70

7.数字1到9

将数字1，2，3，4，5，6，7，8，9分别填到下面等式的两边，使等号前面的数乘以6等于后面的数。

???????? x 6 = ??????????

8.零花钱

我的零花钱总数的1/4，加上总数的1/5，再加上总数的1/6等于37美元。

请问我一共有多少钱？

9.数字4

马丁·加德纳曾经将这个游戏收入到他的《数学游戏》专栏。

游戏的规则是将数字4使用4次，通过简单的加减乘除将尽可能多的数展开。允许使用括号。

例如：

1 = 44/44

2 = 4/4 + 4/4

清华北大学生爱做的1500个思维游戏

用这种方式可以将数字 1 ~ 10 都展开。

如果允许使用平方根，你可以将数字 11 ~ 20 都展开，这中间只有一个无解。

$$1 = \frac{44}{44}$$
$$2 = \frac{4}{4} + \frac{4}{4}$$
$$3 =$$
$$4 =$$
$$5 =$$
$$6 =$$
$$7 =$$
$$8 =$$
$$9 =$$
$$10 =$$
$$11 =$$
$$12 =$$
$$13 =$$
$$14 =$$
$$15 =$$
$$16 =$$
$$17 =$$
$$18 =$$
$$19 =$$
$$20 =$$

10.组数

我有没有跟你讲过，有一种人只知道 1，2，3，4 这 4 个数字。

他们只用这 4 个数字可以组成多少个一位、两位、三位和四位的数?

11.数的持续度

一个数的"持续度"表示的是通过把该数的各位数字相乘，经过多久可以得到一个一位数。

比如，我们将 723 这个数的各个数位上的数字相乘，得到 $7 \times 2 \times 3 = 42$。然后再将 42 的各个数位上的数字相乘，得到 8。这里将 723 变成一位数一共花了 2 步，所以 2 就是 723 的"持续度"。

那么持续度分别为 2，3，4 等的最小的数分别为多少?

是不是每个数通过重复这个过程都可以得到一个一位数呢?

12.芝诺的悖论

著名数学家芝诺出生于公元前 490 年的意大利，他创造了 40 多种悖论来支持他的老师——哲学家巴门尼德。巴门尼德相信一元论，认为现实是不会改变的，改变（运动）是不可能的。芝诺所创造的悖论在他同时代似乎都没有得到解决。

芝诺的悖论里面最有名的要数"阿基里斯和乌龟赛跑"。在这个比赛中，阿基里斯让乌龟先跑一段距离。芝诺是这样说的：

当阿基里斯跑到乌龟的起点（A点）时，乌龟已经跑到了B点。现在阿基里斯必须要跑到B点来追赶乌龟，但是同时乌龟又跑到了C点，依此类推。

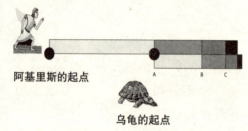

阿基里斯的起点

乌龟的起点

13. 平方根

有2条线段，一条长度为a，另外一条长度为1。

现在请你画出一条直线x，使x的长度等于a的平方根。

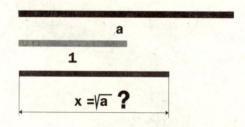

14. 棋盘正方形

在一个象棋棋盘上一共有多少个正方形？你可能会想当然地说是64个。不要忘了，除了小的棋盘格以外，还有比它大的正方形。

你能说出这个棋盘上正方形的总数吗？

你能找到一种计算大正方形（边长包含n个单位正方形）里所含的所有正方形的个数的公式吗？

15. 书虫

下面的这只书虫要吃如图所示的6本书。它从第1本书的封面一直吃到第6本书的封底。这只书虫一共爬过了多远的距离？

注意：每本书的厚度是6厘米，包括封面和封底。其中封面和封底各为0.5厘米。

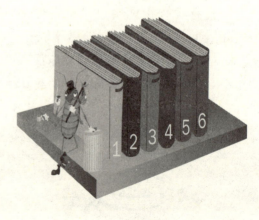

16.纸条构成的五边形

如图所示，将一张小纸条打一个结，打结处形成了一个正五边形。

如果将纸条的两端粘合起来，就形成了一个闭合的表面。请问这个表面有几个面和几条边？

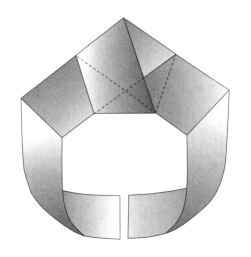

17.纸条艺术

你能否用一张纸条折成下面的形状？这张纸条至少需要多长？

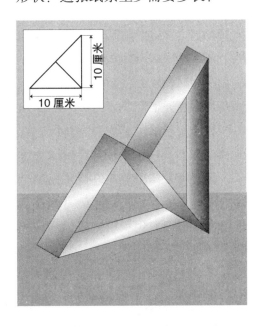

18.神奇的折叠

有一个三角形，一面为黄色，另一面为红色。将三角形的一个角与另一个角对折，如图所示，你会发现这3条折叠线交于一点。

是不是所有的三角形都具有这样的特性呢？

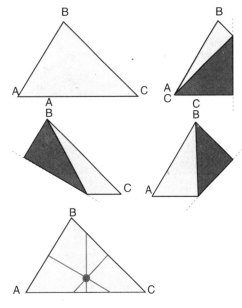

19.棋子

将16枚棋子放入游戏板中，使水平、竖直和斜向上均没有3枚棋子连成直线，你能做到吗？

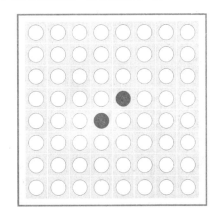

20.想象正方形

将一张正方形的纸进行折叠，然后如图所示，在完成折叠的最后一个步骤之后，用剪刀剪下所折成图形的一角。如果将纸张打开，所得到的正方形将会与哪一个选项类似呢？

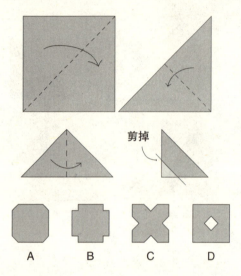

剪掉

A   B   C   D

21.排队

看图示，5个人排成一行（5个人中男孩和女孩各自的人数不确定），问有多少种排列方法，可以使每个女孩旁边至少有一个女孩？

男   女   女

22.保龄球

保龄球队一共有6名队员，队长需要从这6个人中选出4个来打比赛，并且还要决定他们4个人的出场顺序。

请问有多少种排列方法？

23.阿基米德定律

古希腊数学家阿基米德（公元前287～前212年）发现了流体静力学。还记得那个著名的阿基米德的故事吗？他裸露着身子从浴桶中跳出来奔向街头，狂呼："攸勒加，攸勒加（找到了）!"

相传亥尼洛国王做了一顶金王冠，他怀疑工匠用银子偷换了一部分金子，便要阿基米德鉴定它是不是纯金制的，但不能损坏王冠。阿基米德苦苦思索，最终发现了后来以他的名字命名的阿基米德定律（浮力定律）：

要测量一个物体的密度大小，可以把它放入一个盛满水的容器中，

用它排出的水量来计算。

这个物体所排出的水的重量，我们称之为该物体的浮力；而该物体的重量与它所排出的水的重量之比，我们称之为该物体的比重。

第一步：找一块跟王冠重量相等的金块；

第二步：把王冠和金块分别浸入一个盛满水的容器中，然后分别计算它们所排出的水的体积。

请问：阿基米德这个实验的结论是什么？

第一步：
找一块跟王冠重量相等的金块

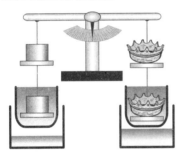

第二步：
分别计算金块和王冠所排出的水的体积

24.液体天平——浮力

图1：天平是平衡的。天平左端的盘子上是一个装满水的容器，右端是一个重物。

图1

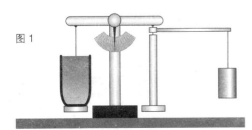

图2：重物从天平的右端移到左端，而且该重物完全浸入容器中的水里面。

很明显现在左端要比右端重。

请问：为了继续保持天平的平衡，现在天平的右端应该放上多重的物体？

图2

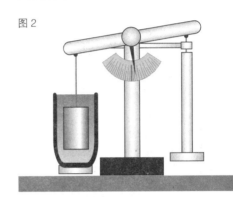

25.3 道菜

从下面菜单给出的3组菜中分别选出1道菜，即一共要选出3道菜，请问一共有多少种选择方法？

26.买彩票

在买彩票的时候，买彩票者需要在 1 到 54 这些数字中任意选出 6 个数字，这 6 个数字可以以任何顺序排列。

请问有多少种选择？

27.夫妻圆桌

有 3 对夫妻围坐在圆桌边，他们的座位顺序需满足下面的条件：

1. 男人必须和女人相邻；

2. 每个男人都不能跟自己的妻子相邻。

请问满足这两个条件的排序方法一共有多少种？

28.圆桌骑士

让 8 位骑士围坐在圆桌边，每个人每次都要与不同的人相邻，满足这一条件的座位顺序一共有 21 种。下面已经给出了一种。可以用 1 ~ 8 这 8 个数字分别代表 8 位骑士，请你在图中画出其他的 20 种座位顺序。

29.蛋卷冰激凌

你想要吃一个 3 层的蛋卷冰激凌，这 3 层的口味分别是草莓、香草和柠檬。请问你拿到这个冰激凌从上到下的口味排列正好是你最喜欢的顺序的概率是多少？

30.传音管

图中的两个小孩离得很远，而且他们中间还隔着一堵厚厚的墙。他们试着通过两根长长的管子来通话，如图所示。请问在哪种情况下他们能够通过管子听到对方讲话？

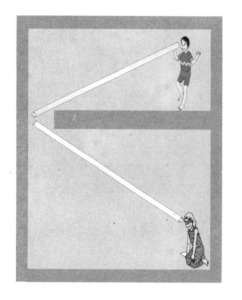

31.帕斯卡定理

图为液压机的一个模型，从中我们可以清楚地看到它的机械利益（一台机器产生的输出力和应用的投入力之间的比率）。这个液压机有两个汽缸，每个汽缸有一个活塞。

一个容器内静态的液体中任意一点受到压力都会均衡地传播到容器内的每一点。这个结论是300多年前法国人巴斯·帕斯卡发现的。所有将液体从一处抽到另一处的装置都是利用了这一原理。

利用帕斯卡定理的例子有液压泵、印刷机、起重机以及水力制动系统。

这个模型中：

小活塞的面积是 3 平方厘米；

大活塞的面积是 21 平方厘米；

机械利益为 21 ÷ 3 = 7。

请问小活塞上面需要加上多少力，才能将大活塞向上举起 1 个单位的距离？

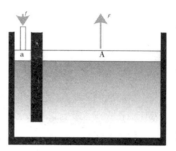

$$\frac{f}{a} = \frac{F}{A}$$

或 $F = \frac{f \times A}{a}$

32.左撇子和右撇子

一个班级里的学生有左撇子、右撇子，还有既不是左撇子也不是右撇子的学生。在这道题目里，我们把那些既不是左撇子也不是右撇子的学生看做既是左撇子又是右撇子的学生。

班上 1/7 的左撇子同时也是右撇子，而 1/9 的右撇子同时也是左撇子。

问班上是不是有一半以上的人都是右撇子？

33.小钉板上的图形面积

如图所示，假设每一个小正方形的边长为 1 个单位，你能够算出下面这 4 个图形的面积吗？

34.飞去来器

如图，6 个半径为 1 的半圆组成了下面这个形状像飞去来器的图形。你能计算出该图形的面积吗？

35.正方形格子

下图中深色的部分占整个正方形总面积的百分之几？

36.正方形的内接三角形

在边长为 1 的正方形的内接正三角形中，面积最小的是多少？面积最大的又是多少呢？

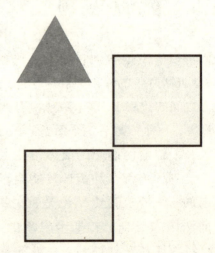

37.直角三角形的内接正方形

在等腰直角三角形中，有几个内接正方形？它们都一样大吗？内接正方形在该等腰直角三角形中的摆放方法有几种？

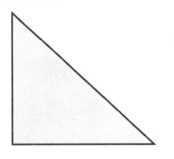

38.三角形的内接长方形

在下面的三角形中，如何画出最大的内接长方形？

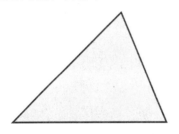

39.等边三角形的内接正方形

在等边三角形的内接正方形中，面积最大的是多少？最大面积的内接正方形在该等边三角形中的摆放方法有几种？

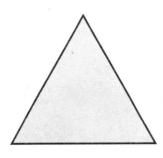

40.带颜色的水滴

将一滴水染上颜色，然后滴入一碗水中。当它落入水中之后，你还能再次看到这个水滴吗？

41.燃烧的蜡烛

如图所示，把一根点燃的蜡烛放在一个装有水的容器里，再在蜡烛上面罩上一个玻璃瓶。

你能预测一下，这个实验最终会出现什么结果吗？

42.打喷嚏

人们在打喷嚏的时候通常会把眼睛闭上半秒钟。想象一下，如果你正在以每小时 65 千米的速度驾驶时突然打了一个喷嚏，这时你前面大约 10 米处的一辆汽车为避免撞到一只横穿马路的猫突然刹车。

当你睁开眼睛准备刹车时，你的车已经行驶了多远？

这场事故可以避免吗？

43.槽轮结构

槽轮结构是很多工具和机械装置中的主要结构。

请问图中是什么机器？它的工作原理是什么？在这个过程中，槽轮结构有什么作用？

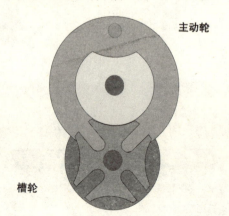

主动轮

槽轮

44.棘轮结构

你能解释一下图中的棘轮结构的工作原理吗？

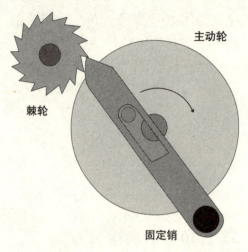

主动轮

棘轮

固定销

45.钟摆的摆动（1）

图中左边钟摆的全摆幅是 45°，每做一次摆动（即从左边摆到右边，再从右边摆回左边）需要的时间是 5 秒。而图中右边钟摆的全摆幅只有 22.5°，那么这样摆动一次需要的时间是多长呢？

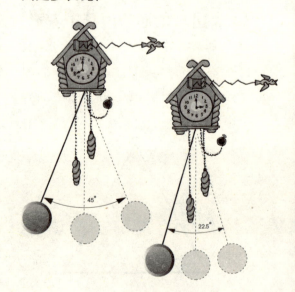

45°

22.5°

46.钟摆的摆动（2）

你发现上题在题目设计上有哪些问题吗？

47.简谐运动

在一个摆锤上安装一支笔，使其在摆动过程中在前进的纸上画出它的运动轨迹。最终我们将会得到一条曲线。

你能够在结果出来之前就说出这条曲线是什么样子的吗？

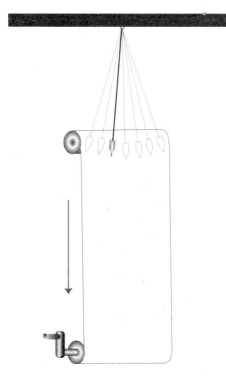

48.共振摆

两个摆可以有很多种不同的组合方式，最简单的方法就是把它们用绳子挂起来，如图所示。你可以用一支铅笔和两颗珠子来制作这个装置。分别用绳子将两个"摆锤"系在起连接作用的绳子上，这样它们摆动的时候就正好与这根绳子垂直。

如果你用手拉动其中一颗珠子让其运动起来，那么这个装置会发生什么变化？

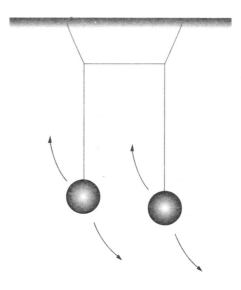

49.重 1 吨的摆

图中是一个非常结实的重达 1 吨的摆，然而这个男孩只用一块小小的磁铁就让这个摆开始摆动。你知道他是怎么做到的吗？

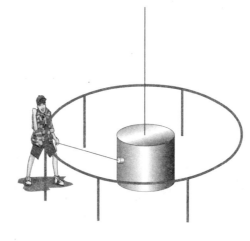

50.无限与极限

如图所示，每一个方框里面的图的宽与高分别是这个图的一半。可以想象一下，这样划分下去会有无数幅图。如果把这些图从下到上一个接一个地挂在墙上，最终会有多高呢？

在这些图片里有无数个小男孩，如果他们每个人站在另一个人的头上，这样依次站上去组成一个"塔"，那么这个"塔"最终会有多高呢？

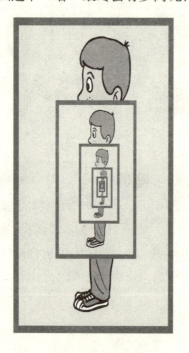

51.摩天大楼的顺序

如图所示的这个摩天大楼的设计方案被否决了，原因是这9栋楼的排列方式太死板了。

出于美观及其他方面的考虑，客户提出了以下要求：

9栋楼必须在同一条直线上，而且每栋楼的高度必须各不相同。其中不能有3栋以上的楼的序号是从左到右递增或递减的，不管这3栋楼是否相邻。

你能给出至少2种符合客户要求的排列方式吗？

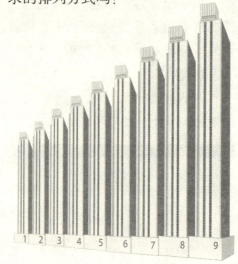

52.睡莲

一个小池塘里的睡莲每天以2倍的速度增长。如果池塘里只有1朵睡莲，那么需要60天睡莲才会长满一池塘。

按照这个速度，如果池塘里有2朵睡莲，那么多少天之后睡莲会长满池塘？

53.西尔平斯基三角形（1）

西尔平斯基三角形是这样得到的：将一个等边三角形分成4个全等的小三角形，将中间的小三角形去掉，形成一个黑色的三角形。然后将余下的三角形按照同样的方法继续分割，这个过程可以无限重复。达到极限之后所得到的图形叫做西尔平斯基碎形。西尔平斯基（1882～1969年）在1916年发明了这个碎形。

下面已经将西尔平斯基三角形的3次分割画了出来，你能够画出第4次分割之后的图形吗？

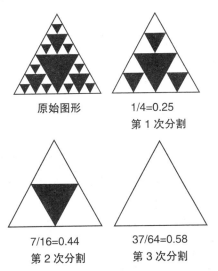

原始图形

1/4=0.25
第1次分割

7/16=0.44
第2次分割

37/64=0.58
第3次分割

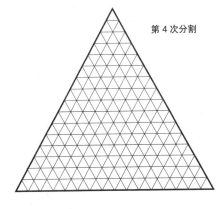

第4次分割

54.西尔平斯基三角形（2）

你能不能同时算出每次分割后黑色部分的面积与整个大三角形的面积之比？

55.伽利略的诡论

每一个整数都有一个平方数。那么平方数的数量与整数的数量是否相等？

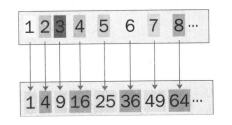

56.康托的梳子

取一条长度为1的直线，将它中间的1/3去掉，然后再去掉余下每一段中间的1/3，无限重复这个过程，最后就形成了我们所说的康托的梳子。

你能找出一个公式来概括第n次变化之后，梳子所剩下的齿的总长度吗？

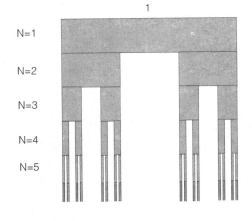

57.玻璃杯（1）

下面有 7 个倒放着的玻璃杯，要求你把这 7 个杯子全部正过来，但是每次都必须同时翻转 3 个杯子。

请问最少需要几次才能完成？

58.玻璃杯（2）

如图所示，10 个玻璃杯放在桌子上，5 个正放，5 个倒放。每次拿任意 2 个杯子，并将它们翻转过来。不断重复这个过程。

你能否让所有的杯子全部正过来？

59.被拴起来的狗

菲多被人用一条长绳拴在了树上。拴它的绳子可以到达距离树 10 米远的地方。

它的骨头离它所在的地方有 22 米。当它饿了，就可以轻松地吃到骨头。

它是怎么做到的？

60.多米诺骨牌

有人在砌一堵墙。你能替他完成这项工作，把剩下的 7 张多米诺骨牌插入相应的位置吗？但是要记住，每一行中要包括 6 组不同的点数，而且这些点数相加的和要与每行右侧的数值相等；每一列也要包括 3 组不同的点数，且这些点数相加的和也要与底部的数值相等。

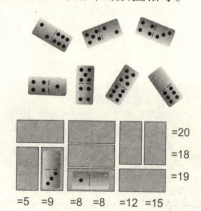

61.九宫图

将编号从 1 到 9 的棋子按一定的方式填入游戏中的 9 个小格中，使得每一行、列以及两条对角线上的和都分别相等。

62.四阶魔方

将这些编号从 1 到 16 的棋子填入游戏纸板的 16 个方格内，使得每一行、列以及两条对角线上的和相等，且和（即魔数）为 34。

63.沿铰链转动的双层魔方

沿着铰链翻动标有数字的方片会覆盖某些数字并翻出其他数字：每个方片背面的数字是和正面一样的，而在每个方片下面（即第 2 层魔方）的数字则是该方片原始数字的 2 倍。

如果要得到一个使得所有水平方向的行、垂直方向的列以及两条对角线上的和分别都等于 34 的魔方，需要翻动多少方片和哪些方片？

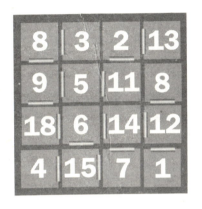

64.正方形网格

你能否将下面的格子图划分成 8 组，每组由 3 个小正方形组成，并且每组中 3 个数字的和相等？

65.六阶魔方

用数字1到36填入缺失数字的方格中,使得每一行、列及两条对角线上的6个数之和分别都等于111。

28		3		35	
	18		24		1
7		12		22	
	13		19		29
5		15		25	
	33		6		9

66.八阶魔方

本杰明·富兰克林的八阶魔方诞生于1750年,包含了从1到64的所有数字,并以每行、每列的和为260的方式进行排列。

你能填出缺失的数字吗?

52		4		20		36	
14	3	62	51	46	35	30	19
53		5		21		37	
11	6	59	54	43	38	27	22
55		7		23		39	
9	8	57	56	41	40	25	24
50		2		18		34	
16	1	64	49	48	33	32	17

67.三阶反魔方

在三阶反魔方中,每一行、列以及两条对角线上的和全都不一样。

三阶反魔方可能存在吗?

68.魔幻蜂巢正六边形(1)

要创造出满足以下条件的二阶蜂巢六边形魔方是不可能的:将数字1到7排列到下边的蜂巢中,使得每一直行的和相等。

你能证明它为什么不可能存在吗?

69.魔幻蜂巢正六边形（2）

你能否将数字 1 到 19 填入下边的蜂巢里，并且使每一相连的蜂巢室的直行上数字之和为 38？

70.魔"数"蜂巢（1）

你能将数字 1 到 8 填入下图的圆圈内，使游戏板上任何一处相邻的数字都不是连续的？

71.魔"数"蜂巢（2）

将数字 1 到 9 填入下图的圆圈里，使得与某一个六边形相邻的所有六边形上的数字之和为该六边形上的数字的一个倍数。你能做到吗？

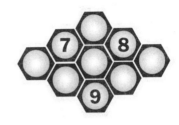

72.五角星魔方

你能将数字 1 到 12（除去 7 和 11）填入下图的五角星上的 10 个圆圈上，并使任何一条直线上的数字之和等于 24 吗？

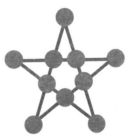

73.六角星魔方

你能将数字 1 到 12 填入下图的六角星的圆圈中，使得任何一条直线上的数字之和为 26 吗？

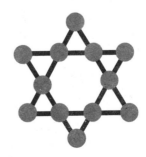

74.七角星魔方

你能将数字 1 到 14 填入下图的七角星圆圈内，使得每条直线上数字之和为 30 吗？

75.八角星魔方

你能将数字 1 到 16 填入下图的八角星圆圈内，使得每条直线上数字之和为 34 吗？

76.六角魔方

在娱乐数学文献中，一道完全新颖的多边形魔方谜题并不常见。

1991 年，布赖恩·鲍德、罗杰·伊兰特和乔·格尔克提出一个问题：

能否将数字 1 到 12 填入多边形的 12 个三角形中，使得多边形中的 6 行（由 5 个三角形组成的三角形组）中，每行（每组）的和均为魔数 33？

77.蜂群

蜂群总数的一半的平方根飞去了一丛茉莉花中，8/9 的蜂群也紧跟着飞去了；只有 2 只蜜蜂留下来。

你能说出整个蜂群里一共有多少只蜜蜂吗？

78.查缺补漏

你能找出图中的规律，并把缺掉的部分补上吗？

79.面积有多大

在一个正三角形中内接一个圆，圆内又内接一个正三角形。请问：外面的大三角形和里面的小三角形的面积比是多少？

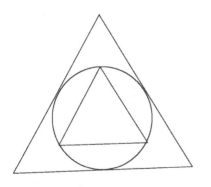

80.一天一环

7环相连如图所示，若1～7号，每天所拿环数要与日期相符，则至少要分割几次？

81.妙用砝码

天平是用来称量物体重量的，用几个砝码可以在天平上称出从1克到40克的全部整克数的重量呢？经过验证，用4个砝码就可以了。请问该用4个多少克的砝码呢？

82.表盘上的数字

如图所示，将钟表表盘的数字全部拆开成一位数字，然后相加的和是51。那么，把表盘所有数字拆成一位数字后，全部相乘，乘积是多少呢？

83.有多少个"1"

从1～11有4个"1"，1中有一个"1"，10中有一个"1"，11中有两个"1"，思考一下1～1000中，有多少个"1"？

84.书的价格

有一本书，兄弟俩都想买。如果用哥哥的钱单买缺5元钱，如果用弟弟的钱买缺1角钱，如果两人

把钱和起来只买一本书，钱仍然不够。那么这本书的价钱是多少呢？

85.最佳位置

在铁路沿线的同一侧有 100 户居民，根据居民的要求要建一家医院，并使 100 户居民到医院的距离之和最小。你知道医院的位置应该建在哪里吗？

86.巧牵马

有人把 A，B，C，D 4 匹马从 P 村拉到 Q 村。从 P 村到 Q 村，A 要走 1 小时，B 要走 2 小时、C 要走 4 小时，D 要走 5 小时。现准备一次同时牵走 2 匹马，回来时要骑回来 1 匹马。把 2 匹马牵过去时，以走得慢的那匹马所需要的时间作为 P 村到 Q 村的时间。据说，有人花了 12 个小时把 4 匹马拉走了。请问，他是把这 4 匹马按什么顺序牵到 Q 村的呢？

87.配合握手

握手时，右手对右手、左手对左手相握很方便，但右手和左手、左手和右手相握就很别扭。而且，一个人如果要把自己的左手和右手相握也很不顺手，至于两个人这样相握，那就更别扭了。按照一般人的握手习惯，由 5 个人的手适当配合，能不能互相握得很好？

88.安全脱险

迈克和杰克用软梯下到一个深谷，准备探寻谷底的洞穴。刚走了几米，忽然谷底的泉水大量涌出，不一会儿水位就到了腰部，并不断上涨。他们两人没想到谷底会发大水，既不会游泳，又没带救生用具，只能立刻攀软梯出谷。但他们所用软梯的负重是 250 公斤，攀下时是一个一个下来的，因为他们的体重都是 140 公斤左右。如果两人同时攀梯，势必将软梯踩断；若依次先后攀梯而上，水势很急，时间来不及。你能帮助他们想一个办法安全脱险吗？

89.向哪边倾斜

把 3 支正在燃烧的蜡烛平衡地放在天平上，3 支蜡烛燃烧的速度都一样，最后天平会向哪一边倾斜？

90.风中的蜡烛

点燃着的 10 支蜡烛，被风吹灭了 2 支；不一会儿，又被风吹灭了 1 支。于是主人为了挡风，就把窗子关起来。从此以后一支也没被吹灭。请问，最后还剩下几支？

91.凹槽里的乒乓球

有一个 2 米深的凹槽，大小只能通过一个乒乓球，现在凹槽的两端各滚来了一个乒乓球 1、2，为了交错通过，凹槽壁上恰好有一块乒

乒球大小的凹洞，可是不巧的是，那个洞里居然还有一个乒乓球3，怎么样让乒乓球1、2顺着它原来的方向到达终点呢？

92.顺序

用天平称4个小球，当天平一边放上甲、乙，另一边放上丙、丁时，两边相等；当将乙和丁互换位置后，甲和丁高于乙和丙；当天平一边放上甲、丙，另一边刚放上乙，天平就压到了乙的一边。这4个小球重量的顺序是什么？

93.高效电梯

一幢办公大楼有8层，不算太高，但每层楼面积却很大。换班的时间到了，人员上下频繁，虽然有多部电梯仍难满足。为了加快电梯运转，电梯管理员把电梯小姐都找来，要求每部电梯除了停底层和顶层外，中间只停某3层（向下和向上都停）。而且一旦定下停哪3层，就在电梯门前贴纸公布，不再更动。电梯小姐都照办了。但试行一天之后，楼里的工作人员提出了意见。因为有的人从某层到另一层不能找到可以直达电梯。管理员想了一夜，终于想出了一种方案，使随便哪层的人，不论向上或者向下随便要到哪层，都可找到直达电梯。现在请你排一下，至少要几种停法能符合上述要求？

这几种电梯分别停其中哪3层？

94.妙计辨靴

南北朝北齐天统年间，高欢的儿子高谐在并州（今山西省太原一带）任刺史（州长官）。并州有一妇女在河边洗衣服及靴、帽，一个过路骑马的行人趁她不备，换上妇人的新靴，扔下旧靴策马逃走。妇人手拿旧靴报案。高谐想了一个办法，抓到了偷靴的人。你知道他想的是什么办法吗？

95.人和魔鬼

有一个地方的人分为4类：正常人、神志不清的人、正常的魔鬼、神志不清的魔鬼。正常人都说真话，神志不清的人都说假话；对魔鬼来说，正常的都说假话，神志不清的却说真话。

现在要你问一个问题，就确定回答者到底是人还是魔鬼，你能做到吗？

96.留下的钻石

年事已高的国王想从众多儿子当中挑选继承人。为了考验儿子们的智慧，国王拿出10颗钻石，将这10颗钻石围成一圈，由大家轮流按规则挑选，即任选一颗为起点，接着按照顺时针的方向数，数到17的时候这颗就被淘汰，以此类推，继

续数下去，直到最后只剩下一颗，这个人就可以做皇位的继承人。假如你是皇子，你该怎么数才可以做皇位的继承人呢？

97.罪犯的同伙

昨天监狱里有个犯人被谋杀了。凶手是透过窗户的铁条将犯人用箭射死的。奇怪的是，窗前的蜘蛛网却一点都没有损坏，这是什么原因呢？难道他还有别的同伙吗？

98.如何过河

猎人要乘船把一只狼、一只羊和一篮青菜带到河的对岸。然而，他所搭的船只能容纳一个人、一只狼，或一个人、一只羊，或一个人、一篮青菜。假若没有人看守狼和羊，羊马上就会被狼吃掉。倘使没有人看守青菜和羊，青菜旋即会被羊吃光。请问如果你是这个人，怎样才能把这三样带过河去呢？

99.俯视

4张布篷安在这个支架上。从它的正上方俯视，将看到什么图案？

100.缺失的方块

有这样一个奇怪的现象：一个正方形被分割成几小块后，重新组合成一个同样大小的正方形时，它的中间却有个洞。把一张方格纸贴在纸板上，按图1画上正方形，然后沿图示的直线切成5小块。当照图2的样子把这些小块拼成正方形的时候，中间真的出现了一个洞！图1的正方形是由49个正方形组成的，图2的正方形却只有48个小正方形。究竟出了什么问题？那一个小正方形到底到哪儿去了？

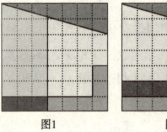 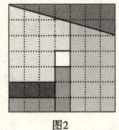

图1　　　　图2

101.为什么

小李在藏书丰富的上海图书馆里，怎么也找不到宋版《康熙字典》。这是为什么？

102.未卜先知

一位盲相士街边摆摊算命。这天一位富绅来看相，相士听了富绅的生辰八字，再为他摸骨，之后忽然面色大变。他压低了嗓音告诉富绅："太可怕了，我看到你将会被谋杀。一个穿风衣的男人，会在你背后开枪，看来你劫数难逃了。"

富绅不屑一顾，连相金都没留下就走了。第二天，富绅在街上被人从背后开枪击毙，警方追捕时此人坠楼身亡，他身穿风衣，手里拿着枪。情形和盲相士所说几乎一模一样，相士为何算得如此准确呢？你能猜出来吗？

103.公安局长

公安局长在公园与人下棋。这时，跑来一个孩子，着急地说："你爸爸和我爸爸吵起来了。"这时，旁人问这个公安局长："这是你的什么人？"公安局长回答说："是我的儿子。"

请问吵架的两个人与这个公安局长分别是什么关系？

104.路标

某乘客乘汽车经过一个地方，看到一个路标上的数字是：15951，他觉得很有趣。这个数字的第1个数和第5个数相同，第2个数和第4个数相同。汽车行驶了2个小时，该乘客又看到另一个路标上的数字，仍然是第1个数和第5个相同，第2个数和第4个相同。汽车两个小时一共行驶了多少公里？另一个路标的数字是多少？

105.单只通过

一只蚂蚁在地下通道里爬行，

对面又来了一只。由于通道非常狭窄，只能单只通过。幸好，通道一侧有个凹处，刚好能容得下一只蚂蚁，可不巧的是，里面有一个小沙粒，把它移出来后又把通道堵住了，还是无法通行。两只蚂蚁应该怎么做才能都顺利通过呢？

106.蜡烛

小张家里经常停电，每停一次，就要用去1支蜡烛，每5个蜡烛头又可再做成1支蜡烛。现在他家里只剩下40个蜡烛头了，用这些蜡烛头再做成蜡烛，可以供几个停电的晚上使用？

107.永不消失的字

舒克家的隔壁在盖房子，隔壁的人在建筑地以外的地方竖立起一块很厚的木板，属于违法建筑。舒克看到这种情况后非常生气，就用墨汁在纸上写着大大的"违法建筑"四个字，贴在木板上，可是到了第二天，这四个字不见了。于是，舒克又想了一个办法，不管他们再怎么擦，或是用其他办法覆盖，或者挖掉，都没能让字从木板上消失。请问舒克用了什么办法？

108.画师与财主

有个财主的寿辰快到了，他便请了一位画师为自己画一幅画像，

好在寿宴上炫耀一番。画像画好后，财主想占便宜，借口说画得不像，把价钱压得很低。画师和财主辩了半天的理，财主也不加一文钱。画师想了想，拿着画走了。但是第二天，财主却主动找到画师，并且出了很高的价钱把画买了下来。请问，画师用什么办法迫使财主出高价买了他的画呢？

109.平平捉鸟

平平在捕鸟时，发现一只小鸟飞进一个小洞里躲了起来。小洞很狭窄，手伸不进去，如果用树枝戳的话，又怕会伤害小鸟。你能帮平平想一个简便的办法，把小鸟从洞里捉出来吗？

110.转动的齿轮

一对椭圆齿轮可以很好地啮合转动（一对圆齿轮也可以啮合转动得很好）。但如用一个椭圆和一个圆齿轮配合，能不能很好啮合转动呢？当然这两个齿轮的轴是固定在一定位置上的。

111.特制工具

请你设计一个能紧密地穿过厚木板的3个小孔（如图所示）的工具。

112.直尺曲线

要画一条如图所示的曲线，不用曲线板，也不用圆规，只用三角板、直尺和铅笔，该如何画呢？

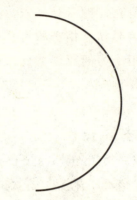

113.三角板画平行线

有一块没有洞的三角板，还有一支铅笔，若用这些工具画平行线，请问该如何画？三角板的使用方式不限，不过三角板一旦摆定位置，不可以再移动。另外，铅笔一次只能画一条线。

114.成语十字格

请在下图的空格里填上适当的字，使其横竖读起来都是成语。

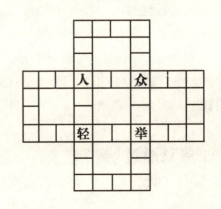

115.一笔变新字

汉字结构有趣又奇怪，一笔之差就有不同含义。你能将下面图形中的字填上一笔变成另一个字吗？

116.象棋成语

下图是一个象棋棋盘，请你在每个空白棋子上填入一个适当的字，使横竖相邻的 4 个棋子能够组成一个成语。

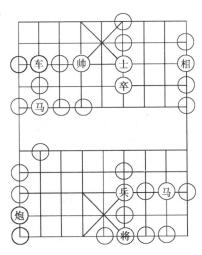

117.组合猜字

如图数字方格，每个数字都代表一个文字，两格相加，又可以合成一个字，你能依照下面的暗示猜

出此文字来吗？

① 1 加 2 等于日落的意思。

② 2 加 3 等于日出的意思。

③ 3 加 4 等于欺侮的意思。

④ 4 加 5 等于瞄准出击的意思。

⑤ 2 加 6 等于光亮的意思。

⑥ 6 加 7 等于丰满的意思。

118.长联句读

请你给这副长联加上标点：
五百里滇池奔来眼底披襟岸帻喜茫茫空阔无边看东骧神骏西翥灵仪北走蜿蜒南翔缟素高人韵士何妨选胜登临趁蟹屿螺洲梳裹就风鬟雾鬓更苹天苇地点缀些翠羽丹霞莫辜负四围香稻万顷晴沙九夏芙蓉三春杨柳数千年往事注到心头把酒凌虚叹滚滚英雄谁在想汉习楼船唐标铁柱宋挥玉斧元跨革囊伟烈丰功费尽移山心力尽珠帘画栋卷不及暮雨朝云便断碣残碑都付于苍烟落照只赢得几许疏种半江渔火两行秋雁一枕清霜

119.成语加减

将下面的成语运用加减法使其完整。

1.成语加法

（　）龙戏珠＋（　）鸣惊人＝（　）

令五申

（　）敲碎打＋（　）来二去＝（　）事无成

（　）生有幸＋（　）呼百应＝（　）海升平

（　）步之才＋（　）举成名＝（　）面威风

2.成语减法

（　）全十美－（　）发千钧＝（　）霄云外

（　）方呼应－（　）网打尽＝（　）零八落

（　）亲不认－（　）无所知＝（　）花八门

（　）管齐下－（　）孔之见＝（　）落千丈

120.“山东”唐诗

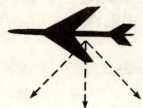

121.空中射弹

飞机在天空飞行，向前、向后射出子弹，或者垂直丢下子弹，哪个先到达地面？

122.倒向何方

这棵被砍的树要倒向何方？

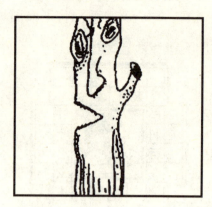

123.岗哨

下图是山上城堡的布局图。城堡各个岗哨都用字母标注出来了，从图中可以看出所有的岗哨都与通道相连接。如果警察想1次检查完所有的岗哨并且最终回到出发点的话，那么，应该走什么路线呢？

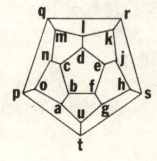

124.几何难题

昨晚的作业中有 1 道几何难题。要求从下图中去掉 4 条短线，这样，只剩下 5 个三角形。你如何解决这个问题呢？

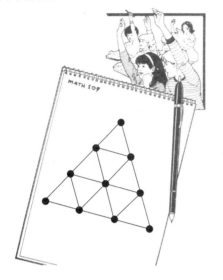

125.地毯

阿布杜是个地毯商，现在他遇到了一个大麻烦。他必须在太阳落山之前把一个边长为 10 米的正方形

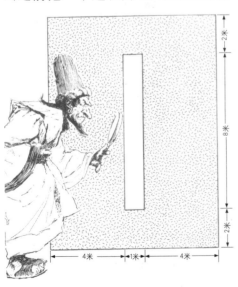

地毯交给一位十分富裕的客户。他在仓库里找出一个长 12 米宽 9 米的地毯，他打算用这个地毯来做客户所要的地毯。可是，当他展开这个地毯时，发现中间被剪掉了一块，被剪掉的部分长 8 米宽 1 米。然而，老练的阿布杜却很快想出一个办法，他把剩下的地毯剪成了两块，然后再缝在一起，这样便做出一整块边长为 10 米的正方形地毯。那么，他是怎么做的呢？

126.岔路口

爱丽丝在去参加麦德·哈特举办的茶会途中遇到一个岔口，她不知道该走哪条路。幸好，半斤和八两哥俩在那里帮忙。

"瓦勒斯告诉我，一条路通向麦德·哈特的家，而另外一条路则通向魔兽的洞穴，我可不想去那里。他说你们知道正确的那条路应该怎么走，但同时也提醒我你们当中的一个总是说实话而另外一个总是说谎。他还说我只能问你们一个

问题。"然后，爱丽丝提出了她的问题，而不论问他们当中的哪个，她都能得出正确的答案。那么，你知道她问了他们什么问题后找到了正确的路吗？

127.古卷轴

伦敦大都会博物馆在最近的展览中新展出了4个古卷轴A，B，C，D。从所给出的线索中，你能分别写出这4个卷轴中的语言类别、分别属于哪种形式，以及发现它们的考古学家的名字吗？

1.雀瓦教授发现的卷轴是用古巴比伦文撰写的。

2.卷轴D是用最早的拉丁文字撰写的。

3.卷轴A是一份衣物清单，它不是被布卢斯教授发现的。

4.迪格博士发现的卷轴B，不是起源于亚述。

5.古埃及卷轴是用象形文字撰写的，不是那部带有色情色彩的情书。

6.夏瓦博士发现的那本小寺庙官员的日记被展出在类似于一个商人账本的卷轴旁。

语言：亚述语，古巴比伦文，拉丁文，埃及语
形式：账本，日记，衣物清单，情书
发现者：布卢斯教授，迪格博士，夏瓦博士，雀瓦教授

128.撞球

波齐兹·普兰德加斯特是闲暇时刻台球社团的经理，他总是千方百计地赚取顾客的钱。图中所示的就是他使用的伎俩之一。他将8个撞球排成一条直线，1个花色目标球和1个白色主球交替放置。他打赌说你在4步之内不可能使直线上的4个白色球移动到左边，使4个花色球移动到右边。每次移动时，你必须将任意相邻的两个球移动到直线上的其他位置。那么，让我们看看你能否在波齐兹连续将所有的球都打入袋中之前把这个难题解答出来。

129.多米诺骨牌与棋盘

假如我们有32个多米诺骨牌，每个多米诺骨牌可以占棋盘上的2个方格。把所有的多米诺骨牌放在棋盘上，它们会占满所有64个方

格。现在，将棋盘对角上的 2 个方格切掉并去掉 1 个多米诺骨牌。那么，你能否将剩下的 31 个多米诺骨牌放在棋盘剩余的 62 个方格上呢？如果可以的话，请给予证明；如果不可以的话，请解释原因。

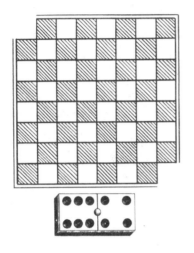

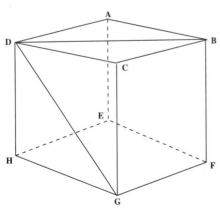

130.虚构的立方体

教授现在陷入了困境。他忘记了这道题的答案，离上课只剩下 5 分钟了！线段 BD 和 GD 已经画在虚构的立方体的两个面上。两条线段相交于 D 点。那么，你能帮教授计算出这两条对角线之间的角度吗？

131.尼罗河谷的金字塔

这个古老而珍贵的问题来自尼罗河谷。祭坛上的图示中有 6 个金字塔，问题是把它们重新排列，使它们摆成祭坛下面的样子。排列的规则如下：你只能用 3 步完成；每步都要使金字塔两端的位置颠倒；每个金字塔都必须保持在原位置。

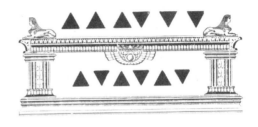

132.盾牌与硬币

这个思维游戏来自巴比伦。下图的那个盾牌周围有 12 个黑点，现在的问题是按照下面的规则将 11 枚硬币放在 11 个黑点上。可以从任何一个点开始，接下来数 6 个点并把一枚硬币放在第 6 个点上；总是按顺时针方向进行；从另外一个空点开始，绕圈圈计数，并把另外一枚硬币放在一个空点上。依此类推。

直到把所有的硬币都放在不同的点上。计数的时候，将放有硬币的点看做是空点，并且把这个点计算在内。记住，你必须总是从一个空点开始计数。

133.最少的正方形

图中的那位先生正设法找出这幅画可以剪成的最少正方形个数。如果沿着所有直线剪，那么可以剪成 169 个正方形，这是最多的正方形。这幅画可以剪成，比如，一个 6×6 的正方形（即 36 个小正方形）、一个 4×4 的正方形（即 16 个小正方形），或者一个 2×2 的正方形（即 4 个小正方形）。相同尺寸的正方形可以重复出现，但是所有的正方形的尺寸不能都相同。

提示：我们的答案中的不同尺寸正方形的个数少于 20。

134.划分圣诞老人

这个很棒的思维游戏你可以等到下次圣诞派对时再使用。下图的正方形里有两个圣诞老人，把这个正方形打印 12 份，然后交给你的客人。告诉他们这个圣诞老人思维游戏要求把这个正方形切成 4 份，然后把它们重新拼成两个独立的正方形，而且每个正方形里各包含一个完整的圣诞老人。你能解决这个问题吗？

135.财产

已过世的著名农学家法莫尔·布朗曾留下话，他要把他的财产平分给 4 个儿子。他特别声明：他那个种有 12 棵珍贵果树的果园应分成大小、形状相同的 4 份，每份包括 3 棵树。那么，4 个儿子应该如何按照父亲的遗愿用栅栏将果园隔开呢？

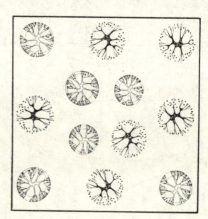

136.相同的直径

这5个圆圈有着相同的直径，穿过点 A 画条线将它们分成面积相同的两部分。

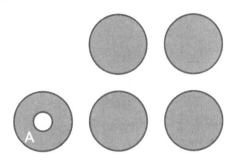

137.山羊和卷心菜

请用3条直线将图中的山羊和卷心菜分开。

138.街区

有16块街区（如图所示），如果只允许向上走和向右走的话，从 A 点走到 C 点一共有多少条路线呢？

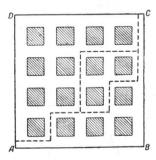

139.野战地图

一名军官指着一张野战地图对士兵说："两名士兵带着地雷探测器来探测这个地区敌人埋下的地雷并把地雷排掉。他们必须检查图上除了中心方块以外的所有方块，因为中心那个方块代表一个小池塘。他们可以纵向或者横向移动，但是不允许斜向移动。此外，禁止重复经过同一个方块。他们一个人从 B 点出发走到 A 点，另外一个从 A 点出发走到 B 点。你们要在图上画出两人的行进路线，要求两人走过的方块数目相同。"你知道怎么画吗？

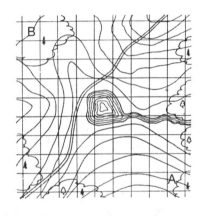

140.棋子与空位

4枚白色棋子和4枚黑色棋子间隔开摆成一排，这排棋子的左端留下两个空位。每次把相邻的两枚棋子移位，经过4次移动，使所有的黑棋在一边，所有的白棋在另一边。并且使整排的右端留下两个空位。

141.漂亮的盒子

加里给妹妹罗卡买了一个漂亮的小盒子。罗卡还没到上学的年龄，但是已经能从1数到10了。她很喜欢这个盒子，因为在盒子的每条边都可以数出10枚贝壳。

一天，妈妈在擦拭盒子的时候不小心打碎了4枚贝壳。加里重新排列了一下剩余的32枚贝壳的摆放位置，然后把贝壳粘好，盒子里每条边上仍然有10枚贝壳。几天后，盒子掉到了地板上，又有6枚贝壳摔碎了。加里又重新排列了一下剩余贝壳的摆放位置，使罗卡数贝壳的时候仍然在每条边上都能数到10。你知道加里两次是怎么排列贝壳的吗？

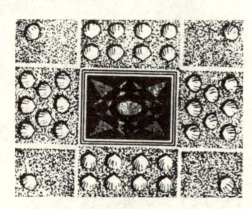

142.坚守雪垒

一队勇敢的"守军"正在坚守他们的雪垒。如图所示（小方块里的数字代表守军的总人数），指挥官将部队分配了一下：雪垒的4个面上，每个面有11个人把守。守军在防守敌人的第1次、第2次、第

3次和第4次袭击时都损失了4名"士兵"，在第5次损失了2名"士兵"。但是每次打退进攻后，雪垒的4个面上仍旧是每个面有11个人把守。这是怎么做到的呢？

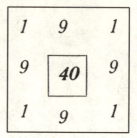

143.地牢

一名囚犯被投入了一处地牢中，地牢里一共有145扇门。在图中共有9扇门（黑条块）门已被锁住，只有恰好走完8扇已打开的门才可以解开门锁。不必穿过所有打开的门，但是必须经过所有的房间以及9扇被锁住的门。如果囚犯重复进入某个房间或者重复经过某个打开的门，那么所有的门都会关上，房间就会变成陷阱。

囚犯（在右下角的方块内）手

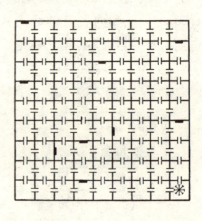

清华北大学生爱做的1500个思维游戏

第2章 提高思考力的思维游戏

里有一张地牢的图。思考了很长时间后，他开始出发了。终于，他经过了9扇锁住的门并且成功地从左上角的那扇门逃了出去。请你画出他的逃生路线。

144.圆圈的中心点

给你一支铅笔以及一张比这个圆圈大的正方形纸板，让你找出这个圆圈的中心点。如何操作呢？这个做起来要比看起来简单！你有5分钟的时间寻找解决方法。

145.爱吃醋的丈夫

3个爱吃醋的丈夫在和他们的妻子旅游时发现渡河的船只能容纳两个人。因为，每个丈夫都极力反对自己的妻子和其他两个男性成员中的任何一个人乘船渡河，除非自己也在场；同时，他们也不同意自己的妻子单独和其他男人站在河对岸。

那么，应该如何安排呢？记住，尽管船只能搭乘两个人，但是，其

中的一个人必须把船划回来供其他人使用。

146.小甜饼

小阿里阿德涅现在很烦。今天早些时候，她收到妈妈亲手做的一包新鲜小甜饼。正当她打开礼物时，她的4个朋友就到了，她们提醒阿里阿德涅以前她们带的小甜饼也曾和她分享过，现在也该她反过来回赠她们了。她不情愿地把其中的一半和半个甜饼分给了她的朋友劳拉；然后把剩下的一半甜饼和半个甜饼分给了梅尔瓦；接着，她又把剩下的一半甜饼和半个甜饼分给了罗伦；最后，她把盒子里剩下的一半甜饼和半个甜饼分给了玛戈特。这样，可怜的阿里阿德涅就把盒子里的甜饼都分了出去，她真是伤心极了。

那么，你能否计算出盒子里原来有多少小甜饼吗？顺便说一下，阿里阿德涅绝对没有把盒子里的甜饼切成或者掰成两半。

147.托尼的猴子

　　托尼很不幸，他的身体不听使唤了，但是他却还能长时间的站立。下图的人们绞尽脑汁不但无法使他停止唠叨，也无法使他离开去另寻他处。

　　现在他的"观众"已经屈服了，那么，你能否为那只拿着小罐的猴子找出最短的路线，使他从每个窗户处收到钱呢？这只猴子必须从下图的位置出发，并且最后停在主人的肩膀上。

148.置换游戏

　　下面是我们所喜欢的置换思维游戏中的一个。首先，在2，3，4这3个盒子的黑色圆点上各放一枚5角硬币，在5，6，7这3个盒子的白色圆点上各一枚1角硬币。然后用7步把它们的位置互换，把硬币从一个盒子沿着连接盒子的深色线

移到另外一个盒子里，每枚硬币都必须移到一个空盒子里。

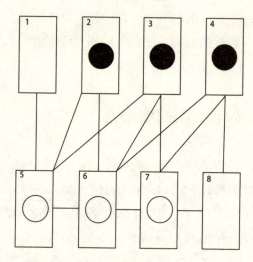

149.嵌入的箱子

　　总共有5个箱子。箱子C嵌入箱子A中，箱子D嵌入箱子B或者箱子C中。并且，箱子A不是最大的。

　　如图所示，我们可以看到箱子1是最大的，越往上箱子越小。箱子5是最小的。箱子A和箱子E对应箱子的数字之和等于箱子D和箱子C对应箱子的数字之和。那么，你知道箱子A，B，C，D，E和箱子1，2，3，4，5之间的对应关系吗？

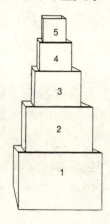

150.排列硬币

将 3 枚硬币排成如下图所示的形状。

现在，如果你想移动最少的硬币使得顶点向上的三角形变成顶点向下的三角形，那么你可以把硬币 1 移动到硬币 2 和硬币 3 的下方。

对下图来说，你最少需要移动多少枚硬币才能把这个顶点向上的三角形变成顶点向下的三角形？

你能找到一个通用的规律或者算式来计算你最少需要移动多少枚硬币才可以把一个边长为 N 枚硬币的三角形倒过来吗？

151.中国盒

用 4 个盒子一盒套一盒做成一个中国盒。里面的 3 个盒子里各放 4 块糖，外面的大盒子里放 9 块糖。把这个盒子作为生日礼物送给你的朋友，并且告诉他（她）必须使每个盒子里的糖果变成偶数对再加 1 颗之后才可以吃糖。你知道答案吗？

152.底特律大钟

重达 2 吨的底特律大钟在费城举办的展览会上大放异彩。这个大钟既可以为 13 座城市报时，也可以体现季节的变迁，还可以显示太阳周围的行星运行的轨迹。这个大钟同时也引发了下面的疑问：从午夜到正午时分，大钟的时针和分针相遇（重合）了多少次？

153.连续数序列

用给出的数字组成一个连续数序列。你只需使用 10 个数字中的 9 个。

154.敲钟

一个钟5秒内敲6下，那么，它敲11下要花多长时间？

155.五金店

下图中的4个人是老本宁顿五金新店的户主。上周他们搬进了他们在弗莱尔·布莱尔庄园购买的房屋里。这个庄园由9个单元组成，它们十分漂亮；站在这里，鱼鹰湖可以尽收眼底。户主们到五金店购买施工人员忘记在每个单元都应该安装的东西。每个价值1元，而8也只花1元；16要花2元；如果顾客需要150，则一共要花3元；如果订购300，顾客也只需支付3元。最后，顾客一共花了4元，并买到各自想要的东西开开心心地离开了。

那么，这几个顾客买了什么东西呢？

156.硬币与玻璃杯

在铺好桌布的桌子上放一枚1角硬币，然后在这枚硬币的两边各放一枚1元硬币，再将一个倒置的玻璃杯放在这两枚硬币的中间位置上。玻璃杯放好之后的样子要和下图一致。好了，现在做游戏！你必须把那枚1角硬币从玻璃杯底下移出来，但是不能移动玻璃杯或者那两枚1元硬币。而且，你也不能借助其他东西将1角硬币从玻璃杯下面推出来。该怎么做呢？

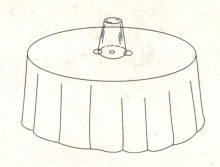

157.抓住钞票

右手拿着1元的钞票，并与胸口平行。另外一个人用拇指和食指夹在钞票的中间部位，并与钞票的

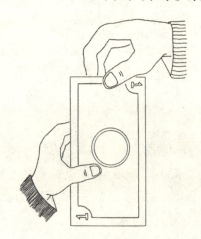

距离保持在2厘米左右，他的手不能接触钱币。然后，告诉他如果你放手的话，钞票会从他的两个手指之间掉下去，而且他肯定抓不住。这个听起来是不是很简单呢？

158.硬币上的日期

你先转过身，然后请朋友把一枚硬币正面朝上放在桌子上。接着，让他将一张白纸放在硬币上。现在，转回来，并宣称你要运用你的超能力看穿这张不透明的纸，然后读出这枚硬币上面的日期。这枚硬币自始至终都是完全被遮盖的。如果想使游戏更有趣，你可以建议进行下面所介绍的赌注：如果你可以正确读出日期，那么，你将得到这枚硬币；如果你失败的话，那么，对方将得到这枚硬币。

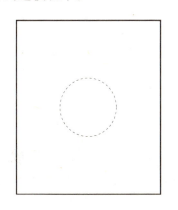

159.玻璃杯与火柴

威灵顿·曼尼拜格斯是赌场中的名家，他有一道"玻璃杯"难题。将一根火柴支撑在两个颠倒的玻璃

杯的中间部位（如下图所示）。现在，威灵顿打赌说他即使将其中的一个玻璃杯拿走也可以使那根火柴悬在空中。你只能拿桌子上的第2根火柴与那根火柴接触。那么，谁对他的这个赌感兴趣呢？

160.数硬币

这个思维游戏的创作灵感来源于在新泽西州欧文顿的古老奥林匹克公园举行的竞技比武大会。将8枚硬币正面朝上放在图中各圆圈内的动物上，然后，设法用7步使其中的7枚硬币背面朝上，每步都要从正面朝上的那枚硬币开始计数。数出4枚硬币，并使第4枚硬币背面朝上。数硬币时，不用考虑硬币是正面还是背面。

161.水与酒

珀西·波因德克斯特先生是著名的饭后思维游戏专家，他正设法解答一道古老的水与酒的题，但他现在已经不知所措了。这个题是这样的：有两个玻璃杯，里面装着相同容量的液体。一个装有水，另外一个装有酒。首先，从水杯中盛一匙的水倒入酒杯。然后，搅拌均匀。接着，再盛一匙的酒水混合物倒入水杯。那么，水杯里的酒比酒杯里的水多还是少？

162.苏莱曼黄金绳索

在一次十字军东征时，好奇的古德温爵士遇到了寓言中的苏莱曼黄金绳索。这两根绳子相距0.5米，且一端已经固定在他所占领的城堡大厅的拱顶上，它们距离地面0.8米。由于时间紧迫而且没有梯子，所以古德温爵士无法利用梯子把它们剪下来，于是他只能用手拽着绳子仗着胆子往上爬，然后用匕首尽可能将两根绳子多切掉一些。但是，天花板离地面很高，任何人摔下来都会致命。那么，古德温爵士是如何将城堡中的这两根黄金绳子带走的呢？

163.顽皮的海马

6只顽皮的海马排成队玩起一个小游戏。前面3只海马的尾巴是浅色的，而后面3只的尾巴则是深色的，它们要做的是用10步来互换位置。海马可以向前或者向后移动，它可以移到与之相邻的位置，只要那个位置是空的；它也可以从另外一只或者两只海马旁边经过，游到一个空位置上。当它们互换位置之后，原来前3个位置上应该是3只深色尾巴的海马，而后面3个位置上则应该是3只浅色尾巴的海马；同时，第7个位置应该是空的？

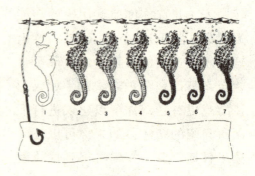

164.箭靶

亚历山大和他的妹妹西比拉在靶子上打出了相同的环数，他们一共得到了96分。那么，你知道这些箭射在哪些环上吗？

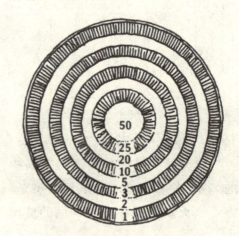

第2章 提高思考力的思维游戏

清华北大学生爱做的1500个思维游戏

165.称茶叶

下图中的余先生是香茶出口公司的老板，他同时也是一位伟大的思维游戏大师，他总是喜欢为难来看望他的外国代理商。他说他只用一个简易的公平秤和 4 个不同分量的铁制砝码就可以称出从 1 千克到 40 千克任意整千克的茶叶。那么，你知道这4 个砝码的分量分别是多少吗?

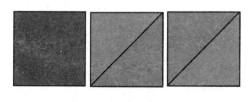

166.组合正方形（1）

你能不能将这 3 个正方形分割成最少的图形碎片重新组成一个更大的正方形?

167.清理仓库

试试这个日本清理仓库的游戏。在这个游戏中，作为一个"索克板"（日语音译，仓管员），你要把所有的"板条箱"都从出口转移出去。

规则如下：

1. 可以横向或纵向推动一个板条箱；2. 不可以同时推动两个板条箱；3. 不可以往回拉动板条箱。X 处为起始点。

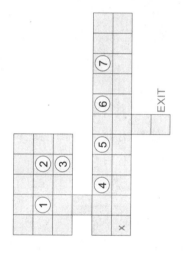

168.划分符号

画 3 条直线将方框分成 6 个部分，要求每部分都含有每种符号各两个。

103

169.两位政治家

这两位政治家是谁？仔细看看，确定你是对的吗？

170.数字与图形的组合

你能找出数字与图形之间的组合规律吗？然后指出问号部分应当填入的数字。

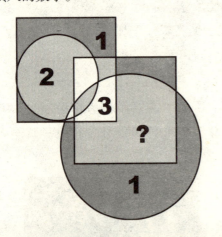

171.喝咖啡的路程

有7个好朋友住在7个不同的地方（以圆点为标志）。他们准备聚在一起喝咖啡，为了最大限度地减少各自的行走路程，他们应该在哪个地方见面呢？

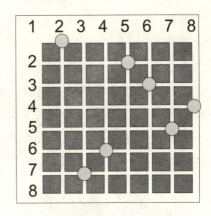

172.多边形铜块

在加工厂里，毛坯是不能直接进行加工的，首先要送到画线工人那里画线和打孔。

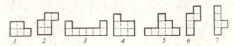

一家加工厂里需要大量的7种形状的多边形铜块，如上图所示。画线工人注意到如果用某种形状的铜块6块就可以拼出一个矩形。是上图哪种形状的铜块？画线工人还发现下图中的6种形状可以被分割成形状相同上图的几部分。请把分隔线画出来。

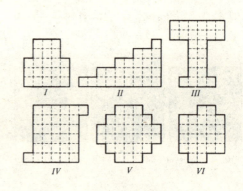

答　案

1...

这个装置利用了一些简单的机械原理。装置中用到了链子、滑轮、杠杆以及气箱和水箱。牧师将圣坛上的圣火点燃，气箱和水箱里的空气受热膨胀，压迫球形水箱里的水通过虹吸管流到挂在滑轮上的桶里面。桶的下降会拉动绳子或链子，从而拉动栓门的链子，神殿的门就这样被"神奇"地打开了。

当圣火燃尽，空气冷却之后，门又会通过右下方的平衡物自动关上。

2...

如图所示，无论猴子怎样往上爬，它跟香蕉总是保持平衡状态。

3...

如果这个女孩的力气足够大的话，她可以举起自己。如果她体重60磅（约27千克），而她坐的秋千重4磅（约1.8千克），她对绳子施加32磅（约14.5千克）的力就可以把自己举起来。

4...

理论上是可以的，尽管操作起来会非常困难。如果这个男孩对绳子施加的力等于他的体重加上木板的重量，他就可以把自己拉起来。但是在这种情况下他还必须努力保持平衡。

5...

数轴是这样的一条直线。它上面没有任何间隙或者空白。它包含所有的实数，即所有的有理数和无理数都可以在数轴上找到它们的位置。

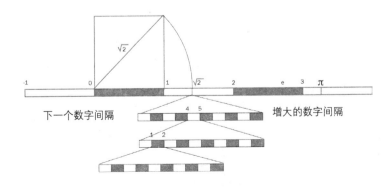

6…

不管你如何选择这 10 个数，总是可以从中找出两组数字之和相等。

在这 10 个数里选择一个数一共有 10 种方法，选择一组两个数有（10×9）÷（2×1）种方法，选择3个数有（10×9×8）÷（3×2×1）种方法，一直到选择9个数有（10×9×8×7×6×5×4×3×2）÷（9×8×7×6×5×4×3×2×1）＝10 种方法。加起来一共是 1012 种方法。

一组数之和最小的可能是 1，最大的可能是 945（一组里面包含 10 个数，从 90 到 99）。

也就是说，选择数字一共有 1012 种方法，各组的和只有 944 种可能。

因此，如果从小于 100 的整数中任意选出 10 个数，总是可以从中找出两组，使其数字和相等。

7…

$32547891 \times 6 = 195287346$

8…

$\frac{1}{4}x + \frac{1}{5}x + \frac{1}{6}x = 37$

$x = 60$

因此我一共有 60 美元。

9…

20 以内唯一不能被这样展开的数是 19。如果允许用阶乘的话，也可以把它展开（$4! = 1 \times 2 \times 3 \times 4$），19 可以被写成 $4! - 4 - (4/4)$。

1=44 /44
2=4/4+4/4
3=（4+4+4）/4
4=4（4−4）+4
5=[（4×4）+4]/4
6=4+[（4+4）/4]
7=4+4−（4/4）
8=4+4+4−4
9=4+4+（4/4）
10=（44−4）/4

11=44/（$\sqrt{4}+\sqrt{4}$）
12=（44+4）/4
13=（44/4）+$\sqrt{4}$
14=4+4+4+$\sqrt{4}$
15=（44/4）+4
16=4+4+4+4
17=（4×4）+4/4
18=（4×4）+4−$\sqrt{4}$
19= 无解
20=（4×4）+$\sqrt{4}+\sqrt{4}$

10…

$4 + 4^2 + 4^3 + 4^4 = 340$

11…

持续度分别为 2，3，4 的最小的数分别为 25，39，77。每个数通过重复题目中的过程都可以得到一个一位数。这个过程不是无限的。

持续度	最小的数
1	10
2	25
3	39
4	77
5	679
6	6788
7	68889
8	2677889
9	26888999
10	3778888999
11	277777788888899

注意 8 和 9 出现的频率非常高。为什么呢？没有人知道。

12…

芝诺的悖论中的错误就是他假定无限个数的和还是无限个数，这与事实不符。

无限个数的和，例如：

$1 + 1/2 + 1/4 + 1/8 + 1/16 + 1/32 + 1/64 + \cdots = 2$

我们知道这是一个等比级数。

等比级数是一个数列，其首项为 1，后一个数与前一个数的比值（x）相等。在上面这个例子中，x 等于 1/2。当 x 小于

1 时，无限项的等比级数各项之和是一个有限的数。

阿基里斯追上乌龟所跑的距离和用掉的时间可以分别看做是等比小于 1 的等比级数，因此他追上乌龟所跑的总距离并不是无限的，同样，所用的时间也是有限的。

假定乌龟的起点比阿基里斯的起点前 10 米，阿基米德每秒钟跑 1 米，速度是乌龟的 10 倍，那么他用 5 秒就可以跑完一半，再用 2.5 秒就可以跑完剩下路程的一半，依此类推，他用 10 秒就能够跑完 10 米。

而这时乌龟才刚刚跑了 1 米。阿基米斯在 11 秒多之后在离他的起点 11.1 米的地方就已经超过乌龟，很轻松地赢得了这场比赛。

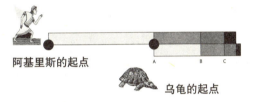

阿基里斯的起点

乌龟的起点

13...

如图所示，画 3 个直角三角形，x 为三角形的高。

由此我们就得到了这 3 条直线的关系：
$$c^2 = a^2 + x^2$$
$$b^2 = x^2 + 1$$
$$(a+1)^2 = b^2 + c^2$$

将前 2 个式子代入第 3 个式子中，我们就得到了一个等式：
$$a^2 + 2a + 1 = x^2 + 1 + a^2 + x^2$$
$$a^2 + 2a + 1 = a^2 + 2x^2 + 1$$
$$2a = 2x^2$$
$$a = x^2$$
$$\sqrt{a} = x$$

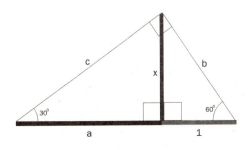

14...

一共有 204 个正方形，这个结果是由下面这个式子得到的：
$$8^2 + 7^2 + 6^2 + 5^2 + 4^2 + 3^2 + 2^2 + 1^2 = 204$$

边长包含 n 个单位正方形的大正方形里所含的正方形数等于从 1 到 n 的整数的平方和。

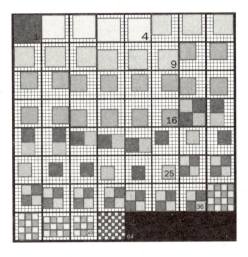

15...

书虫一共爬过了 25 厘米，如图所示。它吃掉了 4 整本书以及第 1 本书的封面和第 6 本书的封底。

25 厘米

16...

这个表面只有一个面和一条边。打的这个结使纸条扭曲了 180°，形成了一个麦比乌斯圈。

17...

如下图所示：

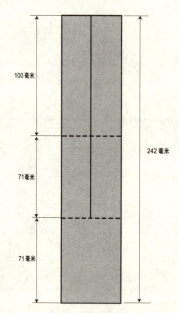

18...

是的。但是为什么呢？

你折叠的线其实是三角形三边的垂线，它们交于一点，这一点称为垂心，它也是三角形外接圆的圆心。

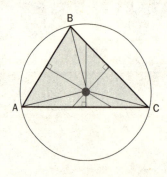

19...

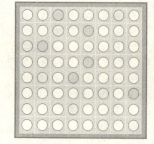

21...

22...

可能的排列顺序应该有6×5×4×3＝360种。

23...

如果金块和王冠所排出的水的体积相等，那么就说明王冠是纯金的。

但是当时这个实验的结果并非如此，相反，王冠排出的水的体积更大。这说明王冠并不是纯金的，所以王冠的体积才会

清华北大学生爱做的1500个思维游戏

第2章 提高思考力的思维游戏

比金块的体积大。

除了这个发现，阿基米德在很多其他的领域也有很大的作为。

他发现了每个浸在水中的物体都受到一个水对它的向上的作用力（也就是说，物体变轻了），这称之为浮力，而物体的浮力等于该物体排出的水的重量。由此而出现了流体静力学。

在阿基米德之后，这个方法被很多人用来鉴别金属、珠宝以及测量物体的密度。另外，根据阿基米德定律，物体的质量与跟该物体等体积的水的质量之比，我们称之为该物体的比重。即：

$$比重 = \frac{物体的质量}{等体积的水的质量}$$

24...

浸在水里的物体的浮力等于它所排出的水的重量。

你可能认为结果应该是在天平右端原来的重物基础上再加上与左端容器里重物承受的浮力相等的重量，然而真的是这么简单吗？

根据牛顿第三定律，作用力与反作用力相等。那么容器里的水对重物的浮力就等于重物对水的反作用力。

因此，天平右端的重量减少时，天平左端的重量相应增加。

所以要达到平衡，天平右端需要加上2W 的重量，W 等于重物在左端容器里排出的水的重量。

25...

第 1 组菜中你有两道可以选择，第 2 组菜中你有 3 道可以选择，第 3 组菜中你有两道选择。因此你的选择方法一共应该有 2×3×2=12 种。

26...

$$C_n^k = \frac{n!}{k!\,(n-k)!} = \frac{54!}{6!\,(54-6)!}$$
$$= \frac{54 \times 53 \times 52 \times \cdots \times 3 \times 2 \times 1}{(6 \times 5 \times 4 \times 3 \times 2 \times 1) \times (48 \times 47 \times 46 \times \cdots \times 3 \times 2 \times 1)}$$
$$= 25827165$$

27...

满足条件的排列方法只有唯一的一种，如下图所示。

而如果有 3 对以上的夫妻，情况会发生很大的变化。下面列举了从 3 到 10 对夫妻满足条件的排列方法：

n=3 1
n=4 12
n=5 13
n=6 180
n=7 579
n=8 4738
n=9 43387
n=10 439792

这个问题就是益智数学中著名的麦那热问题。

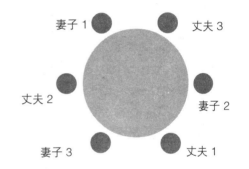

28...

n 个骑士在圆桌旁的排列应该有：$\frac{(n-1) \times (n-2)}{2}$ 种，即：$\frac{(8-1) \times (8-2)}{2} = 21$ 种。另外的 20 种排列方法如图所示：

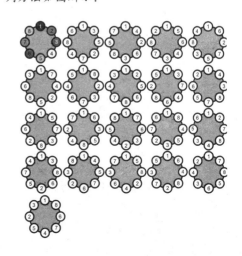

一共有 3 种口味需要排序，因此应该是 3 的阶乘，也就是一共有 6 种排序方法，因此冰激凌的口味正好是你最喜欢的顺序的概率应该是 1/6。

30...

声音的传播跟光一样，也遵循反射定律。

如图所示，当两根管子跟墙所成的角度分别相等时，两个孩子就能够听到对方讲话。声波反射到墙面上，然后再通过墙反射进管子。

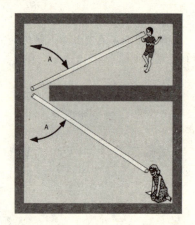

31...

我们必须记住的是水压所产生的巨大力量是同距离有很大关系的。

因此，大活塞每活动 1 个单位距离，小活塞就要活动 7 个单位距离。

加在小汽缸上的压力应该是 7 牛。

32...

N 是既是左撇子同时也是右撇子的学生数。

7N 的人是左撇子，9N 的人是右撇子。

那么 N+6N+8N=15N，即全班的学生数。

而右撇子在学生总数中所占的比例是 9N/15N，即 3/5，超过班上一半的人数。

| 左 | 左 | 左 | 左 | 左 | 左 | N=左+右 |

| 右 | 右 | 右 | 右 | 右 | 右 | 右 | N=左+右 |

33...

这 4 个图形的面积分别是 17，9，10，16 个单位面积。

当我们要计算一个小钉板上的闭合多边形的面积时，我们所要做的就是数出这个多边形内（不包括多边形的边线）的钉子数（N）和多边形的边线上的钉子数（B），多边形的面积就等于：N+B/2-1。

你可以用本题中的例子来验证一下这个公式。

34...

该图形可以通过移动拼成一个正六边形，那么我们只要算出这个正六边形的面积，就可以得到原图形的面积。这个正六边形是由 6 个正三角形组成的，如下图所示。因此所求图形的面积 =6× 正三角形面积，即：

$$6 \times \frac{1}{2} \times \text{底} \times \text{高}$$
$$=6 \times \frac{1}{2} \times 2 \times \sqrt{2^2-1^2} = 6\sqrt{3}$$

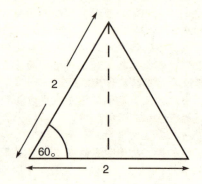

35...

深色部分占总面积的 44%。

我们可以看到图中竖向的线都是平行的。又根据等底等高的平行四边形和长方形的面积相等，而深色部分又全部都是平行四边形，因而很容易得到深色部分的面积为总面积的 4/9，即 44%。

36...

最小的内接正三角形边长为 1，面积约为 0.4330；

最大的内接正三角形边长为 1.035，面积约为 0.4641。

内接正三角形的面积计算公式是：
$$A = \frac{\sqrt{3}}{4} S^2$$

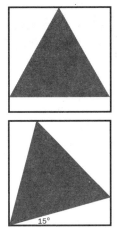

37...

直角三角形的内接正方形只有两个，摆放位置如图所示。用深色标示出来的那个正方形是最大的。

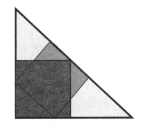

38...

将三角形任意两边的中点连结起来，这条线段与三角形的另一边所组成的长方形就是面积最大的内接长方形。锐角三角形有3个这样的内接长方形（形状不同，面积相同）；直角三角形有2个；钝角三角形只有1个。这个内接长方形的面积是三角形面积的一半，这一点用折纸很容易就能证明。

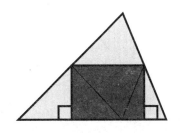

39...

如图所示，等边三角形的内接正方形有3种摆放方法。

该正方形的面积见下图。

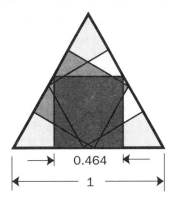

40...

事实上，在水滴落入水中150毫秒之后，你会再次看到水滴从碗中升起来，这一过程用一台超高速相机可以拍摄得到。

在这么短的时间内，这滴水还没有足够的时间与碗里其他的水融合。这种现象每滴水滴入时都会发生。这是一种复杂的流体力学现象的演示，这一现象被称之为"可逆层流"。

41...

燃烧需要氧气，没有氧气就不能燃烧。

当蜡烛燃烧用完玻璃瓶中的氧气时，蜡烛就会熄灭，这时玻璃瓶里的水位会上升，以填充被用尽的氧气的空间。

42...

当你睁开眼睛时你的车已经行驶了约9.03米，因此你刚刚避免了一场交通事故。

1千米 = 1000米，因此按照65千米/小时的速度你在半秒钟内行驶了（65×1000）/（60×60×2）≈ 9.03米，从而可以避免这场交通事故。

43...

图中是一台电影放映机，它每次放映一个画格胶片，胶片会停留一定时间（几

分之一秒），再放映下一个画格。由于视觉的滞留原理，我们的眼睛不会注意到放映过程中换胶片的间隙。然而事实上，当你看完一场电影时，你至少看了一个小时的空白屏幕！

胶片必须要一张一张地放映，以避免图像模糊，这也是为什么槽轮结构是最理想的放映工具的原因。

它的工作原理是这样的：如图所示，拨盘上带有圆销 A，槽轮（C）上有 4 个径向槽（B 是其中一个）。拨盘持续转动，它每转一周，圆销 A 拨动槽轮转过 1/4 周，带动放胶片的轮子 D 旋转，胶片移动一个画格。拨盘上的那个带有一个凹槽的黄色圆盘的作用是带动槽轮转动，在不放映的时候，它也可以起到稳住槽轮的作用。

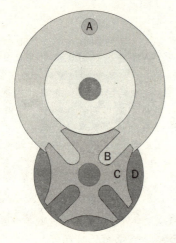

44...

主动轮顺时针旋转一周，主动轮上固定的臂会拨动棘轮转过一个齿。

45...

虽然是不同的摆幅，但是摆动一次所需要的时间是相同的。摆的周期不随摆幅的变化而变化，这是已被证明了的事实，尽管它不符合我们的直觉。

摆的运动遵循着特定的 3 个规律：

1. 摆的周期与摆锤的重量无关；
2. 摆的周期与摆幅的大小无关；
3. 摆的周期与摆线长度的平方根成正比。

摆的周期可以由这个简单的公式求出：

$T = \sqrt{L/g}$ 其中 T 指完成一次摆动所需要的时间，L 指摆线的长度，而 g 指的是由于地心引力所产生的摆动的加速度，在地球上 g=9.8 米／秒²。

由于除了摆线的长度以外 g 是唯一的变量，因此，作为一种非常简单的装置，摆通常用来测量某个星球上的重力。1 码（0.9144 米）长的摆在地球上摆动一次约 1 秒，而在月球上则需要 2.5 秒。

46...

这道题目在设计上的问题就是钟摆摆动的周期居然长达 5 秒，而摆线这么长的钟在现实生活中是不可能出现的。

一般来说，摆的理论最好应用于摆幅较小的情况。因为在现实中，如果摆幅很大，如 140°，那么它就很容易受到其他物理因素的影响。

47...

笔画出来的运动轨迹是一条正弦曲线，如图所示。这种运动被称为阻尼运动，这是因为在摩擦力的作用下振动最终停止，而且其运动轨迹成为一条直线。

理想的状态（即没有摩擦力的情况）被称为简谐运动。简谐运动是自然界中最常见的运动类型之一，比如池塘的水波、收音机的波等。

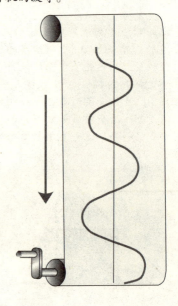

48...

在这个装置中，通过起连接作用的绳子使这两个摆锤的运动相互作用。当其中一个摆锤开始振动时，这种振动转移到起连接作用的绳子上，然后再转移到另一个摆锤上。第一个摆锤的能量逐渐转移到另一个摆锤上，然后再转移回来。

由于这种共振转移作用，这种摆通常被称为共振摆。

49...

通过很多次轻轻地拉动绳子，这个巨大无比的摆将会慢慢摆动起来，而且摆幅会越来越大——只要轻拉绳子，节奏是可以引起共振的。

如果你用力过大就会将磁铁从摆上拉开，而轻轻地拉动绳子则会带动摆开始有一点摆动。然后把磁铁拿开，让摆自己摆动，当它向你摆过来又要摆回去的时候，再次将带着绳子的磁铁吸在它侧面，并且将绳子往你的方向轻轻拉动。如果你时机把握得好，节奏又把握得非常准的话，摆的摆幅就会逐渐增大。

50...

最终图形的高度会接近原来图形的2倍，但是却永远不可能达到它的2倍，不论这个数列如何继续下去：

$1+1/2+1/4+1/8+\cdots$

计算"塔"的高度也与此类似。

51...

在9!（9的阶乘）也就是362880种不同的排列方法中，一共有84种方法符合要求。

52...

59天。在最先只有1朵睡莲的情况下，第2天应该有2朵睡莲。

53...

第4次分割之后的图形如图所示：

第4次分割
175/256=0.68

54...

黑色部分面积与整个大三角形的面积之比分别为：

第1次分割：25%

第2次分割：约44%

第3次分割：约58%

第4次分割：约68%

如果你无限地分割下去，三角形里的白色部分的面积将会越来越小，最终接近0。

55...

伽利略的诡论是无限集的神奇特性之一。伽利略在他的最后一本著作《关于两门新科学的对话》中提出了一个观点：平

113

方数与非平方数的总和看起来要远远多于平方数，然而每一个数都有一个平方数，并且每一个平方数都有一个平方根，因此不能说究竟哪种数更多。这是用一一对应的方法来做证明的早期运用。

56...

描述康托的梳子齿的总长度的公式是 $(2/3)^n$。

随着 n 的无限增大，梳子齿的总长度接近 0。康托的梳子的一个特性就是：当梳子齿的总长度在 0 与 1 之间时，总能够在梳子上找到两点，使这两点之间的距离等于梳子齿的总长度。

57...

最少需要 3 次。

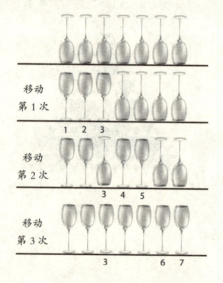

58...

正放和倒放的杯子的个数都是奇数，而每次翻转杯子的个数是偶数，因此最后不可能将 10 个（偶数个）杯子都变成相同的放置情况。

奇偶性这个词在数学中首先是被用来区别奇数和偶数的。如果两个数同是奇数或者同是偶数，就可以说它们的奇偶性相同。

每次移动偶数个杯子，这样就保留了图形的奇偶性。

59...

菲多被拴在一棵直径超过 2 米的粗壮的树上，所以菲多可以绕着树转一个直径为 22 米的圆，如图所示。

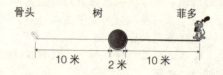

60...

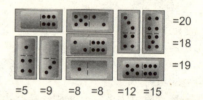

61...

九宫图中的 9 个数字相加之和为 45。

因为方块中的 3 行（或列）都分别包括数字 1 到 9 当中的 1 个，将这 9 个数字相加之和除以 3 便得到"魔数"——15。

总的来说，任何 n 阶魔方的"魔数"都可以很容易用这个公式求出：$\dfrac{n^3+n}{2}$

和为 15 的三数组合有 8 种可能性：

9+5+1　9+4+2　8+6+1　8+5+2

8+4+3　7+6+2　7+5+3　6+5+4

方块中心的数字必须出现在这些可能组合中的 4 组。5 是唯一在 4 组三数组合中都出现的。因此它必然是中心数字。

9 只出现于两个三数组合中。因此它必须处在边上的中心，这样我们就得到完整的一行：9+5+1。

3 和 7 也是只出现在 2 个三数组合中。剩余的 4 个数字只能有一种填法——这就证明了魔方的独特性（当然，旋转和镜像的情况不算）。

62...

魔数为 34 的四阶魔方有 880 种。我们在此举一例。

16	5	2	11
3	10	13	8
9	4	7	14
6	15	12	1

63...

4 个方片需要按以下顺序沿着铰链翻动：

①方片 7 向上；

②方片 9 向下；

③方片 8 向下；

④方片 5 向左；

然后我们就得到了著名的魔数为 34 的杜勒幻方。

64...

事实上，由 1 到 9 当中的 3 个数字组成和为 15 的可能组合有 8 种。

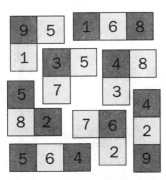

65...

28	4	3	31	35	10
36	18	21	24	11	1
7	23	12	17	22	30
8	13	26	19	16	29
5	20	15	14	25	32
27	33	34	6	2	9

66...

八阶魔方具有许多"神秘"的特性，而且超出魔方定义的一般要求。

比如说每一行、列的一半相加之和等于魔数的一半等。

52	61	4	13	20	29	36	45
14	3	62	51	46	35	30	19
53	60	5	12	21	28	37	44
11	6	59	54	43	38	27	22
55	58	7	10	23	26	39	42
9	8	57	56	41	40	25	24
50	63	2	15	18	31	34	47
16	1	64	49	48	33	32	17

67...

三阶反魔方存在，而且可以有其他答案。

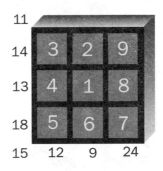

68...

很明显二阶六边形魔方是不可能存在的。最简单的证据就是 28 不能被 3 整除。

69…

70…

71…

72…

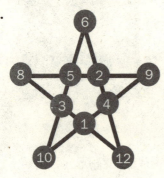

73…

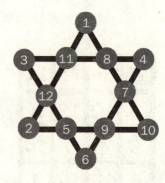

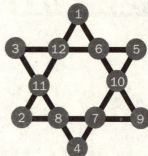

74…

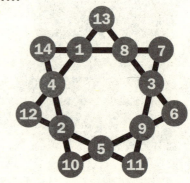

75…

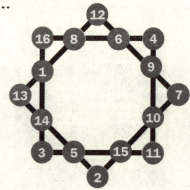

清华北大学生爱做的1500个思维游戏

第2章 提高思考力的思维游戏

76...

这个问题可不简单。

一共有 12!（12 阶乘 =1×2×3×…×11×12＝479001600）种方法将数字 1 到 12 填入六角形上的三角形中。如下图所示是其中的一种。

77...

$$\sqrt{\frac{x}{2}}+\frac{8}{9}x+2=x$$

这里 x= 蜂群中的蜜蜂数

整理式子：

$$\sqrt{\frac{x}{2}}=\frac{x}{9}-2$$

两边平方：

$$\frac{x}{2}=\frac{x^2}{81}-\frac{4x}{9}+4$$

简化为：

$2x^2-153x+648=0$

这可以分解为：

$(x-72)(2x-9)=0$

很明显 x 不等于 4.5（假设 2x-9=0 得出的结果），所以 x 一定是 72,那么整个蜂群一共有 72 只蜜蜂。

78...

每一行中的黑楔形都可以构成一个完整的正方形。

79...

4：1。把小三角形颠倒过来，就能立刻看出大三角形是小三角形的 4 倍。

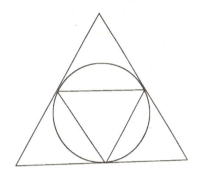

80...

从第 2 个环与第 3 个环中间截断，从第 3 个环与第 4 个环之间截断。这样就形成了一个 2 个环在一起、1 个环、4 个环在一起的 3 段，于是第 1 天就可以拿第 1 个环；第 2 天把第 1 个环拿回来，拿 2 个环在一起的那一段；而第 3 天，再拿 1 个环；第 4 天，将 3 个环拿回来，拿 4 个环连在一起的那一段；第 5 天，再拿 1 个环；第 6 天，拿回 1 个环，拿 2 个环连在一起的那一段；第 7 天，全部拿走。

81...

使用 1 克和 3 克两个砝码，就可以测量出 4 克的重量，也可以测量出 2 克的重量。依据这个道理，所选择的砝码必须互相利用。计算周全后，即可得出需要的 4 个砝码：1 克、3 克、9 克以及 27 克的砝码。它们加起来正好是 40 克。可是其他重量的物体怎样称呢？就要像前面举的例子互相配合利用。比如，称 20 克时，右秤盘放上 1 克和 9 克的砝码，左秤盘放上 3 克和 27 克的砝码就行了。照此方法，一直可以称到 40 克。

82...

在 10 点的地方，有一个 0。如果你能注意到这一点的话，那就好办了。无论多少个数字相乘，如果其中有一个数字是 0 的话，其结果都是 0。

83...

301个。将从0到999的所有数字补足3位，变成从000到999。一共有1000个数字，包含数的个数为3×1000=3000个。显然0，1，……9的个数是相同的，因此在000～999之间含"1"的个数为3000÷10=300个，加上1000所含的1个，"1"的个数为301个。

84...

书的价钱是5元，哥哥没钱，弟弟有4.9元。

85...

因为这些用户沿着铁路排列，可以看成是一条直线。医院应在最中间用户间的任意一点。

86...

考虑此题时重要的有两点：一是A，B与C，D要同时走，因为以走得慢的马所需时间计算，只有这样才能有利于节约时间；二是回来时要骑跑得快的马。C和D绝对不行，A最好。以此为原则：最佳顺序是：（1）把A和B牵到Q村（2小时）。（2）骑上A，回到P村（1小时）。（3）把C和D牵到Q村（5小时）。（4）骑上B，回到P村（2小时）。（5）最后把A和B牵到Q村（2小时）。或者把第2步和第4步调换过来也可以。

87...

由5个人的手配合相握，感觉好像能握好，不妨先做一个假设，两组右手和两组左手都能握得很好，但剩下的一只右手和一只左手怎么都不好握了。

88...

一个人先攀上软梯，另一个人待水齐到颈部时开始攀升。攀升速度与水涨的速度相等，使水的高度始终在人的颈部。借助水的浮力，软梯就可以负担两个人的重量了。

89...

天平平衡。因为燃烧的速度一样，耗蜡也一样。

90...

3支。如果是多数人在竞猜这道题，一定会有3种答案，7支、1支不剩和3支。说7支的人显然没有看清楚问题，回答1支不剩的人已经在进一步思考这个问题了。但不够全面。未被风吹灭、一直点燃着的7支蜡烛，最后自然要烧尽，可是被风吹灭的3支蜡烛一定会剩下的。

91...

这要借助一根细长的棍，先将乒乓球3从洞里挑出，顺着1的方向向前滑行，然后1进入洞中。再将2和3一同顺着3的方向滑行，越过洞口。然后1可以出来继续按照原来的方向滚动。2和3沿着3的逆方向滑行，经过洞口，让3仍然进入洞中。最后2沿着它原来的方向继续前行。

92...

按题干条件：
（1）甲、乙＝丙、丁；
（2）甲、丁＞乙、丙（隐含：丁＞乙，甲＞丙）；
（3）乙＞甲、丙。
按此排序：丁＞乙＞甲＞丙。

93...

一共要6种不同停法。6种电梯停层的情况如图所示，其中的圆圈表示此层要停，箭头表示此层不停。

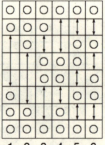

1 2 3 4 5 6

94...

高谐马上把城中老太太都集中起来，把旧靴拿给她们辨认，并说："刚才一个骑马的人在路上被强盗抢劫杀害，遗下这双靴子，你们之中有他的亲属吗？"一个老太太见了靴子捶胸大哭道："我儿子昨天穿着这双靴子到他妻子娘家去了啊！"按此线索，很快抓获了那个骑马换靴的男人。

95...

问"你的神志正常吗？"便可区别答话者是人还是魔鬼。

96...

无论从哪一颗钻石开始数起，每次拿走第17颗，依此进行，最后剩下来的，必然是最初开始数的第3颗钻石。

97...

凶手从窗口把箭射进去杀死犯人后，又将几只蜘蛛放到窗台上。其中一只蜘蛛在天亮时结了一张网，于是就造成不是从窗户射击的假象。

98...

先把羊带过河去。把羊带到对岸后，猎人自己回来，再把青菜带过去。接着，把青菜留在对岸，同时务必要把羊牵进船里带回来。然后，把羊丢在原先的岸上，把狼带过河去。最后，将狼和青菜留在一起，自己再回来把羊接过去。

99...

如图：

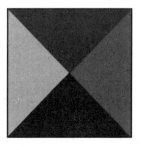

100...

5小块图形中最大的两块对换了一下位置之后，被那条对角线切开的每个小正方形都变得高比宽大了一点点，而且这个大正方形都变得高比宽大了一点点。这意味着这个大正方形不再是严格的正方形。它的高增加了，从而使得面积增加，所增加的面积恰好等于那个方洞的面积。

101...

因为《康熙字典》清朝才出版。

102...

因为相士根本没有盲，在"推算"时他看到富绅背后有个身穿长大衣的人持着枪不怀好意，便向富绅暗示。可惜富绅不信"命"，毫无防备。

103...

吵架的两个人分别是公安局长的父亲和丈夫。

104...

汽车2个小时一共行驶了110公里，另一个路标的数字是：16061。

105...

由一只蚂蚁把沙粒拉出凹处，放在通道里；然后另一只蚂蚁进入凹处；再由那只蚂蚁推着沙粒过凹处后暂停；然后另一只蚂蚁爬出凹处，沿通道爬走；最后那只蚂蚁将沙粒拖回凹处，自己走开。

106...

可供9个晚上使用。因为40个蜡烛头可以做成8支蜡烛，8支用完后又可做成1支。

107...

舒克从自己家中，用幻灯机的强光把"违法建筑"四个字打到隔壁家的木板上，这么一来，只要这个木板不拿走，不管是

用擦，或者是覆盖，或者挖掉，都不会让这四个字消失。

108...

画师用笔在财主画像的脖子上添了一个枷锁，并大书一个"贼"字，然后拿到大街上去卖。街上的人看到这幅画后，都认出是财主。于是一传十，十传百，大家都纷纷围着画看。财主知道后很气愤，但又没有办法，只好出很高的价钱把画买回家。

109...

可以用沙子慢慢地把洞灌满，这样，小鸟就会随着沙子的增多而回到洞口。

110...

向"不可能"的事情挑战，再把"不可能"变为可能，这就是人类不断进步的原因，思考这道题时，要尽可能多画一画，试一试，找出多方面的可能性，结果你会发现，题中的问题，可以解决。如图所示，使圆齿轮的周长等于椭圆齿轮周长的一半，并将圆齿轮的中轴偏心放置，就可以转动。

111...

如图：

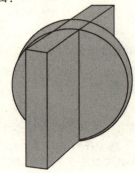

112...

首先作一个正方形，在此正方形两条相邻的边上，分成等距离的一个一个的小段，如图所示，然后将其一点一点的连起来，就会显出一条完美的曲线，不过这条曲线，只是问题中所要求的一半，把两个这样的曲线对接，即形成题所要求的曲线。

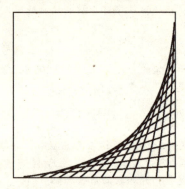

113...

按图的方式，把三角板竖立起来，然后在两侧各画一条线。也就是将三角板的厚度当成平行线之间的宽度。

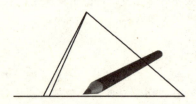

114...

如图：

自	高	自	大			
欺			庭			
欺			广			

先	声	夺	人	多	势	众	口	铄	金
发			微			擎			刚
制			言			易			怒
人	微	权	轻	而	易	举	世	瞩	目
			重			国			
			缓			上			
			急	转	直	下			

115...

①刁——习	②凡——风
③尤——龙	④勿——匆
⑤立——产	⑥车——轧
⑦开——卉	⑧叶——吐
⑨史——吏	⑩主——庄
⑪禾——杀	⑫灭——灰
⑬头——买	⑭玉——压
⑮去——丢	⑯舌——乱
⑰亚——严	⑱西——酉
⑲利——刹	⑳烂——烊

116...

丢车保帅、车水马龙、一马当先、身先士卒、自相矛盾、如法炮制、调兵遣将、行将就木、兵荒马乱。

117...

如图：

118...

五百里滇池，奔来眼底，披襟岸帻，喜茫茫，空阔无边！看：东骧神骏，西翥灵仪，北走蜿蜒，南翔缟素，高人韵士，何妨选胜登临，趁蟹屿螺洲，梳裹就风鬟雾鬓，更苹天苇地，点缀些翠羽丹霞，莫辜负四围香稻，万顷晴沙，九夏芙蓉，三春杨柳。数千年往事，注到心头，把酒凌虚，叹滚滚，英雄谁在！想：汉习楼船，唐标铁柱，宋挥玉斧，元跨革囊，伟烈丰功，费尽移山心力，尽珠帘画栋，卷不及暮雨朝云，便断碣残碑，都付于苍烟落照，只赢得几许疏种，半江渔火，两行秋雁，一枕清霜。

119...

1. 成语加法

（2）龙戏珠＋（1）鸣惊人＝（3）令

五申

（0）敲碎打＋（1）来二去＝（1）事无成

（3）生有幸＋（1）呼百应＝（4）海升平

（7）步之才＋（1）举成名＝（8）面威风

2. 成语减法

（10）全十美—（1）发千钧＝（9）霄云外（8）方呼应—（1）网打尽＝（7）零八落（6）亲不认—（1）无所知＝（5）花八门（2）管齐下—（1）孔之见＝（1）落千丈

120...

山光物态弄春晖	张旭《山行留客》
荆山巳去华山来	韩愈《次潼关先寄张十二阁老使君》
峨眉山下水如油	薛涛《乡思》
两岸青山相对出	李白《望天门山》
若非群玉山头见	李白《清平调词三首》
姑苏城外寒山寺	张继《枫桥夜泊》
轻舟已过万重山	李白《早发白帝城》
东风不与周郎便	杜牧《赤壁》
滚东滚西一万家	杜甫《夔州歌》
碧水东流至此回	李白《望天门山》
澶漫山东一百州	杜甫《承闻河北诸道节度入朝欢喜口号》
平明日出东南地	李益《度破讷沙二首》
坑灰未冷山东乱	章碣《焚书坑》
射雕今欲过山东	吴融《金桥感事》

121...

同时到达地面。因为重力加速度与水平速度无关。

122...

右边。树是左边被砍掉一块，那么树的上半部分的重心开始右倾，因此，会往右边倒。

123...

有好几条路线供你选择，其中的1条

清华北大学生爱做的1500个思维游戏

第2章 提高思考力的思维游戏

121

是：f-b-a-u-t-p-o-n-c-d-e-j-k-l-m-q-r-s-h-g-f。

他的谎话在抵消后也是正确的道路。

124...

将图中虚线位置上的短线去掉就可以了。这样，就只剩下4个小三角形和1个大三角形。

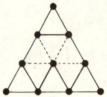

125...

他先沿着图1中的虚线把地毯剪开，然后，再把上半部分的地毯向左下方移动，这样，就正好可以与下半部分的地毯合并在一起（参见图2），将它们缝合成1个完整的正方形地毯。

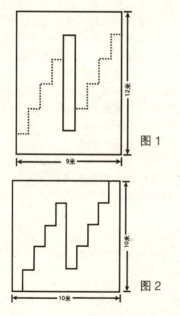

126...

爱丽丝问："如果我要是昨天问你们'哪条路通向麦德·哈特家？'的话，你们的答案是什么呢？"

对于这个问题，说实话的那个人仍会说出正确的答案。但是，那个说谎话的人会再次撒谎，但是那天他也在撒谎，所以，

127...

卷轴B是迪格博士发现的（线索4）。卷轴A是衣物清单，不是被布卢斯教授发现的（线索3），夏瓦博士找到日记（线索6），因此卷轴A肯定是雀瓦教授发现的，它是用古巴比伦字体撰写的（线索1）。迪格博士发现的卷轴B不是用亚述语写的（线索4），也不是拉丁文（线索2），卷轴B的文字肯定是埃及文。而卷轴B不可能是那封情书（线索5），因此，通过排除法，卷轴B只能是账本，而情书只能是布卢斯教授发现的。现在，从线索6中知道，夏瓦博士发现的是卷轴C，它不是用巴比伦语写的，那么只能是用亚述语写的，而布卢斯教授发现的卷轴D是用拉丁文写的情书。

答案：

卷轴A，古巴比伦文，衣物清单，雀瓦教授；

卷轴B，埃及语，账本，迪格博士；

卷轴C，亚述语，日记，夏瓦博士；

卷轴D，拉丁文，情书，布卢斯教授。

128...

答案如下图所示：

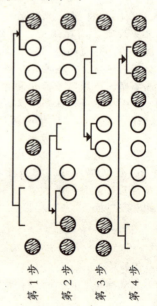

129...

答案是不可能将多米诺骨牌放在棋盘上。因为，1个多米诺骨牌占两个方格，红、黑方格各占1个。然而，当我们将棋盘的两个对角上的方格切掉时，这两个方格的颜色是相同的。在这个例子当中，棋盘还剩下32个黑色方格和30个红色方格。当你把30个多米诺骨牌放在棋盘上时，棋盘上所剩下的两个黑色方格并不会相互接触，这样，最后1个多米诺骨牌就无法放在上面。在任何1个棋盘上，相同颜色的两个方格不会并排相连。

130...

线段BD，DG和GB构成1个等边三角形。因此，线段BD和DG之间的角度是60°。

131...

首先，把2号、3号金字塔颠倒放；然后，把3号、4号金字塔颠倒；最后，把4号、5号金字塔颠倒。

132...

从任何1个点开始，数6个点，将1枚硬币放在第6个点上。记住你开始计数的那个点——你放第2枚硬币的地方。从那个可以数到第1个点的点开始计数，将第3枚硬币放在可以数到第2枚硬币开始的点。依此类推，将剩下的硬币放在各自的点上。

133...

答案如下图所示：

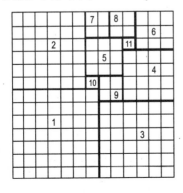

134...

拿起笔和尺子，将正方形画成25个小正方形（如图1所示）。再将正方形切成4块儿（沿着深色线切），把这4块儿标上号码。如果你按照图2和图3将这4部分重新拼的话，那么，你会拼成2个正方形，而每个正方形都各有1个完整的圣诞老人。

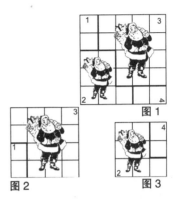

图1

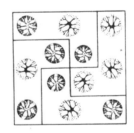

图2　图3

135...

答案如下图所示：

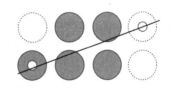

136...

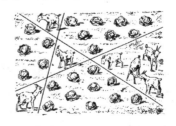

137...

答案如图所示：

123

138...

解决这道题的简单方法是从A点逐点标记到C点，图中标志的是从1a（即A点）到5e点（即C点）。图中的每个交叉点上线路数字是左边路线和下边路线的数字之和，因为所有的移动方向只是向右或向上。继续逐个点地加下去，最后从A点到C点一共有70条路线。

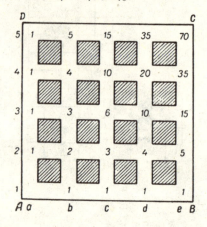

139...

下图是1种答案：一个士兵的路线用实线表示，另外一个士兵的路线用虚线表示。

140...

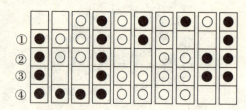

141...

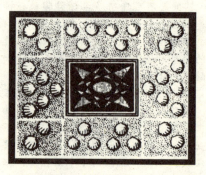

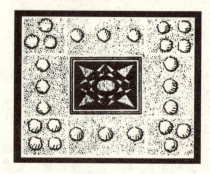

142...

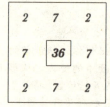

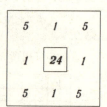

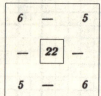

143...

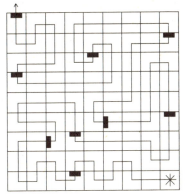

144...

把这个正方形纸板的任意一个角的顶点放在这个圆圈内边的任意一点。在 A 点和 B 点（即正方形与圆圈相交的两个点）做两个标记（参见图 1）。把纸板当直尺，将 A，B 两点连接。然后，用正方形的这个角的顶点放在这个圆圈内边的另外一点，并重复刚才的步骤，在另外的两个交点，即 C，D 两点做标记（参见图 2）。将 C，D 两点连接。这样，这个圆圈的中心点就是线段 AB 与线段 CD 的交点（参见图 3）。

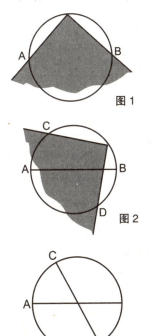

图 1

图 2

图 3

145...

3 个丈夫用 A，B，C 来表示，他们妻子分别是 a，b，c。他们可以按照下面的方法渡河：

（1）a 和 b 先渡河，然后 b 把船划回来。

（2）b 和 c 渡河，然后 c 把船划回来。

（3）c 下船并和她的丈夫留下来，然后 A 和 B 渡河；A 下船，B 和 b 一起把船划回来。

（4）B 和 C 渡河，把 b 和 c 留在出发点。

（5）a 把船划回来，然后让 b 和她一起渡河。

（6）a 下船，然后 b 把船划回来。

（7）接着，b 和 c 渡河，这样所有人都成功抵达对岸！

146...

可怜的阿里阿德涅一共有 15 块儿甜饼。劳拉得到 7.5+0.5，即 8 块儿甜饼，还剩下 7 块儿；梅尔瓦得到 3.5 + 0.5，即 4 块儿甜饼，还剩下 3 块儿；罗伦得到 1.5 + 0.5，即 2 块儿甜饼，还剩下 1 块儿；玛戈特得到 0.5 + 0.5，即 1 块儿甜饼，而阿里阿德涅则 1 块儿也没有。

147...

猴子应该按照下面的顺序走遍所有的窗户：10，11，12，8，4，3，7，6，2，1，5，9。这个线路在底部和中部的窗户之间的空间内只经过了 2 次。

148...

按照下面的步骤移动就可以获胜：2 号移到 1 号、6 号移到 2 号、4 号移到 6 号、7 号移到 4 号、3 号移到 7 号、5 号移到 3 号、1 号移到 5 号。

149...

既然箱子 C 不是最小的，那么，在箱子 A，B，C，D 中，箱子 D 是最小的。所以箱子 D 的数字不是 4 就是 5。箱子 C 对应的可能的数字是 2，3 或者 4（不是最大的，也不是最小的）。箱子 C 和箱子 D

的数字之和最少是 6，但是不大于 7。1 ～ 5 之间任意 2 个数字之和最大的可能是 7。因为箱子 A 比箱子 C 或者箱子 D 大，所以它可能是数字 2 或者 3，但它不是最大的。既然箱子 A 对应的数字不是 2 就是 3，并且它对应的数字加上箱子 E 对应的数字一定比 6 大，那么箱子 E 对应的数字不是 4 就是 5。

由此可得：

箱子 A=2 或者 3；

箱子 C=2 或者 3；

箱子 D=4 或者 5；

箱子 E=4 或者 5。

由于箱子 A 对应的数字大于箱子 C 对应的数字，所以，箱子 A=2；箱子 C=3；箱子 D=4；箱子 E=5；箱子 B=1。

150...

第 1 步：把 3 放到 4 的外边。

第 2 步：把 2 放到 6 的外边。

第 3 步：把 1 放到 12 和 13 下面的中间。

第 4 步：把 15 放到 13 和 14 下面的中间。

第 5 步：把 11 当做顶点放在最下边。

总的来说，如果 N 为三角形的边长（用硬币数来表示），使得三角形倒转所要移动硬币的最小数目可以用这个算式来求出：

$$\frac{N(N+1)}{6}$$

如果有余数，则四舍五入，取最相近的整数。

例如 N=5，5×6÷6=5

则把 1 个边长为 5 枚硬币长度的三角形倒转过来至少需要移动 5 枚硬币。

151...

从外面的大盒子里拿出 1 块糖，放到里面最小的盒子里就可以了。这样，最小的盒子里就有了 5 块糖（两对加 1 块）。将这 5 块糖算进第 2 个小盒子的糖果数目中，第 2 个小盒子中的糖果数现在是 5+4=9 块（4 对加 1 块）。第 3 个小盒子中现在有了 9+4=13 块糖果（6 对加 1 块）。最外面的大盒子有 13+8=21 块（10 对加 1 块）。

152...

答案是 11 次。时针和分针在每个小时里相遇的时间会比前 1 个小时晚大约 5 分钟。从午夜开始计算，两个指针会在以下时间相遇：1:05，2:10，3:16，4:21，5:27，6:32，7:38 ；8:43，9:49 ；10:54 ；12:00。

153...

229，230，231。

154...

这个钟要花费 10 秒钟来敲 11 下。因为第 1 下相当于在 0 秒的时候敲的，2 声耗时 1 秒，3 声耗时 2 秒。依此类推。

155...

房屋的施工人员忘记把门牌号安装在各个单元内的各个房间上。他们在五金店把这些号码以每个 1 元出售。因为弗莱尔·布莱尔庄园只有 9 个单元，每间房屋只需要 1 个号码。因此，4 个顾客买 4 个号码一共要花 4 元。

156...

将食指放在桌子上，方向要与这枚 1 角硬币相对。然后，轻轻地用手指抓动桌布。这样，硬币会慢慢地向相反的方向移动，不一会儿，它就可以从玻璃杯下面"走"出来。

157...

尽管抓住钞票看上去是很简单的事情，但是如果没有尝试 1 次就想抓住它是不可能的。因为，你的反应不够快。

158...

把这张纸放在这枚硬币上，用 1 支铅笔在硬币上的纸上直接涂画。这时，硬币的轮廓将会显现在纸上，当然也就看到了硬币的日期。

159...

在拿走玻璃杯之前，先把第 2 根火柴

点着。然后，再用它点着支撑在两个玻璃杯之间的那根火柴；当这根也点着时，等一两秒钟，然后吹灭。稍等片刻，这根火柴就会熔贴在玻璃杯上。然后，你可以将另一侧的玻璃杯拿走，这时，这根火柴将会悬在空中。

160...

首先，要从一个方向进行。第二，当你把 1 枚硬币翻过来后，先跳过下一枚硬币，然后再开始计数。

161...

酒杯里的水和水杯里的酒相等。证明如下：

（1）假如每个玻璃杯里都有 100 个单位的液体，茶匙可以容纳 10 个单位的液体。

（2）珀西用茶匙从水杯取出 10 单位的水并倒入酒杯，然后搅拌均匀。

（3）现在酒杯里有 110 个单位的液体。当珀西从酒杯取出 1 匙液体后，两种液体他将各取出 $\frac{1}{11}$。这样，茶匙里有 $9\frac{1}{11}$ 个单位的酒、有 $\frac{10}{11}$ 个单位的水。然后，他把茶匙里的液体倒入水杯里。

（4）现在水杯里有 $90\frac{10}{11}$ 个单位的水、有 $9\frac{1}{11}$ 个单位的酒，总共有 100 个单位的液体。

（5）酒杯里现在有 $90\frac{10}{11}$ 个单位的酒、有 $9\frac{1}{11}$ 个单位的水，总共有 100 个单位的液体。

162...

把两根绳子的底端紧紧地系在一起（如图 1 所示），然后，爬到左边那根绳子的顶端，并将两根绳子缠在自己的两条腿上，在紧紧抓住绳子的同时，用匕首将右边的绳子割断；接着，使绳子从刚才系绳子的环上穿过去，并把绳子往下拽，直到绳结到达这个环（如图 2 所示）。再抓住右边的两根绳子，然后换到右边，并且把左边的绳子从环上切开，顺着双绳子落在地上。最后，把两根绳子从环上拉下来。

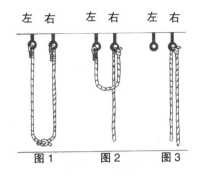

左 右　　左 右　　左 右

图1　　图2　　图3

163...

正确的移动步骤如下：2 号移到 1 号、5 号移到 2 号、3 号移到 5 号、6 号移到 3 号、7 号移到 6 号、4 号移到 7 号、1 号移到 4 号、3 号移到 1 号、6 号移到 3 号、7 号移到 6 号。这样，6 只海马互换了位置，最后 7 号位置是空的。

164...

亚历山大和他的妹妹西比拉的得分如下：两箭射中 25 环、两箭射中 20 环、两箭射中 3 环。

165...

这 4 个砝码的分量分别是 1 千克、3 千克、9 千克和 27 千克。

166...

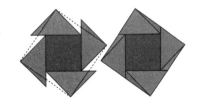

167...

这里以"3R4"表示把 3 号板条箱往右推 4 格。同理，"L"表示向左，"U"表示向上，"D"表示向下。

首先，1R1，然后 4L1 和 U3。现在我们需要通过 7R1、6R1 和 5L1 来腾出一些空间。先 4D4 然后 R4，4 号板条箱就移出去了。用同样的方法移出 3 号、1 号和 2 号板条箱。5L2，U3，D4，然后 L4，5 号

就被推出去了。6号和7号也用同样的方法推出去。

168...

169...

乍一看好像是美国前总统克林顿和副总统戈尔，但是再仔细看看，是两个克林顿！看看这两张脸，它们是完全一样的，只是这两个人的发型和服饰不同。

真正的克林顿位于前面，但是背景图像却是克林顿的面孔和戈尔的头发、黑西服。这说明前后文线索对于形成场景感知非常重要，当我们的视觉系统接触一幅图画的时候，它更关注的是整幅图的意义，而并不特别地注重细节。对于这张图，你最容易想到的是左边的是副总统，戈尔的衣服和发型使其更具迷惑性。

170...

2。其中的数字等于叠加在一起的面的数量。

171...

这个地方是5号路与4号街的交叉点。

172...

如下图所示，用6个1号图形的毛坯可以拼成矩形。

其他6种图形的切分法见下图。

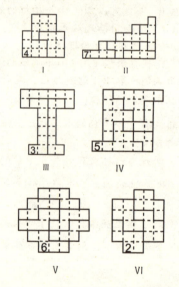

第 3 章

提高分析力的思维游戏

1.滚筒原理

世界上不同地区的先人们独立地发现了滚筒能够帮助运输重物的特性。没有这个发现，金字塔、神庙以及巨型石碑就不可能建成。

如下图所示，两个滚筒的周长分别是 1 米。如果滚筒旋转一周，那么它所承载的木头移动了多远？

2.齿轮转圈

如图所示，4 个齿轮构成了一个闭合装置。4 个齿轮分别有 14，13，12 和 11 个齿。

问最大的那个齿轮转多少圈，可以使所有的齿轮都回到原来的位置（也就是各个标记的齿和图中的黑色三角形再次一一相对）？

3.齿轮片语

如图所示，这 12 个相契合的齿轮周围分别都写有字母（每个齿轮中间的数字代表这个齿轮有多少个齿）。在多次旋转或者局部旋转之后，从左上方的大齿轮开始，这些齿轮连接处的字母将会顺时针拼成一句英文。

你能否告诉我们从现在开始到你能读出一句完整的话，最大的齿轮需要转多少圈？

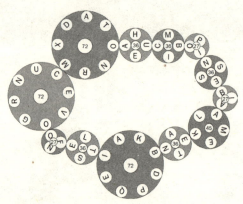

4.排列"8"

将 8 个"8"用正确的方式排列，使得它们的总和最后等于 1000。

5.总和为 15

请问下面的这行数中有多少组连续的数字相加和为 15 ?

7356432633183741

6.六边形填数

你能否在如图所示的这些小六边形里填上恰当的数，使得三角形中的每一个数都等于它上面两个数之和？不允许填负数！

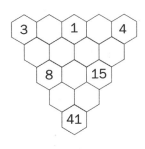

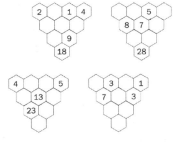

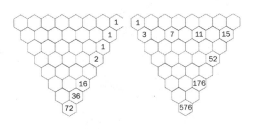

7.连续整数（1）

天平上放着 3 个重物，这 3 个重物的重量为 3 个连续的整数，它们的总和为 54 克。问这 3 个重物分别重多少？

8.连续整数（2）

天平上放着 4 个重物，这 4 个重物的重量为 4 个连续的整数，它们的总和为 90 克。问这 4 个重物分别重多少？

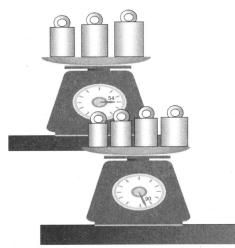

9.总数游戏（1）

两个游戏者轮流将从 1 开始的连续整数写在下面两栏中的任意一栏。

每次放进某一栏的数字不能等于这一栏中已经有的两个数字之和。不能继续放数字的游戏者为输家。

在下面的这盘示范游戏中，游戏者 2（右栏）为输家，因为他不能把 8 放进任意一栏。

在第 1 栏中：1+7=8 ；

在第 2 栏中：3+5=8。

你能否找到一种方法使得其中一个游戏者每次都赢？

10.总数游戏（2）

上一题的游戏最长可以进行到数字几？

11.代数学

我们通常认为代数就是很抽象的，但是不要忘了数学的起源是有着非常实际和直接的原因的——例如划分土地。

你能否通过下面的几何图形解出这几个简单的代数式？

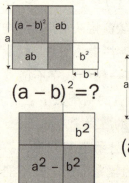

$(a-b)^2=?$

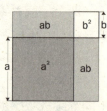

$(a+b)^2=?$

$a^2-b^2=?$

12.帕斯卡三角形

数字与几何学相结合的最经典的例子之一就是著名的帕斯卡三角形。

你能够发现帕斯卡三角形的规律吗？请你将第 15 行补充完整。

帕斯卡三角形一个显著的特点就是它第 n 行（顶行作为第 0 行）的数字分别为 $(a+b)n$ 这个式子展开之后各项的系数（见下图）。

比如 $(a+b)2=1\ a2+2\ ab+1\ b2$。

那么 $(a+b)6$ 展开之后的式子是什么呢？

第 1 斜行上为自然数（左右最两边的斜行算作第 0 斜行）；
第 2 斜行上为三角形数；
第 3 斜行上为四面体数。

13.掷色子（1）

现在来解决我们在前面提到的色子问题：

1. 掷 1 个色子，掷 4 次，至少掷到一次"6"的概率是多少？

2. 掷 2 个色子，掷 24 次，至少掷到一个双 "6" 的概率是多少？

14.掷色子（2）

你的朋友掷 1 次色子，然后你再掷 1 次。

你掷的点数比你的朋友高的概率是多少？

15.弄混了的帽子（1）

3 个人在进餐馆时将帽子存在了衣帽间，但是粗心的工作人员将他们的号牌弄混了。等他们出来时，至少有一个人拿到的是自己的帽子的概率是多少？

16.弄混了的帽子（2）

条件同弄混了的帽子 (1)，如果是 6 个人呢？

17.点与线（1）

如下图所示，10 条线之间一共有 10 个交点。

其中 5 条线与其他线有 2 个交点，另外 5 条线与其他线有 4 个交点，这些交点为 4 条线或 2 条线的相交处。

保持线和点的数量不变，你能否构建一个结构，使每条线上有 3 个这样的交点——这些交点都是由 3 条线相交而成，不是由 3 条线相交而成的点，你可以忽略不计。

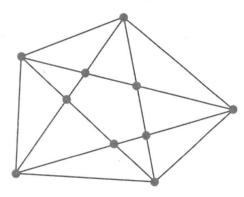

18.点与线（2）

假设一共有 12 条线和 12 个点，条件同 17 题，你能否继续作图？

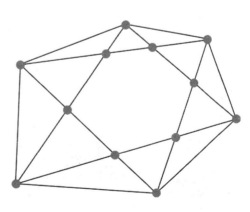

19.点与线（3）

假设一共有 14 条线和 14 个点，条件同 17 题，你将如何作图？

20.点与线（4）

条件同 17 题，假设一共有 16 条线和 16 个点呢？

21.数学家座谈会

在一个座谈会中共有 7 位著名数学家出席，其中 3 位有胡子。这 7 位数学家将沿着一个长桌子的一边坐成一条线。

请问 3 位留胡子的数学家正好相邻坐着的概率为多少？

22.孩子的概率（1）

2 个家庭分别有 8 个孩子，一个家庭全部是男孩，另一个家庭全部是女孩。由于生男孩和女孩的概率为 50 对 50，那么你认为生 4 个男孩和 4 个女孩比生 8 个男孩或者 8 个女孩的概率要大吗？

生 8 个女孩和生 4 个男孩 4 个女孩的概率分别为多少，哪个更大？

23.孩子的概率（2）

一个女人和一个男人各自有 2 个孩子。

女人的孩子中至少有一个是男孩。

男人的孩子中那个年纪大一点的是男孩。

请问女人和男人各自有 2 个男孩的概率相等吗？

24.最好的候选人

你想从 100 名候选人中选出最好的那一个来担任一个重要职位。如果你随机选，那么你选到最好候选人的概率为 1/100，这是毫无疑问的。

因此你决定一个一个地面试他们。你每面试一个人，都必须要决定他是不是最好的那个，尽管你还没有面试其他人。让问题变得复杂的是——你每筛掉一个人，你就永远失去他了，不可能再回过头来去找他。

在这样的情况下，应该怎样做才能使你选到最好候选人的概率最大呢？

你可以随机抽取 10 个候选人来进行面试，然后从这 10 个人中选出最好的那一个。这样做你抽到 100 个人中最好候选人的概率为 1/4——比 1/100 要好，但还是有较大的风险。

在你选中比前面的人都要优秀的人之前，你需要面试多少个人？

25.掷到"6"

如果你连掷一个色子 6 次，其中至少有一次掷到"6"的概率为多少？

26.掷 6 次

如果你连掷一个色子 6 次，6 种点数每种分别掷到 1 次的概率为多少？

27.色子的总点数

当被问到应该怎样计算掷一对色子正好掷到一个规定的总点数的概率时，很多人根本不知道应该怎么做。如果想象这两个色子是不同颜色的，这道题可能会更容易一些。

伟大的数学家和哲学家莱布尼茨认为，掷一对色子总点数掷到 11 和掷到 12 的概率应该是相等的，因为他认为这 2 个数都只有一种组合方法 (5 和 6 组成 11，一对 6 组成 12)。你能说出他错在哪里吗？

28.掷 3 个色子

掷 3 个色子可以有多少种方式？

3 个色子的总点数可以从 3 到 18。那么你能算出总点数为 7 和 10 的概率吗？

许多个世纪以来，人们都认为掷 3 个色子只有 56 种方法。人们没有意识到组合与排列之间的区别，他们只数了这 3 个色子的组合方法，却没有意识到要计算精确的概率必须要考虑到 3 个色子的不同排列。

29.质数加倍

在任意一个数字和它的 2 倍之间是否总是可以找到一个质数？

2 3 4 5 6 7

8 9 10 11 12 13 14

15 16 17 18 19 20 21···

30.掷硬币

图中的这位女士将一个硬币连掷 5 次，一共会出现多少种可能的结果？

■ 正面
□ 反面

31.掷 3 枚硬币

掷 3 枚硬币，它们全部为正面或者全部为反面的概率是多少呢？下面的分析对吗？

掷 3 枚硬币，至少有 2 枚的结果一定会相同，因此也就取决于第 3 枚的结果，第 3 枚不是正面就是反面，因此这道题的答案应该是 1/2，对吗？

32.掷 100 次硬币

掷 1 枚硬币 100 次，全部都为正面的概率是多少？正面和反面交替出现的概率呢？

前 50 次连续出现正面、后 50 次连续出现反面的概率是多少？

以及上面任意一种情况的概率是多少？

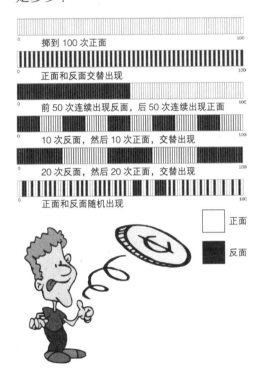

掷到 100 次正面

正面和反面交替出现

前 50 次连续出现反面，后 50 次连续出现正面

10 次反面，然后 10 次正面，交替出现

20 次反面，然后 20 次正面，交替出现

正面和反面随机出现

☐ 正面
■ 反面

33.决斗

汤姆、比尔和迈克 3 个人准备决斗。他们抽签来决定从谁开始，每个人选一个对手，向他射击，直到最后只剩下一个人。

汤姆和比尔的命中率都是 100%，而迈克的命中率只有 50%。

谁活下来的可能性最大？

34.射击

3 个射手轮流射一个靶。但他们可不是什么射击能手。

艾丽丝射 5 次会中 2 次。

鲍勃射 5 次会中 2 次。

卡门射 10 次会中 3 次。

请问在一轮中他们至少有一个人射中靶子的概率是多少？

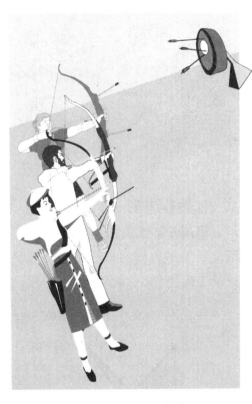

35.生日问题（1）

随机选择几个人组成一组，问至少要多少人，才可以使这个组里面至少有 2 个人生日相同的概率大于 50%？

36.生日问题（2）

选择一些人与你组成一组，问至少需要多少人，才可以使他们中至少有1个人跟你的生日相同的概率大于50%？

37.相交多边形（1）

请用6条线画出一个闭合多边形，要求多边形的每一条边都跟另一条边相交（交点不是顶点）。

这是一个用5条线画出的闭合多边形

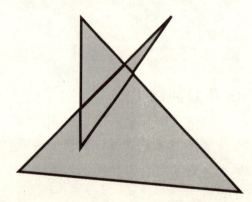

提示：下面几个题目中的一个或者两个可能是无解的。

38.相交多边形（2）

条件同37题，但是要求多边形的每一条边都跟另两条边相交。

39.相交多边形（3）

请用7条线画出一个闭合的多边形，要求多边形的每一条边都相交。

40.相交多边形（4）

条件同39题，但是要求多边形的每一条边都跟另两条边相交。

41.多边形和线段

一个多边形如果满足下面这两个条件我们就叫它正多边形：

1. 各条边相等；

2. 各个角相等。

一般我们也将圆看成是有无数条边的正多边形。

最后一条边的终点跟第一条边的起点不重合的多边形我们称之为不闭合多边形。

最后一条边的终点跟第一条边的起点重合的多边形我们称之为闭合多边形。

任意两条边都不相交的多边形我们称之为简单多边形，简单多边形把平面分成两个部分，多边形里面的部分和外面的部分。

多边形的边存在相交我们称之为复杂多边形，复杂多边形把平面

分为两个以上的部分。

复合多边形指的是由几个简单多边形叠加所形成的多边形。

多边形内任意两点的连线所成的线段都在多边形里面，这样的多边形我们称之为凸多边形；反之则为凹多边形。

请问：下面 12 幅图中哪些是正多边形，哪些是不闭合多边形、闭合多边形、简单多边形、复杂多边形、复合多边形、凸多边形和凹多边形？

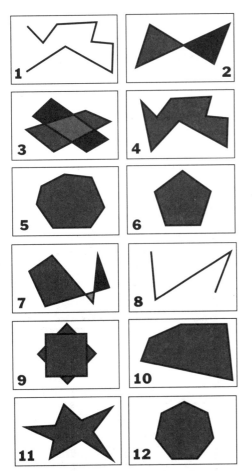

42.最短的距离

我有 10 个朋友住在同一条街上，如图所示。现在我想在这条街上找一个点，使这一点到这 10 个朋友家的距离最近。

请问这一点应该在哪里呢？

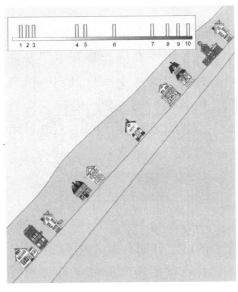

43.画线分点

假设白色的圆里面有 200 万个非常小的点，但是仅仅靠肉眼是看

139

不到的，需要借助放大镜来看。

请问可不可以在这个圆内画一条线，使线的两边分别正好有 100 万个点？

你能够想个办法来解决这个问题吗？

44.密码

一位男士在银行新开了一个账户，他需要为这个账户设定一组密码。按照银行的规定，密码一共有 5 位，前 3 位由字母组成，后 2 位由数字组成：

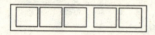

问：按照下面 3 个不同的条件，密码的设定分别有多少种可能性？

1. 可以使用所有的字母和所有的数字。

2. 字母和数字都不能重复。

3. 密码的开头字母必须是 T，且字母和数字都不能重复。

45.动物园的围栏（1）

这 3 个围栏的面积相同，请问制作哪个围栏所用的材料最少？

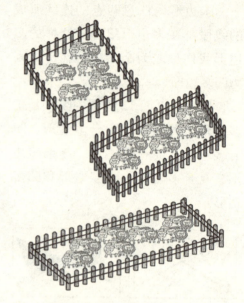

46.动物园的围栏（2）

两个矩形围栏全等，并且有一条边重合，这种情况下怎样才能使制造围栏所用的材料最少呢？

如下图所示，这 3 种围栏中哪

种所用材料最少？这3幅图都是按照相同的比例尺画的，并且3幅图的面积相等。

如果不仅仅是2个这样有一条边相重合的矩形，而是更多个，怎样才能使总的边长最短，从而所用的材料最少呢？

47.伽利略的斜面实验

将一个小球沿着斜面滚落，标出1秒钟后球在斜面上的位置。我们将斜面的总长度分成如图所示的多个等份，你能够在上面分别标出2秒、3秒、4秒、5秒、6秒、7秒、8秒、9秒后小球的位置吗？

伽利略的斜面实验是他的著名的自由落体实验的延伸，因为在斜面上滚落的物体和做自由落体运动的物体是相似的（除了斜面上的物体由于受到斜面的摩擦力的作用速度会减慢，这一点很容易观察或者测量出来）。

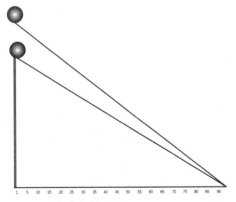

48.赛跑

每个参赛选手都必须匀速跑完

100米的距离，最先到达终点的选手获胜。

选手A抵达终点时选手B还差10米跑完；选手B抵达终点时选手C还差10米跑完。

请问选手A领先选手C多少米？

49.直尺下落

用一只手握住直尺的顶端，另一只手的食指和拇指放在直尺下端，但不能碰到直尺，如图所示。

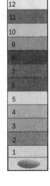

松开握住直尺顶端的手，让直尺下落，你会发现在它下落的过程中，你可以毫不费力地用处于直尺下端的手指捏住直尺。和你的朋友们一起做这个实验，你松开直尺的同时让他们去抓，试试看，你会发现，对他们来说捏住直尺并不是一件容易的事情。

为什么呢？

50.增大体积

如果地球上的所有东西的长度都变成原来的 2 倍（也就是说，所有测量长度的工具都变成原来的 2 倍），那么你的体重会比原来重多少？

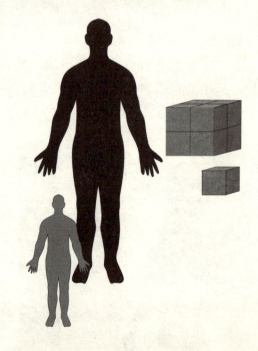

51.等差级数

如果一个级数的每一项减去它前面的一项所得的差都相等，这个级数就叫做等差级数。

如：

2 4 6 0阶

2 2 2 1阶

以上就是一个等差级数，我们很容易看出等差为 2。

但是在等差级数中，并不是所有的等差都这么容易看出来，尤其是在高阶等差级数中，需要进行多阶分析。

根据这些知识，你能否判断出题 1 和题 2 中问号处各应该填上什么数？

题1

20	28	40	56	?

8	26	56	100	160	238	?

题2

52.不同的数

你能找出这 8 个数里面与众不同的那一个吗？

31

331

3331

33331

333331

3333331

33333331

333333331

53.茵菲尼迪酒店

茵菲尼迪酒店有无数个房间，无论酒店有多满，新进来的客人总还是有房间可住。酒店经理会将1号房间的客人调到2号房，2号房的客人调到3号房，依此类推。不管这个过程多么漫长，最后1号房总是可以空出来给新来的客人住。

我们的问题是：如果新来的客人的数量也是无限的，那么酒店经理应该怎么做呢？

54.数字图案

你能发现表格中数字的规律，并在空白处填上恰当的数字吗？

	2	5	6	
3	4	7	8	11
10	11		15	18
12	13	16	17	20
	20	23	24	

55.升旗与降旗

如果最下面的齿轮按逆时针方向旋转，那么最上方的旗子是会上升还是会下降呢？

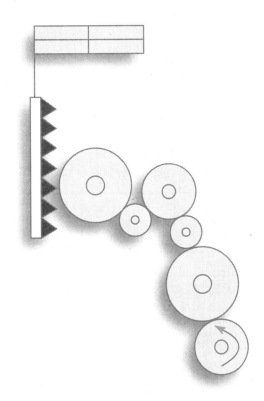

56.青蛙和王子

一个4×4的游戏板上随机放了16个双面方块。这些方块一面是青蛙，一面是王子。

这个游戏的目标就是使所有的方块都显示为同一面，即要么全部是青蛙，要么全部是王子。

翻动方块时要遵循一个简单的规则：每一次必须翻动一整横行、竖行或者斜行的方块（斜行也可以是很短的，比如游戏板一角的一个

143

方块也可算做一个斜行）。

已经给出了两个游戏板，请问它们都可解吗？有没有简单的方法来确定一种结构是不是可解的呢？

57.轮子问题（1）

一个轮子可能会有非常多互相矛盾的性质。轮子轮缘上不同的点在转动时的地面速度是不同的，问轮子上哪一点的速度最大，哪一点的速度最小呢？

58.轮子问题（2）

轮子的悖论最早出现在亚里士多德的著作《工具论》中。这个悖论的内容如下：

如下图所示，这是2个同轴但半径不同的轮子，大轮子的半径是小轮子的2倍。当大轮子从1点滑动到2点时，小轮子从3点滑动到4点。如果这两个轮子都沿着画出来的轨道转动，很显然它们不可能同时在这两条轨道上很平稳地转动。假设这两个轮子转动得非常平稳，那么就意味着在每一个时刻这个大轮子上的一点都可以在小轮子上找到与它一一对应的点，这样看上去好像小轮子的周长等于大轮子的周长，而这与前面的条件是矛盾的。

应该如何解释这个悖论呢？

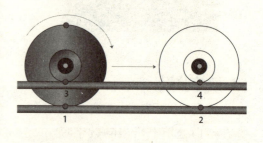

59.木头人

这是一个很经典的脑筋急转弯题。

一个老座钟上立着一个木头人。每当他听到钟响1次，他就会跳2次。座钟每到整点就响，响的次数与时刻数相等。

那么一天24小时，这个木头人

一共会跳多少次？

60.游泳池

一个游泳池长 10 米、宽 5 米、深 1 米，你一生中所喝的水的总量能不能把这个游泳池装满。

61.按顺序排列的西瓜

7 个大西瓜的重量（以整千克计算）是依次递增的，平均重量是 7 千克。

最重的西瓜有多少千克？

62.下落的砖

要掉在砌砖工头上的砖有多重？假设它的重量是 1 千克再加上半块砖的重量。

63.圣诞节风铃

这个风铃重 144 克（假设绳子和棒子的重量为 0）。

你能计算出每一个装饰物的重量吗？

64.合力

这 4 个力是作用在同一个点上的。力的大小以千克为单位。

你可以算出它们合力的大小吗？

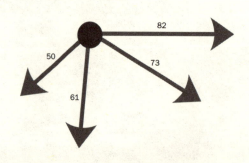

65.排列盒子

你有 3 个形状相同、重量不同的盒子。用一架天平称它们的重量，你需要称几次就可以把它们由轻到重排列？

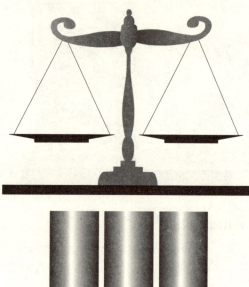

66.更重的盒子

你有 21 个相同的盒子，它们中的一个比其他的稍微重一点。用一架天平，你需要称几次就可以找出那个比较重的盒子？

67.炮弹降落和开火

如果这3门大炮在同一时间开火。最上方的大炮沿着地平线在同一高度平行发射，左下方的大炮与地平线成45°角发射，右下方的大炮垂直与水平线成90°角发射。

哪一个炮弹最先接触到地面？剩下的将以什么顺序降落？

68.重力降落

如果你从北极打一个洞一直通到南极，然后让一个很重的球从这个洞里落下去，会发生什么（忽视摩擦力和空气阻力）？

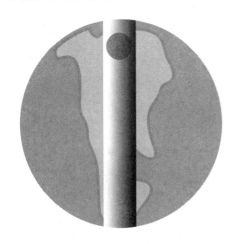

69.小丑表演

右下角的小丑正在拉绳子。对于挂在绳子上的7个杂技演员来说，会发生什么事？他们当中哪些会上升，哪些会下降？

70.拼整圆

4幅图中只有2幅能够恰好拼成一个整圆，是哪两幅呢？

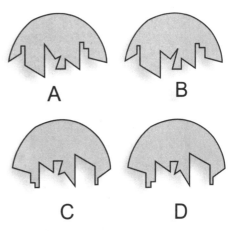

147

71.阿基米德的镜子

伟大的希腊数学家阿基米德富于想象力地将镜子用于许多创造发明中。根据古代著作，他最杰出的功绩就是在公元前214年罗马舰队围攻西西里岛城市叙拉古时，他用镜子将太阳光集中反射到罗马船只上并使其着火。

我们可能永远都无法得知阿基米德是否成功地用镜子保卫叙拉古免受侵略。但是，他有可能办到这件事吗？

72.镜子迷宫

下图镜子迷宫里的线条都是双面镜。

通过哪个缺口进入能指引一束激光穿过这个镜子迷宫？

73.火柴光

想象下面这个布局中的3个房间的墙上（包括地板和房顶）都铺满镜子。房间里一片漆黑。

一个人在最上面的房间里划了一根火柴。那么在下面右边房间里吸烟的人能看到火柴燃烧的映像吗？

74.转角镜（1）

如下图所示，一个男孩分别从一面平面镜和两面以90°角相接的镜子中观察自己。

男孩的脸在两种镜子中所成的像是一样的吗？

75.转角镜（2）

如 74 题右图所示，如果将第二面镜子翻转 90°，会发生什么情况？

76.曲面镜

如图所示，男孩看左边的凸面镜发现自己是上下颠倒的。然后将镜子翻转 90°。这时候男孩看到的自己是什么样子的呢？

77.魔轮

这里有一个经典魔方的新变体。

谜题的目标是将两个魔轮以同心圆的方式咬合（结果如右上图）——必要时可以转动魔轮——使得任何一条直径上的数字和都相等。

复制这个图，将魔轮的两部分（指两个较大的魔轮）剪出，并将内魔轮放在外魔轮上面；然后将内魔轮带数字的半圆纸片上下翻动并按要求计算，直到找到正确答案为止。

你也可以尝试用心算的方法解决。

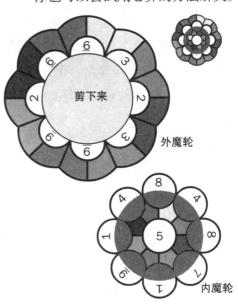

外魔轮

内魔轮

78.多米诺覆盖（1）

用 1×2 的长方形多米诺骨牌，你能完全覆盖右页图的网格吗？

二人游戏

一个游戏者使用垂直的（浅色）多米诺骨牌，另一个用水平的（深色）多米诺。玩家轮流在下图的网格上放置多米诺骨牌，谁无法放进骨牌谁就算输。

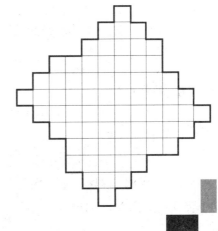

149

79.多米诺覆盖（2）

下面的 10×10 的棋盘中有 5 个方块被删掉。用 1×2 的长方形多米诺骨牌，你能完全覆盖下图所有没被删掉的网格吗？如果不能，你能完成多少？

二人游戏

一个游戏者使用垂直的（浅色）多米诺骨牌，另一个用水平的（深色）多米诺骨牌。玩家轮流在上图的网格上放置多米诺骨牌，谁无法放进骨牌谁就算输。

80.海市蜃楼

你可能见过用两面凹面镜组成的"海市蜃楼之碗"。

放在"碗"的底部的一枚硬币或者其他小物体会被反射，并且如图所示被观察到在顶部漂浮。

这个令人难忘的视错觉是由反射产生的，那么有几次反射呢？

81.楼号

街的一边上的大厦从 1 开始按顺序编号，直到街尾，然后从对面街上的大厦开始往回继续编号，到编号为 1 的大厦对面结束。每栋大厦都与对面的大厦恰好相对。

若编号为 121 的大厦在编号为 294 的大厦对面，这条街两边共有多少栋大厦？

第3章 提高分析力的思维游戏

清华北大学生爱做的1500个思维游戏

82.注水问题（1）

这是 15 世纪一道经典的题目。

最开始的时候, 9 升罐是满的,5,4 和 2 升罐都是空的。

游戏目的是将红酒平均分成 3 份（这将使最小的罐留空）。

因为这些罐都没有标明计量刻度, 倒酒只能以如下方式进行: 使一个罐完全留空或者完全注满。如果我们将红酒从一个罐倒入两个较小的罐中, 或者从两个罐倒入第 3 个罐, 这两种方式的每一种都算做两次倒酒。

达到目的的最少倒酒次数是多少?

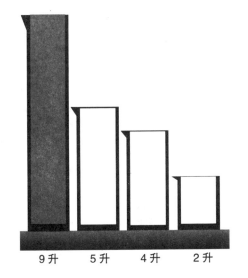

9升　5升　4升　2升

83.注水问题（2）

最开始的时候, 9 升罐是满的 ,7,4 和 2 升罐都是空的。

游戏目的是将红酒平均分成 3 份（这将使最小的罐留空）。

因为这些罐都没有标明计量刻度, 倒酒只能以如下方式进行: 使一个罐完全留空或者完全注满。如果我们将红酒从一个罐倒入两个较小的罐中, 或者从两个罐倒入第 3 个罐, 这两种方式的每一种都算做两次倒酒。

达到目的的最少倒酒次数是多少?

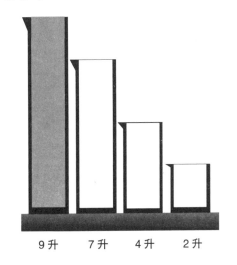

9升　7升　4升　2升

84.落水的铅球

如下图所示, 水池的边上有一个铅球, 这个铅球有可能直接掉到池里, 也有可能掉到池中的汽船里。

问掉到池里和掉到汽船里哪一种情况下水池的水面上升得更高一些?

85.虹吸管

在下图所示的一个密封的模型中，液体被储存在最下面的空厢里。

请问如果把整个模型倒过来会出现什么样的情况？

86.链条平衡

如图所示，天平一端的盘里装了一条链子，这条链子绕过一个滑轮被固定在天平另一端的盘子上。

如果现在把天平翘起的空盘的这端往下压，会出现什么情况？

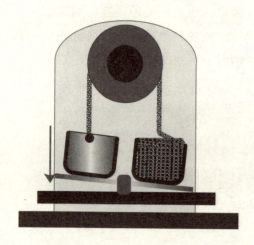

87.透镜

凸透镜和会聚透镜都被称为正透镜，因为它们都能把平行的光线会聚于焦点。那么如果让平行的光线通过两个厚度不同的正透镜，如下图所示，那么结果与只通过一个正透镜是相同的吗？如果不同，结果又应该是怎样的呢？

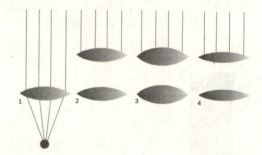

88.聚集太阳光

如下图所示，平行的太阳光分别通过4个不同的透镜射到一张白

纸上。

请问哪一个透镜下的白纸会着火？如果引起着火的不止有一个透镜，那么哪个透镜下面的火着得更厉害？

89.金鱼

你从鱼缸的上面向下看，所看到的金鱼位置和金鱼在鱼缸里的实际位置是一致的吗？

90.吉他弦

如图所示，一根吉他弦两端分别固定在1和7两处，从1到7每

两点之间的距离相等。

在4、5、6处分别放上3个折叠的小纸片。

用手捏住琴弦的3处，然后拨动2处。

纸片会有什么反应？

91.伐里农平行四边形

下图是3个任意四边形。

把图1中的四边形的4条边的中点连结起来，就形成一个平行四边形。

且这个平行四边形的边分别与原四边形的2条对角线平行。

问这个平行四边形与原四边形的面积之间存在什么关系？平行四边形的周长与原四边形的对角线长度又有什么关系？

其他的任意四边形4条边的中点相连也会得到一个平行四边形吗？你可以在所给的另外两个任意四边形上试试。

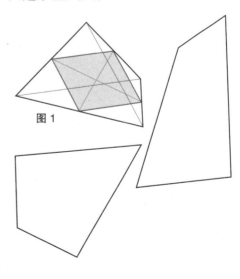

图1

92.拍卖无价

现有一张售价1万元的彩票，是两个人各出5000元买下来的。这两人决定互相拍卖这张彩票。两人各把自己的出价写在纸条上，然后给对方看。出价高的得到这张彩票，但要按对方的出价付给对方钱。如两人的出价相同，则两人平分这张彩票权。究竟什么样的出价最有利？

93.牛奶咖啡

有一杯咖啡，一杯牛奶。用一把勺子先从牛奶杯中舀一勺牛奶，倒入咖啡中，搅拌均匀；然后再舀一勺混合的咖啡牛奶倒入牛奶中，再搅拌均匀。现在问：是牛奶杯中的咖啡多，还是咖啡杯中的牛奶多？

94.向左向右

丁丁和冬冬住在同一个院子里，两人又同在一个学校、一个班级上课，是一对好朋友。但是，每天早上一起去上学时，丁丁和冬冬总是一个向左走，一个向右走。这是怎么回事呢？

95.不合格的乒乓球

有12个乒乓球，已知其中有一个质量不合格，但不知它的重量比合格的乒乓球是轻还是重。现在要求用一台天平分3次把这个坏乒乓球称出来。应该怎样称取？

96.旗、杆间距

高10米的两根旗杆叠立着，有一条绳子长15米，绳端系在两根旗杆的杆头上，并在两杆间垂下来，绳子离地最低处是2.5米。请问棋杆间的距离是多少米？

97.真的没有时间吗

一个人经常抱怨没有学习时间，有一次他又对朋友说："你知道吗？我的时间太紧张了，以至于我没有学习的时间。你看，我每天要睡8个小时，这样一年的睡眠时间就是122天。我们寒假和暑假加起来又有60天。我们每星期休息2天，那么一年又要休息104天。我每天吃饭还要3个小时，那么一年就需要46天。我每天从学校到家走路共需要2个小时，这些又有30天。你看看，所有的这些加起来有362天了。"他停了一下说："我一年只有4天的时间学习，那能有什么成绩呢！"你知道这个人错误的地方吗？

98.巧辨开关

有两间房，一间房里有三盏灯，另一间房有控制这三盏灯的开关（这两间房是分割开的，毫无联系）。现在要你分别进这两间房一次，然后判断出这三盏灯分别是由哪个开关控制，你能想出办法吗（注意：每间房只能进一次）？

99.错觉

小景从自家的窗户缝里目击到邻居家发生的一起凶杀案。因为凶手通过窗户向外窥视了好几次，所以小景清楚地记住了他的长相。小景在向来调查的刑警描述时说凶手是一个细长脸的男人，而后去自首的罪犯却是圆脸，并非细长脸。难道小景看到的不是凶手吗？这里面有着什么样的玄机？

100.丢失的数字

最后的正方形中丢了数字几？

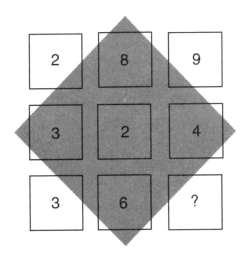

101.受过伤的死者

"死者的右手上个月被打断了，一直不能动弹。我们在他裤子的左兜里面发现了一包香烟，在右兜里面发现了一盒火柴。"探长听了手下的话说："那他肯定是被杀的。"你知道这是为什么吗？

102.打破的水晶

波洛侦探的助手报告说："迈克被杀死了，凶手就是他的仆人，但是一直没有找到凶手用的凶器。地上的水晶碎片是凶手离开现场时不小心打破的。"波洛说："不，他是故意打碎的。"你知道凶手为什么这么做吗？

103.楼梯上的凶案

因供电局更换照明电缆，好几幢公寓都在晚8点至11点停电。这天晚上，盲人中心的经理妮可9点多才回到公寓，并走楼梯回家。第二天，人们在楼梯上发现了她的尸体，她手里攥着皮包的带子，却不见皮包，显然这是一宗杀人抢劫案。警察赶到现场调查。据公寓管理员回忆，当时还有同楼的另一男子与妮可差不多同时间上楼。警方立刻召来那名男子讯问。那名男子说："我当时确实和妮可同时上楼梯，我看见她是盲人，行动不方便，所以还扶着她上楼梯，到了她住的那层我才走。"管理员听那男子说完后，大声地说："他在说谎，妮可小姐是他杀的。"管理员怎么知道那男子在说谎呢？

104.等鱼上钩

一日，张生投店住宿。半夜，有人用他的刀杀了店主，作案之后

155

又把刀插回原鞘。张生并未察觉，次日清晨就离开了客栈。天亮后，店里人见主人被害，把张生追回，查看佩刀，只见鲜血淋漓。张生无法辩白，被送到官府，重刑之下，只好招认店主是自己杀的。

主审官员觉得有些可疑，便下令把当夜在店中的15岁以上的人都集中起来，然后又把他们放了，只留下一个老妇人。每天如此，不久，罪犯便自投罗网。试问，这是什么道理呢？

105.有毒的苹果

苏岩吃了苹果后中毒而亡。经医生验证，苹果上有剧毒。不过同时吃了另一半苹果的蒙菲却没事。这是怎么回事呢？

106.抛尸现场

一个星期日的早上，在铁路急转弯处的路基下，有人发现一具年轻女子的尸体。死亡时间推定在头天晚上10点左右，她是被人用领带勒死的。不久，通过侦查发现了嫌疑人。此人居住在距现场约50千米远的K市。警方将其逮捕进行了审讯，但此人说他从星期六晚上8点至星期日白天一直在K市，不具备作案时间，又因为没有搬运尸体的同案犯，所以警方只好将此人释放，案件的侦查陷入迷宫。但是，当格

林探长为寻找线索徒步去K市时，无意中看到了一样东西，当即识破了凶手的诡计，再次将那名嫌疑犯逮捕。嫌疑犯无法抵赖，只好交代了罪行。你知道怎么回事吗？

107.底部的图案

以下3个图形，是同一个立方体由于3种不同的放置所呈现出来的3种不同的视面。

从图中可以看到，有以下5种图案分别出现在立方体的各个侧面：

立方体的6个侧面都有图案，而出现在立方体的各个侧面上的图案，总共只有这5种，也就是说，有一种图案出现了2次。如果我们进一步知道，上述3种视面中，位于底部的图案，都不是出现2次的图案，那么，哪个图案出现了2次？

108.感觉

如果将手放入100℃滚烫的热水中，即使只有3秒钟的时间，也会被严重烫伤。那么，如果将手放入150℃的空气中，停留5秒左右，这只手会怎样呢？

A.彻底烧烂，整只手完全报废。

B.感觉暖暖的，不会被烫伤。

109.分梨

小花家里来了 5 位伙伴。小花想用梨来招待这 6 位伙伴，可是家里只有 5 个梨，怎么办呢？只好把梨切开了，可是又不能切成碎块，小花希望每个梨最多切成 3 块。这就成了又一道题目：给 6 个伙伴平均分配 5 个梨，每个梨都不许切成 3 块以上，小花该怎么做？

110.房产买卖

有一个家庭花了 12 万元买了套房子，住了 2 个月之后，他们因工作关系要离开该城市，遂以 13 万元卖出房子。过了半年，他们又重新回到这座城市工作。他们再次把房子买回来花了 14 万元。不久以后，他们想买一套更大点的房子，又以 15 万元的价格把房子卖出。请问，这个家庭在房子买卖过程中赚了还是赔了，或者是不赔不赚？如果是赚了或赔了，具体金额又是多少？

111.组合转换

观察图形，找出变化规律，选出转换后的图形。

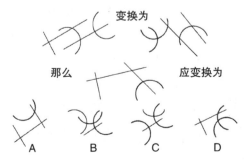

112.飞机的影子

日落时分，一架即将飞离地面的飞机和离地面 100 米平行飞行的飞机，试问，哪一架在地面上投下的影子比较大？ A．一样大。B．即将飞离地面的飞机。C．离地面 100 米平行飞行的飞机。

113.熊的颜色

一只熊向南走一里，又向东走了一里，然后再向北走一里，又回到了起点。这只熊是什么颜色的？

114.抢 30

有一种叫"抢 30"的游戏。游戏规则很简单：两个人轮流报数，第 1 个人从 1 开始，按顺序报数，他可以只报 1，也可以报 1，2。第 2 个人接着第 1 个人报的数再报下去，但最多也只能报两个数，而且不能一个数都不报。例如，第 1 个人报的是 1，第 2 个人可报 2，也可报 2，3；若第 1 个人报了 1，2，则第 2 个人可报 3，也可报 3，4。接下来仍由第 1 个人接着报，如此轮流下去，谁先报到 30 谁胜。甲很大度，每次都让乙先报，但每次都是甲胜。乙觉得其中肯定有猫儿腻，于是坚持要甲先报，结果几乎每次还是甲胜。你知道甲必胜的策略是什么吗？

115.字母连线

这个题虽然很古老，但是很有趣。在下边的格子上有 5 对圆点，分别标着 A 至 E 这几个字母。请将各对字母相连：A 与 A，B 与 B，C 与 C，D 与 D，E 与 E。你必须沿着格子上的直线连线，彼此路线不能相交或者重叠。

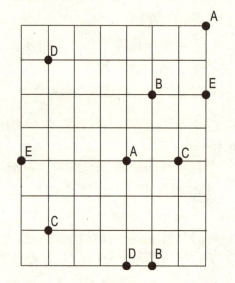

116.女孩埃莉诺

一天，尼德尔瓦勒先生骑自行车外出时碰到了一个老朋友。

"我们都好几年没见了吧。"他说。

"是啊，"他的朋友回答说，"自从上次我们在缅甸见面之后，我就结婚了，我和我的爱人都在仰光工作。你肯定不认识，这是我们的小女儿。"

"好漂亮的孩子，"尼德尔瓦勒先生回答说，"你叫什么名字？"

"谢谢您，先生，我和我妈妈同名。"

"哦，是吗，你和埃莉诺长得真像。这也是我很喜欢的一个名字。"尼德尔瓦勒先生回答说。

那么，尼德尔瓦勒先生是如何知道这个小女孩的名字是埃莉诺的呢？

117.结婚日

这两个人很显然是一对情侣。这位年轻的女士问她的未婚夫星期几结婚。虽然他的话不多，但却说得含糊不清。那么，你能确定他想在星期几结婚吗？

那个日子的后天是"今天"的昨天，那个日子的前天是"今天"的明天，这两个"今天"距离那个日子的天数相等，我们就在那个日子结婚。

118.马·博斯科姆斯公寓

威廉姆斯先生、巴尼特先生和爱德华兹先生都寄宿在马·博斯科姆斯公寓。他们当中，一个是面包师，一个是出租车司机，还有一个是司炉工，你要把他们一一对应。

第3章 提高分析力的思维游戏

清华北大学生爱做的1500个思维游戏

下面的线索可以给你帮助：

1．威廉姆斯先生和巴尼特先生每天晚上都下棋。

2．巴尼特先生和爱德华兹先生一起去打棒球。

3．出租车司机喜欢收集硬币，司炉工带过兵，而面包师则喜欢集邮。

4．出租车司机从来没看过棒球比赛。

5．爱德华兹先生从来没听说过集邮。

119.宠物的主人

根据所给的条件，你能否判断出下面的宠物分别是谁的吗？

120.吸血鬼

传说很久以前，在罗马尼亚有 5 个非常凶残的吸血鬼，他们有特殊的偏好。根据下面的信息，请你写出这 5 个吸血鬼的姓名（1）、头衔（2）、所在的城市（3），以及最喜欢的食物（4）。

1. 统治苏恰瓦的吸血鬼最喜欢吃有钱人，但他不是叫乔治的公爵。

2. 图尔达的伯爵不是杰诺斯也不是弗拉德。最喜欢吃罪犯的吸血鬼不是兰克也不是米哈斯。

3. 扎勒乌的吸血鬼最喜欢吃外国人。

4. 阿尼纳的吸血鬼不是男爵。

5. 米哈斯是侯爵，他不喜欢吃有钱人。

6. 杰诺斯喜欢吃老人，他不是王子。

7. 有一个吸血鬼最喜欢喝女人的血。

8. 有一个吸血鬼在纳波卡。

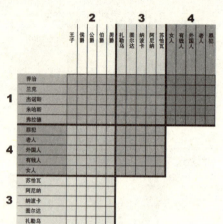

121.孩子与父亲

根据题目所给的条件，你能否判断出孩子与父亲的关系吗？

122.丈夫和妻子

根据题目所给的条件，你能否将下面的丈夫和妻子正确配对？

123.老师与学生

根据题目所给的条件，你能否说出下面的小孩分别是哪个老师的学生？

124.爷孙

根据题目所给的条件，你能否将孩子跟爷爷奶奶正确配对？

125.警察与小偷

根据题目所给的条件，你能否判断出下面的小偷分别是被哪个警察抓到的吗？请试试看吧！

126.采访

根据所给的条件，你能否判断出记者分别要采访哪个人吗？

127.女朋友

根据题目所给的条件，你能否判断出女孩与男孩的关系？

163

128.囚室

图中的Ⅰ，Ⅱ，Ⅲ，Ⅳ分别代表了4个囚室，你能依据线索说出被囚禁者以及他或她父亲的名字等细节吗？

1. 被囚禁在房间Ⅰ里的人是国王尤里的孩子。

2. 禁闭阿弗兰国王唯一的孩子的房间，是尤里天的郡主所在房子的逆时针方向上的第1间，尤里天的郡主的房子在沃而夫王子的对面。

3. 禁闭欧高连统治者孩子的房间，是国王西福利亚的孩子所在房间逆时针方向上的第1间。

4. 勇敢的阿姆雷特王子，在美丽的吉尼斯公主所在房间顺时针方向的第一个房间，即马兰格丽亚国王的小孩所在房间逆时针方向的下一间。

5. 卡萨得公主在一位优秀王子的对面，前者的父亲统治的不是卡里得罗。卡里得罗也不是国王恩巴的统治地。

被囚禁者：阿姆雷特王子，沃而夫王子，卡萨得公主，吉尼斯公主
国王：阿弗兰，恩巴，西福利亚，尤里
王国：卡里得罗，尤里天，马兰格丽亚，欧高连

被囚禁者：_____
国王：_____
王国：_____
被囚禁者：_____
国王：_____
王国：_____

129.房间之谜

第二次世界大战期间，西班牙保持中立，马德里的一个旅馆经常有战争双方的间谍居住，而在那里，西班牙的一个便衣警官也会监视着他们。以下是1942年的某天晚上旅馆第1层的房间房客分布情况，你能说出各个房间被间谍占用的情况以及他们都分别为谁工作吗？

1. 英国M16特务的房间在加西亚先生的正对面，后者的房间号要比罗布斯先生的房间小2。

2. 6号房间的德国SD间谍不是罗佩兹。

3. 德国另1家间谍机关阿布威的间谍行动要非常小心，因为房间2，3，6的人都认识他。

4. 毛罗斯先生的房间号要比苏联GRU间谍的房间大2。

5. 法国SDECE间谍的房间位于鲁宾和美国OSS间谍的房间之间，美国OSS间谍的房间是三者中房间号最大的。

姓名：戴兹，加西亚，罗佩兹，毛罗斯，罗布斯，鲁宾
间谍机构：阿布威，GRU，M16，OSS，SD，SDECE

姓名：_____ 1 3 5
间谍机构：_____
姓名：_____ 2 4 6
间谍机构：_____

清华北大学生爱做的1500个思维游戏

第3章 提高分析力的思维游戏

164

130.剧院座位

一次演出中，某剧院前 3 排中间的 4 个座位都满了，从以下所给的线索中，你能将座位和座位上的人正确对上号吗？

1. 彼特坐在安吉拉的正后面，也是在亨利的左前方。

2. 尼娜在 B 排的 12 号座。

3. 每排 4 个座位上均有 2 男 2 女。

4. 玛克辛和罗伯特在同一排，但要比罗伯特靠右边 2 个位置。

5. 坐在查尔斯后面的是朱蒂，朱蒂的丈夫文森特坐在她的隔壁右手边上。

6. 托尼、珍妮特、莉迪亚 3 个分别在不同的排，莉迪亚的左边（紧靠）是个男性。

姓名：安吉拉(女)，查尔斯(男)，亨利(男)，珍妮特(女)，朱蒂(女)，莉迪亚(女)，玛克辛(女)，尼娜(女)，彼特(男)，罗伯特(男)，托尼(男)，罗伯特(男)，文森特(男)

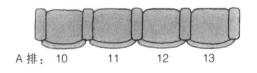

A 排：10　　11　　12　　13

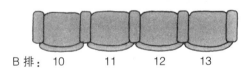

B 排：10　　11　　12　　13

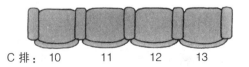

C 排：10　　11　　12　　13

131.汤姆的舅舅

汤姆的 3 个舅舅在退休之前从事着不同的职业，退休之后都把时间花在各自的爱好上，从以下所给的线索中，你能说出每个舅舅出生的时间、他们曾经的职业以及各自的爱好吗？

1. 伯纳德要比他有不寻常爱好——制作挂毯——的兄弟年纪大。

2. 退休之前从事教师职业的舅舅不是出生于 1913 年，也不爱好诗歌。

3. 以前是工程师的舅舅把大部分的时间花在钓鱼、阅读和书写钓鱼书籍上，他年纪要比安布罗斯小。

	1910年	1913年	1916年	工程师	士兵	教师	诗歌	钓鱼	制作挂毯
安布罗斯									
伯纳德									
克莱门特									
诗歌									
钓鱼									
制作挂毯									
工程师									
士兵									
教师									

132.巴士停靠站

巴士停靠站已经被图中所示的 1 ~ 7 号双层巴士停满了，其中 1 号靠近入口处。从所给的线索中，你能说出每个司机的名字和这些车子的车牌号码吗？

1.324 号巴士要比司机雷停靠的

巴士远离入口 2 个位置，并且雷的牌号要比 324 号大。

2.2 号和 7 号位置的车牌号末位都是奇数，但是首位数字不同。

3. 特里的巴士的车牌号是 361。

4. 图中 3 号位置的巴士不是戴夫驾驶的巴士，它的车牌号要比相邻的两辆巴士小。

5.5 号位置的巴士车牌号是 340，车牌号为 286 的巴士没有停在图中 6 号位置。

6. 肯停靠的巴士刚好紧靠在车牌号为 253 的巴士左边。

7. 赖斯把双层巴士停在图中 4 号位置。

8. 埃迪把巴士停在罗宾的巴士左边某个位置，但不在它的旁边。

司机：戴夫，埃迪，肯，赖斯，雷，罗宾，特里

巴士车牌：253，279，286，324，340，361，397

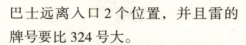

133.清仓大拍卖

一次屋内用具的清仓大拍卖中，头 3 样拍卖物被 3 个不同的竞标人所获，你能说出拍卖物、竞标人以及他们所给出的价码吗？

1. 第 2 桩买卖中付出的钱比钟贵。

2. 唐纳德带了咖啡桌开心地回家了。

3. 丽贝卡出了 15 英镑买了东西，她买的东西紧挨着墙角柜竞标。

	咖啡桌	墙角柜	钟	塞德里克	唐纳德	丽贝卡	10英镑	15英镑	18英镑
1 号									
2 号									
3 号									
10 英镑									
15 英镑									
18 英镑									
塞德里克									
唐纳德									
丽贝卡									

134.留学生

歌兹弗瑞大学城的 3 层楼房里住着留学生。根据下面的信息，你能找出每层楼所住学生的名字、家乡和所学的专业吗？

1. 佐伊·温斯顿所在楼层比那个物理学专业的学生高。

2. 约翰·凯格雷来自新西兰的惠灵顿。

	凯茜·艾伦	约翰·凯格雷	佐伊·温斯顿	底特律	德班	惠灵顿	历史	医学	物理学
1楼									
2楼									
3楼									
历史									
医学									
物理学									
底特律									
德班									
惠灵顿									

3. 住在 3 楼的学生来自南非的德班。

4. 凯茜·艾伦不是来自底特律的美国学生，也不是历史系的。

135. 新生命

4 个刚出生的婴儿躺在产科病房内相邻的几张帆布床上。根据下面的信息，你能辨认出每个新生命的姓名以及他们各自的年龄吗？

1. 2 号床上的丹尼尔比基德早 1 天出生。

2. 阿曼达·纽康姆博比 1 号床的婴儿晚出生 1 天。

3. 托比不是 2 天前出生的，他也不在 3 号床上。

4. 博尼夫人的小孩刚刚出生 3 天。

名：阿曼达，丹尼尔，吉娜，托比
姓：博尼，基德，纽康姆博，沙克林
年龄：1 天，2 天，3 天，4 天

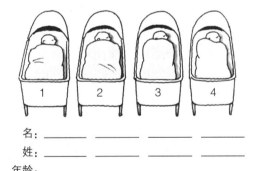

名：_____ _____ _____ _____
姓：_____ _____ _____ _____
年龄：_____ _____ _____ _____

136. 最快的路程

有 3 个职员对到达某个小餐馆的最快路程起了争议，他们决定通过实验的方法解决这个问题。根据下面的信息，你能找出每个职员所走的两段路以及他们各自所用的时间吗？

1. 选择走斯拜丝巷和哥夫街的那个英国职员比尼克少花了两分钟。

2. 帕特先是沿着佩恩街去小餐馆的。

3. 从维恩广场（第 2 段路）操近路过去只需要 10 分钟。

	第 1 段			第 2 段					
	丘奇巷	佩恩街	斯拜丝巷	多吉丝·希尔	哥夫街	维恩广场	8 分钟	10 分钟	12 分钟
尼克									
帕特									
桑迪									
8 分钟									
10 分钟									
12 分钟									
第 2 段 多吉丝·希尔									
哥夫街									
维恩广场									

137. 黑猩猩

在西非举行的一次动物学会议上，专家们正在就一项饲养稀有黑猩猩的计划进行讨论，下图展示了去年下半年出生的 5 只小猩猩。根据下面的线索，你能填出每只小猩猩的名字、出生月份及其母亲的名字吗？

1. 1 号黑猩猩比 5 号黑猩猩至少大 1 个月，它们两个都不叫罗莫娜，也都不是格雷特的后代，而罗莫娜或格雷特的后代都不是在 7 月出生。

2. 里欧比它右边的格洛里亚小，它们两个都比里欧左边的雌猩猩晚出生，这个雌猩猩的母亲叫克拉雷。

3. 贝拉比左边的黑猩猩晚出生1个月，这只黑猩猩的母亲叫爱瑞克。

4. 马琳比丽贝卡晚1个月生产，丽贝卡的后代紧挨着马琳的后代并在其右边。

名字：贝拉，格洛里亚，里欧，珀西，罗莫娜
出生月份：7，8，9，10，11
母亲：爱瑞克，格雷特，克拉雷，马琳，丽贝卡

138.刺绣展览

几位女性刺绣爱好者正在举行她们的作品展，下面4幅作品是其中的一部分。根据所给出的信息，你能说出每幅作品的具体信息（包括作品的主题以及作者的全名）吗？

1.《雪景》在凯维丝夫人作品的斜对面。

2. 伊冯为她的刺绣作品取名为《村舍花园》，而伊冯不姓福瑞木，福瑞木夫人的作品不在2号位置上。

3. 赫尔迈厄尼的作品比《河边》挂的高。

4. 萨利·斯瑞德的作品在《乡村客栈》斜对面，而后者的号码比2小。

5. 以斯帖作品的号码比尼得勒夫人的小。

主题：《河边》，《村舍花园》，《雪景》，《乡村客栈》
名：以斯帖，赫尔迈厄尼，萨利，伊冯
姓：凯维丝，福瑞木，尼得勒，斯瑞德

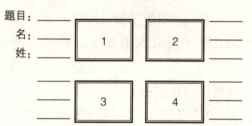

139.帕劳旅馆之外

4位老绅士坐在班吉斯·格林镇帕劳旅馆外的长凳上，享受着啤酒。根据下面的信息，你能推断出图中每位老人的名字、年龄以及在那段让他们念念不忘的时光中从事什么工作吗？

1. 乔·可比大约做了50年的牧场主人，在少女农场上照顾牧群。

2. 现年74岁的退休邮递员坐在他的老朋友珀西·奎因的左边。

3. 坐在C位置上喝酒的那位是罗恩·斯诺，D位置上的老人的年龄已经超过72岁了。

4. 现年76岁的来恩·摩尔在75

A　　B　　C　　D

岁后的生活很充实，没有虚度光阴，他不是班吉斯·格林镇上给马钉掌或者照看那些笨拙马匹的老马医。

5. 坐在 B 位置上喝酒的人不是那位过去经常帮助别人维修拖拉机和农场设备的前任机修工。

名字：乔·可比，来恩·摩尔，珀西·奎因，罗恩·斯诺

年龄：72，74，76，78

过去的工作：牧场主人，马医，机修工，邮递员

140.杰克和吉尔

无论杰克和吉尔去哪里或者做什么，他们都喜欢为自己找些借口，比如为了取一桶水而爬上山。根据下面的信息，你能说出星期一到星期四他们从小屋出发所走的方向、目的地以及去每个地方的原因吗？

1. 在沿 2 号方向前进的第 2 天他们爬了山，说是为了打水。

2. 星期四他们去了草地，对昏昏欲睡的小男孩布鲁也视而不见。

3. 他们说朝 4 号方向前进是去清理茶匙。

北
西 — 东
南

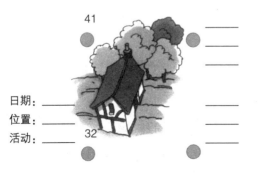

日期：＿＿＿
位置：＿＿＿
活动：＿＿＿

4. 他们为星期三的旅行找的借口是去喂猫，那天他们走的不是 1 号方向。

5. 他们为去河边找的借口不是割卷心菜。

日期：星期一，星期二，星期三，星期四
位置：河边，草地，树林，山上
活动：割卷心菜，清理茶匙，喂猫，取水

141.势单力薄的警察们

4 个警察在执行一项制止骚乱暴行的任务，他们试图用警戒线隔离人群。在行动后期每个人的身体都受到了的伤害，那种折磨让他们难以忍受。根据下面的信息，你能分辨出 1 ~ 4 号警官并说出他们所受到的伤害吗？

1. 时刻紧绷的神经使 2 号警官的肩膀都麻木了，这个让他感觉很不舒服。

2. 内卫尔的鼻子痒得厉害，但他不能去抓，因为卡弗的左手紧紧抓着他的右手。

3. 图片上这群势单力薄的警察中，布特比亚瑟更靠左边，艾尔莫特站在格瑞的右面，中间隔了 1 个位置。

4. 斯图尔特·杜琼和有鸡眼的警官之间隔了 1 个人。

名：亚瑟，格瑞，内卫尔，斯图尔特
姓：布特，卡弗，艾尔莫特，杜琼
问题：鸡眼，肩膀麻木，发痒的鼻子，肿胀的脚

142.在沙坑里

在操场的一个角落里有一个沙坑，4 位母亲站在沙坑的四周（A，B，C，D），看着自己的孩子在沙坑里（1，2，3，4）玩耍。根据下面的信息，你能分别说出这 8 个人的名字，并给他们配对吗？

1. 站在 C 位置上的不是汉纳，她的儿子站在顺时针方向上爱德华的旁边。

2. 卡纳在 4 号位置上，而他的母亲不在 B 位置。

3. 詹妮的孩子在 3 号位置。

4. 丹尼尔是莎拉的儿子，他在逆时针方向上的雷切尔儿子的旁边，而雷切尔站在 D 位置。

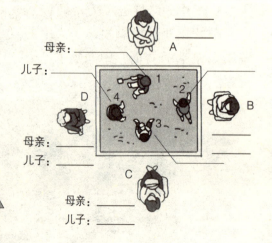

5. 没有一个孩子在沙堆里的位置与各自母亲的位置相对应。

母亲：汉纳，詹妮，雷切尔，莎拉
儿子：卡纳，丹尼尔，爱德华，马库斯

143.书报亭

位于巴黎塞纳河左岸的公开市场里有 4 家书亭，4 位顾客正在向各家书亭购买不同种类的书。从以下给出的线索中，你能说出书亭主人的名字、在 1～4 号书亭购书的顾客的名字以及他们买的是什么书吗？

1. 威廉正在买书的那个书亭在波莱特经营的书亭的西边某个位置。卖字典的书亭的东边。

2. 乔·埃尔刚买了诗集，但不是从艾兰恩那里买来的。

3. 小说是在 3 号书亭购得的。

4. 雅克的顾客是阿曼裕。

5. 传记是在玛丽安的书亭购得的，她的书亭在斯尔温买书的那个书亭的西边。

亭主：艾兰恩，雅克，玛丽安，波莱特
顾客：阿曼裕，乔·埃尔，斯尔温，威廉
书：传记，字典，小说，诗集

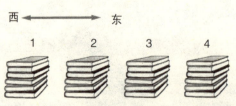

144.照片定输赢

最近一次在爱普斯高特的赛马

比赛是根据照片上的差距定输赢的。从以下给出的线索中，你能说出每匹马的排名、它们的骑师和骑师所穿衣服的颜色吗？

1."矶鹞"马的后面紧跟着卢克·格兰费尔骑的马。卢克·格兰费尔穿着黑蓝两色的衣服。

2."国王兰赛姆"的骑师是马文·盖尔，他穿的衣服不是粉色和白色。

3.科纳·欧博里恩的马比杰姬·摩兰恩的马的排名靠前。

4.穿红色和橘黄色衣服的骑师和他的马排第3名。

5.裁判研究了拍下的照片，最后由于微小的领先，判定是名叫"布鲁克林"的马赢得了此次比赛。

马："蓝色闪电"，"布鲁克林"，"国王兰赛姆"，"矶鹞"
骑师：科纳·欧博里恩，杰姬·摩兰恩，卢克·格兰费尔，马文·盖尔
衣服颜色：黑色和蓝色，粉色和白色，红色和橘黄色，黄色和绿色

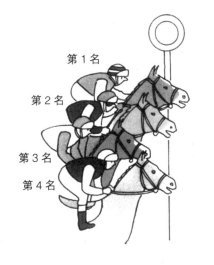

第1名

第2名

第3名

第4名

145.溜冰

4位年轻的女士来到一个公园的湖上溜冰。从以下给出的线索中，你能确定图中4位溜冰者的名字和她们围巾的颜色吗？

1.伯妮斯·海恩在戴黄色围巾的朋友的右边某处。

2.叫肖特的溜冰者戴着红色的围巾。

3.戴着绿色围巾的溜冰者在路易丝左边的某处。

4.1号溜冰者戴的是蓝色围巾。

5.杰姬不在2号位置，她也不姓劳恩。

名：杰姬，夏洛特，伯妮斯，路易丝
姓：特利尔，劳恩，海恩，肖特
围巾：蓝色，绿色，红色，黄色

	1	2	3	4
溜冰者：				
姓名：				
围巾：				

146.冬日受伤记

去滑雪的3个朋友不幸都摔了一跤，导致某个部位骨折。从以下给出的线索中，你能确定他们的名字、所去的旅游胜地和骨折部位吗？

1.泊尔在法国滑雪。

2.去澳大利亚的那位女子摔断了一条腿。

3. 斯塔布斯夫人选的度假地点不是瑞士，她也没有把手臂摔断。

4. 索尼亚摔断了她的锁骨，她不姓霍普。

名 ＼ 姓	费尔	斯塔布斯	霍普	澳大利亚	法国	瑞士	手臂	锁骨	腿
迪莉娅									
泊尔									
索尼亚									
手臂										
锁骨										
腿										
澳大利亚										
法国										
瑞士										

147.四人骑自行车

骑行俱乐部的成员制造了一些特别的自行车，它的一辆车上可以骑不多于4个人，它被用来为慈善机构牟利。在某个展示场合，4个人骑在这种自行车上，每个人扮演儿童故事书中的一个角色。从以下给出的线索中，你能说出每个人的全名以及他或她所扮演的角色吗？

1. "托德先生"紧靠在詹妮后面。

2. 扮演"诺德"的不是斯普埃克斯，他在基思的前面某个位置。

3. 骑在2号位置的人扮演"迈德·海特"。

4. 贝尔穿成飞人"贝格尔斯"的样子。

5. 戴夫在自行车的3号位置。

名：戴夫，詹妮，基思，莫尼卡
姓：贝尔，切诺，福克斯，斯普埃克斯
角色："贝格尔斯"，"迈德·海特"，"托德先生"，"诺迪"

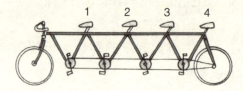

148.偶然所得

某天，3个少年在不同地点各捡到了一枚硬币。从以下给出的线索中，你能说出每个人的年龄、硬币的面值和捡到它的地点吗？

1. 韦斯利捡到的硬币面值比在公园捡到的那个要大，在公园捡到硬币的人年纪比韦斯利大。

2. 阿曼达捡到了一枚面值为20便士的硬币，但不是在停车场捡到的。

3. 6岁小孩是在人行道上捡到硬币的。

	5岁	6岁	7岁	5便士	10便士	20便士	停车场	公园	人行道
阿曼达									
约瑟夫									
韦斯利									
停车场										
公园										
人行道										
5便士										
10便士										
20便士										

149.运货车与司机

有 4 位司机在一家运输公司工作，如图所示：该公司的停车场通往一条环形马路，该环形马路又发出 4 条直行马路。从下面所给的线索中，你能将停车场中标号 1 ～ 4 的运货车与 4 位司机名字逐一匹配出来吗？并指出那天早晨出发时他们是按照何种顺序离开停车场的，同时推断出每位司机是选择 A ～ D 中哪条马路来行驶的吗？

1. 汤米在 1 号运货车司机启程之后出发。在 2 号运货车司机亚瑟之前驶离出口，并离开环形马路。

2. 第 3 个离开停车场的运货车到达环形马路后，它朝着马路 C 的方向行驶。

3. 当天早上，罗斯是第 2 个离开停车场的。

4. 4 号货车行驶的是马路 D。

司机：亚瑟，盖瑞，罗斯，汤米

150.婚礼教堂

3 个兄弟在教堂和他们的新娘举行了婚礼。从以下给出的线索中，你能分别说出 3 对新人的名字和他们举行婚礼的教堂吗？

1. 在圣三教堂结婚的那对不包括罗德尼或黛安娜，他们两个不是一对儿。

2. 威廉跟贝尔弗莱结婚了。

3. 琼的婚礼在圣约翰教堂举行。

4. 梅格的新婚丈夫不是肖恩，肖恩妻子结婚前不姓希尔斯。

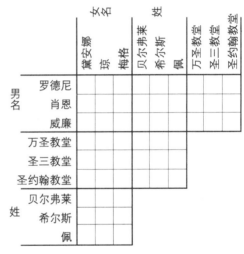

151.盾形徽章

4 位世袭的贵族拥有如图所示的盾形徽章。从以下给出的线索中，你能说出字母编号为 A，B，C，D 的盾形徽章的所有者及每个徽章上的图案和颜色吗？

1. 莱可汉姆领主的盾形徽章以火鸡图案为特征，用以见证自己某位祖先在对抗异教徒的宗教战争中的英勇行为。这个火鸡图案的徽章

排在蓝色徽章的左边。

2. 黄色的盾形徽章在描刻有鹰的徽章的右边。鹰徽章是在代表伯特伦领主徽章的邻旁。

3. 狮子不是曼伦德领主徽章上的图案。

4. 盾形徽章 C 的背景颜色是绿色。

5. 盾形徽章 A 的图纹是莱弗赛奇领主的外衣徽章。

领主：伯特伦领主，莱弗赛奇领主，曼伦德领主，莱可汉姆领主

图案：鹰，狮子，牡鹿，火鸡

颜色：蓝，绿，红，黄

贵族：＿＿＿＿＿＿＿＿

图案：＿＿＿＿＿＿＿＿

颜色：＿＿＿＿＿＿＿＿

152.发错的邮件

克拉伦斯是一家邮递公司的派送员，有一天，他把订单的顺序给弄乱了，订单被送到错误的城市。从以下给出的线索中，你能推断出他把订单送到了哪个错误的城市吗？说出所列书目的作者名字，以及它原来要送到的城市和克拉伦斯派送的错误地址。

1. 每本书相关的名字，包括作者和相关的两个城市名字的首字母都是不同的。

2.《布达佩斯的秋天》和道森写

的书，它们的目的地都不是卡莱尔。被送到切姆斯弗德的那本书，它的作者不是格雷尼，它原来的目的地也不是布莱顿。

3.《斯多葛学派》一书，既不是克罗瞿的著作，也不是被送到格拉斯哥的那本书。

4.《伊特鲁亚人》的作者名字的首字母在字母表上接在最后被送到威根的那本书作者名字的后面。

作者：艾伦·比格汉姆（Alan Bingham），伊利斯特·克罗瞿（Ernest Crouch），格兰特·道森（Grant Dawson），马丁·格雷尼（Martin Greene）

正确的城市：布莱顿（Brighton），卡莱尔（Carlisle），马特洛克（Matlock），索尔兹伯里（Salisbury）

错误的城市：切姆斯弗德（Chelmsford），格拉斯哥（Glasgow），斯旺西（Swansea），威根（Wigan）

153.长方形与格子数

将下面的表格分隔成多个长方形，使得每一个长方形里都包含一个数字，而这个数字正好等于该长方形所包含的格子个数。

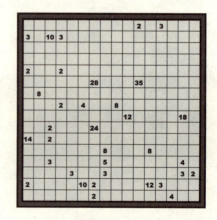

154.音符

现在来一道关于音乐的题目让你放松一下。下边哪一个音符与其他音符不同呢?

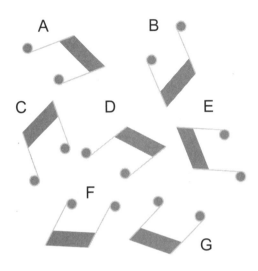

155.方框与符号

每个方框中都放进这些符号中的一个,使每行、每列和每条对角线包含的符号每种各一个。

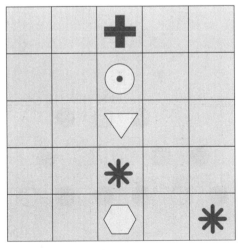

156.周长最长的图形

从A,B,C,D中找出周长最长的那个图形。

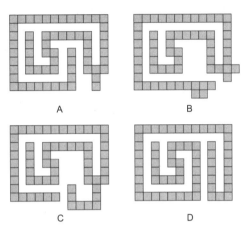

157.捷径

从中央的数字"4"开始,按你喜欢的方向走4步,横走、竖走或对角走。到达一个标有数字的方框后,再次按照你喜欢的方向,根据方框内数字所指示的步数走。通过这种方式,你可以找到走出迷宫的路。但是,最后一次移动时,你只能走一步离开迷宫。你的任务就是找到只移动3次就可以走出迷宫的捷径。

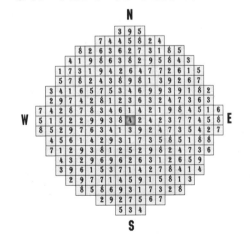

158.国际象棋棋盘

国际象棋棋手把硬纸板做成的国际象棋棋盘拆成了如图所示的14个部分，想找他下象棋的朋友只好在下棋之前把这些部分拼成完整的棋盘。你知道是怎么拼的吗？

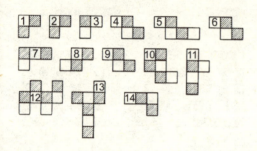

159.棋子换位

如图所示，25枚棋子放入棋盘中的25个格子里。请通过一对一地交换棋子位置把它们按照数字顺序摆好，棋子1，2，3，4，5在第1排按顺序从左至右；6，7，8，9，10在第2排，依此类推。那么，最少的换位步骤是多少步？

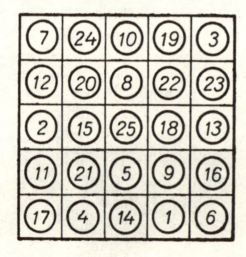

160.箭头与数字

在下面的方框中填上数字1～7，使得每横行和每竖行中这7个数字分别出现一次。方框中箭头符号尖端所对的数字要小于另一端的数字。

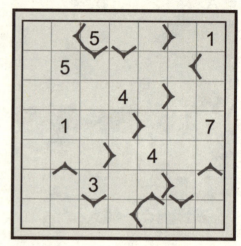

161.黑圈和白圈金字塔

下图是一个由黑圈和白圈组成的金字塔，上层圆圈的颜色是由下层圆圈的颜色所决定的。请完成金字塔上面的3层。

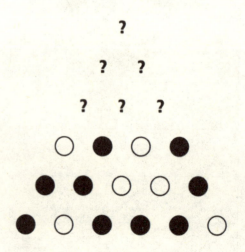

清华北大学生爱做的1500个思维游戏

第3章 提高分析力的思维游戏

162.半圆与数字（1）

第 3 个半圆中缺失的数字是多少？

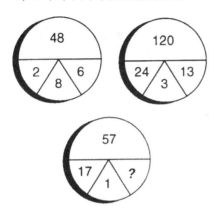

163.帐篷与树

下面的方格代表一片林地。其中一些格子里面是草，其他的里面是树（已标出）。在长草的一些格子里放上帐篷，使得每棵树在垂直或水平方向有一个帐篷与它相邻，而一个帐篷可以与多棵树相邻。所有的帐篷之间不能在垂直、水平，或者斜向上相邻。方格外面的数字分别表示该行或者该列帐篷的总数。请问这些帐篷分布在哪些格子里？

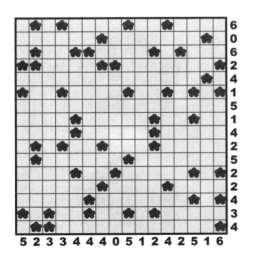

164.共有的特性

下面的图中有一个没有其他 5 个所共有的特性。这个不一样的图形是哪个？为什么？（提示：不是对称问题。）

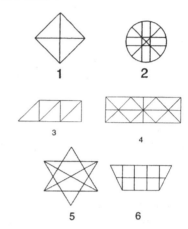

165.射箭

费尔图克曾就道古老的射箭难题向罗宾汉挑战。他把 6 支箭射在靶子上，这样他的总分就刚好达到 100 分。看样子，费尔图克好像知道答案而且可以摘得奖牌了。

166.圆圈与阴影

将下表中的一些圆圈涂成阴影，使得任意横行或者任意竖行中，同一个数字只能出现一次。所有涂成阴影的圆圈之间不能在垂直或水平方向上相邻，并且不能将没有涂成阴影的圆圈分成几组——也就是说，没有涂成阴影的圆圈必须横向或纵向相连成一个分支状。应该将哪些圆圈涂成阴影？

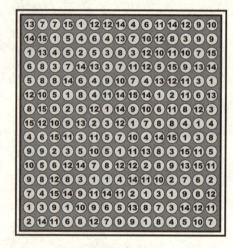

167.恰当的数（1）

在图中标注问号的地方填上恰当的数字。

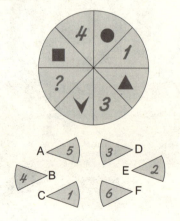

168.恰当的数（2）

你能解开这道题吗？

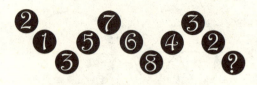

169.特殊的数

想一想，哪个数字是特殊的？

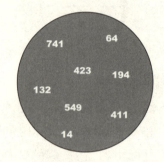

170.五边形与数

动动脑筋，问号处应该填什么数呢？

171.商店的窗户

下图是一个商店的窗户，它的高和宽都是 2 米。油漆工想把它的一半面积漆成蓝色，而同时要留出一个无漆的正方形。那么，他该如何做呢？

172.舰长的检查路线

这艘飞船正从月球飞回地球。下图所示的就是前进舱指挥舰板的平面图。伯肯舰长每个小时都会巡视飞船。他将检查从 A 到 M 的每个走廊，而且只检查一次。但是，通过外走廊 N 的次数不限。同时，进入 4 个指挥中心（1 号、2 号、3 号和 4 号）的次数也不受限制。最后，他总是在 1 号指挥中心结束检查。请你把舰长的检查路线展示出来（起点可以从任一指挥中心开始）。

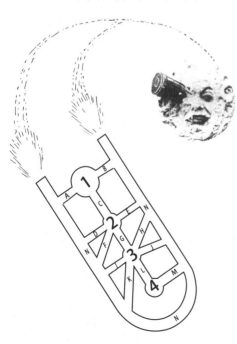

173.魔法硬币

魔术师已经摆出来 6 枚魔法硬币。前 3 枚硬币背面朝上，后 3 枚是兔子朝上。你要用 3 步将它们的顺序改为：背面、兔子、背面、兔子、背面、兔子。每次移动你都必须将相邻的 2 枚硬币翻面。

174.教堂的钟

为了把你难住，牧师斯皮尔在做最后一次尝试。好像牧师为教堂买了一口新钟，不知为何，他叫多朗格·基德来帮忙。这口钟的重量和基德的体重相同。当基德开始拽绳子时，令人吃惊的事情发生了。那么，请你猜猜看：

（1）如果基德保持原地不动，钟会不会升上去呢？

（2）如果钟保持原地不动，基德会不会升上去呢？

（3）基德和钟会不会一起升上去呢？

175.卡兰德手表

克兰西三兄弟是纽约市古老的熨斗大楼里最出色的清洁工，为了对他们的准时表示感谢，业主们送给他们每人一块卡兰德手表。但是，麻烦也随之而来。布莱恩那块表很准时，巴里那块表每天都慢1分钟，而帕特里克的表则每天都快1分钟。如果兄弟三人在收到手表的那天中午同时把手表调到准确时间并且此后不再调整手表的话，那么这3块手表需要过多少天才能再次在中午显示正确时间呢？

176.棋盘游戏

看看你能不能跨过这个思维游戏并取得胜利。拿（绘）出一个小

棋盘（如图所示），在每个标有数字的正方形内放一个棋子。现在的问题是：从9号正方形开始，将棋盘上的其他棋子都拿走，只剩下一个；而剩下的那个棋子最后要回到从9号正方形最初跳到的地方。你可以沿任意方向（斜向、上下，或者对角线）将一个棋子从另外一个棋子上跳过，所有被跳过的棋子就要从棋盘上拿走。但是，棋子在跳过去之后必须落在空的正方形内。你可以用一个棋子连续跳，连续跳跃被看做是1步。你能只用4步就把这个题解答出来吗？

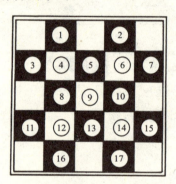

177.填补圆

想一想，A，B，C，D哪项可以用来填补圆中的问号部分？

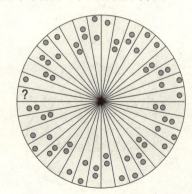

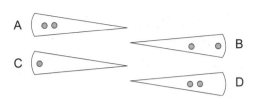

178.火车车厢

火车正沿着 AB 方向前行。一位乘客在火车车厢的一侧沿着 AC 方向往前走。以地面为参照物，这位乘客正沿着哪个方向往前走呢：1，2，3 还是 4 ？

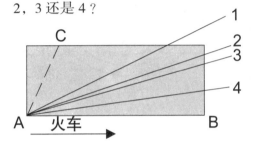

179.数字球

你能找出与众不同的那个数字球吗？

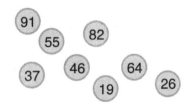

180.隐藏的陷阱

①一辆公共汽车在中午时分从莫斯科开往图拉。1 个小时以后，一个人骑自行车离开图拉前往莫斯科，骑自行车的速度比公共汽车慢。当公共汽车与自行车相遇时，谁到莫斯科的距离更远一些？

②6 点钟的时候，时钟敲了 6 次。我看了看自己的表，发现钟敲响的第 1 次和最后一次之间共用时 30 秒。那么在凌晨时钟敲响 12 次的时段里，第 1 次钟响和最后一次钟响的间隔是多长呢？

③3 只燕子从同一点向外飞。它们会聚到天上的同一架飞机上吗？

现在去看答案吧，看看你是否掉到题中隐藏的陷阱中了。

181.测量距离

南茜和奥德丽决定用脚步实地测量某段距离。南茜走了一半的距离然后跑了剩下的一半距离。奥德丽一半的时间在走，另一半的时间在跑。南茜和奥德丽走路和跑步的速度是相同的。谁会先到达目的地呢？

182.不闭合图形

请按如下要求在每个格子里画一条对角线：图中数字指的是相交于此的对角线的数量；这些对角线相互不可以构成任意大小的闭合图形。

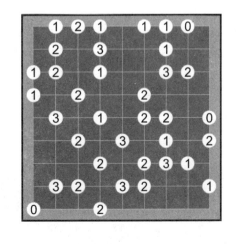

181

183.隐藏的面

3个骰子垒成如图所示的样子，有人瞥了一眼最上面的数字，就答出了隐藏的5个面的点数和等于17。这5个面是下面两个骰子的上下两个面以及最上面那个骰子的底面。你知道他是怎么算出来的吗？

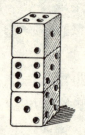

184.谁中靶心

安德沙、波莱雅和迪亚每人射了6枪，每人射中71环。安德沙的前两枪共射了22环，迪亚的第1枪只射了3环。那么，谁射中靶心了呢？

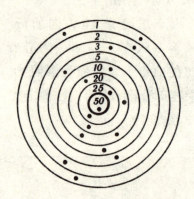

答 案

1...

结果一定出乎你的意料，滚筒上的重物总是比滚筒要走得远。

如果滚筒旋转一周，它前进的距离就是滚筒的周长，而重物则移动了这个距离的2倍。这是因为重物相对于滚筒移动了，而与此同时，滚筒相对于地面移动了。如果滚筒的周长为1米，那么滚筒每转动一周，它所承载的木头移动2米。

这被称为"滚筒和木头"定理。

2...

大齿轮旋转一圈，它的14个齿会契合其他的3个齿轮。

设为了使所有的齿轮都回到原来的位置，大齿轮需要转n圈。

那么13个齿的齿轮将会转 $14n/13$ 整圈；

12个齿的齿轮将会转 $14n/12$（即 $7n/6$）整圈；

11个齿的齿轮将会转 $14n/11$ 整圈。

也就是说，n必须被13，6和11整除。由此可知，n最小为 $13×6×11=858$。大齿轮至少需要转858圈才能使所有的齿轮都回到原来的位置。

3...

如图所示，最后组成的句子是："The impossible takes longer."

最大的齿轮顺时针转动1/8圈就可以

得到这句话。

这句话出自于一个无名氏之手，是美国海军工程营纪念碑上的碑铭，其原文是："The difficult we do at once; the impossible takes a bit longer."（困难我们可以马上克服，不可能的任务多一点时间就能完成。）

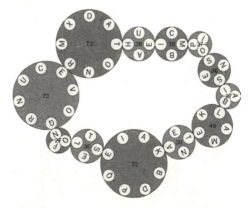

4...

如图所示：

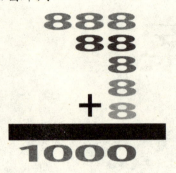

5...

一共有 8 组。

735 564 6432 4326

26331 3318 3183

3741

6...

如图所示：

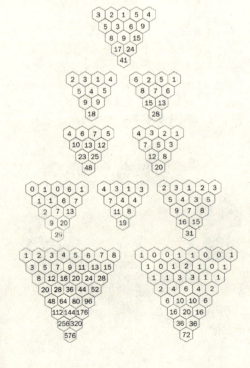

7...

3 个重物的重量分别为 17，18 和 19 克。

8...

$$x+（x+1）+（x+2）+（x+3）=90$$
$$4x+6=90$$
$$x=21$$

因此这 4 个重物分别重 21，22，23，24 克。

9...

不管游戏者 1 将 5 放在哪一栏中，游戏者 2 把 6 放在另一栏里就可以赢得游戏。

栏数 1	栏数 2
1	3
2	4
5	6

栏数 1	栏数 2
1	3
2	4
6	5

10...

在这个游戏中，不可能把 9 个数字全部放进这两栏中，最多只能放进 8。

栏数 1	栏数 2
1	3
2	5
4	6
8	7

11...

如图所示。

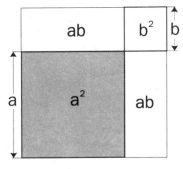

$$(a - b)^2 = a^2 + b^2 - 2ab$$

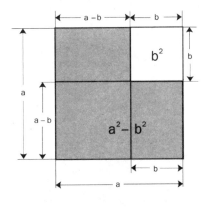

$$(a + b)^2 = a^2 + b^2 + 2ab$$

$$a^2 - b^2 = (a + b)(a - b)$$

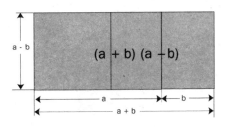

12...

帕斯卡三角形里的每一个数字都等于它左上角和右上角的数字之和。

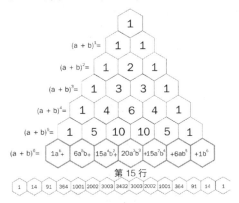

第15行

| 1 | 14 | 91 | 364 | 1001 | 2002 | 3003 | 3432 | 3003 | 2002 | 1001 | 364 | 91 | 14 | 1 |

13...

1. 每掷一次色子，没有掷到"6"的概率是5/6。由于每一次掷色子都是独立的，那么没有掷到"6"的概率可以这样计算：

掷2次：$5/6 \times 5/6 \approx 0.69$

掷3次：$5/6 \times 5/6 \times 5/6 \approx 0.57$

掷4次：$5/6 \times 5/6 \times 5/6 \times 5/6 \approx 0.48$

也就是说你掷4次能够掷到一次"6"的概率是52%。

2. 掷24次至少掷到一次双"6"的概率也就等于1减去掷24次没有掷到双"6"的概率。这个计算通过计算器可以很容易得到：35/36 的 24 次方约等于0.51，因此赌博者赢这盘游戏的概率约为（1 — 0.51）×100% = 49%。

14...

你们两个人掷到同一点数的概率是1/6，也就是你们俩其中一个掷的点数比另外一个人高的概率为5/6。

因此你比你朋友点数高的概率为5/6的一半，也就是15/36=5/12。

下图为详解。

1	*	+	+	+	+	+
2	-	*	+	+	+	+
3	-	-	*	+	+	+
4	-	-	-	*	+	+
5	-	-	-	-	*	+
6	-	-	-	-	-	+

15

如图所示，3个帽子弄混一共有6种情况。

而其中的4种情况都有一个人拿到他自己的帽子。因此至少有一个人拿到自己帽子的概率应该是4/6，也就是约为67%，这个概率还是很高的。

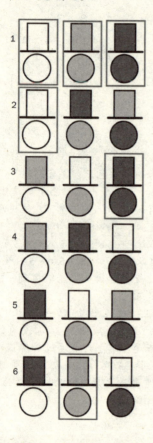

16...

n顶帽子的排列一共有n！种情况，6！＝720（6！＝6×5×4×3×2×1＝720）。那么在这么多种情况中有多少种是所有的人拿到的都不是自己的帽子呢？

要得到这个结果，可以采用一个简单的方法，就是引入一个超越数e＝2.718……

n个物体全部排列错误的总数等于720除以e。

在这道题中也就是720÷2.718=265；因此所有人拿到的都不是自己帽子的概率为265/720=0.368055。

1减去这个数就是至少有一个人拿到自己帽子的概率，也就是0.6321。

17...

下图是德扎格结构，在这个结构中共有10个交点（10条线中每3条线相交）。

另外有3个交点可以忽略不计，因为经过它们的只有2条线（耶利米·法雷尔原则）。

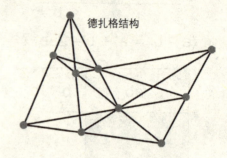

德扎格结构

18...

12条线，12个点。

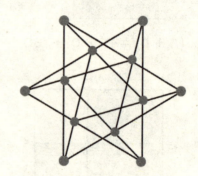

19...

14条线，14个点。

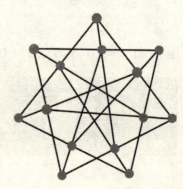

20...

16 条线，16 个点。

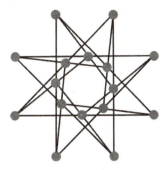

21...

7 个人一共有 7！即 5040 种排列方法。

而这 3 位有胡子的数学家坐在一起的情况一共有 5 种（如下图所示，B 表示有胡子的数学家）。

B B B X X X X
X B B B X X X
X X B B B X X
X X X B B B X
X X X X B B B

对于这 5 种情况中的每一种，这 3 位数学家之间的排列方法为 3×2×1＝6 种。而没有胡子的数学家之间的排列方法为 4×3×2×1＝24 种。因此，这 3 位数学家坐在一起一共有 5×6×24＝720 种方法。

其概率为 1/7（720/5040）。

22...

这个问题可以从帕斯卡三角形中找到答案。从帕斯卡三角形的第 8 行可以看出，生 4 男 4 女的概率为 70/256，约 27%。

生 8 个孩子性别都相同的概率为 1/256，比 1% 还要小。当一个家庭所生的孩子 6 个以上都为同一性别时，我们就不能仅仅考虑概率的因素了，还必须考虑基因这个因素。

我们说生 4 男 4 女比生 8 个同一性别的孩子的可能性更大，这是因为我们并没有将孩子的出生顺序考虑进来。某一个特定出生顺序的 4 男 4 女，比如 GBBGGBGB（G 代表女孩，B 代表男孩），与 GGGGGGGG 或者 BBBBBBBB 的概率是完全相同的。

23...

女人的 2 个孩子都是男孩的概率约为 33%，而男人的 2 个孩子都是男孩的概率约为 50%。

对这个至少有一个孩子为男孩的女人来说，她的孩子有 3 种可能性：

大一点的孩子	B	G	B
小一点的孩子	G	B	B

这 3 种情况的概率都相等，因此她有 2 个男孩的概率为 33%。

而对于这个男人来说只有 2 种可能性：

大一点的孩子	B	B
小一点的孩子	G	B

这 2 种情况概率相等，因此他有 2 个男孩的概率为 50%。

24...

面试 36 个人。这样将你选到最优秀的人的概率提高到 1/3，这是你所能做到的最好的结果。

如果你愿意妥协，认为选择这 100 名中的第 2 名也可以，那么这样你只要面试 30 个人，你选到第 1 名或者第 2 名的概率就会高于 50%。而如果你认为选择这 100 名中的前 5 名都可以，那么你只需要面试 20 个人，你选到前 5 名之一的概率就会达到 70%。

25...

显然，概率肯定不是 100%。

事实上，你可以先计算 6 次全部都没有掷到"6"的概率。

每一次没有掷到"6"的概率为 5/6，那么 6 次全部没有掷到"6"的概率为：$5/6 × 5/6 × 5/6 × 5/6 × 5/6 × 5/6 ≈ 0.33$。

因此 6 次中至少有一次掷到 "6" 的概率为 $1 - 0.33 = 0.67$, 即 67%。

26...

$6/6 \times 5/6 \times 4/6 \times 3/6 \times 2/6 \times 1/6 \approx 0.015$。

即概率小于 2%。

27...

莱布尼茨是错误的。 总点数为 12 的时候只有一种组合情况, 即红色色子和蓝色色子都掷到 "6"; 而总点数为 11 的时候有两种组合情况, 即红色色子为 "5", 蓝色色子为 "6", 和红色色子为 "6", 蓝色色子为 "5"。

因此它们的概率是不相等的, 其概率分别是 1/36 和 2/36。

28...

总点数从 3 到 18 共有 $6 \times 6 \times 6 = 216$ 种结果。

出现总点数为 7 共有 15 种方法 (7%), 出现总点数 10 一共有 27 种方法 (12.5%)。

29...

任意一个整数和它的 2 倍之间总有一个质数。

30...

每次掷一个硬币会有 2 种可能的结果。根据下面的基本计算规律, 掷 5 次硬币一共有 $2 \times 2 \times 2 \times 2 \times 2 = 2^5 = 32$ 种结果。

基本计算规律:

2 个独立的任务, 如果第 1 个任务有 M 种可能的完成方法, 第 2 个任务有 N 种可能的完成方法, 那么 2 个任务就会有 $M \times N$ 种不同的完成方法。

31...

这个分析是不对的。 尽管我们已经知道第 3 枚硬币只有 2 种结果, 但是我们同时也应该把另外 2 枚硬币的 4 种不同结果考虑进去。我们可以将所有可能的结果列出来 (H 表示正面, T 表示反面):

HHH
HHT
HTH
HTT
THH
THT
TTH
TTT

我们可以看到, 其中只有 2 种结果 3 个硬币是相同的, 因此其概率应该是 2/8=1/4。

32...

掷 100 次全部为正面的概率:

掷到 1 个正面的概率为:

1/2=0.5

掷到 2 个正面的概率为:

$1/2 \times 1/2 = 1/4 = 0.25$

掷到 3 个正面的概率为:

$1/2 \times 1/2 \times 1/2 = 1/8 = 1.125$

掷到 100 个正面的概率为 $(1/2)100$, 约等于:

1/1000000000000000000000000000000

在理论上是有可能掷到 100 个正面的, 但是在实际操作中基本上不可能, 因为正反都掷到的可能性有太多种。

同样, 在实际操作中, 出现所给出的任意一种情况的可能性都很小。这些情况出现的可能性都是相同的。

33...

这个问题是博弈论的一个例子。博弈论诞生于 1927 年, 当时约翰·冯·诺依曼认识到在经济、政治、军事以及其他领域的决策与很多数学游戏的策略是相似的。他认为游戏上的这些策略可以应用到现实生活中。他与经济学家奥斯卡·摩根斯坦一起出版了《博弈论与经济行为》。

博弈论的很多结果都与我们的直觉相悖。比如说, 在这道题中, 迈克活下来的可能性最大, 是汤姆和比尔的 2 倍。为什么呢?

汤姆和比尔最开始肯定会选择向对方射击 (因为对方是自己最大的威胁), 而接下来迈克则将射击活下来的那个人。他射中的概率为 50%（从而成为最后的赢家），射不中的概率也为 50%（最后被别人射中身亡）。

现在我们来分析一下这个有趣的结果：

如果迈克最先射击，他一定会故意射不中。因为如果他射死了其中一个人，那么另一个人就会把他射死。

因此事实上需要考虑的只有 2 种情况：

汤姆先射杀掉比尔，或者反过来比尔先射死汤姆。

这两种情况下迈克有 50% 的可能性能够射死幸存下来的那个人，因此他活下来的概率为 50%。

汤姆如果先开枪，他活下来的概率为 50%；如果比尔先开枪，那么他活下来的可能性为 0。由于有 50% 的可能性是比尔先开枪，因此汤姆活下来的可能性为 $1/2 \times 1/2 = 1/4 = 25\%$；比尔活下来的可能性也是如此。

34...

先算出 3 个人全都没有射中的概率为：

$3/5 \times 3/5 \times 7/10 \approx 0.252$

因此，3 人中至少有 1 人射中的概率为 $1-0.252=0.748$。

35...

很多人都猜至少需要150人或者更多，但计算的结果可能会让你大吃一惊。

只需要随机抽取 23 个人，其中有 2 个人生日相同的概率就已经大于 50% 了。分析如下：2 个人生日不相同的几率为 364/365，第 1 个人可以是任何一天过生日，而第 2 个人可以是剩下的 364 天里的任何一天过生日，第 3 个人可以在剩下的 363 天内的任何一天过生日，因此 3 个人的生日都不同的概率为 $(364/365) \times (363/365)$。

随着生日不同的概率减小，生日相同的概率增加。如果你能够想到：23 个人的不同组合可以组成 253 对，那么 23 人就能够满足题目的要求。

$(364/365) \times (363/365) \times \cdots \times [(365-n+1)/365]$，其中 n 指总人数。

n 个人的不同组合可以组成的对数等于：$n \times (n-1)/2$ 也就等于 $1+2+3+\cdots+(n-1)$

36...

答案为 253。

概率为 $1-(364/365)^n$，其中 n 指除你自己以外的人数。

37...

38...

无解。

39...

无解。

40...

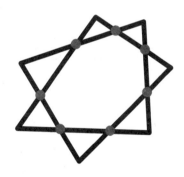

41...

正多边形：6，12

不闭合多边形：1，8

闭合多边形：2，3，4，5，6，7，9，10，11，12

简单多边形：4，5，6，10，11，12

复杂多边形：2，3，7，9

复合多边形：3，9

凸多边形：5，6，10，12

凹多边形：1，2，3，4，7，
8，9，11

42...

如图所示，对于房子总数为偶数的情况，到所有的房子距离最近的点应该在中间两栋房子的中心。

而对于房子总数为奇数的情况，到所有房子距离最近的点应该是最中间的那栋房子。

这个问题是由 J.布查特和里奥·摩西于 1952 年提出来的。

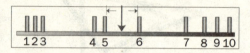

43...

我们可以从圆的外面选一点，从这一点向圆发出射线，射线从圆的边缘开始切入。我们可以数这条射线与圆相夹的面积内有多少个点，直到正好为 100 万个点为止。这时这条射线在该圆内的线段就是我们要找的线段。

如果射线一次扫射正好从 999999 个点到了 1000001 个点，那就只能在圆外面另选一个点，重新来试，最后总有一条线会成功的。这就是所谓的馅饼理论的一个简单例子。

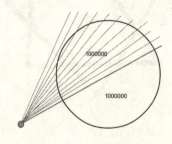

44...

1. 每个字母有 26 种可能，每个数字有 10 种可能，那么密码的可能性有：

P＝26×26×26×10×10＝263×102＝1757600 种。

2.P＝26×25×24×10×9＝1404000 种。

3.P＝1×25×24×10×9＝54000 种。

45...

在面积相等的 3 个围栏中，正方形围栏所用的材料最少。

46...

关着大象的围栏所用的材料最少。

也就是说，两个相连的全等图形面积相等时，周长最短的并不是正方形，而是长比宽长 1/3 的长方形。

这个答案是通过正六边形解出来的，而这个证明则是由密歇根大学的托马斯·黑尔斯于 1999 年给出的。这可能能够部分地解释为什么六边形在自然界中出现得如此之多，比如蜜蜂的蜂巢。

47...

我们把小球在 1 秒钟内所经过的距离设为 d，那么它在前 2 秒钟内经过的总距离为 4d，在前 3 秒钟经过的总距离为 9d，在前 4 秒钟内经过的总距离为 16d，依此类推。你可以用一把尺子来检验：将尺子倾斜成一定角度，让小球沿着尺子向下滚动。不过倾斜角度一定要足够小，才能使小球在尺子上持续滚动 4 秒钟。

48...

当选手 A 跑完 100 米抵达终点时，B 还在 90 米处，他只跑了选手 A 的 90% 的距离。同样的道理，选手 C 的速度也只是选手 B 的 90%，因此当 B 处于 90 米处时，C 应该正处在 81 米处。也就是说，选手 A 比选手 C 领先了 19 米。

49...

通过这个实验可以测试出你的反应时间。这个反应时间就是从松开直尺到握住直尺它所滑落的距离。

你用一只手握住直尺的顶部，让你的朋友食指和拇指稍稍分开，对准直尺上的 0 刻度处。突然松开直尺。你的朋友抓住直尺时所捏住的刻度就是他的成绩。

50...

你的体重将会变成原来的 8 倍。

如果所有测量长度的工具都变为原来的2倍，那么一个二维物体的面积将会增加到原来的4倍（2×2）。

同样，一个三维物体的体积将会变成原来的8倍（2×2×2），因此重量也会变成原来的8倍。

51...

对于一些简单的等差级数，其等差在1阶就可以得到，但是对于高阶等差级数，在找出等差之前需要进行多阶分析。

下面是两道题的详解：

题1：

```
20 28 40 56 76        0 阶
   8 12 16 20         1 阶
     4  4  4          2 阶
```

4+16+56 =76 即问号处需要填上的数。

题2：

```
8 26 56 100 160 238 336      0 阶
 18 30 44  60  78  98        1 阶
  12 14 16 18  20            2 阶
    2  2  2  2               3 阶
```

2+18+78+238=336 即问号处需要填上的数。

在这个过程中，我们会发现高阶等差级数并不是在每一阶等差都相同，因此我们需要多阶分析才能找到最后的等差。

有些级数之间不是等差，而是等比，也就是每次都乘以一个固定的数，这种级数叫做等比级数。级数中后一个数与前一个数的比值就是这列数的等比。

举一个例子：

```
2     6     18     54
6÷2=3 18÷6=3 54÷18=3
```

因此这个数列的下一个数就应该是54×3=162。

52...

最后一个与众不同，其他的都是质数（在大于1的整数中，只能被1和这个数本身整除的数叫质数，也叫素数），它是17与19607843的乘积。

53...

在这种情况下，酒店经理可以把客人都转移到房间号是他们原来房间2倍的房间。这样所腾出来的无限个房间就可以供无限个新来的客人住了。

类似的问题被称做希伯特酒店问题，它是以德国数学家大卫·希伯特（1862～1943）的名字命名的。这个问题从本质上说明了无限的2倍仍然是无限。

54...

每个不在最上面一横行和最左边一竖行的数，都等于它上面的数与它左边的数之和再减去它左上角的数。

1	2	5	6	9
3	4	7	8	11
10	11	14	15	18
12	13	16	17	20
19	20	23	24	27

55...

旗子会上升。

56...

秘密就是看下图阴影处的8个方格。如果在这8个方格中，青蛙和王子的数量都是偶数，那么这个游戏最终就是有解的，反之则无解。原因是每一次翻动都会影响到0个或者2个在这个阴影区域的方格，而不可能只影响到奇数个方格。由于你必须在游戏最后让这个区域内所有的方格都显示为同一个图案，因此如果这个区域内青蛙或王子的数量是奇数，那么这个

游戏是不可能完成的。根据这个规律，题
1无解，题2有解。

57...

轮子上缘的点比轮子下缘的点的速度
快。以火车轮子为例，它的轮缘会接触到
轨道以下的地面，在它的轮子上甚至还有
往回转动的点。

58...

轮子的悖论是乔治·康托于1869年解
决的。

这个题目错误的地方就在于假定两个
轮子之间的一一对应就推出这两个轮子的
周长一定相等，事实上并不是。大轮子由
1点滑动到2点时，小轮子并不是从3点
滑动到4点，而只是沿着从两个轮子共同
的轴心到大轮子的边缘这条直线被牵动了
一定的距离。

1米长的线段上的每一点都可以与
1000米长的线段上的所有点一一对应起
来，甚至是与无限长的直线上的所有点
一一对应。一段曲线上点的数量被康托称
为aleph-1（康托称aleph附加数字表示无
限数的概念）。

在康托之前的数学家都没有认识到无
限数的特殊性质，因此他们都没有能够解
释亚里士多德的轮子悖论。

59...

他一次都不会跳。因为他是木头做
的，所以完全不可能听到钟响！别忘了这
是一个脑筋急转弯题。

60...

可以。

这个游泳池可以装50立方米的水，也
就是50000升水。

健康专家建议我们每天喝2升水，一
年即730升。

68年你就喝了这样一游泳池的水了。

61...

? ? ? 7 ? ? ?
1 3 5 7 9 11 13

最重的西瓜是13千克。

62...

这个问题把你难住了吗？许多人认为
答案是1.5千克，实际上应该是2千克。

63...

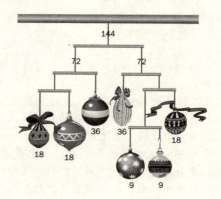

64...

可以把每2个力相加，按顺序算出它
们的合力，直到得到最后的作用力，或者
把它们按照下面所示加起来。

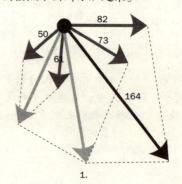

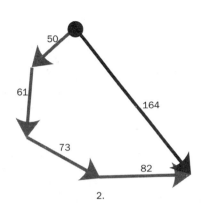

50

61

164

73

82

2.

65...

有 6 种方法去排列这 3 个盒子。

称一次可以在两种可能性中决定一个，称两次可以在 4 种可能性中选择，称 3 次可以在 8 种可能性中选择……

一般来说，"n"次称重将最多决定 2n 种可能性。

在我们的题目中：

称重一次：A>B

称重两次：A<C

结论：C>A>B，问题就解决了。

如果第 2 步称重时：A>C

那么就有两种可能性：A>B>C 或 A>C>B，所以我们需要第 3 次称重来比较 B 和 C。所以最多需要称 3 次。

66...

最多需要称 3 次。

把 21 个盒子分成 3 组，每组 7 个。在天平的两端每边放一组，可以得出两种可能的结果：

a. 天平平衡；

b. 天平倾斜。

如果天平平衡，那么那个较重的盒子就在没有被称的那一组里。如果天平倾斜了，显然那个较重的盒子在天平倾斜的那边。把重的那组分为两组，每组 3 个盒子，剩下一个盒子，把这两组分别放在天平的两端。

又一次，有两种可能的结果：

a. 天平平衡；

b. 天平倾斜。

如果天平平衡，那么那个剩出的盒子

就是那个比较重的盒子，我们就不需要再称了。否则，我们就需要再称一次，在天平两端每边放一个盒子，剩下一个盒子。

67...

那个沿着地平线发射的炮弹将最先落地，因为物体以相同的重力加速度垂直降落，不考虑它们的水平速度。如果其他两个炮弹以相同的能量降落，以一个角度发射的炮弹将比垂直发射的炮弹更早落地。这是因为以一个角度发射的炮弹的能量被转化成了水平方向的动能，所以它到达的高度不高，因此它飞行的时间将会更短。

68...

假设没有摩擦力和空气阻力，这个球将以不断增加的速度一直下落直到到达地心。在那一点它将开始减速下落到另一边，然后停止，再无休止地重新下落。

69...

70...

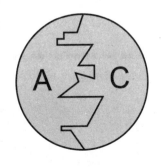

71

尽管许多科学家和历史学家都对这个故事着迷，但是他们都判定这是个不可能完成的功绩。不过有几个科学家曾试图证明阿基米德的确能使罗马船舰突然冒出火苗。这些科学家的假设是，阿基米德用的肯定不是巨型镜子，而是用非常多的小反射物制造出一面大镜子的效果，这些小反射物可能是磨得非常光亮的金属片（也许是叙拉古战士的盾牌）。

阿基米德所做的是不是仅仅让他的士兵们排成一行，命令他们将太阳光聚焦到罗马船只上呢？

1747 年法国物理学家布丰做了一个实验。他用 168 面普通的长方形平面镜成功地将 330 英尺（约 100 米）以外的木头点燃。似乎阿基米德也能做到这一点，因为罗马船队在叙拉古港湾里距离岸边肯定不会超过大约 65 英尺（约 20 米）。

1973 年一位希腊工程师重复了一个与之类似的实验。他用 70 面镜子将太阳光聚集到离岸 260 英尺（约 80 米）的一艘划艇上。镜子准确瞄准目标后的几秒钟内，这艘划艇开始燃烧。为了使这个实验成功，这些镜子的镜面必须是有点凹的，而阿基米德很有可能用的就是这种镜子。

72...

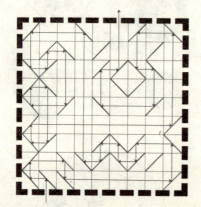

73...

可以，吸烟的人能看到经过 2 面镜墙反射出来的火柴光。

在 19 世纪 50 年代，厄斯特·斯托斯

提出一个难题：是否存在一间如此复杂的房间，你在里面某处划着了一根火柴，却因为光的反射无法到达而使得有部分空间依然湮没在一片漆黑中？这个问题直到 1995 年才有了答案，加拿大艾伯塔大学的乔治·托卡斯凯回答了这个问题：存在这样一种房间，其目前可知面积最小的房间平面图有 24 条边。只要火柴光所在的位置恰当，就会至少有另一个相对点处在黑暗中，如图所示（图中的圆点）。乔治·托卡斯凯把它叫做最小不可照明的房间。

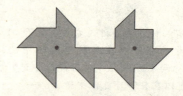

在托卡斯凯房间里有一个特定的划火柴的点，使得火柴划亮之后房间有一部分处在黑暗中，但如果你把火柴稍微移动一点，整个房间就又变亮了。

没有答案的问题依然存在：是否存在一间如此复杂的房间，你无论在里面什么地方划火柴，房间里都会有暗点？

74...

正常情况下，镜子将物体的镜像左右翻转。以正确角度接合的两面镜子则不会这样。

转角镜中右面的镜子显示的没有左右变化，男孩在镜子中看到的自己和日常生活中别人看到的他是一样的。

这种成像结果是由于左手反转以及前后反转同时作用。

75…

当你把这面转角镜翻转 90° 时，镜像将会上下颠倒。

76…

男孩看到的自己是右边凸起。

77…

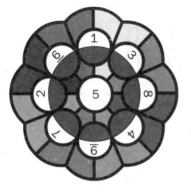

78…

79…

原图上的 5 个缺失方块中有 4 个是在棋盘的灰色块上的，只有 1 个在白色块上。

因此当你放进去最大数目的多米诺骨牌之后，无论你如何摆放骨牌，总会有 3 个白色块没有被覆盖上。

寻找解法的途径之一是在棋盘上画出车（国际象棋棋子）的路线图，并用骨牌覆盖它的路线。

80…

顶部所显示的景象是由两次反射产生的，如下图所示：

81…

在第 121 号大厦和编号开始处之间一共有 120 栋大厦。相应地就有 120 栋编号高于 294 的大厦。因此，街两旁建筑共有 294 ＋ 120=414 栋。

82…

倒 6 次即可解决问题，有 4 种不同方法，其中一种解法如下图所示：

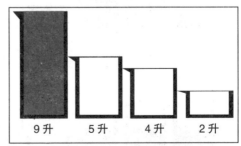

清华北大学生爱做的1500个思维游戏

第3章 提高分析力的思维游戏

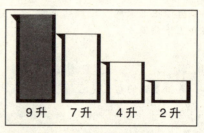

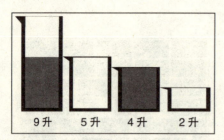

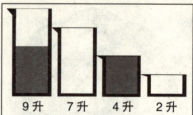

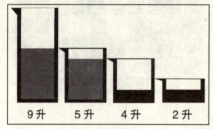

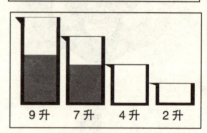

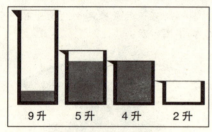

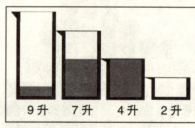

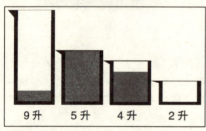

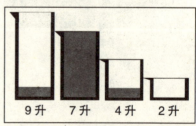

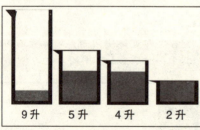

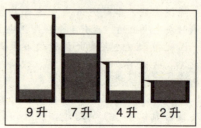

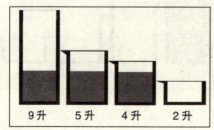

清华北大学生爱做的1500个思维游戏

第3章 提高分析力的思维游戏

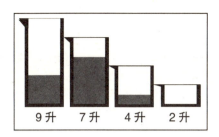

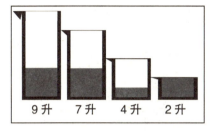

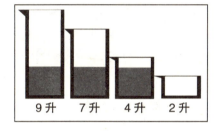

84…

如果球直接掉进池里，它排出的池里的水量等于它本身的体积。

如果球落到船上，那么它排出的水量等于它自身的重量（阿基米德定律）。由于铅球的密度比水的密度大，因此落到船上所排出的水的体积要更大。

85…

这个模型展示的是间歇虹吸原理。

将这个模型倒过来，水首先会慢慢地流到中间的空厢，直到水位到达弯管的顶部，这时马上就会出现虹吸现象，迅速将中间空厢里的水抽干。这个过程将会不断重复，直到上面空厢里的水被完全抽干。

为什么会出现这样的现象呢？

虹吸管长的一端的水的重量要大，引起水从上面的空厢流出，直到上面的空厢被抽空。

虹吸现象之所以发生，最根本的一点

是出水口要比入水口低。

很多世纪以前虹吸现象就被工程师所熟知，它被广泛运用在多个领域。最典型的一个例子是文艺复兴时期建造的自动喷泉。它是一个包含多个管子和虹吸管的复杂装置，这个自动喷泉上有机器鸟，每隔一段时间就会自动唱歌，还会扇动翅膀，这些靠的都是水的动力。之后一个更有名的运用就是厕所的冲水马桶。

对于虹吸管的研究是属于流体动力学领域的，流体动力学是流体力学的一个分支。

如果把这个模型再次倒过来，虹吸现象就会再次出现。

86…

链条会开始向空盘的这一端滑动，直到这端的"臂"要比另外一端更长，从而使这端更重。

链条虹吸管也是类似于虹吸管原理。

当然，这种装置不会有真空，或是气压等条件。这个模型只是展示了滑轮臂的不同长度。

87…

如下图所示，通过2个正透镜的光线的弯曲度更大，因此2个正透镜会聚光线的能力要比一个正透镜强。

88…

透镜2和透镜1都是凸透镜，透镜2比透镜1更厚，因此经过透镜2的光线弯曲度更大，会聚太阳光的能力也更强。如

下图所示。

透镜3和透镜4都是凹透镜，它们根本不会会聚太阳光，因此它们下面的纸不可能燃起来。

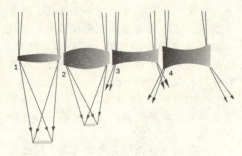

89...

从鱼身反射出的光线，由水进入空气时，在水面发生了折射，而折射角大于入射角，折射光线进入人眼，人眼逆着折射光线的方向看去，觉得这些光线好像是从它们的反向延长线的交点鱼像发出来，鱼像是鱼的虚像，鱼像的位置比实际的鱼的位置要高。

光线在不同介质中的传播速度是不同的。光在水里的传播速度比在空气中要慢，同时光线由水里进入空气中时，在交界面上产生了折射。

90...

如图所示，琴弦开始振动，4和6处的纸片会掉下来。

91...

我们可以发现，所有任意四边形四边中点的连线都会组成一个平行四边形，我们将这个平行四边形称之为伐里农平行四边形，是以数学家皮埃尔·伐里农（1654～1722）的名字命名的。

伐里农平行四边形的面积是原四边形的面积的一半，而它的周长则等于原四边形2条对角线的长度之和。

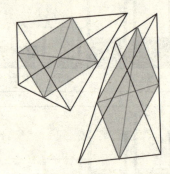

92...

任何事都有得失两面，出价高或低都可能损失自己的利益，要反复思考，包括对方的出价对自己的影响。出价5001元最有利。如你出价5002元，对方出价5001元，你不得不付给他5001元，这样一来你买这张1万元的彩票就花了10001元，即多花了1元钱。也就是说出价超过5001元不利。反过来出价少于5000元也不利。你如果出价4999元，在对方出价高于你的情况下，你就亏了1元。

93...

这样搅和之后，各杯的总容积没有变，加进的咖啡必然排去同样容积的牛奶，因此，咖啡杯中的牛奶容量恰好等于牛奶杯中的咖啡容量。

94...

丁丁和冬冬住对门。

95...

将12个乒乓球分为A，B，C三组，每组4个。第1秤：天平两端各放A、B

两组 4 个乒乓球。如果天平呈平衡状态，则坏球必定在 C 组的 4 个乒乓球中。第 2 秤：在天平一端余 A 组 3 个好乒乓球（A1、A2、A3），然后将 C 组 4 个中任意取 3 个（C1、C2、C3）放在天平的另一端。此时，如果天平继续呈平衡状态，则坏球必定是 C 组所剩下的那个乒乓球（C4）。第 3 秤：从已知是好球的 11 个乒乓球中任取一个，将其与那只坏球（C4）分别放在天平两端称一下，那只坏球是轻是重便一目了然。

96...

两根旗杆没有间隙，并排而立。

97...

这个人在计算时间的时候重复计算了很多的时间，比如说假期中的睡眠时间和吃饭时间，星期中的睡眠和吃饭时间，以及很多上学时走路的时间。

98...

先走进有开关的房间，将三个开关编号为 A，B 和 C。将开关 A 打开 10 分钟，然后关闭 A；再打开 B，然后马上走到有灯的房间，此房间内正在亮着的灯由开关 B 控制。用手去摸一摸另外两盏灯，发热的由开关 A 控制，凉的由开关 C 控制。

99...

小景看到的人就是凶手。凶手是个圆脸的人。由于小景在窗户的细长的缝隙中看到他迅速地走来走去，这样看到的就是细长的脸而不是圆脸，这只是错觉。

100...

1。把每一行都看成一个三位数，由上至下，依次为 17，18，19 的平方。

101...

一个右手不能动弹的人是不会把东西放在右边的兜里面的，除非是有人给他放进去。

102...

凶手用的凶器是一把用水晶做成的小刀，他把水晶故意打碎，然后把刀扔到水晶碎片里面以混淆人们的注意力。

103...

管理员知道妮可是盲人，她从不乘电梯，每天都是走楼梯的，突然停电对她没有丝毫影响。倒是那男子整日乘电梯，突然停电，对他才会有影响。

104...

到了天黑，官员把老妇人放走，命令手下人秘密跟踪，看谁与这老妇人说话。这样反复三天，发现都有同一个人找老妇人。于是，官员又把有关的人都召集起来，从中找出与老妇人说话的人，并对他严加审讯，那人供认是他用张生的刀杀死了店主。因他作案心虚，见每天都留下老妇一人，就急忙打听虚实，正好中了主审官的圈套。

105...

凶手只在刀子的一面涂上毒药，所以切开苹果的时候，一半就沾有剧毒，而另一半却没有。

106...

探长在 K 市看到，铁路线上有座跨铁路的天桥，便由此断定，凶手是在夜深时，将尸体从桥上扔到正从桥下通过的货车车厢顶上的。后来，列车通过那段急转弯处时，由于列车倾斜，尸体便从车厢上甩下来落在路基下。

107...

出现了两次的是空圆。一个图形或者出现一次，或者出现两次。假设空圆只出现一次，则图一和图二中的空圆是同一个侧面上的空圆。这样，和空圆相邻的四个侧面上，是四个互相不同并且与空圆也不同的图案。因此，图一中位于底部的图案一定出现了两次，这和条件矛盾。所以，图一和图二中的空圆是两个不同的侧面上

的空圆，即出现了两次。

108...

B。当手放入100℃滚烫的热水中，手周围的气体膜瞬间即被热水所溶解，因此会被严重烫伤。若将手放入150℃的空气中，由于在这之前手曾和外面的冷空气接触过，手的表面形成了一层类似保护膜的薄膜，不会立即感到150℃的热气，所以只会产生暖暖的感觉——干燥器和烤箱就是根据这个原理，使我们伸手取食物时不会被烫伤。

109...

梨是这样分的：把3个梨各切成两半，把这6个半边梨分给每人1块。另2个梨每个切成3等份，这6个1/3梨也分给每人1块。于是，每个孩子都得到了一个半边梨和一个1/3梨。

110...

赚了2万。

111...

B。图中的直线在同一位置变成了曲线，曲线则变成了直线。

112...

A。地球到太阳的距离十分遥远，因此，从太阳发射出来的光，到达地球表面时已然形成平行线。既然是平行的光亮，那么无论物体位于何处，它的影子其实都是一样大的。

113...

只有在北极，才能往南走一里，东走一里，北走一里，又回到起点。而北极只有北极熊，北极熊的颜色也只有白色一种。所以那只熊只能是北极熊，是白色的。

114...

甲的策略其实很简单：他总是报到3的倍数为止。如果乙先报，根据游戏规定，他或报1，或报1，2。若乙报1，则甲就报2、3；若乙报1，2，甲就报3。接下来，乙从4开始报，而甲视乙的情况，总是报到6为止。依此类推，甲总能使自己报到3的倍数为止。由于30是3的倍数，所以甲总能报到30。

115...

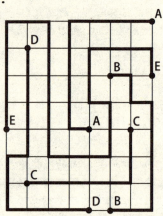

116...

尼德尔瓦勒先生的那个朋友是位女士，而不是男士；她女儿的名字当然就是埃莉诺。

117...

举行婚礼的日子是星期日。我们得把他说的话分成两部分。

在第1部分"那个日子的后天是'今天'的昨天"，从星期日往前算，就到了星期三，即过了3天。在第2部分"那个日子的前天是'今天'的明天，这两个'今天'距离那个日子的天数相等"，从星期日往后算，这样就到了星期四，即距离星期日有3天。所以，这个答案当然就是问题中所提到的日子。

118...

因为出租车司机从没看过棒球比赛，所以他肯定是威廉姆斯先生。因为爱德华兹先生从来没听说过集邮，所以他肯定不是集邮者。这样，这3个人的职业就是：威廉姆斯先生是出租车司机；爱德华兹先生是司炉工；巴尼特先生是面包师。

119...

宠物1，埃拉，它是卡罗的宠物；
宠物2，乔治，它是爱丽丝的宠物；
宠物3，贝丝，它是特德的宠物；
宠物4，杰西，它是鲍伯的宠物。

120...

乔治，阿尼纳的公爵，爱吃罪犯；
兰克，图尔达的伯爵，爱吃女人；
杰诺斯，纳波卡的男爵，爱吃老人；
米哈斯，扎勒乌的侯爵，爱吃外国人；
弗拉德，苏恰瓦的王子，爱吃有钱人。

121...

小孩1，罗宾，她是詹姆士的女儿；
小孩2，吉米，她是戈登的女儿；
小孩3，阿什利，他是马克的儿子；
小孩4，布莱尔，他是史蒂夫的儿子。

122...

女士1，洛蕾特，是兰斯的妻子；
女士2，玛琳，是库尔特的妻子；
女士3，莫林，是纳尔逊的妻子；
女士4，梅贝尔，是莫里斯的妻子。

123...

学生1，约翰，是格林老师的学生；
学生2，劳埃德，是布罗德老师的学生；
学生3，马特，是肯特老师的学生；
学生4，韦斯，是威廉老师的学生。

124...

小孩1，R.D.，她是艾达的孙子；
小孩2，J.J.，她是维拉的孙女；
小孩3，T.J.，她是朱利的孙子；
小孩4，O.P.，她是弗农的孙子。

125...

小偷1是安吉洛，他是被鲍勃抓住的；
小偷2是米克，他是被特德抓住的；

小偷3是巴蒂，他是被大卫抓住的；
小偷4是托尼，他是被安迪抓住的。

126...

采访对象1，布拉德，将被杰克采访；
采访对象2，弗兰克，将被迪克采访；
采访对象3，艾迪，将被罗杰采访；
采访对象4，罗基，将被凯特采访。

127...

女孩1，艾米，是内特的女朋友；
女孩2，妮娅，是埃里克的女朋友；
女孩3，蕾娜，是罗兹的女朋友；
女孩4，凯莉，是特德的女朋友。

128...

卡萨得公主在一位王子的对面（线索5），那么吉尼斯公主一定在另外一位王子的对面，后者不是阿姆雷特王子（线索4），那么一定是沃而夫王子。从线索4中知道，按顺时针方向，他们房间分别是卡萨得公主、吉尼斯公主、阿姆雷特王子、沃而夫王子。从线索2中知道，吉尼斯公主的父亲是尤里天的统治者，而沃而夫王子的父亲则统治马兰格丽亚（线索4）。卡萨得公主的父亲不统治卡里得罗（线索5），那么他一定统治欧高连，通过排除法，阿姆雷特王子的父亲必定统治卡里得罗。从线索2中知道，卡萨得公主的父亲一定是阿弗兰国王，而吉尼斯公主的父亲统治尤里天，后者必定是国王西福利亚（线索3）。卡里得罗的阿姆雷特王子的父亲不是国王恩巴（线索5），那么必定是国王尤里，剩下国王恩巴是沃而夫王子的父亲。最后，从线索1中知道，阿姆雷特王子的房间是I，那么沃而夫王子则是II，卡萨得公主是III，而吉尼斯公主在房间IV中。
答案：

I，阿姆雷特王子，国王尤里，卡里得罗；
II，沃而夫王子，国王恩巴，马兰格丽亚；
III，卡萨得公主，国王阿弗兰，欧高连；
IV，吉尼斯公主，国王西福利亚，尤里天。

SD间谍在6号房间（线索2），从线索5中知道，OSS间谍一定在5号房间，而SDECE间谍在3号房间，鲁宾在1号房间。2号房间的间谍不可能来自阿布威（线索3），也不来自M16，而间谍加西亚不在1号房间（线索1），那么他肯定是GRU的间谍。从线索4中知道，毛罗斯先生的房间是4号，罗斯不可能在3号（线索1），也不可能在2号房间，因为加西亚不在4号房间，所以罗斯也不可能6号。罗布斯只能在5号房间，而加西亚在3号，M16的间谍则在4号房间（线索1）。6号房间的SD间谍不是罗布斯（线索2），则肯定是戴兹，剩下罗斯一定是2号房间的GRU间谍，最后通过排除法，1号房间的鲁宾是阿布威的间谍。

答案：

1号房间，鲁宾，阿布威；
2号房间，罗佩兹，GRU；
3号房间，加西亚，SDECE；
4号房间，毛罗斯，M16；
5号房间，罗布斯，OSS；
6号房间，戴兹，SD。

130...

坐在A排13号位置的（线索6）不可能是彼特和亨利（线索1），也不是罗伯特（线索4）。朱蒂不可能是13号（线索5），那么这条线索也排除了A排13号是查尔斯和文森特的可能。通过排除法，在A排13号的只能是托尼，安吉拉也在A排（线索1），除此之外，A排另外还有1位女性（线索3），她不是尼娜，因尼娜坐在B排的12号座（线索2），也不是珍妮特和莉迪亚（线索7），线索5排除了朱蒂，通过排除法只能是玛克辛在前排座位。她不可能是10或11号（线索4），我们已经知道她不是13号，那么肯定是12号。因此罗伯特是A排10号（线索4），剩下安吉拉是11号。现在从线索1中知道，彼特是B排11号。B排还有1位男性（线索3）。他不是亨利，亨利在C排（线索1），而线索5排除了文森特在B排10号和13号的可能，

10号和13号还未知。我们知道托尼和罗伯特在A排，那么通过排除法，在B排的只能是查尔斯，但他不是13号（线索5），因此他肯定是10号。从线索5中知道，朱蒂一定在C排10号，而她丈夫文森特是11号。从线索1和7中知道，亨利是C排的12号，而莉迪亚是那一排的13号，最后剩下B排13号上的是珍妮特。

答案：

A排：10，罗伯特；11，安吉拉；12，玛克辛；13，托尼；

B排：10，查尔斯；11，彼特；12，尼娜；13，珍妮特；

C排：10，朱蒂；11，文森特；12，亨利；13，莉迪亚。

131...

1910年出生的舅舅的爱好不是制作挂毯（线索1），他也不是工程师，因为工程师的爱好是钓鱼（线索3），那么他肯定爱好诗歌。而他退休之前不是教师（线索2），那么只能是士兵，剩下前教师的爱好是制作挂毯。从线索1中知道，1916年不是伯纳德出生的年份，而线索3也排除了安布罗斯，那么1916年出生的只能是克莱门特。前教师出生的年份不是1913年（线索2），那么他一定是1916年出生的克莱门特，剩下前工程师是1913年出生的。从线索3中知道，安布罗斯是1910年出生的，他退休前是士兵，剩下前工程师就是伯纳德。

答案：

安布罗斯，1910年，士兵，诗歌；
伯纳德，1913年，工程师，钓鱼；
克莱门特，1916年，教师，制作挂毯。

132...

从线索1知道，雷停靠的巴士牌号要比324号大。7号的车牌不是324（线索2），雷停靠的也不是5号位置的车牌号为340的巴士（线索5）。特里的车号是361，那么雷的就是397。它不在6或者7号位置（线索1）。赖斯把车停靠在4号位置（线索7），5号的车牌是340，这就排除了雷的车是3号的可能性（线索1）。因3号

车的车牌号要比邻近的车牌号都大（线索4），雷的车也不可能是2号（线索1），那么雷的车一定在1号位置。从线索1中知道，324一定在3号位置。从线索4中知道，2和4号位置的车牌都是2开头的。因此可以从线索2中知道，7号的车牌是361，是特里停靠的（线索3）。2号位置的车牌不是286（线索2），6号的也不是286（线索5），通过排除法，286一定是4号的车牌，是赖斯停靠的。线索6告诉我们车牌号为253的不在2号位置，那么它一定在6号。因此肯停靠的车在5号位置（线索6）。罗宾的车不在2或者3号（线索8），那么一定是6号。通过排除法，2号位置的车号一定是279。3号位置车的司机不是戴夫（线索4），则一定是埃迪，剩下戴夫是把车号为279的车停在2号位置的司机。

答案：

1号，雷，397；
2号，戴夫，279；
3号，埃迪，324；
4号，赖斯，286；
5号，肯，340；
6号，罗宾，253；
7号，特里，361。

133...

唐纳德买了咖啡桌（线索2），而丽贝卡出了15英镑买了东西，她买的不是墙角柜（线索3），则一定是钟，剩下墙角柜是塞德里克买的。因此，从线索1中知道，2号拍卖物一定价值18英镑。丽贝卡买的不是3号拍卖物（线索3），我们知道，价值15英镑的不是2号，那么一定是1号。从线索3中知道，2号拍卖物一定价值18英镑，它就是墙角柜。通过排除法，3号则是咖啡桌，是唐纳德花了10英镑买的。

答案：

1号，钟，丽贝卡，15英镑；
2号，墙角柜，塞德里克，18英镑；
3号，咖啡桌，唐纳德，10英镑。

134...

我们已知约翰·凯格雷来自惠灵顿

（线索2），并且凯茜·艾伦不是来自美国底特律（线索4），所以她一定来自德班，并且由于她住在3楼（线索3），所以剩下佐伊·温斯顿来自底特律，但她不住在1楼（线索1），而是2楼，剩下的约翰·凯格雷就是住在1楼。因为凯茜·艾伦不学历史（线索4）或物理学（线索1），那么她必定学医学。线索1还告诉我们，佐伊·温斯顿不学物理学，所以她学的是历史，剩下学物理学的是1楼的约翰·凯格雷。

答案：

1楼，约翰·凯格雷，惠灵顿，物理学；
2楼，佐伊·温斯顿，底特律，历史；
3楼，凯茜·艾伦，德班，医学。

135...

由于小博尼只有3天大（线索4），并且4天前出生的婴儿不是基德（线索1），也不是阿曼达·纽康姆博（线索2），所以他一定姓沙克林。线索1告诉我们，他不是2号小床上的丹尼尔，同时也说明丹尼尔不姓基德。我们知道丹尼尔不姓纽康姆博，因此他姓博尼，年龄只有3天。根据线索1，姓基德的婴儿的年龄是2天，通过排除法，剩下阿曼达·纽康姆博是最晚出生的。根据线索2，1号小床上的婴儿只有2天大，她姓基德，但不叫托比（线索3），由此得出她叫吉娜，剩下托比姓沙克林。后者不在3号小床上（线索3），而是在4号小床上，剩下阿曼达在3号小床上。

答案：

1号，吉娜·基德，2天；
2号，丹尼尔·博尼，3天；
3号，阿曼达·纽康姆博，1天；
4号，托比·沙克林，4天。

136...

已知10分钟路程中维恩广场是其中的第2段路（线索3）。根据线索1，通过斯拜丝巷和哥夫街的路程不需要12分钟，因此这条路只需花8分钟，同一个线索得出尼克花了10分钟并经过维恩广场。通过排除法，多吉丝·希尔是12分钟路程中的第2段路，根据线索2，帕特走了12

分钟的路程，并经过佩恩街。最后由排除法知道，尼克所走路程的第1段是丘奇巷，桑迪通过斯拜丝巷和哥夫街只花了8分钟到达小餐馆。

答案：

尼克，丘奇巷，维恩广场，10分钟；
帕特，佩恩街，多吉丝·希尔，12分钟；
桑迪，斯拜丝巷，哥夫街，8分钟。

137...

1号黑猩猩不是罗莫娜（线索1）、里欧或格洛里亚（线索2），也不是贝拉（线索3），那它一定是珀西。5号黑猩猩的母亲不是格雷特（线索1）、克拉雷（线索2）、爱瑞克（线索3）或马琳（线索4），而是丽贝卡。由此得出4号黑猩猩的母亲是马琳（线索4）。1号黑猩猩珀西的母亲不是格雷特（线索1）或克拉雷（线索2），那一定是爱瑞克。珀西和格雷特的后代都不是在11月出生（线索1），克拉雷（线索2）或丽贝卡（线索4）的后代也不是，因此在11月生产的是马琳。现在可以知道在10月生产的丽贝卡（线索4）是5号黑猩猩的母亲。根据线索3，贝拉是2号黑猩猩。5号黑猩猩不是罗莫娜（线索1）或里欧（线索2），而是格洛里亚。里欧是4号黑猩猩（线索2），排除法得出罗莫娜是3号。根据线索2，3号罗莫娜是克拉雷的后代，排除法可以知道格雷特是贝拉的母亲。在7月出生的黑猩猩不是罗莫娜（线索1）或贝拉（线索3），那一定是珀西。贝拉在8月出生（线索3），最后通过排除法得出罗莫娜在9月出生。

答案：

1号，珀西，7月，爱瑞克；
2号，贝拉，8月，格雷特；
3号，罗莫娜，9月，克拉雷；
4号，里欧，11月，马琳；
5号，格洛里亚，10月，丽贝卡。

138...

2号作品不可能是凯维丝夫人的（线索1），也不是福瑞木夫人的（线索2）。线索4告诉我们萨利·斯瑞德的作品在3

或4号位置，这样通过排除法，2号作品是尼得勒夫人的。然后根据线索5，以斯帖刺绣了1号作品，但不是《雪景》（线索1）或《河边》（线索3），伊冯刺绣了《村舍花园》（线索2），可以得出以斯帖的作品是《乡村客栈》。接着根据线索4，萨利·斯瑞德制作了4号作品。根据线索3，赫尔迈厄尼就是刺绣2号作品的尼得勒夫人。排除法得出3号作品是伊冯的《村舍花园》，但她不是福瑞木夫人（线索2），而是凯维丝夫人，剩下福瑞木夫人是以斯帖。赫尔迈厄尼没有刺绣《河边》（线索3），因此她的作品一定是《雪景》，剩下《河边》是萨利·斯瑞德的作品。

答案：

1号，《乡村客栈》，以斯帖·福瑞木；
2号，《雪景》，赫尔迈厄尼·尼得勒；
3号，《村舍花园》，伊冯·凯维丝；
4号，《河边》，萨利·斯瑞德。

139...

来恩·摩尔是76岁（线索4），74岁的退休邮递员不是珀西·奎因（线索2），也不是牧场主人乔·可比（线索1），因此一定是C位置上的罗恩·斯诺。这样根据线索2，珀西·奎因在D位置上，他不是72岁（线索3），而是78岁，剩下乔·可比是72岁。来恩·摩尔不是马医（线索4），而是机修工。因此他不在B位置上（线索5），而在A位置上，剩下B位置上的是乔·可比。通过排除法，78岁的珀西·奎因在D位置上，并且是个马医。

答案：

位置A，来恩·摩尔，76岁，机修工；
位置B，乔·可比，72岁，牧场主人；
位置C，罗恩·斯诺，74岁，邮递员；
位置D，珀西·奎因，78岁，马医。

140...

由于他们计划星期三去喂猫（线索4），星期四去草地（线索2），所以根据线索1可以知道，他们星期二去山上取水，星期一沿2号方向前进。他们声称朝4号方向前进是去清理茶匙（线索3），因此那天不是星期一，也不是星期二或星期三，那么一定是星期四，并且是去草地。剩下星期一他们去割卷心菜，但不是在河边（线索5），而是在树林中，剩下河边是他们星期三去喂猫的地方，但不是在1号方向（线索4），而是在3号方向，最后得出他们在星期二沿1号方向去爬山。

答案：

1号方向，星期二，山上，取水；
2号方向，星期一，树林，割卷心菜；
3号方向，星期三，河边，喂猫；
4号方向，星期四，草地，清理茶匙。

141...

由于2号警官的肩膀麻木（线索1），线索4说明斯图尔特·杜琼不是4号警官。线索2也排除了卡弗在4号位置的可能，并且线索3排除了布特，因此通过排除法，4号警官一定是艾尔莫特。这样根据线索3，格瑞在2号位置，并且遭受肩膀麻木的痛苦。1号警官不是鼻子发痒的内卫尔（线索2），也不是亚瑟（线索3），而是斯图尔特·杜琼。这样根据线索4，3号警官受鸡眼折磨。我们知道他不是格瑞、内卫尔或斯图尔特，那么必定是亚瑟，剩下4号警官是鼻子发痒的内卫尔·艾尔莫特。通过排除法，斯图尔特·杜琼一定受肿胀的脚的折磨。亚瑟就是卡弗（线索2），剩下格瑞就是布特。

答案：

1号，斯图尔特·杜琼，肿胀的脚；
2号，格瑞·布特，肩膀麻木；
3号，亚瑟·卡弗，鸡眼；
4号，内卫尔·艾尔莫特，发痒的鼻子。

142...

詹妮的孩子在3号位置上（线索3）。4号位置上的卡纳（线索2）不是D位置上的雷切尔的儿子（线索4和5），丹尼尔是莎拉的儿子（线索4），这样通过排除法，卡纳的母亲是汉纳。然后根据线索1，爱德华是詹妮的孩子，他在3号位置，雷切尔的儿子是马库斯。我们知道汉纳不在D位置上，也不在C位置（线索1）或B

位置（线索2），因此她一定在A位置。詹妮不在C位置（线索5），而是在B位置，剩下C位置上的是莎拉。丹尼尔不在2号位置（线索4），那他一定在1号，剩下马库斯在2号位置，这由线索4证实。

答案：

A位置，汉纳；4号位置，卡纳；
B位置，詹妮；3号位置，爱德华；
C位置，莎拉；1号位置，丹尼尔；
D位置，雷切尔；2号位置，马库斯。

143...

雅克的顾客叫阿曼裕（线索4）乔·埃尔买的是诗集（线索2），因传记是玛丽安在出售，且不是由斯尔温购买（线索5），所以必定是威廉买去的。玛丽安的书亭不是1号和4号书亭（线索1）。结合小说是在3号书亭买到的（线索3），所以玛丽安的书亭是3号。因此，从线索1得出字典是由3号书亭出售，而从线索5得出斯尔温一定是在3号书亭买了小说的顾客。余下阿曼裕在1号书亭。排除上面已知的，乔·埃尔一定在4号书亭买书，而4号书亭不是由艾兰恩经营的（线索2），它是波莱特的，剩下艾兰恩在3号书亭卖小说给斯尔温。

答案：

1号，雅克，阿曼裕，字典；
2号，玛丽安，威廉，传记；
3号，艾兰恩，斯尔温，小说；
4号，波莱特，乔·埃尔，诗集。

144...

布鲁克林"是第1名（线索5），身穿红色和橘黄色衣服的骑师是第3名（线索4），由线索1排除了"矾鹬"得第2名和第4名的可能性，所以，它排在第3名。根据线索1得出，卢克·格兰赟尔身着黑蓝两色，骑的是排在第4的马。已知"国王兰赛姆"是马文·盖尔骑的那匹马（线索2），排名不是1、3或4，所以是第2名；剩下卢克·格兰赟尔骑的马叫"蓝色闪电"。马文穿的不是粉色和白色（线索2），所以应是黄色和绿色。而粉色和白色是穿在胜利的骑师身上。得胜的不是杰姬·摩兰恩（线索3），而是科纳·欧博里恩。杰姬·摩兰恩的马是排在第3名的"矶鹞"。

答案：

第1名，"布鲁克林"，科纳·欧博里恩，粉色和白色；

第2名，"国王兰赛姆"，马文·盖尔，黄色和绿色；

第3名，"矶鹞"，杰姬·摩兰恩，红色和橘黄色；

第4名，"蓝色闪电"，卢克·格兰费尔，黑色和蓝色。

145...

肖特带着红色的围巾（线索2），伯妮斯·海恩的围巾不是黄色的（线索1），她也不是围着蓝色围巾的1号位置的溜冰者（线索1和4），所以她的围巾是绿色的，已知她不在1号位置，因为1号位置的人带着蓝色围巾，线索1同时也排除了她在2号位置的可能性，从线索3中得出她不可能在4号位置，所以伯妮斯·海恩在3号位置。因此从线索1得出，2号位置的溜冰者必定带着黄色围巾，而由线索3知道，路易丝一定是在4号位置，余下红色围巾由她带着，所以，她是肖特。杰姬不是2号溜冰者（线索2），她是1号溜冰者，2号是夏洛特。杰姬不姓劳恩（线索5），她姓利特尔，劳恩是夏洛特的姓。

答案：

位置1，杰姬·特利尔，蓝色；

位置2，夏洛特·劳恩，黄色；

位置3，伯妮斯·海恩，绿色；

位置4，路易丝·肖特，红色。

146...

泊尔去了法国（线索1），去澳大利亚旅游的人摔断了1条腿（线索2），所以，摔断了锁骨的索尼亚（线索4）一定是在瑞士受伤的。综上所述，泊尔一定是摔断了她的手臂，去澳大利亚的是迪莉娅。斯塔布斯夫人既不叫索尼亚也不叫泊尔（线索3），所以她叫迪莉娅。索尼亚不是霍普夫人（线索4），所以她是费尔夫人，霍普

夫人的名字是泊尔。

答案：

迪莉娅·斯塔布斯，澳大利亚，腿；

泊尔·霍普，法国，手臂；

索尼亚·费尔，瑞士，锁骨。

147...

戴夫在3号位置（线索5），詹妮不可能是在4号位置（线索1），又因为2号位置骑的人是"迈德·海特"（线索3），线索1排除了1号位置是詹妮的可能，所以，詹妮是在2号位置，扮成"迈德·海特"。根据线索1，在1号位置的戴夫扮演的是"托德先生"。现在，由线索2得出，诺德一定是在1号位置，剩下"贝格尔斯"，即贝尔（线索4），在4号位置。"诺德"不是基思扮演的（线索2），所以他一定是莫尼卡扮的，而基思姓贝尔，扮的是"贝格尔斯"。莫尼卡不姓斯普埃克斯（线索2），也不姓切诺（线索3），所以她姓福克斯。最后，根据线索3，切诺不是扮成"迈德·海特"的詹妮，所以他是戴夫。詹妮姓斯普埃克斯。

答案：

1号，莫尼卡·福克斯，扮的是"诺德"；

2号，詹妮·斯普埃克斯，扮的是"迈德·海特"；

3号，戴夫·切诺，扮的是"托德先生"；

4号，基思·贝尔，扮的是"贝格尔斯"。

148...

阿曼达发现的是20便士（线索2），根据线索1，韦斯利发现的一定是10便士，所以那个5便士的硬币一定是在公园被发现的。综上可知，它的发现者是约瑟夫。约瑟夫不是5岁（线索1），而6岁的小孩在人行道上发现1个硬币（线索3），所以约瑟夫是7岁。阿曼达不可能是在停车场发现那20便士的（线索2），所以她是在人行道上发现的，因此阿曼达6岁。剩下韦斯利是5岁，他是在停车场发现那10便士硬币的。

答案：

阿曼达，6岁，20便士，人行道；

约瑟夫，7岁，5便士，公园；
韦斯利，5岁，10便士，停车场。

149...

亚瑟驾驶2号运货车，而汤米驾驶的不是1号运货车（线索1）。因为汤米在亚瑟之前驶离出口（线索1），所以他也不可能驾驶4号运货车，而4号运货车是沿着D号马路行驶的（线索4），所以汤米只可能驾驶3号运货车。驾驶2号货车的亚瑟不是从D号马路离开的，所以汤米不可能是第3个驾驶运货车离开的（线索1）。而第3个离开的运货车是沿着C号马路行驶的（线索2）。罗斯是第2个驾驶运货车离开的（线索3）。既然汤米不是第1个离开的（线索1），那他必定是第4个离开的。1号运货车的司机是第3个离开的，它在C号马路上行驶，所以他不可能是罗斯，只可能是盖瑞。剩下罗斯驾驶着4号运货车在D号马路上行驶。而驾驶2号运货车的亚瑟是第1个离开的。从线索1可知，亚瑟在B号马路上行驶，而汤米在A号马路上行驶。
答案：

1号运货车，盖瑞，马路C，第3；
2号运货车，亚瑟，马路B，第1；
3号运货车，汤米，马路A，第4；
4号运货车，罗斯，马路D，第2。

150...

琼是在圣约翰教堂结婚的（线索3），所以不在圣三教堂结婚的黛安娜（线索1）一定是在万圣教堂结婚的。因此，梅格的婚礼是在圣三教堂举行的。梅格的丈夫不是肖恩（线索4），也不是罗德尼（线索1），所以是威廉。因此她婚前是贝尔弗莱小姐（线索2）。黛安娜不是跟罗德尼结婚（线索1），她的丈夫是肖恩。罗德尼是跟琼结婚的，所以黛安娜不是希尔斯小姐，而是佩小姐。琼是原希尔斯小姐。
答案：

罗德尼，琼·希尔斯，圣约翰教堂；
肖恩，黛安娜·佩，万圣教堂；
威廉，梅格·贝尔弗莱，圣三教堂。

151...

徽章C是绿色的（线索4），徽章A不是蓝色的（线索1），也不是黄色的（线索2），所以徽章A是红色，因为徽章A的主人是莱弗赛奇领主（线索5），根据线索1，蓝色的徽章不是徽章B。综上所述，它是徽章D，剩下徽章B是黄色的那个。因此，根据线索2，鹰是莱弗赛奇领主的红色徽章上的图案。再根据线索2，徽章B属于伯特伦领主，莱可汉姆领主的有火鸡图案的徽章不是徽章D（线索1），所以它一定是徽章C。留下徽章D是曼伦德领主的。曼伦德领主徽章上的图案不是狮子（线索3），而是牡鹿，狮子是伯特伦领主黄色的徽章上的图案。
答案：

徽章A，莱弗赛奇领主，鹰，红色；
徽章B，伯特伦领主，狮子，黄色；
徽章C，莱可汉姆领主，火鸡，绿色；
徽章D，曼伦德领主，牡鹿，蓝色。

152...

格雷尼的书不是被送到格拉斯哥（线索1）、切姆斯弗德（线索2）或威根（线索4），所以是斯旺西。克罗瞿的书不是被送到切姆斯弗德（线索1）或格拉斯哥（线索3），所以是威根；因此，道森的书一定是《伊特鲁亚人》（线索4）。《斯多葛学派》的作者不是克罗瞿（线索3），没有被送到威根或格拉斯哥（3），根据线索1，也不是被送到斯旺西，所以它是被送到了切姆斯弗德。它原来的目的地不是卡莱尔或索尔兹伯里（线索1），它的作者也不是格雷尼。又因为已知格雷尼的书被送到了斯旺西（线索1），所以《斯多葛学派》一书的作者是比格汉姆，因此它的正确的目的地不是布莱顿（线索1），而是马特洛克。《布达佩斯的秋天》的正确的目的地不是布莱顿（线索1），也不是卡莱尔（线索3），而是索尔兹伯里。克拉伦斯没有把它送到斯旺西（线索1），所以它的作者不是格雷尼，而是克罗瞿，综上所述，克拉伦斯错误地把《伊特鲁亚人》一书送到了格拉斯哥。没有打算送到卡莱尔的道森的

书原本应该送到布莱顿。《迈阿密上空的月亮》原来是要送到卡莱尔的。

答案：

《布达佩斯的秋天》，克罗瞿，索尔兹伯里，威根；

《迈阿密上空的月亮》，格雷尼，卡莱尔，斯旺西；

《伊特鲁亚人》，道森，布莱顿，格拉斯哥；

《斯多葛学派》，比格汉姆，马特洛克，切姆斯弗德。

153...

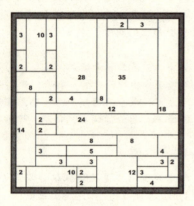

154...

选项 G 是其他音符的镜像，其他所有的音符都可以通过旋转另外的音符而得到。

155...

156...

D。哪个图形彼此接触的面最少，那它的周长就最长。

157...

往东走到"3"，再往东南走到"3"，最后向南走出迷宫。

158...

1		4		6			
	5						7
10							
							8
11					13		
		3				2	
			12				
		14				9	

159...

最快的解决方法共 19 步，交换步骤如下：

1-7；7-20；20-16；16-11；11-2；2-24；3-10；10-23；23-14；14-18；18-5；4-19；19-9；9-22；6-12；12-15；15-13；13-25；17-21。

160...

161...

从下往上会发现，如果下方的 2 个球不是同一个颜色，那么中上方的球是黑色的；如果下方的 2 个球是同一个颜色，那么中上方的球是白色的。金字塔的上面 3 层如下图所示：

162...

直径下方的 3 个数字之和等于上方数

第3章 提高分析力的思维游戏

字的 $\frac{1}{3}$。所以答案是1。

163...

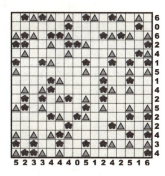

164...

图5是唯一1个不含有正方形的图形。

165...

6支箭的分数刚好达到100分,那么他射中的靶环依次为:16, 16, 17, 17, 17, 17。

166...

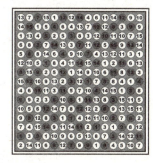

167...

B。顺时针读,数字等于前一个图形的边数。

168...

4。将第1条斜线上的3个数字每个都加5,得到的结果为第2条斜线上对应的数字,再将第2条斜线上的数字每个都减4,即得到第3条斜线上的数字。

169...

132。其他的数里面都包含数字4。

170...

14。
(17+11+12)-(14+19) = 7
(18+16+15)-(6+5) = 38
(19+16+2)-(15+8) = 14

171...

下图中的阴影部分就是应漆成蓝色的地方。

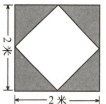

172...

舰长的检查路线如下:从2号指挥中心进去,然后是E, N, H, 3, J, M, 4, L, 3, G, 2, C, 1, B, N, K, 3, I, N, F, 2, D, N, A, 1。

173...

先将3号和4号硬币翻面,然后将4号和5号硬币翻面,最后将2号和3号硬币翻面。

174...

当多朗格·基德开始拽绳子时,他会发现自己也升在空中而且距离地面的高度与钟相同。当钟距离地面1米时,基德也是1米。无论他拽绳子有多快或者慢,他距离地面的高度与钟相同。两者会一起到达塔的上面,而这也是牧师想要做的。

175...

如果这3块表要再次在中午显示正确时间,那么,每天慢1分钟的那块表必须等到它慢24小时中的12个小时,而每天都快1分钟的那块表必须等到它快24小时中的12个小时。以每天1分钟的速度,那么这3块表要过整整720天才能再次在中午显示正确时间。

176...

第1步将9号正方形内的棋子依次从下面正方形跳过，13号、14号、6号、4号、3号、1号、2号、7号、15号、17号、16号和11号，然后将被跳过棋子全都拿走；第2步将12号正方形内的棋子从8号正方形跳过；第3步将10号正方形内的棋子从5号和12号正方形跳过；最后一步将原来9号正方形内的棋子从原来10号正方形内的棋子上跳过，这样，原来的9号棋子就回到了最初跳到的地方。

177...

B。圆点的位置每隔4个部分重复1次。

178...

2。乘客行走的方向用平行四边形图示如下：

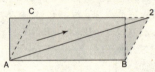

179...

26。其他各球中，个位上数字与十位上数字相加结果都等于10。

180...

这道题的标题已经告诉你应该怎样面对如下的3道题了：

①一样远。

②6次敲钟共用30秒钟，因此12次敲钟需要60秒钟——通常人们会这么想。但是当钟敲到第6下时，每两次敲钟之间的停顿共5次，每次停顿是30÷5=6秒。第1次与第12次敲钟之间共有11次停顿，那么，12次敲钟一共需要66秒。

③总会有一架飞机经过假设的3个点。

181...

奥德丽会先到达目的地。假设他们走的速度都是2千米/小时，跑的速度都是6千米/小时。在这种情况下她们行进了12千米。利用公式vt=s（v=速度，t=时间，s=距离）来求出每个人使用的时间。

南茜（走了一半的距离然后跑了一半的距离）：

2t=6，t=3小时（走）

6t=6，t=1小时（跑）

3+1=4小时（总共）

奥德丽（走了一半的时间，跑了一半的时间）：

$$2 \times \frac{t}{2} + 6 \times \frac{t}{2} = 12$$

$$t+3t=12$$

$$4t=12$$

t=3小时（总共）

182...

下图是1种答案：

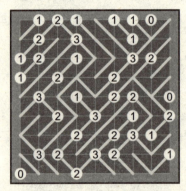

183...

骰子相对的两面数字之和等于7，所以，下面两个骰子隐藏的面的数字之和等于7＋7＝14。最上面的骰子的底面的数字是3（用7减去上面的数字4）。由此可以得出，隐藏的5个面的数字之和为：14+3=17。

184...

如果将射击的结果列表，我们就会明白只有1种方法可以将这18次射击结果平均分给3个人。

安德沙 25 20 20 3 2 1

波莱雅 25 20 10 10 5 1

迪亚 50 10 5 3 2 1

第1行是安德沙的射击成绩，其中两个数字之和等于22环。第1行和第3行中有3环的成绩。第3行是迪亚的射击成绩，他射中了靶心。

第4章

提高判断力的思维游戏

1.数字展览

对于古希腊人来说，数字就是一切。在我们今天的艺术展览中，数字就是艺术。

有些艺术家喜欢偶数，另外一些则喜欢奇数。

看下面的这几幅作品，不通过计算，仅凭直觉，你能否说出哪些是偶数，哪些是奇数？

2.加减

从下边竖式里去掉9个数字，使得该竖式的结果为1111。

应该去掉哪9个数字呢？

$$
\begin{array}{r}
111\\
333\\
555\\
777\\
+999\\
\hline
1111
\end{array}
$$

3.轨道错觉

开普勒（1571 ~ 1630 年）发现了行星围绕太阳运转的轨道是椭圆形的。请问下图中的这个轨道是椭圆形的吗？

4.整除（1）

可以被下面的所有数整除的最小的数是多少？

1 2 3 4 5 6 7 8 9

5.整除（2）

只看一眼，你能否告诉我们下边的这5个数哪些可以被4和8整除？

348926128

845386720

457873804

567467334

895623724

6.和与差

你能否将下面的 10 个数排列成一行，使得这行里的每一个数（除了第一个和最后一个）都等于与它相邻的左右两个数的和或差？

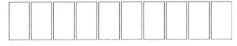

7.数学式子

只凭直觉，你能否将黑板上的 7 个数学式子按照从大到小的顺序排列？

8.冰雹数

随便想一个数。如果是一个奇数，就将它乘以 3 再加上 1；如果是一个偶数，就除以 2。

重复这个过程。例如：

1，4，2，1，4，2，1，4，2，1，4，2…

2，1，4，2，1，4，2，1，4，2…

3，10，5，16，8，4，2，1，4，2…

我们可以看到，上面的这些数列后面的部分都变成一样的了。

那么是不是不管开头是什么数，到后面都会变成同一串数呢？

试试用 7 开头，然后再看答案。

9.缺少的立方体

下图这个 6×6 的立方体中缺少了多少个小立方体？

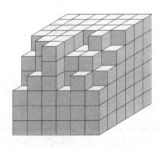

213

10.立方体结构

用16个全等的小立方体分别做成下面的4个图形，请问哪一个图形的表面积最大？

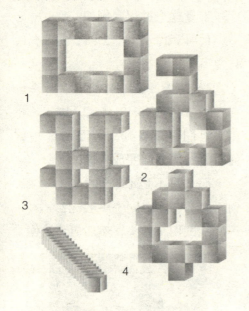

11.数一数（1）

请你数出下图中有多少个点，你需要多少时间？

你能在30秒之内完成这个任务吗？

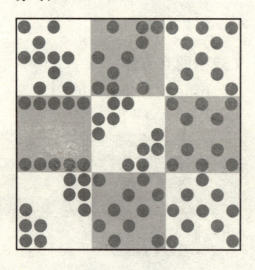

12.数一数（2）

请你以最快的速度数出图中有多少个点？

13.七格三角形

七格三角形是由7个全等三角形组合而成的，一共有24个。

托马斯·欧贝恩提出了一个问题：这24个七格三角形中有多少个可以用来铺地板（也就是说，无数个这一图形可以无限地铺下去，每两块之间都不留缝隙）。格里高利主教证明了只有一个不可以。

你能把这一个找出来吗？

清华北大学生爱做的1500个思维游戏

第4章 提高判断力的思维游戏

14.纪念碑

下面的纪念碑是由一定数量的同一种图形构成的，请你说出这个纪念碑一共是由多少个同样的小图形组成的？

15.移走木框

下面的这些木框可以一个一个地移走，并且它们之间互不干扰。

请问应该按照什么顺序移走这些木框？

如果你答对了这道题，那么这些木框上的字母将会组成一个英文单词（按照你移走木框的顺序）。

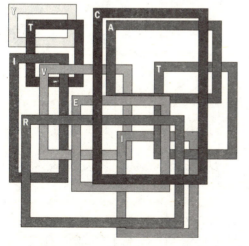

16.迷宫

迷宫是一种古代的建筑。传说

最早的迷宫是代达罗斯为克里特岛上的迈诺斯国王修建的，迷宫里面关着牛头人身的怪物。特修斯进入迷宫，杀掉了怪物，并且找到了回来的路，因为他在进入迷宫的时候将一个金色线团的一端留在了入口处，最后沿着金线走出了迷宫。

从数学的角度看，迷宫是一个拓扑学的问题。在一张纸上通过去掉所有的死胡同可以很快找到迷宫的出口。但是如果你没有这个迷宫的地图，而且现在就在迷宫里面，仍然有一些规则可以帮助你走出迷宫。例如，在走的过程中把你的手放在一边的墙上，留下印记。这样做，最终一定会走出迷宫，尽管你走的并不一定是最短路线。但是如果迷宫的墙有些是闭合的，那么这个方法就不管用了。

没有闭合的墙的迷宫是简单连接的，也就是说，它们没有隔离墙；而有隔离墙的迷宫的墙一定是闭合的，被称为复杂连接。如下图所示。

有没有一种方法可以帮助你走出任何一个迷宫？

这个图形迷宫是最古老的迷宫图案之一

多层迷宫

简单连接的迷宫

215

17.立方体迷宫

　　把这张迷宫图复制并剪下来，再折成一个立方体。然后试着从1处走到2处。看你最快多久能够完成。

18.金字塔迷宫

　　把这张迷宫图复制并剪下来，再折成一个金字塔。看看你能不能走出来。

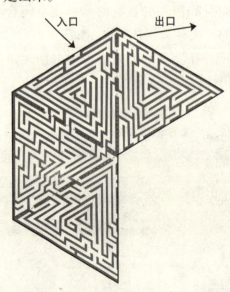

19.卡罗尔的迷宫

　　如图所示，从迷宫中心的菱形开始，你能否走出这个迷宫？

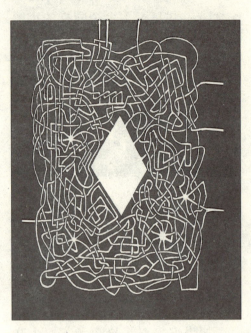

20.蜂巢迷宫

　　你能否找到穿过下面这个蜂巢的最短路线？

21.哈密尔敦路线

从游戏板上的 1 开始，必须经过图中每一个圆圈，并依次给它们标上号，最后到达 19。你每次只能到达一个圆圈，并且必须按照图中的箭头方向前进。

注意：不能跳步。

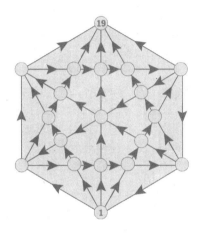

22.哈密尔敦闭合路线

一个完全哈密尔敦路线是从起点 1 开始，到达所有的圆圈后再回到起点。你能不能将 1 ~ 19 这几个数字依次标进下面的圆圈中，完成这样一条路线呢？

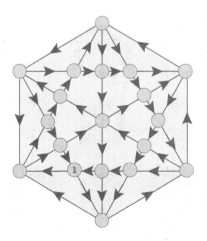

你每次只能到达一个圆圈，并且必须按照图中的箭头方向前进，不准跳步。

23.折叠报纸

将一张报纸对折，你认为最多可以连续对折多少次？

5 次？ 8 次？ 还是更多？

亲自动手试试！

24.折叠正方形（1）

将一个大正方形两边对折，折成它 1/4 大小的小正方形，然后用打孔器在小正方形上打孔，见下面每行最左边的小正方形。

将小正方形展开，会得到一个对称图形。

你能说出 4 个小正方形对应的展开图分别是哪个吗？

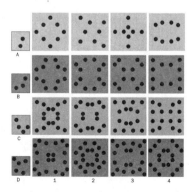

25.折叠正方形（2）

将一个大正方形两边对折，折成它 1/4 大小的小正方形，然后在小正方形上打洞，如图所示。

将小正方形展开，会得到一个对称图形。

你能说出下面 4 个小正方形对应的展开图分别是哪个吗？

26.组合正方形（2）

下面的图形中有 3 个组合在一起正好组成一个正方形，是哪 3 个？

1. A B C   2. B D E
3. B C D   4. A D E
5. A C D

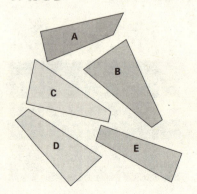

27.缺少的图形

5 个选项中哪一个可以放在空白处？

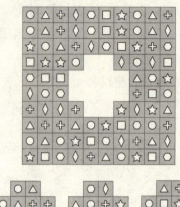

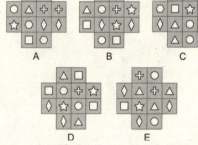

28.图形接力

问号处应该填入哪一个图形？

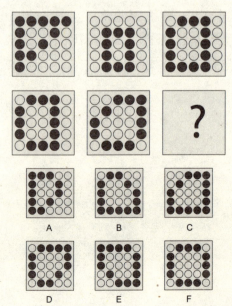

第 4 章 提高判断力的思维游戏

清华北大学生爱做的1500个思维游戏

29.判断公车驶向

如下图所示，有 A 和 B 两个汽车站点。公共汽车现在是要驶往 A 站，还是驶往 B 站？若此辆车是中国的公共汽车，那么车现在是要驶往 A 站，还是驶往 B 站？请说出理由。

30.特殊数字

圆中的哪个数是特殊的？

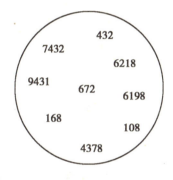

432
7432
6218
9431   672   6198
168   108
4378

31.小狗的年龄

有 4 只小狗，年龄从 1 岁到 4 岁各不相同。它们中有两只说话了，无论谁说话，只要说的是关于比它大的小狗的话，就都是假话，说比它小的狗的话则都是真话。小狗甲说："小狗乙 3 岁。"小狗丙说："小狗甲不是 1 岁。"你能知道这 4 只小狗分别是几岁吗？

32.间谍之死

一个为刺探情报而潜入国境的出身罗马的双重间谍 R，不知被谁杀死了。他临死前，用身上的血写了一个"X"。据分析这个"X"指的是杀死他的人。而杀死他的人为图中所示 3 个间谍中的一个。你知道是谁吗？

A 间谍 NW 12 号   L 间谍 UP3 号   B 间谍 WY7 号

33.黑色还是白色

依照下图的逻辑，说说 Z 应该是黑色还是白色？

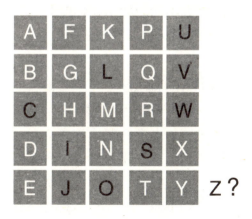

A	F	K	P	U
B	G	L	Q	V
C	H	M	R	W
D	I	N	S	X
E	J	O	T	Y

Z ?

34.周长比较

假设有一个大圆，以它的一个直径上的无数个点为圆心，画出无

数个紧密相连的小圆（如图所示）。请问，大圆的周长与大圆内部这些无数小圆周长之和相比较，哪个更长呢？

35.推算兵力

A国谍报员截获1份B国情报：B国将兵分东西两路进攻A国。从东路进攻的部队人数为"ETWQ"；从西路进攻的部队人数为"PEFQ"，东、西两路总兵力为"AWQQQ"。另外得知东路兵力比西路多，每个字母代表不同的数字，你能马上计算出两支部队的人数吗？

36.聪明的海盗

一艘海盗船上有600人，暴风雨肆虐，船出了问题，首领下令减少船上的人数，于是让600名海盗站成一排，报数，每次报到奇数的人都被扔下海，第一轮都是选择报奇数的人，有一个聪明的海盗站在了一个最安全的位置上，你知道他站在哪里吗？

37.钥匙在哪里

空空是个马大哈，经常找不着钥匙。这天姐姐想故意刁难他一下，就把钥匙放在书桌的抽屉里，并在3个抽屉上各贴了一张纸条。（1）左面抽屉的纸条上写着：钥匙在这里。（2）中间抽屉的纸条上写着：钥匙不在这里。（3）右面抽屉的纸条上写着：钥匙不在左右抽屉里。姐姐说："3张纸条只有一句是真话，两句是假话。你能只打开一只抽屉就取出钥匙吗？"

空空想了想，根据判断打开一只抽屉，钥匙果真就在那里。请你想想看，钥匙到底在哪一个抽屉里？

38.狡诈的走私犯

霍普是个国际走私犯，每年从加勒比海沿岸偷运大量钻石，从未落网。根据海关侦查，6个月前他曾在海关露面，开一辆新出厂的黑色高级蓝鸟敞篷车，海关人员彻底搜查了汽车，发现他的3只行李箱都有伪装的夹层，3个夹层都分别藏有一个瓶子：一个装着砾岩层标本，另一个装着少量牡蛎壳，第三个装的则是玻璃屑。人们不明白他为什么挖空心思藏这些东西。更奇怪的是，他每月两次定期开着高级轿车经过海关，海关人员因抓不到证据，每次都不得不放他过去。迷惑不解的海关总长找名探洛里帮助分析，

清华北大学生爱做的1500个思维游戏

第4章 提高判断力的思维游戏

洛里看着砾岩层、牡蛎壳、玻璃屑深思着。"这些东西有什么意义？"总长心急地问："他到底在走私什么东西？"洛里点燃烟斗，沉思良久，恍然大悟，笑着说："这个老滑头，你把他拘留起来好了。"霍普到底在走私什么东西？

39.足球的破绽

大毒枭沙文连闯四国，马上就要将价值100万美元的海洛因带进毒品价格最高的美国了。他把毒品藏在一只新足球内，足球上有好几个世界著名球星的签名，看到这样的足球，谁还会贸然剖开足球检查呢？然而当他在纽约机场遇到了反毒专家——警官波特。波特甚至没有掂一掂足球的分量，仅是看了看网兜里的足球，就说："先生，请你到毒品检查站来一趟，你的足球有问题。"沙文急坏了，大声说："球星签名的足球，有什么问题呀？"试问：波特是怎么说的呢？

40.识破伪证

桥下浮起一个被淹死的女孩，对于这个女孩，周围的人一无所知。警察正为侦破这个案子一筹莫展，这时，有个男人划着小船急速地向桥驶过来。他向警察提供了这样的证词："刚才我向桥下划来时，亲眼看见这个女孩在桥上脱下帽子，随

后跳下了河。"他满脸憨厚，语句真切，周围的人一下子全都相信了，纷纷议论起来。可是精明的警察一下子就识破了这个男人的谎言。请问，警察是怎样判断出来的？

41.推断纸牌

8张编了号的纸牌扣在桌上，它们的相对位置如下图所示：

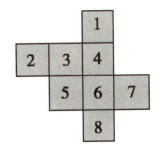

（1）其中至少有一张 Q。

（2）每张 Q 都在两张 K 之间。

（3）至少有一张 K 在两张 J 之间。

（4）没有一张 J 与 Q 相邻。

（5）其中只有一张 A。

（6）没有一张 K 与 A 相邻。

（7）至少有一张 K 和另一张 K 相邻。

（8）这8张牌中只有 K、Q、J 和 A 这4种牌。猜猜4种牌是如何分布的？

42.生死有别

一日，乾隆想捉弄一下纪晓岚，要他回答两个问题。第一个问题是：北京九门每天进出各有多少人；第

二个问题是：大清国一年生和死分别有多少人？纪晓岚第一个问题回答有"两人"，解释说："两人，一个是男人，一个是女人。"第二个问题回答是说："一年生一人，死十二人。"乾隆想了想也无话可说。请问知道"一年生一人，死十二人"是什么意思吗？

宝宝长得都很相像，分不出哪只是哪只。有 10 张带数字的标签，却只有 1 号到 5 号的 5 种。那么，区别 9 只狗宝宝最少要用几种数字标签？

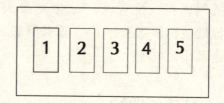

43.狂人日记

鲁迅的多数著作篇幅都很长，不是一天能读完的，《狂人日记》是鲁迅的众多著作中的其中一本著作集，所以《狂人日记》不是一天可以读完的。这句话：（1）正确。（2）错误。

44.血型辨凶手

这是个十分奇妙的案件。兄弟俩感情破裂，原因是为了争夺家产，见面也像仇人似的。一天，哥哥被发现死在街头，而弟弟从此后失踪。警方在现场侦查，发现了以下一些资料：死去的哥哥的血型是 A 型，而在他身上，还发现另外一些血液，是属于凶手的，则为 AB 型。警方发现死者父亲的血是 O 型，母亲的血是 AB 型，但失踪的弟弟血型却不清楚。凭以上的资料，你认为失踪的弟弟会不会是凶手呢？

45.标签怎样用

狗妈妈生了 9 只狗宝宝。9 只狗

46.特殊台桌面

这张椭圆桌面上有一个台球，另一个焦点是一个球洞。球和洞间有障碍物，有没有可能把球打进洞？

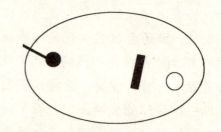

47.选择建筑师

某国王要修建一座宏伟的宫殿，打算聘请一位主持设计的建筑师。于是，他召集了全国所有著名的建筑师，叫他们自报候选条件，并推荐第二候选人作为自己的助手。国王耐心地倾听每个建筑师的自我介绍。听完以后，国王稍微考虑了一下，就轻而易举地决定了人选。你认为，被选中的建筑师应该是谁？

48.男生还是女生

一个班有 90 个人排成一队去

植物园。他们的排列顺序是这样的：男、女、男、男、男、女、男、男、男、女、男、男、男、女、男、男、男、女……那么，最后一个学生是男还是女呢？

49.卸运西瓜

载西瓜的船停在岸边，没有系缆绳就开始卸西瓜了。工人从船尾将西瓜向岸上的人抛去，这样会发生什么事情？

50.寻找冰红茶

有4个瓶子分别装有白酒、啤酒、可乐、冰红茶，但是在装有冰红茶的瓶子上的标签是假的，其他瓶子上的标签是真的。每个瓶子里分别装的是什么东西呢？甲瓶子上的标签是："乙瓶子里装的是白酒。"乙瓶子的标签是："丙瓶子里装的不是白酒。"丙瓶子上的标签是："丁瓶子里装的全是可乐。"丁瓶子的标签是："这个标签是最后贴上的。"

51.假设

所有的物质实体都可以再分，而任何可以再分的东西都是不完美的。因而，灵魂并非物质实体。以下哪项是使上文结论成立的假设？

A.所有可以再分的东西都是物质实体。

B.没有任何不完美的东西是不可再分的（所有完美的东西是不可再分的）。

C.灵魂是可分的。

D.灵魂是完美的。

52.哪里人

所有的赵庄人穿白衣服；所有的李庄人穿黑衣服。没有既穿白衣服又穿黑衣服的人。李四穿黑衣服。如果上述是真的，以下哪项一定是真的？

A.李四是李庄人；

B.李四不是李庄人；

C.李四是赵庄人；

D.李四不是赵庄人。

53.哪三人是一家

有三户人家，每家有一个孩子，他们的名字是：小平（女）、小凤（女）、小虎。孩子的爸爸是老赵、老钱和老孙；妈妈是张玉、李玲和王芳。说起这三家人，邻居风趣地说：（1）老赵家和李玲的孩子都参加了少年女子游泳队；（2）老钱的女儿不是小凤；（3）老孙和王芳不是一家。请问：哪三个人是一家？

54.仓库被盗

甲、乙、丙、丁四人是仓库的保管员。一天仓库被盗，经过侦查，最后发现这四个保管员都有作案的嫌疑。又经过核实，发现是四人中的两个人作的案。在盗窃案发生的

那段时间，找到的可靠的线索有：（1）甲、乙两个中有且只有一个人去过仓库；（2）乙和丁不会同时去仓库；（3）丙若去仓库，丁必一同去；（4）丁若没去仓库，则甲也没去。那么，你可以判断是哪两个人作的案吗？

55.奇怪的生日（1）

有这样一件怪事：有一对孪生姐妹，姐姐出生在2001年，妹妹出生在2000年。你说可能吗？

56.女性解放

大西洋的哈娃哈娃岛是一座实行女性解放的小岛，因此，女人也分君子、小人、凡夫。1001年，刚继位的哈娃哈娃岛女皇忽发奇想，批准了一条非常奇怪的法令：君子必须跟小人通婚，小人必须跟君子通婚，凡夫只准跟凡夫通婚。这么一来，不管是哪一对夫妻，要么双方都是凡夫，要么一方是君子，一方是小人。

某一年的"咖啡节"和"可可节"，哈娃哈娃岛上，发生了两个故事。"咖啡节"的故事：舞会上，有一对夫妻A先生和A夫人，他们站在舞台上说了如下的两句话：

A先生：我妻子不是凡夫。

A夫人：我丈夫也不是凡夫。

你能断定A先生和A夫人是何种人？

"可可节"的故事：有A先生和A夫人，B先生和B夫人4个人，在"可可节"的舞会上，同坐在一张圆桌上喝酒。微醉时，4个人中有3个人说了如下的3句话：

A先生：B先生是君子。

A夫人：我丈夫说得对，B先生是君子。

B夫人：你们说得对极了，我丈夫的确是君子。

你能断定这4个人各是何种人？这3句话中，哪几句是真的？

57.小孔的变化

一枚硬币中间钻了一个孔，如果将硬币加热，孔径是变大还是变小？有人说："金属受热后膨胀，就把有孔的地方挤小了。"他说得对吗？

58.判别表针

下面4个钟的时针和分针长短差不多，不仔细看可分辨不出来。你能看出哪根是分针，哪根是时针吗？

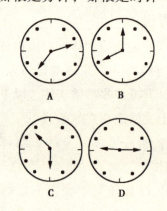

59.图形转换

依据第一组图形的转换规律，请判断出图形中对应转换后的图形应该是哪一个。

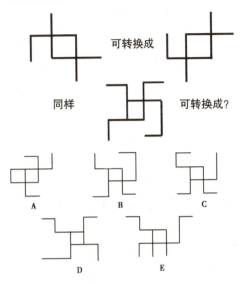

可转换成

同样　可转换成？

A　　B　　C

D　　E

60.露茜要什么

露茜和莉莉去买巧克力，售货员说："白巧克力9角钱，黑巧克力1元钱。"于是，莉莉买了一颗白巧克力，并将1元钱放在柜台上。这时露茜也把1元钱放在柜台上，说："给我一颗巧克力。"售货员给了她一颗黑巧克力。请问，售货员是怎么知道露茜是想要黑巧克力的？

61.谁的照片

有一个人看照片。当有人问这个人在看谁的照片时，这个人回答说："照片上的人的丈夫的母亲，是我丈夫的父亲的妻子的女儿，而我丈夫的母亲只生了他一个孩子。"请

问：这个人在看谁的照片？

62.考试的结果

有 A，B，C，D，E5 个人参加考试，都考了相同的五门课。老师评完考卷后，有如下结果（成绩按 1，2，3，4，5 分评）：（1）5 个人的总分各不相同，而且在同一门考试中，也没有相同分数的人。但无论是谁，都有一门课程成绩是 5 个人中最好的。（2）按得分总名次排列，A 为第一名，其余依次为 B，C，E，D。（3）A 总分为 18 分，B 比 A 少 2 分。（4）A 历史最好，B 语文最好，但 B 的地理和英语均为第三名。（5）C 的地理为第一，数学为第二，历史为第三。（6）D 的数学为第一，英语为第二。关于 E 的得分情况，老师什么也没有说。这 5 个人的各科成绩各是多少？总分又各是多少？

63.继续发牌吗

杰瑞和 3 个朋友一起玩扑克牌。杰瑞发牌，他将第一张牌发给了自己，然后按顺时针顺序将牌分别发给 3 位朋友。牌发到一半时，杰瑞家的电话铃响了，他放下手中的扑克牌接听电话。可是，当他打完电话重新拿起牌时，却忘记了下一张牌该发给谁。他问 3 位朋友，可 3 位朋友都你看看我，我看看你，答不上来。一位朋友笑道："算了，重

新开始发牌吧!"另一位朋友急忙说:"不行,不行,我们还是数数手中的牌吧!"你判断一下是否需要重新发牌呢?

64.判断正误

下面的3个论断中,有一个是正确的,你知道是哪个吗?(1)这里正确的论断有一个。(2)这里正确的论断有两个。(3)这里正确的论断有3个。同样,下面的3个论断中,也只有一个正确,请选择出来。(1)这里错误的论断有一个。(2)这里错误的论断有两个。(3)这里错误的论断有3个。

65.家庭比赛

某社区举行家庭智力比赛,决赛前一共要进行4项比赛,每项比赛各家出一名成员参赛。第一项参赛的是吴、孙、赵、李、王;第二项参赛的是郑、孙、吴、李、周;第三项参赛的是赵、张、吴、钱、郑;第四项参赛的是周、吴、孙、张、王。另外,刘某因故4项均未参加。请问,谁和谁是同一个家庭?

66.养鱼的是谁

在一条街上,并排有5座房子,每个房子都喷了不同的颜色。而且,每个房子里面住着不同国籍的人。他们喝不同的饮料,抽不同品牌的

香烟,养不同的宠物。根据下面的条件,你能判断出谁养鱼吗?

（1）英国人住红色房子;

（2）瑞典人养狗;

（3）丹麦人喝茶;

（4）绿色房子在白色房子左边;

（5）绿色房子主人喝咖啡;

（6）抽 PallMall 香烟的人养鸟;

（7）黄色房子主人抽 Dunhill 香烟;

（8）住在中间房子的人喝牛奶;

（9）挪威人住第一间房;

（10）抽 Blends 香烟的人住在养猫的人隔壁;

（11）养马的人住抽 Dunhill 香烟的人隔壁;

（12）抽 BlueMaster 的人喝啤酒;

（13）德国人抽 Prince 香烟;

（14）挪威人住蓝色房子的隔壁;

（15）抽 Blends 香烟的人有一个喝矿泉水的邻居。

67.距离更近

有一个人从 A 地骑自行车到 B 地去,而另一个人开车从 B 地驶往 A 地。在路上,他们相遇了,你知道这个时候谁离 A 地更近吗?

68.燕子李三

燕子李三从贪官 A 家偷了钱以后,挨家挨户送,最后到 B 家。他走的是一条道,并只走一遍,除一

家外不走第二遍，而且一家不漏。他是按照什么样的路线走过去的呢？

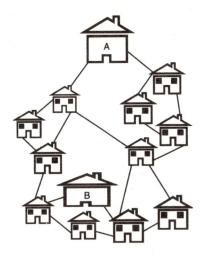

69.美丽的正方体

有一个正方体的每一个面都有美丽的图案装饰着，下图是这个正方体拆开后的各面的图案构成，那么在下面的几个选项中，哪一个不是这个正方体的立体面？

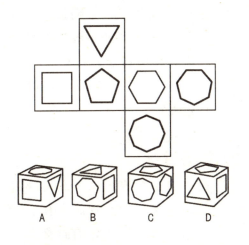

70.欢聚圣诞节

泰森一家人在一起欢聚圣诞节。他们是：一位祖母，一位祖父，两位母亲，两位父亲，一位岳父，一位岳母，一位儿媳，4个孩子，3个孙子，1个哥哥，2个姐姐，2个儿子，2个女儿，问他们最少是几个人？

71.衣服的数量

某大学宿舍有4名女生，她们分别是庆庆、元元、英英和新新，在她们4个人当中，新新的衣服比英英的多；庆庆的衣服和元元的衣服数量加在一起，英英的衣服和新新的衣服数量加在一起，恰好是一样多；元元和英英的衣服加在一起比庆庆、新新的加在一起要多，那么，你能判断出谁的衣服最多吗？谁的是第二多？

72.剩余的页数

共计100页的书，其中的第20～25页脱落了，请问剩下的书还有多少页呢？

73.成才与独生

一项研究报告表明，在具有高级职称的科技人员中，在兄弟姐妹中排行老大的占48%，排行老二的

占 33%，排行老三的占 15%，其余排行的占 2%。由此我们可以得出下列哪一个结论？

A. 排行老大的一般都能成才。

B. "成才"的科技人员多数是独生子女。

C. "成才"的可能性与其在兄弟姐妹中排行次序无关。

D. 在兄弟姐妹中排行越大，"成才"的可能性越大。

74.可疑的旅客

某夜，马尼拉—北京航线的一架班机降落在北京首都机场。海关人员开始检查旅客们的行李。检查员小刘发现从飞机上下来的 3 个商人打扮的人神色可疑：他们带有一个背包、一个纸箱子和一个帆布箱。小刘查看了他们的护照，他们来京的目的是旅游。当天早上从泰国首都曼谷出发，经过菲律宾首都马尼拉，再经我国广州，然后飞抵北京。小刘拿着护照看了一会儿，便让来客打开箱子检查，果然在夹层里发现了毒品海洛因。

是什么引起了小刘的怀疑呢？

75.分辨姐妹

有姐妹二人一个胖、一个瘦，姐姐上午很老实，一到下午就说假话；妹妹则相反，上午说假话，下午却很老实。有一天，一个人去看她俩，问："哪位小姐是姐姐？"胖小姐回答说："我是。"而瘦小姐回答说："是我呀。"再问一句："现在几点钟了？"胖小姐说："快到中午了。"瘦小姐却说："中午已经过去了。"请问，当时是上午还是下午？哪一个是姐姐呢？

76.小偷被偷

有一个职业小偷。一天，他溜到公交车上去作案，先偷了一位时髦小姐的钱包，等他下车后，又接连偷了一位西装革履的男子和一位白发苍苍的老太太的钱包。他兴高采烈地下了车，躲在角落里清点了一下，发现 3 个钱包里总共不过 200 元。接着他又惊叫起来，原来与这三个钱包放在一起的他自己的钱包不翼而飞了，那里面装着 700 多元呢！他口袋里还有一张纸条，上面写着："让你这该死的小偷尝尝我的厉害，看看你偷到谁头上来了！"猜猜看，那 3 个人中，究竟是谁偷了他的钱包呢？

77.英语过级

有一次学校要统计一下英语四级过级的人数。中文专业共有学生 32 人。经过统计，可以有这么 3 个判断：（1）中文专业有些学生过了英语四级；（2）中文专业有些学生没有过英语四级；（3）中文专业班长没有过英语四级。如果只有一个判断是正确的，那么你可以判断出什么？

78.缺页的书

图书馆的书经常因为一些品行不端的人破坏而出现缺页现象。这次，新进的书中有一本关于世界名胜的书，共200页。在经过几次借阅后，管理员发现第11页到第20页被人撕去了，现在书剩下190页。又过了一段时间，这个管理员又发现，第44页到第63页又被人撕去了。那么现在这本书剩下多少页了？

79.他绝不是自杀

探长被人发现在自己办公室内自杀，他所用的是自己的佩枪。到现场调查的探员，在佩枪上发现了探长的指纹。探长平时习惯用右手握枪，自杀时用的也是右手。因此，现场调查的探员推断他是自杀无疑。但探长的好友卡特却认为探长性格坚强，不可能自杀。他经过观察、分析后，提出有力证据，证明探长是被人谋杀。请你细心观察下图，你能指出卡特提出的证据是什么吗？

80.学生会委员

在某校新当选的校学生会的7名委员中，有1个是大连人，2个北方人，1个福州人，2个特长生，3个贫困生。假设上述介绍涉及了该学生会中的所有委员，则以下各项关于该学生会的断定与题干相矛盾的是

A. 两个特长生都是贫困生。

B. 贫困生不都是南方人。

C. 特长生都是南方人。

D. 大连人都是特长生。

E. 福州人不是贫困生。

81.分辨矿石

老师让同学辨认一块矿石。甲同学说："这不是铁，也不是铜。"乙同学说："这不是铁而是锡。"丙同学说："这不是锡而是铁。"老师最后说："你们之中，有一人两个判断都对；另一个人的两个判断都错；还有一人的判断一对一错。"看看你的判断，这块矿石到底是什么？

82.寻找凶器

在女子大学体育馆的浴室里，一女大学生被害，全身一丝不挂，好像是被细绳一类的东西勒死的。然而，现场只有一条毛巾，没有发现绳子一类的东西。案发时，还有另一名女生一同在浴室洗澡，故她被视为嫌疑人。然而，这名女生是

229

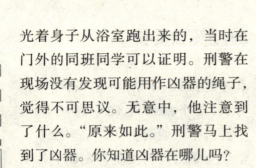

光着身子从浴室跑出来的，当时在门外的同班同学可以证明。刑警在现场没有发现可能用作凶器的绳子，觉得不可思议。无意中，他注意到了什么。"原来如此。"刑警马上找到了凶器。你知道凶器在哪儿吗？

83.五色珠

现有红、蓝、黄、白、紫5种颜色的珠子各一颗，都用纸包着，摆在桌上。有甲、乙、丙、丁、戊5个人，猜纸包里的珠子的颜色，每人限猜两包。甲猜："第二包是紫的，第三包是黄的。"乙猜："第二包是蓝的，第四包是红的。"丙猜："第一包是红的，第五包是白的。"丁猜："第三包是蓝的，第四包是白的。"戊猜："第二包是黄的，第五包是紫的"。猜完后打开纸包一看，每人都猜对了一种，并且每包都有一个人猜对。请你也猜一猜，他们各猜中了哪一种颜色的珠子？

84.提钱诀窍

东东准备和他心仪好久的女孩约会了！他们说好这个月的第二个星期天一起去一家高级俱乐部骑马。偏偏临到约会前一天，东东忽然想到自己存钱的银行在每月的第二个星期六都公休。不得已，他还是前去这家银行碰运气，谁知竟然顺利地提了钱。东东既没有用提款卡或

信用卡，也没有向人借钱或上当铺典当，他到底用什么办法领到了这些钱呢？

85.案发时间

一天晚上，一位女作家被发现死在她的住宅中。从现场看，死者生前似乎正在书桌上写作，她是被重击头部而死的。书桌上放着一个开着的应急灯，台灯是关着的。警察问物业管理员是否停过电。管理员说："昨晚9点左右曾停了约一小时电。我想她大概是用应急灯照明写作时被害的，她每天很晚才关灯。"警察又问："停电前后都有谁出现过？"管理员回答："停电前死者的男友来过，停电后他匆忙离开了大厦，我想他一定是凶手。""那停电以后还有什么可疑的人出入吗？"警察又问道。管理员想了想说："来电后有一名30岁左右的陌生男子从死者住的那层楼下来，但我不知道他有没有进过死者的房间。"警察听到这里已经知道谁是真凶了。你知道吗？

86.露出破绽

警官霍金一走进死者阿尔马的办公室，宾格就迎上前说："除了桌子上的电话，我什么也没碰过。我立即就给你打了电话。"阿尔马的尸体倒在办公桌后面的地毯上，右

手旁边有一支法国造手枪。"你快说这是怎么回事！"警官急切地追问。"阿尔马叫我到这儿来一下，"宾格说，"我来到之后他立即破口大骂他的妻子和我。我告诉他一定是他弄错了。但他在火头上已经变得无法自制。突然，他歇斯底里地大叫：'我非杀了你不可！'说着，他拉开办公桌最上面的抽屉，拿出一支手枪对着我就开了枪，幸好没击中。在万分危急之中我不得已只好自卫。这完全是正当防卫。"警官将一支铅笔伸进手枪的枪管中，将它从尸体边挑起，然后拉开桌子最上面的抽屉，小心翼翼地将枪放回原处。当晚，警官对属下说："宾格是一名私人侦探，他的手枪是经注册备案的。我们在桌子对面的墙上发现了一颗法国造手枪弹头，就是宾格所说的首先射向他的那颗。那支枪上虽留有阿尔马的指纹，但他并没有持枪执照，我们无法查出枪的来历。现在可以立案指控宾格蓄意谋杀了。"你知道宾格在哪儿露出了马脚吗？

87.背后的圆牌

A，B，C，D，E5个人，每个人的背后部系着一块白色或黑色的圆牌。每个人都能看到系在别人背后的牌，但唯独看不见自己背上的那一块圆牌。如果某个人系的圆牌是白色的，他所讲的话就是真实的；如果系的圆牌是黑色的，他所讲的话就是假的。他们讲的话如下：A说："我看见3块白牌和一块黑牌。"B说："我看见4块黑牌。"C说："我看见一块白牌和3块黑牌。"E说："我看见4块白牌。"根据以上的情况，推出D的背后系的是什么牌。

88.特别的碑文

在一块墓碑上刻着特别的碑文，它曾吸引了无数人前来推测和祭奠。这块墓碑的碑文如下：

这里躺着女儿，这里躺着父亲；
这里躺着儿子，这里躺着母亲；
这里躺着姐妹，这里躺着兄弟；
这里躺着妻子和丈夫。

如果包括同母异父或同父异母的关系，埋葬在墓地里的最少有几个人？

89.雪夜目击

杰克探长回到家里，电话铃响了，他拿起话筒，传来了一位警察的声音："喂，是探长吧，请你速来警察局。"半个小时之后，探长来到了警察局，径直走进警长办公室。

警长神色忧郁地说："夜里11点，小门街发生了一起事故，也许是谋杀案。一个人从楼顶上栽了下来，有位现场目击者一口咬定死者是自己摔下来的，他周围没有一个人。"探长点点头，说："我们先去看看现场，见见那位证人。"一会儿，他们来到现场，目击者被找来了，探长请他再叙述一遍他见到的情景。目击者说："因为天下着大雪，我便在附近的一家餐馆里足足坐了两个半小时，当我离开时，正好是11点，大街上没有一个行人。我急忙跑进自己的车里，就在这时，我看到楼顶上站着一个人，他犹豫片刻，就跳了下来。"探长紧紧盯住目击者，语调冷冷地说："你不是同伙，就是凶手给了你一大笔钱让你说谎！"

目击者一听，顿时脸变得煞白。探长是怎样识破目击者的谎言的？

90.一片沉寂

警长罗斯的别墅同哈利的寓所相距不远。一天夜里，突然一声枪响。罗斯闻声往外跑，正碰上哈利。哈利喊道："托尼被枪杀了！"罗斯边走边听哈利诉说："托尼是我的客人。刚才我俩正看电视，突然电灯全灭了，我正要起身查看原因，前门开了，闯进一个人来，对着托尼开了两枪，没等我反应过来，那人已无影无踪了。"进入寓所，罗斯发现房间里很黑，用手电照着托尼，他已死去。到车库里把被人拉开的电闸合上，房间里的灯立刻亮了。第二天，名探洛克听着警长罗斯复述在现场所见，问道："开闸后电灯亮了，这时寓所里还有什么响动？"罗斯说："一片沉寂。"洛克说："够了。哈利涉嫌谋杀。"请问：洛克为什么做出这一判断？

91.最有可能的贼

珠宝店一颗贵重的钻石被人偷走了。现场没有任何的指纹，唯一的线索就是小偷用尖利的东西划开了玻璃，从而偷走了里面的钻石。谁最可能偷走钻石？

92.谁害了议员

一个议员在寓所遇害，4个嫌疑人受到警方传讯。警方有充足的证据证明，在议员死亡当天，这4个人都单独去过一次议员的寓所。在传讯前，这4个人共同商定，每人向警方做的供词条条都是谎言。这几个人所做的供词是：

A.我们4个人谁也没有杀害他。我离开议员寓所的时候，他还活着。

B.我是第二个去议员寓所的。我到达他寓所的时候，他已经死了。

C.我是第三个去议员寓所的。我离开他寓所的时候，他还活着。

D.杀手不是在我去议员寓所之

清华北大学生爱做的1500个思维游戏

第4章 提高判断力的思维游戏

后离开的。我到达议员寓所的时候，他已经死了。

你知道这4个人中谁杀害了议员吗？

93.大采购

4个同学一起去商场，他们每个人买了一样东西，分别是：一个随身听，一双鞋，一条裤子，一件上衣。这4件商品正好是在一个商场的4层中分别购买的。已经知道：甲去了一楼；随身听在四层出售；乙买了一双鞋；丙在二层购物；甲没有买上衣。那么，你能判断他们分别在几楼买了什么东西吗？

94.失窃的海洛因

一家综合医院里，深夜，罪犯潜入药房，从药品柜里盗走了一大瓶只贴着化学式标签的海洛因。当时因被保安人员发现，所以罪犯用匕首刺死保安人员后逃走了。经调查，找出两个嫌疑人：一个是刚来医院不久的实习医生，另一个是前几天才进医院的患者，是个青年农民。后者是在下地干活时遭到老虎袭击负伤住院的。作案现场的药品柜里摆着许多药瓶子，但罪犯只拿走了装着海洛因的瓶子。试问，罪犯是谁呢？

95.扒手

派出所民警讯问公共汽车上的

一桩盗窃案的嫌疑人甲、乙、丙、丁，笔录如下：甲说："反正不是我干的。"乙说："是丁干的。"丙说："是乙干的。"丁说："乙是诬陷。"他们当中有三人说真话，扒手只有一个，那么这个扒手是谁呢？

96.谁是盗贼

一个规模庞大的珠宝展在国际商贸大厅举行，其中最引人注目的是一颗巨大的钻石，价值超过千万元。为了防止这颗钻石被人偷去，珠宝商特邀一家防盗公司设计制作橱柜，上有防盗玻璃，可以抵御重锤乃至子弹袭击，不会破裂。同时在会场中有防盗设施如摄像探头等。在开幕的那天，人山人海，一个男子迅速地走到了玻璃柜前，用一个重锤向柜子一击，玻璃竟然破裂，男子抢去钻石，乘乱逃去。警方事后到现场调查发现，玻璃的确是防盗玻璃，而摄像头则刚好只拍到盗贼的手，看不见他的真面目。那么到底谁是盗贼，又用什么方法打破了防盗玻璃呢？警方根据防盗玻璃的特性，很快捉到了盗贼。你能判断出谁是盗贼吗？为什么？

97.水手比利·特里劳尼

比利·特里劳尼是一名老水手。一天，他带了100元去南特基特，到了晚上带了1500元回到家。

他在水手和船桅服装店为自己买了一条领带，又在宾纳克宠物旅馆为他的鹦鹉买了一些鸟食。然后，他剪了头发。他的工资在每个星期四以支票的形式支付。银行在这个时候只是在周二、周五以及周六营业，理发店每个周六休息，而宾纳克宠物旅馆在周四以及周五不营业。你能否根据上面所说的情况判断出老比利是在星期几去镇上的吗？

98.小丑的工作

有3个小丑，约翰、迪克和罗杰，他们每个人在冬季都扮演两个不同的工作。这6个工作分别是：卡车司机、作家、喇叭手、高尔夫球手、计算机技术员和理发师。请根据以下6条线索确定这3个小丑各自的工作。

1. 卡车司机喜欢高尔夫球手的妹妹。

2. 喇叭手和计算机技术员在和约翰骑马。

3. 卡车司机嘲笑喇叭手脚大。

4. 迪克从计算机技术员那里收到一盒巧克力。

5. 高尔夫球手从作家那里买了一辆二手汽车。

6. 罗杰吃比萨饼比迪克和高尔夫球手都要快。

99.女巫的诅咒

在万圣节前夕，有个喝醉的农民十分倒霉，他被一个恶毒的女巫抓住并被带到破烂的教堂里。"如果你想活命，你只能说一句话！"她咆哮说，"如果你说对了，我会把你榨成油；如果说错了，我会把你喂蝙蝠！"这时，那个农民立刻清醒过来，然后说了一句话，而这句话却让女巫诅咒了他并且把他放了。那么，那个农民说了什么呢？

100.烈酒走私者

在禁酒时期，斯威夫特·奥布莱恩是芝加哥北部最聪明的烈酒走私者。现在我们看到斯威夫特正把班尼最好的 20 箱烈酒送到他选出的 4 个客户那里。他是这样分配的：

汉拉迪的酒吧获得的酒比荷兰人的咖啡厅多 2 箱。

埃德娜的海德威酒吧比萨尔的酒吧少 6 箱酒。

萨尔的酒吧比汉拉迪的酒吧多 2 箱。

荷兰人的咖啡厅比埃德娜的海德威酒吧多 2 箱。

那么，这几个酒吧各自获得几箱酒呢？

101.钓鱼

加尔文、怀利、埃米特和昆廷寄宿在马·博斯科姆斯公寓。他们一起到莫兰河钓鱼，一共钓了 10 条鱼。当他们把鱼交给玛让她放在冰箱时，她注意到：

1. 加尔文钓的鱼比昆廷多。

2. 怀利和埃米特两个人钓的鱼与加尔文和昆廷钓的鱼一样多。

3. 加尔文和怀利两个人钓的鱼比埃米特和昆廷两个人钓的鱼少。

那么，你能计算出他们每个人各钓了几条鱼吗？

102.扑克牌的数值

迈克·米勒、琳达·凯恩和比夫·本宁顿正在思维游戏俱乐部的游戏室里玩。迈克刚刚把扑克牌正面朝下放好，现在他向他们挑战，让他们找出这些扑克牌的数值。欢迎读者朋友一起玩（为了表达清楚，假设读者看到的线索与扑克相一致）。

这 4 张正面朝下的扑克是黑、红、梅、方 4 种扑克，它们的数字是 A，K，Q，J。下面有 5 条线索，它们会帮你确定每张扑克：
（1）扑克 A 在黑桃的右边。
（2）方块在扑克 Q 的左边。
（3）梅花在扑克 Q 的右边。
（4）红桃在扑克 J 的左边。
（5）黑桃在扑克 J 的右边。

103.摇滚乐队

5 个年轻人准备组建摇滚乐队。通过下面的信息，你能否说出这 5 个人的名字（1）、乐队的名字（2）、乐队的第 1 首歌（3）和乐队的音乐风格（4）？

1. 史蒂夫的乐队叫红色莱姆，但是他们录制的不是前卫摇滚风格的《黑匣子》。

2. 内克乐队的歌——《突然》不属于歌德摇滚或另类摇滚风格。

3. 布鲁斯的乐队不叫空旷的礼拜。梅根的乐队也不叫空旷的礼拜，同时她也不是前卫摇滚风格的。

5. 贝拉松是一个情绪摇滚风格的

乐队名字，但是他们的歌不叫《朱丽叶》。

6. 莱泽开始组建一个独立摇滚风格的乐队。

7. 雷尔的乐队在录制一首名为《毁灭世界》的歌，这首歌的曲风不属于情绪摇滚。

8. 有一个乐队叫倾斜。有一首歌叫《帆布悲剧》。

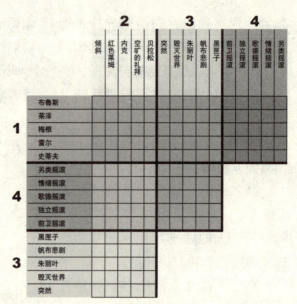

104.聚餐

5个年轻人在一家鱼和薯条店里聚餐。根据下面的信息，你能否说出哪个人（1），吃了什么鱼（2），还吃了其他的什么食品（3），他们各自付了多少钱（4）？

1. 莫顿比点了鲽鱼套餐的男孩付钱付得多。

2. 点了面包的男孩比没有点加拿大鲽鱼，但是点了玛氏巧克力棒的男孩付钱付得少。

3. 要么莱恩点了加拿大鲽鱼，阿里斯德尔点了比萨；要么莫顿点了加拿大鲽鱼，莱恩点了比萨。

4. 尼尔点了一块芝士，他比点北大西洋鳕鱼的男孩多付了5元，这个人可能是多戈尔或者莫顿。北大西洋鳕鱼比鳕鱼套餐要贵。

5. 多戈尔或莫顿中有一个人总共付了55元，并且点了一个玛氏巧克力棒。

6. 有人点了薯片。

7. 这5个人分别所付的钱是40元，45元，50元，55元和60元。

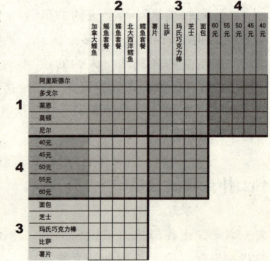

105.飞行训练

　　某年，有个学校的 5 个男孩被选去进行飞行训练，但是最后没有一个人成为飞行员，因为他们在训练过程中不能顽强地坚持下去。根据下面的信息，你能否说出这几个男孩的名字（1）、他们被派往训练的学校（2）、他们的昵称（3），以及他们没有完成训练任务的原因（4）？

　　1. 被人叫做水塘的人去了温切斯特大学。他既不是雷奥纳多也不是贾斯汀。

　　2. 去西鲁斯伯里大学的总是不能瞄准。他不是亚当，亚当的昵称是海雀。

　　3. 去海洛的那个人不会驾驶。

　　4. 塞巴斯蒂安被叫做生姜，他的枪法好极了。

　　5. 詹姆士和塞巴斯蒂安都不会起飞发生错误。

　　6. 被叫做烤面包的人去的不是伊顿大学。

　　7. 雷奥纳多在演习时总是表现不好，他的绰号不叫没脑子。

　　8. 有一个人总是不能准确降落。

　　9. 有一个人去了拉格比大学。

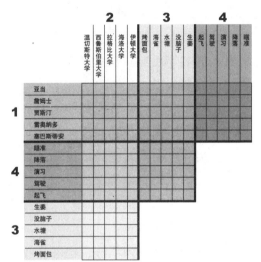

106.减肥

　　5 个人因为不同的原因开始减肥。根据下面的信息，请你说出这 5 个人的名字（1）、减肥所选择的运动（2）、所选择的食疗方案（3），以及减肥的原因（4）？

　　1. 斯坦尼斯勒没有选择游泳。

　　2. 路德米拉选择了网球，但是并不是为了作报告（为了作报告减肥的那个人选择了低卡路里疗法）。

　　3. 波瑞斯马上就要结婚了。

　　4. 选择了跑步的人也选择了低碳疗法，但她不是为了度假或者参加同学聚会。

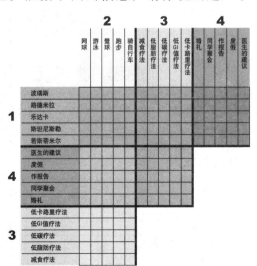

5. 乐达卡没有选择游泳，她也不是为了作报告而减肥。

6. 选择骑自行车的人是听从了医生的建议开始减肥的，但是她没有选择低脂肪疗法。

7. 若斯蒂米尔选择了减食疗法，但不是为了度假。

8. 有人选择了低 GI 值疗法。

9. 有人选择了壁球。

107.妻子的生日礼物

几个男人为他们的妻子买了生日礼物。根据下面的信息，请你说出这几个男人的名字（1）、他们的妻子分别是谁（2）、他送她的礼物是什么（3）、他们结婚多久了（4）。

1. 蒂瑞斯和贝格特比买项链的那个男人结婚要早。

2. 恩格瑞德将收到一枚戒指。

3. 买耳环的男人已经结婚 16 年了；这个人不是沃尔克。

4. 米切尔买的是摄像机。

5. 罗兰德已经结婚 14 年了，但是他的妻子不是安妮特。

6. 卡罗蒂结婚 5 年了。

7. 贝特不会收到项链，也不会收到内衣，她的丈夫不是米切尔。

8. 其中有一对结婚 7 年了，有一对结婚 3 年了。

9. 有一个男人的名字叫库特。

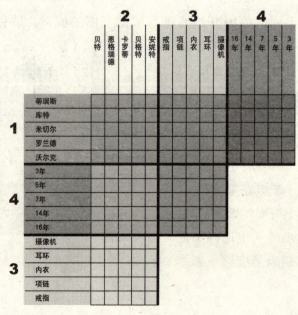

108.度假

　　5 位女士去国外度假。根据所给的信息，请你说出她们的名字（1）、她们去哪个国家（2）、住在哪里（3），以及去那里是因为那里的什么（4）。

　　1. 泰莎去毛里求斯或者印度尼西亚，为的是那里的商店或者沙滩。

　　2. 莫娜是为了当地的森林或者寺庙去度假的。

　　3. 在柬埔寨度假的女士住的既不是酒店也不是度假村。

　　4. 别墅是在印度尼西亚或柬埔寨，选择住别墅的不是艾德瑞就是罗梅。

　　5. 牧人小屋可能是在寺庙或者商店附近。

　　6. 要么就是酒店，要么就是旅馆有一个游泳池。

　　7. 杰娜要么去印度尼西亚，要么去泰国；她可能是为了那里的森林，也可能是去那里的商店购物；她可能待在牧人小屋或者度假村。

　　8. 罗梅可能住在牧人小屋或者别墅里，她去度假是为了那里的游泳池或者商店。

　　9. 有一位女士去了马来西亚。

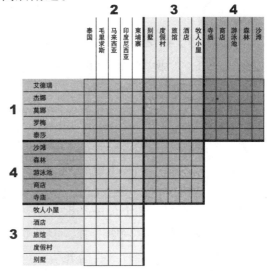

109.生病的小孩

　　5 个小孩生病了。根据所给的信息，请你说出他们的名字（1）、他们得的什么病（2）、他们睡衣的颜色（3），以及他们得到了什么作为安慰（4）。

　　1. 穿红色睡衣的小孩得到了一本书。

　　2. 得了麻疹的小孩（不是贝利叶也不是弗兰克）得到了一个玩具。

　　3. 艾丽斯得了腮腺炎。另外

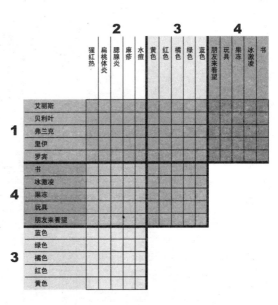

一个小孩（穿着绿色睡衣）有朋友来看望。

4. 弗兰克穿着橘色的睡衣，他得的不是扁桃体炎。

5. 里伊得了猩红热，他的睡衣不是绿色的。

6. 得了水痘的小孩没有得到冰激凌。

7. 穿蓝色睡衣的不是罗宾，也不是里伊。

8. 有一个小孩穿着黄色睡衣。

9. 有一个小孩得到了果冻。

110.母亲节

就要到母亲节了。根据所给的信息，你能否说出每位母亲（1）将会从她的儿子（4）那里收到什么颜色（3）的什么花（2）？

1. 安特尼特会收到蓝色的花。

2. 乔治准备送给母亲黄色的花，但不是菊花。

3. 塞宾不是蒂第尔的母亲，她收到的花不是红色的。

4. 罗恩特准备给给母亲买玫瑰，但既不是粉色也不是白色的。

5. 玛克西是华森特的母亲，她不会收到红色的兰花。

6. 蒂第尔的母亲不是多米尼克。

7. 艾丝泰勒会收到康乃馨，但不是粉色的。

8. 有一位母亲会收到百合花。

9. 有一位母亲的儿子叫巴斯坦。

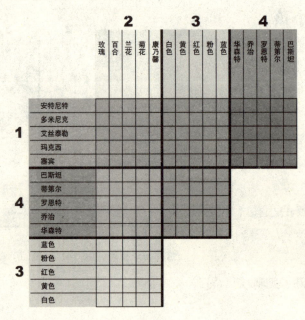

清华北大学生爱做的1500个思维游戏

第4章 提高判断力的思维游戏

111.病人和医生

根据题目所给的条件，你能否将下面的病人和医生正确配对？

112.撒克逊人

传说很久以前某国的几个村子是由撒克逊人管理的。根据下面的信息，请你分别说出这几个撒克逊人的名字（1）、他们来自哪里（2）、他们管理哪个村子（3），以及他被称做什么（4）。

1. 西温林的外号是"大胆"，他来自艾塞克斯。

2. 奥发被称做"野兽"，他不是来自麦西亚。

3. 来自怀斯的撒克逊人管理着弗瑞弗德村。他不是奥发，也不是艾伯特。

4. 艾利和西温林的外号都不是"伟大"。

5. 管理查德林顿的撒克逊人被人称做"公正"。

6. 来自苏塞克斯的人不管理卡斯西顿。

7. 有一个人被人称做"革命"。

8. 有一个人管理阿斯恩沃村。

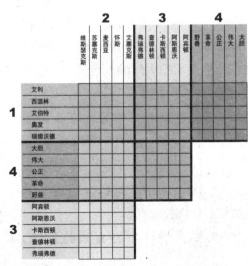

113.恋人

5个男人打算在满月的时候向各自的恋人献上一首歌来表达爱意。根据下面的信息，请你说出他们的名字（2）、他们恋人的名字（1）、他们是怎么相遇的（3），以及这5个男人分别打算唱什么歌（4）。

1. 塞恩娜不是西欧卫的恋人，她将要听到的也不是《我发誓》这首歌。

2. 安顿尼尔在买黄瓜时遇到了他的恋人。他不准备唱《惊奇》和《忠诚》。

3. 多纳特罗准备给他的恋人唱《永远》这首歌。他们不是在给摩托车加油的时候认识的。

4. 艾丽娜将会听到《呼吸》这首歌。

5. 西欧卫的恋人不是玛若。

6. 里欧的恋人是多娜特。他不是在看足球赛的时候遇见她的—看足球赛的那个女人将听到恋人给她唱《我发誓》。

7. 莫尼卡和男朋友是在买香烟时认识的。她将听到的歌是《惊奇》。

8. 有一对恋人是在葡萄酒酿造厂认识的。

9. 有一个男人名叫弗瑞泽欧。

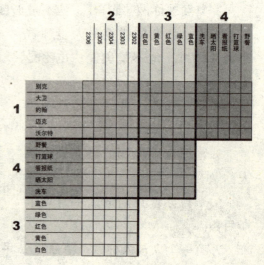

114.邻居

5个邻居喜欢待在自己家的院子里。根据所给的信息，你能否说出他们的名字（1）、他们家的门牌号（2）、他们家的大门的颜色（3），以及他们各自喜欢在院子里干什么（4)?

1. 大卫家的门牌号比喜欢野餐的人大。

2. 绿色大门房子的门牌号比黄色大门房子的小，黄色大门房子的主人不喜欢打篮球。

3. 要么是沃尔特喜欢打篮球，

约翰的房子大门是蓝色的；要么是大卫喜欢打篮球，沃尔特的房子大门是蓝色的。

4. 迈克的房子大门是红色的，他家的门牌号比喜欢看报纸的人（不是别克就是大卫）家的大。他家的门牌号也比喜欢洗车的人家的大。

5. 门牌号是 2305 的人喜欢晒太阳，这个人不是大卫就是别克。

6. 有一座房子的大门是白色的。

7. 所有的门牌号为 2302 到 2306。

115.跳棋

跳棋协会这个星期举办了一场激动人心的跳棋比赛。从以下给出的线索中，你能说出 3 个让人有所期待的选手名字、俱乐部及他们最后的排名吗？

1. 跳棋选手泰勒代表红狮队。

2. 在史蒂夫胜出比赛后，紧接着是沃尔顿胜出。

3. 在第 3 场比赛中胜出的选手

	汉克	泰勒	沃尔顿	五铃队	红狮队	船星队	第1名	第2名	第3名
比尔									
玛丽									
史蒂夫									
第1名									
第2名									
第3名									
五铃队									
红狮队									
船星队									

姓汉克。

4. 比尔比来自五铃队的选手早胜出比赛。

116.回到地球

"大不列颠"号航天飞机结束了它的火星之旅，要返回地球。飞机上一共有 5 个成员，其中包括一位飞行员和 4 位负责不同实验程序的科学家，他们已经在变速躺椅上做好了返回地球的准备，从以下所给的线索中，你能推断出在各个躺椅上成员的全名和他们的身份吗？

1. 克可机长的名字不是萨姆，坐的是 A 躺椅，他不和其中一位宇航员相邻，这位宇航员不是官员姜根。

2. E 躺椅上的宇航员是巴石，戴尔上校没占着躺椅 B。

3. 尼克·索乐是"大不列颠"号上年纪最大的成员。

4. 在躺椅 D 上的成员是一个研究火星引力实验的物理学家。

5. 多明克教授，船员中的两位女性之一，是 1 位化学家，但是从别人和她说话的方式你看不出来她是一位女性。

6. 多克是一位生物学家，但如果飞机上有需要时，她也是飞机上的医疗官，她不是机长克尼森，也不在 A 躺椅上。

名：巴石，多克，尼克，萨姆，姜根
姓：戴尔，多明克，克尼森，克可，索乐

117.寄出的信件

根据所给出的线索，你能说出位置 1～4 上的女士的姓名和她们要寄出的信件的数目吗？

1. 埃德娜和鲍克丝夫人是离邮筒最近的人；前者寄出的信件数比后者少。

2. 邮筒两边的女士寄出的总信件数一样。

3. 克拉丽斯·弗兰克斯所处位置的编号，比邮筒对面寄出 3 封信的那个女人小。

4. 博比不是斯坦布夫人，她不在 3 号位置。

5. 只有一个女人所处的位置编号和她要寄的信件数是相同的。

名：博比，克拉丽斯，埃德娜，吉马
姓：鲍克丝，弗兰克斯，梅勒，斯坦布
信件数：2，3，4，5

118.柜台交易

有两位顾客正在一家化学用品商店买东西。从以下所给的线索中，你能正确地说出售货员和顾客的姓名、顾客各自所买的东西以及找零

的数目吗？

1. 杰姬参与的买卖中需要找零 17 便士，而沃茨夫人不是。

2. 朱莉娅是由一个叫蒂娜的售货员接待的，但她不是买洗发水的奥利弗夫人。

3. 图中的 2 号售货员不是莱斯利，而莱斯利不姓里德。

4. 阿尔叟小姐卖出的不是阿司匹林。

5. 2 号售货员给 4 号顾客找零 29 便士。

名：杰姬，朱莉娅，莱斯利，蒂娜
姓：阿尔叟，奥利弗，里德，沃茨
商品：洗发水，阿司匹林
找零：17 便士，29 便士

119.赛马

图中向我们展示了业余赛马骑师的 1 场点对点比赛，其中一场的照片展示在田径运动会的宣传卡片上。从以下所给出的线索中，你能说出每匹马的名字以及各骑师的姓名吗？

1. 第 2 名的马名叫艾塞克斯女孩。

2.海员赛姆不是第4名，它的骑师姓克里福特，但不叫约翰。

3.蓝色白兰地的骑师，他的姓要比萨利的姓少一个字母。

4.麦克·阿彻骑的马紧跟在西帕龙的后面，西帕龙不是理查德的马。

马的名字：蓝色白兰地，艾塞克斯女孩，海员赛姆，西帕龙

骑师的名字：埃玛，约翰，麦克，萨利

骑师的姓：阿彻（Archer），克里福特（Clift），匹高特（Piggott），理查德（Richards）

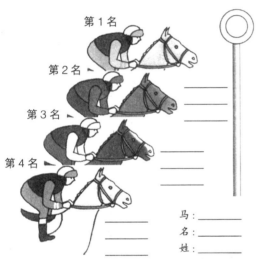

第1名

第2名

第3名

第4名

马：＿＿＿＿＿

名：＿＿＿＿＿

姓：＿＿＿＿＿

120.往返旅途

昨天，北切斯特的3个市民都去了市中心，他们来去都采用了不同的交通方式。从以下所给的线索中，你能说出这3个人的全名以及他们来回的交通方式吗？

1.在市中心遭劫之后被警察带回家的受害者不是巴里·沃斯。

2.姓扎吉的人不是坐巴士去市中心的。

3.由于天下雨，范是坐计程车回来的。

4.喜欢保持身材而步行的家伙是被救护车送回来的，因为他撞到了井栏石上。

5.乔安妮不是那个骑新折叠自行车的人。

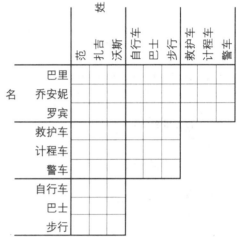

121.五月皇后

考古学家最近在一个小村镇里挖掘出了一张关于五月皇后的名单，在18世纪早期，五月皇后连续7年被推选出来执政。从以下所给的线索中，你能说出1721～1727年分别推选出的五月皇后的全名是什么、她是谁的女儿吗？

1.萨金特在教区长女儿之后两年、汉丽特之前两年成为五月皇后。

2.布莱克是在1723年5月当选的。

3.安·特伦特是偶数年份当选的五月皇后，她的父亲不是箍桶匠。

4.安德鲁是在织工的女儿之前

当选为五月皇后的，她不是比阿特丽斯。

5. 铁匠卢克·沃顿的女儿也是其中一位五月皇后，在沃里特之后当选，而且不是在 1725 年当选的。

6. 木匠的女儿苏珊娜是在索亚之前当选的五月皇后。

7. 米尔福德，在箍桶匠的女儿当选之后两年成为五月皇后，她的前任是旅馆主人的女儿，旅馆主人的女儿在玛丽当选的两年之后当选。

8. 教区长的女儿紧接在简之后当选为五月皇后。

名：安，比阿特丽斯，汉丽特，简，玛丽，苏珊娜，沃里特

姓：安德鲁，布莱克，米尔福德，萨金特，索亚，特伦特，沃顿

父亲：铁匠，木匠，箍桶匠，旅馆主人，教区长，茅屋匠，织工

122.年轻人出行

某一天，同一村庄的 4 个年轻人朝东、南、西、北 4 个方向出行。从以下所给的线索中，你能推断出他们各自走的方向、出行的方式以及出行原因吗？

1. 安布罗斯和那个骑摩托车去上高尔夫课的人走的方向刚好相反。

2. 其中一个年轻人所要去的游泳池在村庄的南面，而另外一个年轻人参加的拍卖会不是在村庄的西面举行。

3. 雷蒙德离开村庄后直接朝东走。

4. 欧内斯特出行的方向是那个坐巴士的年轻人出行方向逆时针转 90° 的方向。

5. 坐出租车出行的西尔威斯特没有朝北走。

姓名：安布罗斯，欧内斯特，雷蒙德，西尔威斯特

交通工具：巴士，小汽车，摩托车，出租车

出行原因：拍卖会，看牙医，上高尔夫课，游泳

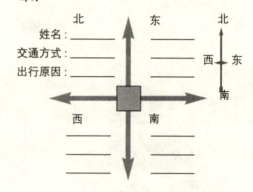

123.工作服

3 位在高街区不同商店工作的女店员都需要穿工作服上班。从以下所给的线索中，你能推断出每个店员所在的商店名称、商店的类型以及她们工作服的颜色吗？

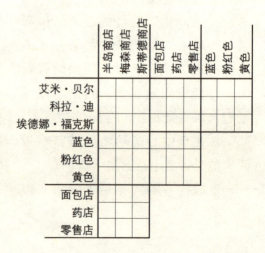

1. 艾米·贝尔在半岛商店工作，它不是一家面包店。

2. 埃德娜·福克斯每天都穿黄色的工作服上班。

3. 斯蒂德商店的女店员都穿蓝色的工作服。

4. 科拉·迪在一家药店工作。

124.排行榜

比较一下圣诞节时和赛季末足球联盟的排行榜，发现前8支球队还是原来的那8位，但其中只有一支球队的名次没变。从以下所给的线索中，你能填出圣诞节时和赛季末足球联盟前8位的排行榜吗？

1. 贝林福特队到赛季末下降了2个名次，而罗克韦尔·汤队则上升了3个名次。

2. 匹特威利队在圣诞节的时候是第2名，却以不尽如人意的第7名结束了本赛季。

3. 克林汉姆队在圣诞节的名次紧靠在格兰地威尔之前，但后来两队的名次均有所提升，而克林汉姆队提升的更大一些，加大了两队的差距。

4. 圣诞节时排第5名的那个队在最后的排行榜中不是第4。

5. 米尔登队的球迷为他们队在本赛季获得第3名的好成绩而欢呼。这样在半赛季排名时，他们队的名次处在了罗克韦尔·汤队之前。

6. 内德流浪者队的名次下降了，而福来什运动队在后半赛季迎来了好运。

7. 圣诞节时第1名的球队在赛季末只得了第5名。

球队：贝林福特队，福来什运动队，格兰地威尔，克林汉姆队，米尔登队，匹特威利队，罗克韦尔·汤队，内德流浪者队

125.演艺人员

阳光灿烂的夏日，4个演艺者在大街上展现他们的才艺。从以下所给的线索中，你能判断出在1～4位置中的演艺者的名字以及他们的职业吗？

1. 沿着大道往东走，在遇到弹着吉他唱歌的人之前你一定先遇到哈利，并且这两个人不在街道的同一边。

2. 泰萨不是1号位置的演艺者，他不姓克罗葳。莎拉·帕吉不是吉他手。

3. 变戏法者在街道中处于偶数的位置。

4. 西帕罗在街边艺术家的西南面。

5. 在2号位置的内森不弹吉他。

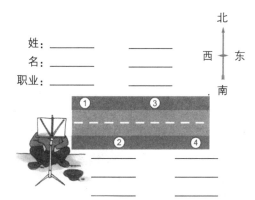

姓：_____

名：_____

职业：_____

第4章 提高判断力的思维游戏

名：哈利，内森，莎拉，泰萨

姓：克罗葳，帕吉，罗宾斯，西帕罗

职业：手风琴师，吉他手，变戏法者，街边艺术家

126.夏日嘉年华

3个自豪的母亲带着各自的小孩去参加夏日嘉年华服装比赛，并且赢得了前3名的好成绩。从以下所给的线索中，你能将这3位母亲和她们各自的孩子配对，并描述出各小孩的服装以及他们的名次吗？

1. 穿成垃圾桶装束的小孩排名紧跟在丹妮尔的孩子的后面。

2. 杰克的服装获得了第3名。

3. 埃莉诺的服装像一个蘑菇。

4. 梅勒妮是尼古拉的母亲，尼古拉不是第2名。

	埃莉诺	杰克	尼古拉	机器人	垃圾桶	蘑菇	第1名	第2名	第3名
丹妮尔									
梅勒妮									
谢莉									
第1名									
第2名									
第3名									
机器人									
垃圾桶									
蘑菇									

127.假日阵营

调查者正在英国海滩上采访4个"快乐周末无极限"阵营的工作人员。从以下所给的信息中，你能说出每个被采访者的全名、他们的工作以及他们为哪个阵营服务吗？

1. 某个演艺人员（白天逗小孩子开心的小丑以及晚上为父母们表演的人员）在欧的海阵营工作，他不是菲奥纳和巴克赫斯特，后两人也不在布赖特布朗工作。

2. 护士凯负责节假日工作人员的健康问题，她不姓郝乐微，也没有被海湾阵营雇佣。

3. 在罗克利弗阵营工作的沃尔顿的名字不是保罗，他也不是厨师。

		阿米丽	郝乐微	巴克赫斯特	沃尔顿	厨师	演艺人员	管理者	护士	布赖特布朗	罗克利弗	欧的海	海湾
名	本												
	菲奥纳												
	凯												
	保罗												
布赖特布朗													
罗克利弗													
欧的海													
海湾													
厨师													
演艺人员													
管理者													
护士													

128.小猪储蓄罐

诺斯家的柜子上摆放着5个小猪储蓄罐，他家的5个小孩正努力存钱。从以下所给的线索中，你能描述这几个小猪的详细情况——它们的颜色、名字以及各自的主人吗？

1. 蓝色的小猪不属于杰茜卡，它的主人比大卫大1岁。大卫拥有

自己的小猪储蓄罐，大卫的小猪储蓄罐不是红色的，它的位置在蓝色小猪的右边，但相隔不止 1 只小猪。

2. 紧靠大卫小猪左边的绿色小猪的主人比大卫大 2 岁。

3. 卡米拉的小猪储蓄罐紧靠红色小猪的左边。卡米拉要比红色小猪的主人年纪大，但她不是 5 个小孩中最大的。

4. 黄色的小猪不是大卫的，它紧靠杰茜卡的小猪左边，它的主人要比图中 B 小猪的主人大 1 岁，但要比大卫小 1 岁。

5. 本比纯白色小猪的主人小 1 岁，但比卡蒂大 1 岁，卡蒂的小猪比本的小猪和白色小猪更靠左。

6. 诺斯先生和夫人一直想让孩子们按年龄大小把他们各自的小猪从左到右排列，但都没有如愿。事实上，如果按他们的方案来看，目前没有 1 只小猪在它们应该在的位置上。

颜色：蓝，绿，红，白，黄
小孩名字：本，卡米拉，大卫，杰茜卡，卡蒂
小孩年龄：8，9，10，11，12

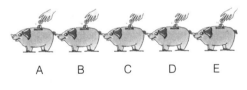

A　　B　　C　　D　　E

129.桥牌花色

4 位桥牌选手各坐桌子一方，手中各有不同花色的一副牌。从以下给出的线索中，你能说出这 4 个人的名字以及他们握的是什么花色的牌吗？注意：南北和东西是对家。

1. 理查德的牌颜色和拉夫的牌颜色一样，拉夫坐北边的位置。

2. 玛蒂娜对家握的牌花色是红桃。

3. 坐在西边的女人手握黑桃，她不姓田娜思。

4. 保罗·翰德的搭档是以斯帖。

5. 坐在南边的人握的牌花色不是梅花。

名：以斯帖，玛蒂娜，保罗，理查德
姓：翰德，拉夫，田娜思，启克
花色：梅花，钻石，红桃，黑桃

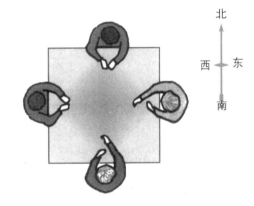

北

西 — 东

南

130.牛奶送错了

送奶工出去度假了，他的亲戚瓦利早上替他去送奶，结果把某街道中的 1，3，5，7 号人家的牛奶送错了，从以下所给的线索中，你能说出这 4 户人家分别住的是谁、他们本该收到的和实际收到的牛奶瓶数吗？

1. 那天早上布雷特一家定购了 4

瓶牛奶。

2.1 号人家收到的要比劳莱斯定购的牛奶瓶数少 1 瓶,劳莱斯一家那天收到的不是 2 瓶牛奶。

3.克孜太太那天早上发现门口放着 3 瓶牛奶,她和汀斯戴尔家中间隔了 1 户人家,克孜每天要的牛奶比汀斯戴尔家多。

4.瓦利在 5 号人家门口只留了 1 瓶牛奶。

5.7 号人家应该收到 2 瓶牛奶。

家庭:布雷特, 克孜, 汀斯戴尔, 劳莱斯
定购:1, 2, 3, 4
收到:1, 2, 3, 4

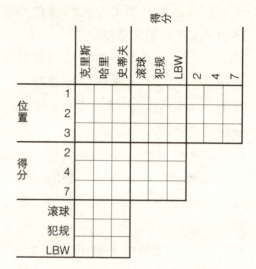

家庭:_____
定购:_____
收到:_____

131.出师不利

在最近的乡村板球比赛中,头 3 号种子选手都发挥得不甚理想,都因某个问题出局,从以下所给的线索中,你能找出得分记录簿中各人的排名、他们出局的原因以及总共得分的场数吗?

1.犯规的板球手得分的场数比克里斯少。

2.史蒂夫得分的场数不是 2,他得分要比被判 LBW(板球的 1 种违规方式)的选手要低。

3.哈里不是 1 号,因滚球出场,他的得分不是 7。

4.3 号的得分不是 4。

		克里斯	哈里	史蒂夫	滚球	犯规	LBW	2	4	7
位置	1									
	2									
	3									
得分	2									
	4									
	7									
滚球										
犯规										
LBW										

132.女运动员

5 位年轻的运动员正在伦敦机场等出租车,她们都刚从国外回来。从所给的线索中,你能说出她们的姓名、分别从哪里回来以及都从事什么运动项目吗?

1.从来没去过东京的凯特·肯德尔紧靠在滑冰者之后,并在刚从洛杉矶飞回来的女士之前。

2.高尔夫球手紧跟在斯特拉·提兹之后。

3.射手在图中 3 号位置,羽毛球手紧靠在刚从卡萨布兰卡回来的旅客之前。

4.台球手在莫娜·洛甫特斯之前,中间隔了不止 1 个人,刚从东京飞回来的女士排在格丽尼斯·福特之后的某个位置。

5. 黛安娜·埃尔金不是队列中的第1位也不是最后1位。图中1号不是刚从罗马回来的，图中2号不是从东京回来的。

姓名：黛安娜·埃尔金，格丽尼斯·福特，凯特·肯德尔，莫娜·洛甫特斯，斯特拉·提兹
离开地：布里斯班，卡萨布兰卡，洛杉矶，罗马，东京
运动项目：射击，羽毛球，高尔夫，滑冰，台球

133.狮子座的人

我们知道有8个人都是狮子座的。从所给线索中，你能找出各日期出生的人的全名吗？

1.查尔斯的生日要比菲什晚3天。

2.某女性的生日是8月4号。

3.安格斯的生日在布尔之后，但不是7月31号。

4.内奥米的生日要比斯盖尔斯早1天，比阿彻晚1天，阿彻是男的，但3人都不是出生在同一年。

5.安妮在每年的8月2号庆祝她的生日。

6.克雷布是8月1号生的，但拉姆不是7月30号生的。

7.斯图尔特·沃特斯的生日和波利不是同一月，波利的生日在巴兹尔之后，而巴兹尔的生日是个偶数日。

名：安格斯（男），安妮（女），巴兹尔（女），查尔斯（男），内奥米（女），波利（女），斯图尔特（男），威尔玛（女）
姓：阿彻，布尔，克雷布，菲什，基德，拉姆，斯盖尔斯，沃特斯

日期	姓名	
7月28日		
7月29日		
7月30日		
7月31日		
8月1日		
8月2日		
8月3日		
8月4日		

134.换装

在大不列颠的鼎盛时期，有素养的女士不像现在这样能在海边游泳，她们只能穿着及膝的浴袍坐在沐浴用的机器上，让机器把她们缓缓降入水中。下图展示的是4个机器，从所给的线索中，你能说出使用机器的4位女士的名字以及她们所穿浴袍的颜色吗？

1.贝莎的机器紧挨马歇班克斯小姐的。

2.C机器是兰顿斯罗朴小姐的。

3.卡斯太尔小姐穿着绿白相间的浴袍。

4.拉福尼亚的机器位于尤菲米娅·坡斯拜尔的机器和穿黄白相间浴袍小姐的机器之间。

5.使用B机器的女士穿红白相间的浴袍。

名：贝莎，尤菲米娅，拉福尼亚，维多利亚
姓：卡斯太尔，兰顿斯罗朴，马歇班克斯，坡斯拜尔
浴袍：蓝白相间，绿白相间，黄白相间，红白相间

135.信箱

4位家庭主妇家门口的信箱颜色都不相同，根据下面的线索，你能说出每位主妇的姓名和她所用信箱的颜色吗？

1.绿色信箱在加玛和杰布的信箱之间。

2.阿琳选择了黄色信箱，她家的门牌号要比菲什贝恩夫人家的大。

3.巴伦夫人家的信箱是红色的。

4.232号家的信箱是蓝色的，但是这不是路易丝的家。

名：阿琳，加玛，凯特，路易丝
姓：巴伦，菲什贝恩，弗林特，杰布
信箱：蓝色，绿色，红色，黄色

136.等公车

站台上7个职员正焦急地等待着下一趟公车。根据下面的信息，你能说出每位职员的名字及他们在哪个公司上班吗？

1.站台上，塞布丽娜站在那位在证券公司上班的职员右边第2个位子上。

2.格伦在第4个位子，他不在法律顾问公司上班，但他右边那个人在那里上班。

3.其中一位男性乘客站在第6个位子上。

4.在纳尔逊的一边是一位女乘客。

5.雷切尔左边的那位乘客在银行工作。

6.第3位乘客在家保险公司工作。

7.站在吉莉安旁边的一个人在家律师事务所工作。

8.托奎是家投资公司的雇员，马德琳在他的右边。

名字：吉莉安（女），格伦（男），马德琳（女），纳尔逊（男），雷切尔（女），塞布丽娜（女），托奎（男）
公司：银行，律师事务所，建筑公司，保险公司，投资公司，法律顾问公司，证券公司

228   230   232   234

名：＿＿＿ ＿＿＿ ＿＿＿ ＿＿＿
姓：＿＿＿ ＿＿＿ ＿＿＿ ＿＿＿
信箱颜色：＿＿＿ ＿＿＿ ＿＿＿ ＿＿＿

137.生日礼物

当14岁生日那天，拉姆收到了4个信封，每个信封内都有1张购物优惠券。根据下面的线索，你能猜出每封信的寄信人姓名、优惠券发行方及每张优惠券的面值吗？

1.Ten-X 所发行优惠券的面值比旁边 C 信封里优惠券的面值小，而且不仅仅只是小 5。

2.理查德叔叔寄来的优惠券在 B 信封内，其面值比 HBS 发行的优惠券小 5。

3.马丁叔叔寄来的 Benedam 的优惠券不在 D 信封内。

4.最有价值的优惠券是卡罗尔阿姨寄来的，但不是 W.S.Henry 发行的优惠券。

5.丹尼斯叔叔寄来的礼物不是最便宜的。

寄信人：卡罗尔阿姨，丹尼斯叔叔，马丁叔叔，理查德叔叔
代币发行方：Benedam，HBS，Ten-X，W.S.Henry
代币价值：5，10，15，20

138.巫婆和猫

中世纪时期的一个小乡村里，4个巫婆分别霸占了村里的4幢别墅。根据下面的线索，你能说出每幢别墅中巫婆的名字、年龄以及巫婆的猫的名字吗？

1.马乔里住在那个 86 岁的老巫婆的东面，这个巫婆有只猫叫颇里安娜。

2.罗赞娜刚过 80 岁。

3.凯特的主人住在村里池塘后面的 2 号别墅里，她总是用诡异、甚至可以说是邪恶的眼神从她密室的窗口向外窥视。

4.3 号别墅的主人 75 岁，她的猫不叫托比。

5.人们把塔比瑟的那只老猫叫做尼克。

6.和格里泽尔达住得最近的巫婆已经 71 岁了。

巫婆：格里泽尔达，马乔里，罗赞娜，塔比瑟
年龄：71，75，80，86
猫：凯特，尼克，颇里安娜，托比

139.职业女性

图片展示了"有成就和魄力的杰出职业女性"颁奖典礼上的 4 位获奖者。根据下面的线索，你能确定每位女性的姓名和获奖时她们的职业吗？

1.马里恩·帕日斯女士的头发是红色的，对不起，图上没有显示。

2.图片3是迪安夫人，她来自伯明翰，但这对你可能也没有帮助。

3.图片4的救助队军官不是卡罗尔。

4.消防员埃利斯夫人不是图片2中的人物，她喜欢古典音乐，但你也不需要知道这个吧。

5.萨利站在交警和托马斯夫人中间。

名：卡罗尔，盖尔，马里恩，萨利
姓：迪安，埃利斯，帕日斯，托马斯
职业：消防员，护理人员，救助队军官，交警

140.模仿秀

潘尼卡普公司雇佣了3位女性，让她们按自己的想法来模仿3个著名歌星。根据下面的信息，你能说出每位女性的姓名、在潘尼卡普公司的工作部门以及她们将要扮演的

		姓						凡尔敦	玛丽尔	坦娜	财务部	人事部	销售部	伊迪丝·普杰夫	麦当娜	蒂娜·特纳
名	海伦															
	帕慈															
	卡罗琳															
伊迪丝·普杰夫																
麦当娜																
蒂娜·特纳																
财务部																
人事部																
销售部																

角色吗？

1.帕慈将扮演麦当娜，她不在财务部工作。

2.海伦·凡尔敦自从离开学校后就一直在潘尼卡普工作。

3.销售部门的领导将扮演蒂娜·特纳，但她不是坦娜夫人。

4.将扮演伊迪丝·普杰夫的不是卡罗琳。

141.在国王桥上接客人

今天豪华轿车司机卡·艾弗将去伦敦的国王桥火车终点站3次，去接几个相当重要的乘客，并把他们带到卡莱尔旅馆。根据下面的信息，你能确定他每次去接客人的时间、站台、所接客人的名字以及他们都是来自哪里吗？

1.林肯方向驶来的火车的到站站台号比艾弗要接的斯坦尼夫人下车的站台号大。

2.德拉蒙德夫人所乘的火车将

	4号	7号	9号	德拉蒙德夫人	古氏先生	斯坦尼夫人	剑桥	林肯	北安普敦
上午 10:00									
中午 12:30									
下午 3:00									
剑桥									
林肯									
北安普敦									
德拉蒙德夫人									
古氏先生									
斯坦尼夫人									

进入 9 号站台，艾弗上午 10:00 接站的站台号比下午 3:00 的小。

3. 来自北安普敦的火车将进入 4 号站台，但要等到中午。

4. 来自剑桥的乘客将在下午 3:00 到。

142.罗马遗迹

博物馆的展品中有 20 世纪 60 年代发现的 4 个罗马墓碑。根据下面的线索，你能填出图片上每块墓碑的细节，包括墓碑主人的名字、职业以及去世的时间吗？

1. 墓碑 C 的主人是一位物理学家，卢修斯·厄巴纳斯在他去世之后的 12 年也去世了。

2. 墓碑 A 的墓主人不是酒商泰特斯·乔缪尔斯。

3.D 是朱尼厄斯·瓦瑞斯的墓碑。

4. 马库斯·费迪尔斯在公元 84 年去世。

5. 那名职业拳击手在他的最后一场拳击赛中被杀，当时是公元 96 年。

6. 在公元 60 年去世的不是古罗马 13 军团的百人队长。

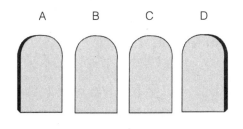

名字:朱尼厄斯·瓦瑞斯，卢修斯·厄巴纳斯，马库斯·费迪尔斯，泰特斯·乔缪尔斯

职业：百人队长，职业拳击手，物理学家，酒商

去世时间：公元 60 年，公元 72 年，公元 84 年，公元 96 年

143.信件

桌上的 4 封信都是寄给镇上的居民的，根据下面的信息，你能找出每封信的收信人姓名以及收信人各自的完整地址吗？

1. 寄给本德先生的信挨着收信地址为 31 号的信，并在它的右边。

2.4 封信中有 1 封信的地址是特纳芮大街 10 号。

3.3 号信将会在今天早上稍晚时间寄给雪特小姐，她不住在斯达·德弗街。

4. 梅尔先生的地址号码比 1 号信封上的收信地址号码大。

5. 收信地址为 6 号的那封信与寄给格林夫人的那封信之间隔了 1 封信。

6. 寄到斯坦修恩路那封信的号码比它右边那封信的收信地址号码大。

名字:本德先生，格林夫人，梅尔先生，雪特小姐
地址号码：6，10，31，45
街名:斯达·德弗街，朗恩·雷恩街，斯坦修恩路，特纳芮大街

144.记者艾弗

上周末记者艾弗对 3 位国际著名女性进行了采访（这家伙的生活多幸福啊）。你能找出每天他所采访的女性的名字、职业和家乡吗？

1. 艾弗在采访加拿大女星的第 2 天又采访了帕特丝·欧文。

2. 艾弗在星期五采访了一名流行歌手。

3. 艾弗在采访了一位澳大利亚的客人之后采访了畅销小说家阿比·布鲁克。

4. 艾弗在星期天访问的不是女电影演员。

	阿比·布鲁克	利亚·凯尔	帕特丝·欧文	电影演员	小说家	流行歌手	澳大利亚	加拿大	美国
星期五									
星期六									
星期日									
澳大利亚									
加拿大									
美国									
电影演员									
小说家									
流行歌手									

时间	名字	职业	家乡

145.军队成员

下图展示了 1644 年克伦威尔·奥利弗领导的"护国军"中的 4 名成员，根据下面的线索，你能填出每名成员的姓名、兵种以及各自所穿制服的颜色吗？

1. 伊齐基尔·费希尔所穿制服为灰色，不过上面布满了灰尘和泥浆，他紧挨在鼓手的右边。

2. 一名配枪士兵穿着又破又脏的棕色制服，他和末底改·诺森之间隔着一个士兵。

3. 1 号士兵是个步兵，他不是法国人，而是英国人。

4. 4 号士兵是所罗门·特普林。

5. 吉迪安·海力克所穿的上衣不是蓝色。

名字：伊齐基尔·费希尔，吉迪安·海力克，末底改·诺森，所罗门·特普林
兵种：鼓手，炮手，步兵，配枪士兵
制服颜色：蓝色，棕色，灰色，红色

146.签名售书

伦敦展览中心举办了一个签名售书会,6 位作者（分别位于 1, 3, 4, 6, 7, 10 号签售点）正在为读者签名。根据下面的线索，你能推断出每名作家的姓名及每个人是签售哪

本书吗?

1. 离大卫·爱迪生的书摊最近的是拜伦·布克的书摊,它就在大卫的右边,而其中一位女作家在大卫的左边。

2. 坦尼娅·斯瓦不是在3号摊签售,《乘车向导》一书是在3号摊的右边签售,而《超级适合》的作者曾经是一名运动员,他的签售摊位在3号摊的右边的某个地方。

3. 靠电视节目成名的一位厨师签售《英式烹调术》一书,他紧挨在卡尔·卢瑟的右边,而卡尔又紧挨在拜伦·布克的右边。

4.《城市园艺》一书的签售书摊号码与曼迪·诺布尔的书摊号码相差2,并且曼迪写的不是《超级适合》。

5.《自己动手做》一书的作者是拜伦·布克。

作者:拜伦·布克(男),大卫·爱迪生(男),卡尔·卢瑟(男),曼迪·诺布尔(女),保罗·帕内尔(男),坦尼娅·斯瓦(女)

著作:《自己动手做》,《英式烹调术》,《乘车向导》,《超级适合》,《业余占星家》,《城市园艺》

147.野鸭子

在池塘的周围有4栋别墅,每栋别墅的花园都是一只母鸭子和她的一群小鸭子的领地。根据线索,你能说出图中每个别墅的名字、别墅主人给母鸭子取的名字以及每只母鸭子生了多少只小鸭子吗?

1. 戴西生了7只小鸭子,她把巢筑在与洁丝敏别墅顺时针相邻的那栋别墅里。

2. 沃德拜的别墅在池塘的西面。

3. 迪力生的小鸭子比在罗斯别墅孵养的小鸭子少1只,而后者在逆时针方向上和前者所在的别墅相邻。

4. 多勒生的小鸭子数量最少。

5. 达芙妮所在的别墅和小鸭子数最少的那栋别墅沿逆时针方向是邻居。

别墅:洁丝敏别墅,来乐克别墅,罗斯别墅,沃德拜别墅

鸭子:戴西,达芙妮,迪力,多勒

小鸭子数量:5,6,7,8

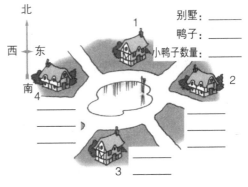

北
西 东
南

别墅:＿＿＿
鸭子:＿＿＿
小鸭子数量:＿＿＿

148.移民

去年3个家庭从思托贝瑞远迁到了其他国家，现在他们在那里有声有色地经营着自己的小店。根据下面的信息，你能说出每对夫妻有几个孩子、他们移民到了哪里以及所做的是何种生意吗？

1.有3个孩子的家庭移民到了澳大利亚，他们没有在那里开旅馆。

2.移民到新西兰的布里格一家开的不是传统英国风味鱼片店。

3.开鱼片店那家的孩子比希金夫妇的孩子少。

4.基德拜夫妇有两个孩子，他们每人照看一个。

149.电影制片厂

在好莱坞电影市场的鼎盛时期，会同时有4部电影在4个邻近的电影制片厂进行拍摄，这4个制片厂同属一家著名的电影公司。根据下面的信息，你能具体描述在每个制片厂拍摄的电影类型、导演以及美丽的女主角的名字吗？

1.那部言情电影的制片厂位于由海伦·皮奇担任女主角的那部电影的制片厂的东面。

2.枪战电影的制片厂位于导演沃尔多·特恩汉姆所在的制片厂的北面。

3.西尔维亚·斯敦汉姆是导演卡尔·卡马拉所拍摄电影的主角。

4.拉娜·范姆帕在一部警匪片里担任女主角，其制片厂在奥尔弗·楞次导演所在制片厂的斜对面。

5.C制片厂拍摄的不是喜剧片。

电影类型：喜剧，警匪，言情，枪战
导演：奥尔弗·楞次，鲍里斯·旭茨，卡尔·卡马拉，沃尔多·特恩汉姆
女主角：多拉·贝尔，海伦·皮奇，拉娜·范姆帕，西尔维亚·斯敦汉姆

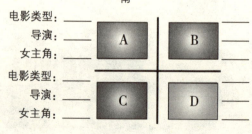

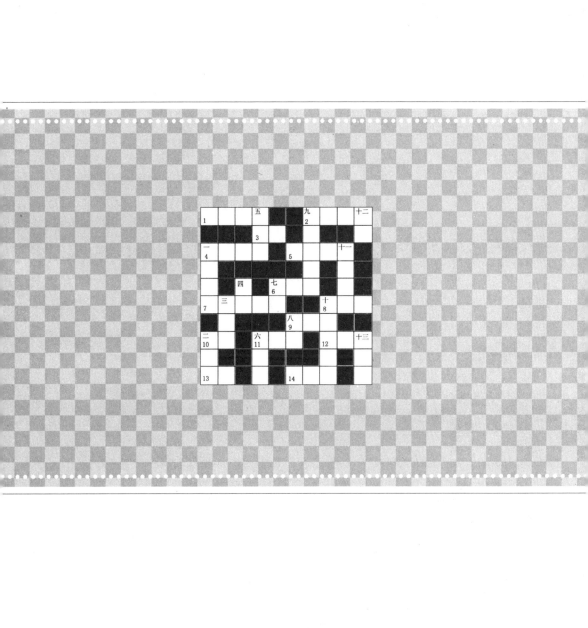

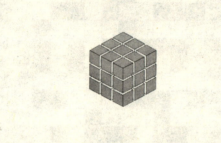

〖和最优秀的学生一起思考，越玩越聪明〗

清华北大学生爱做的
1500个
思维游戏

下

黎娜 主编

全国百佳图书出版单位

江苏美术出版社

150.破纪录者

这张新闻照片上的是 4 名年轻的女运动员，她们在最近的国家青年运动锦标赛中打破了各自参赛项目的纪录。根据下面的信息，你能认出图片中的 4 个女孩，并说出她们各自打破了什么项目的纪录吗？

1.凯瑞旁边的两个女孩都是打破了跑步类项目的纪录。

2.戴尔芬·赫尔站在标枪运动员旁边。

3.洛伊斯不在 2 号位置。

4.1 号位置的女孩打破了跳远项目的纪录，她不姓福特。

5.一名姓哈蒂的运动员打破了 400 米项目的纪录，但她不叫瓦内萨。

名：戴尔芬，凯瑞，洛伊斯，瓦内萨
姓：福特，赫尔，哈蒂，斯琼
比赛项目：100 米，400 米，标枪，跳远

151.洗车工

为了赚些外快，比尔和他的两个朋友约定每个人清洗一辆邻居的车。根据下面的信息，你能找出他们各自为谁洗车、车的品牌及颜色吗？

1.比尔清洗一辆红色的车，不是福特车。

2.派恩先生的车是蓝色的。

3.在他们所洗的几辆车中有一辆是黄色的普乔特。

4.罗里清洗了斯蒂尔先生的车。

		科顿先生	派恩先生	斯蒂尔先生	福特	普乔特	沃克斯豪	蓝色	红色	黄色
男孩	比尔									
	卢克									
	罗里									
	蓝色									
	红色									
	黄色									
	福特									
	普乔特									
	沃克斯豪									

车主

152.在购物中心工作

3 位年轻的女性刚刚到新世纪购物中心的几个店面打工。根据下面的线索，你能找出雇佣她们的商店的名字、类型，以及她们各自开始工作的具体时间吗？

	赫尔拜店	罗帕店	万斯店	面包店	化学药品店	零售店	7 月	8 月	9 月
安·贝尔									
卡罗尔·戴									
艾玛·发									
7 月									
8 月									
9 月									
面包店									
化学药品店									
零售店									

1. 和在面包店工作的女孩相比，安·贝尔稍晚一些找到工作，那家面包店不叫罗帕。

2. 艾玛·发不是8月份开始在万斯店工作。

3. 卡罗尔·戴不在零售店工作。

4. 其中一个女孩不是从9月份开始在赫尔拜的化学药品店工作。

153.机器人时代

诺福克的洛特河是著名的波罗兹的一部分，4个勇敢的海员家庭把他们的船停在了几家不同旅店的停泊处。根据下面的信息，你能填出图表中每个家庭的名字、所拥有的船只名，以及所停泊的旅店名吗？

1. 费希尔的船停泊在挪亚方舟处，斯恩费希的停泊处在挪亚方舟处的左边。

2. 帕切尔号停在狗和鸭码头。

3. C位置上的旅店叫升起的太阳，停泊在那里的船不属于罗德尼家庭，也不是南尼斯号。

4. 在最右边的船属于凯斯一家。

家庭：德雷克，费希尔，凯斯，罗德尼
船名：罗特斯，南尼斯，帕切尔，斯恩费希

家庭：_____
船：_____
旅店：_____

旅店：钓鱼者休息处，狗和鸭，挪亚方舟，升起的太阳

154.曼诺托1号

图中展示了太空船曼诺托1号控制舱中的4名工作人员的位置。根据下面的线索，你能找出每名成员的名字、军衔以及在曼诺托1号中做何种工作吗？

1. 弗朗茨·格鲁纳工程师坐在陆军少校的对面。

2. A位置上的军官是罕克·吉米斯，他不是军医。

3. 空军上校在B位置上。

4. 萨姆·罗伊斯的顺时针方向上是尤瑞·赞洛夫。

5. 坐在C位置上的宇航员不是海军司令官。

名字：弗朗茨·格鲁纳，罕克·吉米斯，萨姆·罗伊斯，尤瑞·赞洛夫
军衔：空军上校，陆军少校，海军司令官，海军上尉
工作：宇航员，工程师，军医，飞行员

名字：_____
军衔：_____
工作：_____

155.英格兰的旗舰

1805 年 10 月 21 日，罗德·纳尔逊在战役中不幸受伤，他在特拉法尔战役中战胜了法国舰队。他的旗舰的名字由 16 个字母组成，根据下面的信息，你能在每个小方框中填出正确的字母吗？

1.任何两个水平、垂直或对角线方向上的相邻字母都不同。

2.V 在其中一个 R 下面的第 2 个方框内，并在 C 的左边第 2 个方框内。

3.L 不在 A2 位置，也不在最后一行。

4.其中一个 A 在 D3 位置上，但没有一个 R 在 D4 位置上。

5.A4 和 C2 中的字母相同，紧邻在它们下面的方框内的字母都是元音字母。

6.G 在 I 所在行的上面一行。

7.O 就在 T 上面的那个位置，在 Y 下面一行的某个位置，而 Y 在与 O 不同的一列的顶端。

要填的 16 个字母：A，A，A，C，F，G，I，L，O，R，R，R，T，T，V，Y

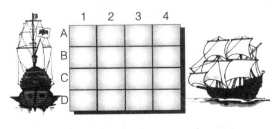

156.谁的房子

始建于 17 世纪的别墅风格别具特色。根据下面的线索，你能分别说出 1 ～ 4 号每栋别墅的名字、建造时间，以及现在主人的名字吗？

1.佛乔别墅现在属于丽贝卡·德雷克，2 号房产在该栋别墅之后建造。

2.巴兹尔·布立维特拥有的别墅沿顺时针方向与狗和鸭建筑相邻，而后者至今仍然是一家酒吧。

3.詹姆士·皮卡德那栋始建于 1685 年的别墅不是曼纳小屋。

4.在最东面的不是建于 1708 年的瑞克特立建筑。

5.最晚建造的那所房子不是史密塞斯上校的财产。

房子：狗和鸭建筑，佛乔别墅，曼纳小屋，瑞克特立建筑
时间：1610，1685，1708，1770
主人：巴兹尔·布立维特，史密塞斯上校，詹姆士·皮卡德，丽贝卡·德雷克

建筑：＿＿＿＿＿＿＿
时间：＿＿＿＿＿＿＿
主人：＿＿＿＿＿＿＿

157.穿过通道

在机动车道上的 4 辆汽车正要穿过通道。根据以下线索，你能说

出 1 ～ 4 号每辆车的驾驶员姓名、车的颜色以及车牌号吗？

1. 黄车的车牌号是 27，它在菲利普所开那辆车的前面。

2. 2 号位置车的车牌号是 15。

3. 曼纽尔的车在 38 号车的后面某个位置，38 号车不在 3 号位置。

4. 汉斯的车紧跟在绿车后面。

5. 红车紧跟在安东尼奥的车后面。

司机：安东尼奥，汉斯，曼纽尔，菲利普
颜色：蓝色，绿色，红色，黄色
车牌号：9，15，27，38

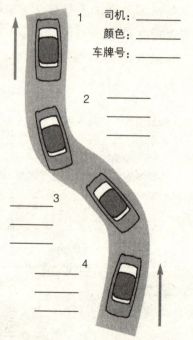

司机：＿＿＿＿＿
颜色：＿＿＿＿＿
车牌号：＿＿＿＿＿

158.神像

262

英国著名的考古学家琼斯在南美考古时，发现了一尊公元前 700 年的四面神像。根据下面的线索，你能填出神像上每个面的动物面孔、所代表的神，以及在莱曼尼特克文

化中掌管的领域吗？

1. 神像的一面是南美洲的一种水怪，它的名字叫乌卡特克斯赖特。或许你听说过，那是一种大型啮齿动物。

2. 以美洲虎为面孔的神像在叫爱克斯卡克斯特的神像的反面，后者是莱曼尼特克的战神。

3. D 面上的神像拥有水蟒的面孔。

4. 神像的 A 面代表莱曼尼特克的气候神，B 面的面孔不代表他们的爱神，这两个神都不叫奥克特拉克斯特。

5. 事业神不叫埃克斯特里卡特尔，与事业神在顺时针方向上相邻的那尊神像是以一只特别丑陋的蝙蝠为面孔。

面孔：水蟒，蝙蝠，水怪，美洲虎
名字：埃克斯特里卡特尔，爱克斯卡克斯特，奥克特拉克斯特，乌卡特克斯赖特
所管领域：事业，爱情，战争，气候

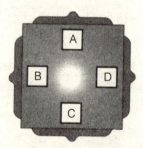

159.百岁老人

斯多布里的山楂牧场住着 3 位百岁老人。从以下给出的线索中，你能推断出每位百岁老人的全名、他们搬去山楂牧场前居住的村庄和

清华北大学生爱做的1500个思维游戏

第4章 提高判断力的思维游戏

他们搬家的时间吗?

1. 名叫西尼尔的住户搬到山楂牧场的时间,比曾住在莫博里的那个人迟。

2. 亨利以前是位农场工人,搬来山楂牧场前他一直生活在威逊韦尔。

3. 玛格丽特·格雷经营着一家乡村邮局。

4. 在1995年搬家的人姓艾尔德,但不叫戴西。

		姓						年 份		
		艾尔德	格雷	西尼尔	莫博里	布莱伍德	威逊韦尔	1985年	1990年	1995年
名	戴西									
	亨利									
	玛格丽特									
	莫博里									
	布莱伍德									
	威逊韦尔									
	1985年									
	1990年									
	1995年									

160.叠纸牌

4个小朋友分别用不同颜色的纸牌成功地叠出了纸房子,但每个人叠的层数不同。从以下给出的线索中,你能叫出4个人的名字,并说出他们各自所用的纸牌背景颜色和分别叠了几层吗?

1. 使用绿色纸牌的夏洛特,坐在叠到5层的那个朋友对面。

2. 座位2的那个女孩用纸牌叠到4层高。

3. 安吉拉用的不是黑色的纸牌。

4. 在座位3用蓝色纸牌的女孩,她叠的房子没有用红色纸牌的女孩叠的高。

5. 罗斯是最成功的建筑师,在坍塌之前,她叠到第7层。她不是坐在座位4。

名字: 安吉拉,夏洛特,罗斯,蒂娜
纸牌颜色: 黑,蓝,绿,红
层数: 4,5,6,7

名字: _____
牌: _____
层数: _____

161.票

4个人正在售票亭前排队买票。从以下给出的线索中,你能叫出4个人的名字,并说出他们各自买的是哪个晚上的票、坐在剧院的哪个位置吗?

1. 要买星期六晚上包厢票的那个人排在珀西瓦尔后面。他看星期六晚上的演出来庆祝一个重要的周年纪念。

2. 马克斯排在买剧院花楼票的那个人前面,那张剧院花楼的票不是星期四演出的票。

3. 亨利排在队伍的第3个位子,在演出的上演日期上,他的票比正

厅后排座位的票要早。

4.威洛比买的是星期五晚上的票。

名字：亨利，马克斯，珀西瓦尔，威洛比
时间：星期三，星期四，星期五，星期六
位置：正厅后排座位，包厢，剧院花楼，正厅前排座位

162.加薪要求

4个工会的代表正在开会协议向W＆S公司提交1份增加工资要求的声明。从以下给出的线索中，你能推断出图中每个人的名字、所代表的工会，以及代表的成员人数吗？

1.思德·塔克坐在C位置，他代表的成员人数不是4人。

2.阿尔夫·巴特坐在来自ABM的那个代表的对面。ABM有6个成员在W＆S公司。

3.有7个成员的工会不是BBT。

4.坐在D位置的人代表的是BBMU。

5.UMBM的雷·肖所代表的成员人数没有坐在B位置的人代表的多。

代表：阿尔夫·巴特，吉姆·诺克斯，雷·肖，思德·塔克
工会：ABM，BBT，BBMU，UMBM
成员数：3，4，6，7

代表：_____ A _____
工会：_____ _____
成员数：_____ _____

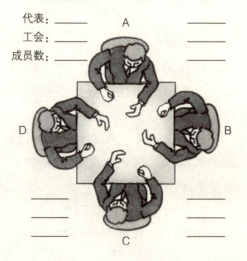

D _____

_____ B

_____ C _____

163.长长的工龄

昨天，如同往常所有的工作日一样，3位女士在大学食堂的服务台上工作。从以下给出的线索中，你能推断出她们的名字、年龄、工龄和每个人的职责吗？

1.那位54岁的女士工作的时间没有内尔长。

2.提供主菜的那位女士今年有56岁了。

3.洛蒂已经有18年的工作经

	52岁	54岁	56岁	16年	18年	20年	主菜	餐后甜点	饮料
布里奇特									
洛蒂									
内尔									
主菜									
餐后甜点									
饮料									
16年									
18年									
20年									

验，她的工作不是分配饮料。

4.布里奇特的职责是提供餐后甜点。

164.租车

在出租车公司外面的停车场停着5辆顾客预定的车。从以下给出的线索中，你能说出每辆车的品牌、颜色和它的位置数吗？

1.罗孚停在位置5。

2.红色汽车停在福特旁边，福特不是停在位置4。

3.菲亚特是黄色，在位置3的车是白色的。

4.中间3辆车的生产商名字都不是5个字母的。

5.丰田不是停在位置2，棕色汽车在丰田的相邻位置，且停在其左面。

颜色：棕色，绿色，红色，白色，黄色
牌子：罗孚（Rover），菲亚特（Fiat），丰田（Toyota），福特（Ford），沃尔沃（Volvo）

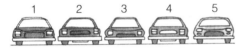

165.小镇

有10个距离很近的小镇，从以下给出的线索中，你能把每个镇名都写出来吗？

1.亚克斯雷镇在科尔布雷杰镇的北方某处，在布赖圣特恩镇的西南方，而且其在地图上标示的是一

个偶数。

2.波特菲尔得镇在勒索普镇的东北方。

3.德利威尔镇比欧德马克科特镇位置更偏南。

4.图上标号3的是肯思费尔德镇。

5.摩德维尔镇在威格比镇的西边。威格比镇在另外一个镇的正北方向。

镇名：布赖圣特恩镇，科尔布雷杰镇，德利威尔镇，肯思费尔德镇，勒索普镇，摩德维尔镇，欧德马科特镇，波特菲尔得镇，威格比镇，亚克斯雷镇

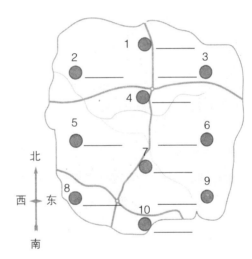

166.美好记忆

爱丽丝经常翻阅她那些老照片，那是她以前去度假时拍的3组照片。从以下给出的线索中，你能推断出照片分别是在哪里拍的、爱丽丝是乘坐什么交通工具、在什么时候去的吗？

1.长途汽车旅行的月份比1971

年那次旅行的月份小。

2.爱丽丝在科茨沃尔德开着小汽车观光。但不是在8月份去的。

3.爱丽丝曾去英国的湖泊地区度假，坐的不是火车。时间上则在5月份的假期之后。

	1986年	1971年	1974年	康沃尔	科茨沃尔德	英国的湖泊地区	小汽车	长途汽车	火车
5月份									
6月份									
8月份									
小汽车									
长途汽车									
火车									
康沃尔									
科茨沃尔德									
英国的湖泊地区									

167.阳光中的海岛

这是一个小岛，它近来刚刚被开发成旅游中心，它由4个主要的市镇组成，分别坐落在沿海岸线编号为A，B，C，D的位置上。从所给的线索中，你能说出每个市镇的名称、在那里旅游的是哪个家庭，以及那里所提供的娱乐设施吗？

1.罗德斯一家人住在国王乡村的一个旅馆中，而游艇港湾镇沿着海岸线顺时针方向的下一站就是国王乡村镇。

2.莱斯特一家人住在东海岸的一个旅游胜地上，而巴瑞特一家人住在拥有宜人海滩的旅游胜地上。

3.西海岸的旅游胜地叫做白色沙滩。

4.卡西诺赌场位于蓝色海湾镇上，但是沃德尔一家人没有在这里旅游。

旅游胜地：蓝色海湾，国王乡村，纳尔逊镇，白色沙滩
家庭：巴瑞特，莱斯特，罗德斯，沃德尔
设施：卡西诺赌场，游艇港湾，宜人海滩，潜水中心

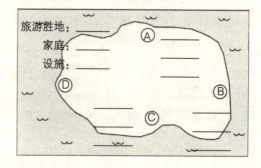

168.遍地开花

小镇教堂举行了一年一度的花节，其中4个成员准备的展览受到好评，她们在图中所示1～4的位置。从以下给出的线索中，你能说出4位女士的名字、她们的职业和她们的展览的主打颜色吗？

1.夏洛特的黄色鲜花展览比由牙科接待员筹备的展览位置更靠东北。

2.在圣餐桌上的展览不是由小镇的蔬菜水果商设计的。

3.卢斯的花被放在南耳堂展示。

4.艾里斯的工作是健康访问员，她展示的基本颜色不是粉红色。

5.蓝色花展是一位家庭主妇展示的。

名字：夏洛特，艾里斯，米兰达，卢斯

职业：牙科接待员，蔬菜水果商，健康访问员，家庭主妇

颜色：蓝色，粉红色，白色，黄色

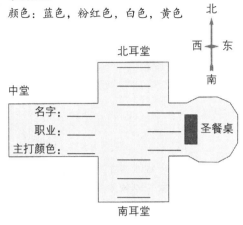

中堂

名字：＿＿＿＿

职业：＿＿＿＿

主打颜色：＿＿＿

圣餐桌

北耳堂

南耳堂

169．"多产的果树林"

很多英国的居民都很享受英国国民健康保险制度，他们甚至开始叫它"多产的果树林"。此时就有3位居民住院，昨晚他们的邻居刚来拜访过。从以下给出的线索中，你能推断出住院者是谁、住在几号病房、来探望的是哪对与之相邻的夫妇及每对夫妇住的房子编号吗？

1．住在26号房子的夫妇探望了克劳普先生。

		39号病房	47号病房	53号病房	多赫尔蒂	莱德雪姆	萨克森比	26号	65号	81号
病人	克劳普先生									
	唐纳斯夫人									
	菲尔夫人									
房子	26号									
	65号									
	81号									
夫妇	多赫尔蒂									
	莱德雪姆									
	萨克森比									

2．菲尔夫人是39号病房的病人。

3．多赫尔蒂家房子的编号数目比去53号病房探望的夫妇家的大。53号病房住的不是唐纳斯夫人。

4．萨克森比夫妇探望的是47号病房的女士。

170．服务窗口

在一个繁忙的城市邮政局，分别有4位顾客在4个服务窗口前办理业务。从下述的线索中，你能说出今天在各个窗口上班的职员的名字、每个顾客的名字以及每位顾客办理的业务吗？

1．艾莉斯正在提取她的养老金。

2．某人正在办理公路收费执照，而亨利就站在此人左边第2个窗口处。亨利不在亚当的窗口前办理业务。

3．路易斯在3号窗口处工作。

4.4号窗口前的顾客不是玛格丽特，此处的顾客正购买邮票集锦。

5．某人正在寄一封挂号信，大卫就在此人的右边一个窗口工作。

职员：亚当，大卫，路易斯，迈根

顾客：艾莉斯，丹尼尔，亨利，玛格丽特

业务：邮票集锦，养老金，挂号信，公路收费执照

1	2	3	4

职员：＿＿＿＿＿＿

顾客：＿＿＿＿＿＿

业务：＿＿＿＿＿＿

答 案

1...

奇数乘以奇数结果为奇数，一个奇数的任何次幂还是奇数，因此所有的首项都是奇数。图中的画除了第2幅以外其余结果都是偶数。

2...

如图所示：

$$\begin{array}{cccc} \times & 1 & 1 \\ 3 & 3 & \times \\ \times & \times & \times \\ & 7 & 7 & \times \\ + & \times & \times & \times \\ \hline 1 & 1 & 1 & 1 \end{array}$$

3...

开普勒当然是正确的，但是这幅图里面的椭圆并不是真正的椭圆。在它中部其实是两条平行的直线，但是在其他射线的干扰下，整个图形看上去像一个椭圆。

4...

答案是2520=5×7×8×9。如果一个数能被8整除，那它也能被2和4整除；如果一个数能被9整除，那它也能被3整除；如果一个数能同时被3和2整除，那它也能被6整除。

5...

348926128 可以被4和8整除；
845386720 可以被4和8整除；
457873804 只可以被4整除；
567467334 既不能被4整除也不能被8整除；
895623724 只能被4整除。

如果一个数的最后两位可以被4整除，这个数就能被4整除。如果一个数的后3位能够被8整除，这个数就能被8整除。

6...

有2种解法：
4 1 5 4 1 3 2 5 3 2
4 5 1 4 3 1 2 3 5 2
将这两组解的数字倒过来就构成了另外2种解法。

7...

如下面所示。

$$10^2 = 100$$

$$10$$

$$\frac{10}{\sqrt{10}} = 3.1622777$$

$$\sqrt{10} = 3.1622777$$

$$\frac{\sqrt{10}}{10} = 0.3162277$$

$$\frac{1}{\sqrt{10}} = 0.3162277$$

$$\frac{1}{10\sqrt{10}} = 0.0316227$$

8…

以 7 开头到后面也会变成同一串数，只不过过程会稍长一点：7，22，11，34，17，52，26，13，40，20，10，5，16，8，4，2，1，4，2…

至于是否以所有数开头，到后面都会变成同一串数，这个到目前为止还不知道。

以 1 ~ 26 开头很快就会成为同一串数，而 27 则会在这列数的第 77 个数时达到最大，即 9232，在第 111 个数成为同一串数。

9…

缺少 20 个立方体。

10…

数一下粘在一起的表面的个数，然后把它从 96（16 个小立方体的总的表面积）里面减去，就得到了该图形的表面积。

图形 2 的表面积最大，因为它只有 15 对表面粘在一起。

11…

当然，你可以一个一个地数，但这样花的时间绝对要超过规定的时间。

你可以先迅速分析一下图形的特点，然后再算出点的数量，这样做能够大大提高速度。

每个小正方形中有 10 个点，一共有 9 个这样的小正方形，因此一共是 90 个点。

12…

在 10×10 的正方形中一共少了 10 个点，因此一共是 90 个点。

13…

如图所示：

14…

这个纪念碑是由 36 个原图形构成的。

它本身也可以分割成 36 个与它一样的图形。如图所示：

15…

当木框按照正确的顺序移走后，得到的单词是 CREATIVITY。

16…

当你沿着迷宫走时，在路的一侧画线。当你来到一个分岔口时，选择任意一条路。如果你回到前面到过的一个分岔口，转身回到你来时的路。

如果在走一条原来走过的路（即你做的标记在路的另一侧）时，来到了一个前面到过的分岔口，尽可能地走你还没有走过的路；否则就走一条原来走过的路。千万不要进入一条两侧都已经有标记的路。

17…

如图所示。

18...

如图所示：

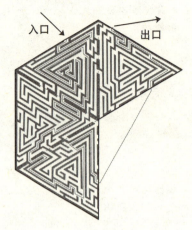

入口 出口

19...

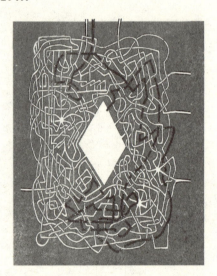

20...

如图所示：

21...

解法之一：

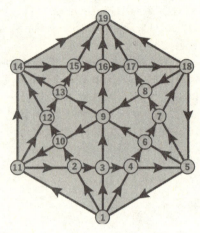

22...

解法之一：

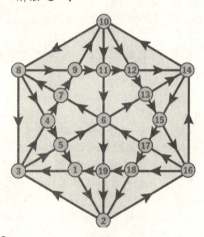

23...

在实际操作中，不可能将报纸对折8次或者更多，不论这张报纸有多大，纸有多薄。

这是因为每对折1次，纸的厚度就增加了1倍，很快纸就会变得很厚。

折叠8次之后，纸的厚度就会是开始时的256倍，这样的厚度不可能再次对折，除非你的力气实在是大得惊人。

24...

A.4   B.1

C.1   D.3

25...

    A.1   B.2

    C.3   D.4

26...

    2.B D E

27...

    C。

从左上角开始并按照顺时针方向、以螺旋形向中心移动。7 个不同的符号每次按照相同的顺序重复。

28...

    F。

在每个图形中，圆组合在一起，形成直边的多边形。从左向右，再从上面一行到下面一行，每个多边形的边数从 3 条到 8 条，分别增加 1 条。

29...

公车的左右都有门，如果是右侧通行的国家，司机门在左，乘客门在右，否则相反。驶往 A 车站和驶往 B 车站都有可能。所以，若是在中国，这辆车将开往 A 站。

30...

6218，圆中其他数字都有与其对应的数字，例：7432 与 168（7×4×3×2=168）；6198 与 432；4378 与 672；9431 与 108。

31...

    甲：2 岁。

    乙：4 岁。

    丙：3 岁。

    丁：1 岁。

如果丙小狗说的话是假的话，丙就比甲年龄小，而且甲就是 1 岁，这是不可能的。所以丙小狗的发言是真实的，就是甲不是 1 岁，丙比甲年龄要大。如果甲的发言是真的话，就是乙 3 岁，甲要比乙年龄大就是 4 岁，这与上面的分析是矛盾的。

所以，甲的话是假的，乙也不是 3 岁，甲比乙年龄要小。根据以上分析，乙是 4 岁，丙是 3 岁，甲是 2 岁，剩下的丁就是 1 岁。

32...

双重间谍 R 出身罗马在题中被特别强调出来。一提到"出身罗马"，就要想到 X 不仅只是一个字母，而且又是一个罗马数字的 10。那么 R 肯定是要写 XII，但没写完就断了气。XII 是 12 号，杀死 R 的人肯定是 A 间谍。

33...

    Z 应该是黑色。因为所有的黑色字母都能一笔写完，白色的字母就不能。

34...

    周长相等。

35...

    ETWQ

    +FEFQ

    AWQQQ

Q 加 Q 的个位数是 Q，所以 Q=0，所以可以推断出：W+F=10，T+E+1=10，E+F+1=10+W，所以可得下列 3 个式子：（1）W+F=10；（2）T+E=9；（3）E+F=9+W。可以推出 2W=E+1，所以 E 是奇数。另外 E+F>9，且 E>F（因为东路兵力多），则可推出 E=7 或 E=9，如果 E=7，可得：T=2，F=6，W=4。如果 E=9，可得 T=O，F=5，W=5，F、W 同为 5，与题意不符。所以，东路部队人数为 7240，西路部队人数为 6760。

36...

第一轮中被扔下船的人为 1，3，5，…，599，在第二轮中，被扔下船的就是原来报 2，6，10，…，598 的人，以此类推，最后得出 512。其实，只要选择小于 600 的最大的 2 的 n 次即可得到答案。这种类型的题，不论题中给出的总数是多少，

小于等于总数的 2 的 n 次方的最大值就是最后剩下的数。

37…

钥匙在中间抽屉里。

方法一：首先，假如左面抽屉的纸条是真话，那么就是"钥匙在左面抽屉里"；右面抽屉上的纸条是假话，那么反过来就是"钥匙在左右抽屉里"；而中间抽屉的纸条反过来的意思则是"钥匙在中间的抽屉里"。得出的结论是，钥匙在左面、右面、中间的抽屉里，但是，3 个抽屉里都有钥匙是不可能的；因此，第一句话是假话。

其次，假如中间抽屉的纸条是真话，那么就是"钥匙不在中间抽屉里"，说明钥匙在左面或右面的抽屉里。左面抽屉的纸条是"钥匙在这里"，因为是假话，那么反之就是"钥匙不在左面抽屉里"，右面抽屉的纸条则应是"钥匙在左右抽屉里"，这就产生了矛盾，即左面抽屉的纸条说"不在"，右面抽屉的纸条说"在"，那么显然难以得到结论。因此，此句也是假话。

最后，假如右面抽屉里的纸条是真话，"钥匙不在左右抽屉里"，即知"钥匙在中间抽屉里"。而左面抽屉的纸条反过来的意思则是"钥匙不在左面抽屉里"。那么，这恰恰与右面抽屉上纸条的内容是一致的，即肯定了"左边抽屉没有钥匙"。中间的纸条说"钥匙不在这里"，因是假话，反之则是"钥匙在这里"，这正好与右面抽屉纸条的内容相符，因此证明：钥匙在中间抽屉里。

方法二：其实，最快速的方法就是直接看第三句，即右面抽屉纸条上的话："钥匙不在左右抽屉里"。因为钥匙只能在 3 个抽屉中其一的一个里面，而题第三句如为假就说明"钥匙在左右抽屉里"，这是不可能的，因此只能判断它是真话，即"钥匙不在左右抽屉里"，既然不在左面抽屉里，那只能在中间抽屉里。

38…

霍普走私的正是他每月定期开过海关的高级轿车，而他的那 3 个神秘的行李箱是迷惑转移海关视线的工具。当海关人员为此而头昏脑涨时，也就忽视了走私的轿车，他采用了障眼法。

39…

波特平静地说："球星中有英国人、德国人、巴西人、意大利人，怎么都用英文签名呢？"

40…

人在划小船的时候，船行驶的方向和划船人的面部方向是相反的。所以向着桥急速划来的那个男人，是背向着桥身的，他不可能看见桥上发生的事情。

41…

编号为 3 的纸牌为 A，其余的位置如下图：

		K
J	A	Q
	J	K	J
		K

42…

纪晓岚是按属相来算的，比如说今年是鼠（子）年，不论生多少人，都只能是属鼠；可是不论死多少人，都离不开这十二属相，这就是一年生一人，死十二人。

43…

（2）。这句话是歧义错误，如果《狂人日记》指的是鲁迅著作中的其中一篇，那么一天可以读完，如果是指整本集子，则不可以短期内读完。

44…

凶手不是弟弟。AB 型和 O 型血液的人结婚，子女不会有 AB 型血。

45…

正确答案是一种。当然用 9 个数字标签也可以轻易地区分出狗宝宝，但是，即

使只有一种卡片也是可以把狗宝宝区分开的。只要把方向和贴的部位区分开，不要说是9只，就是再多的狗宝宝也可以清楚地区分开。举个例子，比如我们有写有"1"的卡片，就可以在第一只肚子上横着贴，第二只背上竖着贴，以此类推……除此之外还有很多方法。

46…

无论如何击放在一个焦点上的球，它都会落进放在另一个焦点的洞里（当然别撞到障碍物）。另一方面，如果球放在两焦点之间，那无论如何击球，都不会落进放在另一焦点的洞。椭圆的这种反射特性被利用在一种叫做"回声长廊"的建筑中。这是一间椭圆房间，在一焦点发出的任何微弱声音都可以在另一焦点被清楚地听见。

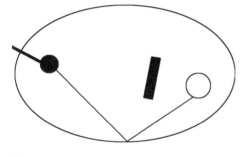

47…

提名最多的第二候选人。

48…

最后一个学生是女生。

49…

船会离岸移开。当人在船尾向岸上抛西瓜的时候，人将受到方向相反的反作用力，使船向船头方向前进。

50…

甲瓶子：可乐。
乙瓶子：白酒。
丙瓶子：冰红茶。
丁瓶子：啤酒。

51…

D。

52…

D。

53…

李玲、老钱和小平是一家人，王芳、老赵和小凤是一家，张玉、老孙和小虎是一家人。

54…

甲和丁。

55…

姐姐是在 2001 年 1 月 1 日出生在一艘由西向东将过日界线的客轮上，而妹妹则是在客轮过了日界线后才出生的。那时的时间还是处在 2000 年 12 月 31 日。所以，按年月日计算，妹妹要比姐姐早 1 年出生。

56…

第 1 个故事：A 先生不可能是小人，因为，如果那样的话，他妻子该是君子，不是凡夫，这样，A 先生的话反倒会成了真的。同样，A 夫人也不可能是小人。所以，他俩也都不是君子（否则其配偶理应是小人），可见他俩都是凡夫，同时又都是在撒谎。

第 2 个故事：原来这 4 个人都是凡夫，3 句话全都是谎话。首先，B 夫人必定是凡夫。这是因为，假使她是君子，她丈夫应该是小人，既然她是君子，就不会谎称自己的丈夫是君子。假使她是小人，她丈夫该是君子，这时她也是不肯道破真情的。所以，B 夫人是凡夫。因此，B 先生也是凡夫。这意味着 A 先生和夫人都在撒谎。所以，他俩都不是君子，也不可能都是小人，因此都是凡夫。

57…

说得不对。加热后孔将变大。这是因

为，孔外面的金属可以看成是由一个条形的材料弯成的圈。加热的时候，金属条伸长，所以原来的孔变大了。轮子加热后套入轴，就是利用这个道理。

58…

A：左下是时针，右上是分针；B：左边是时针，上面是分针；C：左上是时针，下面是分针；D：左边是时针，右边是分针。

59…

B。

60…

露茜知道价格，并且把1元钱放在柜台上，这1元钱是一张五角钱，两张2角钱，一张1角钱。如果她想要的是白巧克力的话，她应该就不会再把那1角钱放在柜台上。

61…

这个人在看她丈夫的继母的外孙媳妇的照片。

62…

如表所示：

	历史	语文	地理	英语	数学	总分
A	5	4	4	2	3	18
B	4	5	3	3	1	16
C	3	2	5	1	4	15
D	1	1	1	4	5	12
E	2	3	2	5	3	14

63…

一副扑克牌一共有54张牌。最后一张牌应该发给杰瑞左手邻座。所以，杰瑞只要把未发完的牌从最后一张开始由下往上发，第一张先发给他的左手邻座，然后按递时针顺序把牌发完即可。

64…

第一个题目中，正确的是（1）；第二个题目中正确的是（2）。

65…

吴参赛四次，刘某因故没有参赛，可以知道吴与刘是同一个家庭；孙和钱是一家人；赵和周是一家人；李和张是一家人；王和郑是一家人。

66…

德国人养鱼。据题可以判断的情况如下，从左向右排列：挪威人住黄房子，抽Dunhill香烟，喝矿泉水，养猫；丹麦人住蓝房子，抽Blends香烟，喝茶，养马；英国人住红房子，抽PallMall香烟，喝牛奶，养鸟；德国人住绿房子，抽Prince香烟，喝咖啡，养鱼；瑞典人住白房子，抽BlueMaster香烟，喝啤酒，养狗。

67…

他们离A地的距离是一样的。因为他们相遇时是在同一个位置。

68…

如图：

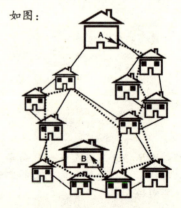

69…

A：

70…

7 个人。

71…

元元的衣服最多，新新的衣服第二多。

72…

92 页。从第 20 ~ 25 页共有 6 页，那么从 100 里减去 6 就是 94 页……那就错了。纸是有正反两面的，所以不可能只脱落其中的一面。既然第 20 页脱落了，那么第 19 页也必定脱落。同理第 25 页脱落了，那么背面的第 26 页也必然随之脱落。综上所述，应该是从第 19 ~ 26 页共计 8 页脱落了。即：100 — 8=92。

73…

D。

74…

从曼谷有直达北京的航班，没有必要绕这么个大圈子。即使是旅游，哪有一天之内飞经那么多地方的？另外，作长途旅行，行李却非常简单，违背常理。

75…

假设当时是下午，可下午姐姐是说假话的，那么姐姐（虽然还不清楚哪一个是）理应说出："我不是姐姐。"但没有得到这个回答，因此，显然是上午。只要把上午的时间定下来，那么说真话的就是姐姐，由此可知胖小姐就是姐姐。

76…

时髦小姐。因为如果是另两个人的话，他们应该连那位小姐的钱包一块儿偷走才对，就算他们不全偷，也不知究竟哪个钱包是职业小偷的。

77…

中文专业所有人都过了英语四级。

78…

现在这本书还剩下 168 页。因为撕下第 44 页到第 63 页，等于撕下了第 43 页到第 64 页。所以第二次被撕了 22 页。

79…

探长的伤口在左侧太阳穴。

80…

按不同的划分标准画两个图：

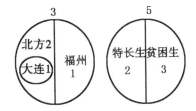

如果 2 个特长生都是贫困生，那么题中介绍便只涉及了 6 个人，与题干矛盾；其他选项均不矛盾。正确选项是 A。

81…

这块矿石是铁。可采用假设的方法推理出来。如假设甲同学两个判断都对，那么乙、丙同学的判断都有一个是正确的。与老师的结论矛盾。所以，甲同学的判断不对。依此类推，最后就会得出结论，丙同学的判断都对，这块矿石是铁。

82…

用来勒死死者的凶器，原来是被害人自己头上长长的头发。最初，被害人的头发是一个或两个编在一起的辫子，与死者一道淋浴的凶手，从其身后将长长的辫子绕在她的脖子上，使其窒息而死。

83…

第一包只有丙一人猜是红的，所以肯定是对的。丙猜第一包是红的对了，那他猜第五包是白的就错了；此外，只有戊猜第五包是紫的，所以这也是对的。因为戊猜中了第五包，所以他猜的第二包一定是错的，而第二包又不可能也是紫的，因此

只能是乙猜对了，是蓝的。这样，很容易推理出第三包是甲猜对了，是黄的；第四包是丁猜对了，是白的。

84...

如图。因为这个月的第一天是星期天，所以第二个星期天的前一天是第一个星期六，而非第二个，因此该银行仍正常营业。

日	一	二	三	四	五	六
1	2	3	4	5	6	7
8	9	10	11	12	13	14
15	16	17	18	19	20	21
22	23	24	25	26	27	28
29	30	31				

85...

后来出现的那个男子是凶手。在停电期间，没有人会关上台灯的开关，而是在等着电力恢复。现在台灯关着，而应急灯开着，是被人故意布置成死者在停电期间被杀的假象。不想弄巧成拙，露出了破绽。

86...

宾格声称他除了电话什么也没碰过，并且说阿尔马冲动地拉开抽屉，拿出手枪抢先向他射击。但是，即使是一个最稳重细致的人，在这种情形之下也不会先关上抽屉再开枪，警官不是发现抽屉是关着的吗？

87...

白色圆牌。

88...

3个人。

89...

当时下着大雪，目击者的车在外面整整停了两个半小时，目击者上车前并没有把车窗上的雪擦掉，所以他不可能看见那人摔下来。

90...

如果确如哈利所说是在看电视时突然停电，同时发生了谋杀案，那么当电闸合上后，电灯亮了，电视也应有节目，寓所里不会是"一片沉寂"。

91...

小偷可能是店里的售货员，他偷走了钻石，并用钻石划开了玻璃。这样做的目的就是为了转移别人的视线，让人认为是外面的人做的。

92...

A。

93...

甲在一楼买了一条裤子，乙在三楼买了一双鞋；丙在二楼买了一件上衣；丁在四楼买了一个随身听。

94...

罪犯是实习医生。被盗的药瓶写有海洛因化学式的标签。一看到这个化学式就知道它是海洛因的人，只能是实习医生。

95...

扒手是乙。

96...

防盗玻璃整体是难以毁坏的，但如果玻璃上有个小小的缺陷，被人用锤在那里一击，防盗玻璃一定会破碎，知道这个破绽的人，只有设计制造防盗玻璃柜的那个。

97...

老比利是星期二去那个港口城镇的。先说第1个地方，即宾纳克宠物旅馆，这个旅馆周四和周五不营业，我们只能排除这两天。然后，可以排除周六，因为那天理发店休息。由于比利回家时带的钱要比去城镇时带的多，所以他兑现了支票。他是周四领工资，但是，接下来的两天都已经被排除了，因此，说他是周二去城镇的是合乎道理的，那时，银行正好营业。同时，理发店和宠物旅馆都营业。

98…

约翰扮演了高尔夫球手和理发师；迪克扮演了喇叭手和作家；罗杰扮演了计算机技术员和卡车司机。

99…

他说的这句话是："你还是把我喂蝙蝠吧！"如果他说对的话，他会被榨成油；如果他说错的话，他会被喂蝙蝠。但是，找到正确的处罚却是不可能的，所以女巫的计划落败。

100…

斯威夫特是这样分配酒的：
萨尔的酒吧获得8箱——比汉拉迪的酒吧多2箱；
汉拉迪的酒吧获得6箱——比荷兰人的咖啡厅多2箱；
荷兰人的咖啡厅获得了4箱——比埃德娜的海德威酒吧多2箱；
埃德娜的海德威酒吧获得2箱——比萨尔的酒吧少6箱。

101…

他们分别钓了：埃米特4条鱼、加尔文3条鱼、昆廷2条鱼、怀利1条鱼。

102…

这4张正面朝下的扑克牌从左到右依次是红桃K、方块J、黑桃Q、梅花A。

103…

布鲁斯的乐队叫倾斜，他们正在录《黑匣子》，这是一首前卫摇滚风格的歌；
雷尔的乐队叫空旷的礼拜，在录制《毁灭世界》，这是一首歌德摇滚风格的歌；
莱泽的乐队叫内克，在录制《突然》，歌曲的曲风是独立摇滚；

梅根的乐队叫贝拉松，正在录制《帆布悲剧》，这是一首情绪摇滚风格的歌；
史蒂夫的乐队叫红色莱姆，在录制《朱丽叶》，这是一首另类摇滚的歌。

104…

阿里斯德尔点的是鳕鱼套餐，有一个比萨，付了40元；
多戈尔点了一个北大西洋鳕鱼，有一个面包，付了45元；
莱恩点了一个加拿大鲽鱼，并点了薯片，付了60元；
莫顿点了一个鳐鱼套餐，含一个玛氏巧克力棒，总共付了55元；
尼尔点了一个鲽鱼套餐，含一块芝士，付了50元。

105…

亚当去了伊顿大学，他被叫做海雀，他不能正确起飞；
詹姆士去了温切斯特大学，他被叫做水塘，他不能正确降落；
贾斯汀去了西鲁斯伯里，他被叫做没脑子，他总是瞄不准；
雷奥纳多去了拉格比大学，他被叫做烤面包，他不能通过演习；
塞巴斯蒂安去了海洛大学，他被叫做生姜，他不会驾驶。

106…

波瑞斯选择了跑步和低碳疗法，因为她马上要举行婚礼；
路德米拉选择了打网球和低脂肪疗法，因为她要去度假；
乐达卡选择了骑自行车和低GI值疗法，因为医生建议她减肥；
斯坦尼斯勒选择壁球和低卡路里疗法，因为她要作一个报告；
若斯蒂米尔选择了游泳和减食疗法，因为她要参加同学聚会。

107…

蒂瑞斯和贝格特结婚7年了，他给她买了内衣；

库特和贝特结婚 16 年了，他给她买了耳环；

米切尔和安妮特结婚 3 年了，他给她买了摄像机；

罗兰德和恩格瑞德结婚 14 年了，他给她买了戒指；

沃尔克和卡罗蒂结婚 5 年了，他给她买了项链。

108...

艾德瑞去了柬埔寨，住在旅馆，为的是那里的游泳池；

杰娜去了泰国，住在度假村，为的是那里的森林；

莫娜去了马来西亚，住在牧人小屋，为的是那里的寺庙；

罗梅去了印度尼西亚，住在别墅，为的是那里的商店；

泰莎去了毛里求斯，住在酒店，为的是那里的沙滩。

109...

艾丽斯得了腮腺炎，她拿到了一个冰激凌作为安慰，她穿着蓝色睡衣；

贝利叶得了扁桃体炎，有一个朋友来看望他，他穿着绿色睡衣；

弗兰克得了水痘，他得到了一个果冻，他穿着橘色睡衣；

里伊得了猩红热，她得到了一本书，她穿着红色睡衣；

罗宾得了麻疹，他得到了一个玩具，他穿着黄色睡衣。

110...

安特尼特将收到罗恩特送的蓝色玫瑰；
多米尼克将收到巴斯坦送的红色兰花；
艾丝泰勒将收到蒂第尔送的白色康乃馨；
玛克西将收到华森特送的粉色菊花；
塞宾将会收到乔治送的黄色百合花。

111...

病人 1，特雷弗，是米尔顿医生的病人；
病人 2，罗恩，是卢卡斯医生的病人；

病人 3，布伦顿，是杰罗姆医生的病人；
病人 4，威廉，是莱斯特医生的病人。

112...

艾利被称做"革命"，他来自怀斯，管理弗瑞弗德村；

西温林被称做"公正"，他来自艾塞克斯，管理查德林顿村；

艾伯特被称做"大胆"，他来自麦西亚，管理阿宾顿村；

奥发被称做"野兽"，他来自苏塞克斯，管理阿斯恩沃村；

瑞德沃德被称做"伟大"，他来自维斯瑟克斯，管理卡斯西顿村。

113...

多娜特和里欧是给摩托车加油时认识的，他准备给她唱《忠诚》；

艾丽娜和安顿尼尔是买黄瓜时认识的，他准备给她唱《呼吸》；

玛若和弗瑞泽欧是看足球赛时认识的，他准备给她唱《我发誓》；

莫尼卡和西欧卫是买香烟的时候认识的，他准备给她唱《惊奇》；

塞恩娜和多纳特罗是在酿酒厂认识的，他准备给她唱《永远》。

114...

别克住在 2303，他家的大门是绿色的，他喜欢在院子里看报纸；

大卫住在 2305，他家的大门是黄色的，他喜欢在院子里晒太阳；

约翰住在 2302，他家的大门是蓝色的，他喜欢在院子里洗车；

迈克住在 2304，他家的大门是红色的，他喜欢在院子里野餐；

沃尔特住在 2306，他家的大门是白色的，他喜欢在院子里打篮球。

115...

史蒂夫的姓不是沃尔顿（线索 2），他也不可能姓汉克，汉克是第 3 名（线索 2 和 3），因此他只可能姓泰勒，所以他代表红狮队（线索1）。他不是第2名（线索2），那么他只能是第1名，而沃尔顿是第2名。比尔不代表五铃队（线索4），因此他只可能代表船星队，而玛丽代表五铃队。从线索4中知道她肯定是汉克，最后取得第3名，得出比尔肯定姓沃尔顿，取得第2名。

答案：

比尔·沃尔顿，船星队，第2名；
玛丽·汉克，五铃队，第3名；
史蒂夫·泰勒，红狮队，第1名。

116...

巴石在E躺椅上（线索2），尼克的姓是索乐（线索3）。克可在A躺椅上，他不是萨姆（线索1），线索6告诉我们克可不是多克，那么克可肯定就是姜根而不可能是宇航员（线索1）；躺椅D上的是物理学家（线索4），化学家姓多明克（线索5），生物学家的名字是多克（线索6），因此姜根·克可肯定是飞行员。现在，我们知道了一些姓或名或职业的搭配关系，因此，多克是生物学家，但不是克尼森（线索6），则肯定是戴尔。我们知道她（是的，多克·戴尔是第2位女性，虽然没办法找出来）不在躺椅A，D，E上，线索2能排除躺椅B，因此她必定在躺椅C上。现在我们知道3个躺椅占有者的职业。线索1告诉我们，宇航员不在躺椅B上，那么他只能是E上的巴石。通过排除法，躺椅B被多明克占了，她是化学家。另外，我们把姓和职业与名搭配，可以推得多明克只能是萨姆。通过排除法，尼克·索乐只能是躺椅D上的物理学家，而克尼森是E上的巴石。

答案：

躺椅A，姜根·克可，飞行员；
躺椅B，萨姆·多明克，化学家；
躺椅C，多克·戴尔，生物学家；
躺椅D，尼克·索乐，物理学家；
躺椅E，巴石·克尼森，宇航员。

117...

埃德娜和鲍克丝夫人应为2号或3号（线索1），而克拉丽斯·弗兰克斯肯定不是4号（线索3），只能是1号。寄出3封信件的女人位于图中3或者4的位置（线索3）。线索2告诉我们邮筒两边寄出的信件数量相同，那么它们必将是5封和2封在邮筒一侧，3封和4封在另一侧，所以寄出4封信的女人必将位于3或者4的位置。但只有1个人的信件数和位置数相同（线索5），结果只可能是4号女人有3封信而3号女人有4封信。从线索5中知道，2号有2封信件要寄，剩下克拉丽斯·弗兰克斯是5封。我们知道埃德娜和鲍克丝夫人位于图中2或者3的位置，因此现在知道埃德娜是2号，有2封信要寄出，而鲍克丝夫人是3号，有4封信，她不是博比（线索4），那么她就是吉马，剩下在4号位置的博比，不是斯坦布夫人（线索4），那么她只可能是梅勒，而斯坦布夫人是埃德娜。

答案：

位置1，克拉丽斯·弗兰克斯，5封；
位置2，埃德娜·斯坦布，2封；
位置3，吉马·鲍克丝，4封；
位置4，博比·梅勒，3封。

118...

朱莉娅是其中1位顾客（线索2）。29便士是2号售货员给4号顾客的找零（线索5），但是2号不是莱斯利（线索3），也不是杰姬，因为后者参与的交易是17便士的找零（线索1），因此2号肯定是蒂娜，4号是朱莉娅（线索2）。而后者不是买了洗发水的奥利弗夫人（线索2），那么奥利弗夫人肯定是3号。朱莉娅一定买了阿司匹林，她是阿尔叟小姐接待的（线索4），而阿尔叟小姐肯定是蒂娜。通过排除法，17便士的找零必定是1号售货员给3号顾客的，因此通过线索1，朱莉娅肯定是沃茨夫人，而剩下的1号售货员肯定是里德夫人，她也不是莱斯利（线索3），所以她只能是杰姬，最后得出莱斯利姓奥利弗。

答案：

1号，杰姬·里德，找零17便士；
2号，蒂娜·阿尔叟，找零29便士；

3号，莱斯利·奥利弗，买洗发水；

4号，朱莉娅·沃茨，买阿司匹林。

119...

麦克的姓是阿彻（线索4），而克里福特不是约翰，他的马是海员赛姆（线索2），他不可能是萨利（线索3），那么他就是埃玛。艾塞克斯女孩是第2名（线索1），第4名的马不是海员赛姆（线索2），不是西帕龙（线索4），则一定是蓝色白兰地。他的骑师不是理查德，理查德骑的也不是西帕龙（线索3），我们已经知道了海员赛姆的骑师，那么理查德的马一定是艾塞克斯女孩。麦克·阿彻不可能是第1名的马的骑师（线索4），而西帕龙不是第2，他也不在第3名的马（线索4），所以他肯定是第4名马匹的骑师，他的马是蓝色白兰地。因此，从线索4中知道，西帕龙是第3名，通过排除法，海员赛姆是第1名。从线索3中知道，萨利姓匹高特，则她的马一定是第3名的西帕龙。最后，剩下第2名的马就是艾塞克斯女孩，骑师是约翰·理查德。

答案：

第1名，海员赛姆，埃玛·克里福特；

第2名，艾塞克斯女孩，约翰·理查德；

第3名，西帕龙，萨利·匹高特；

第4名，蓝色白兰地，麦克·阿彻。

120...

范是坐计程车回来的（线索3），巴里·沃斯不是坐警车回来的（线索1），则一定是被救护车送回来的，因此他去的时候是步行（线索4）。通过排除法，扎吉是坐警车回来的，他或者她去的时候不是坐巴士去的（线索2），那么只能是骑自行车去的，剩下范是坐巴士去的。因此扎吉不是乔安妮（线索5）的姓，而是罗宾的，剩下乔安妮的姓就是范，后者去的时候坐巴士，回来时坐计程车。

答案：

巴里·沃斯，步行，救护车；

乔安妮·范，巴士，计程车；

罗宾·扎吉，自行车，警车。

121...

布莱克在1723年5月当选（线索2），安·特伦特是在偶数年份当选的（线索3）。1721年当选的皇后不姓萨金特（线索1），也不是沃顿，沃顿的父亲是铁匠（线索5），她也不是索亚（线索6），也非米尔福德（线索7），因此只能是安德鲁。从线索4中知道，织工的女儿是在1722年当选的。教区长的女儿不是在1723年之后当选的，但是她也不是在1722年当选的。而布莱克在1723入选，线索1也能排除教区长的女儿在1721年入选。因此，知道教区长的女儿就是布莱克，即1723年的皇后。从线索1中知道，萨金特是1725年当选的，而汉丽特是1727年的皇后。我们已经知道1721年的五月皇后安德鲁的父亲不是织工、教区长和铁匠，也不是箍桶匠（线索7），因为布莱克是在1723年当选的，所以安德鲁的父亲也不是旅馆主人（线索7）和茅屋匠（线索8），通过排除法，他只能是木匠，而安德鲁就是苏珊娜（线索6）。线索6告诉我们索亚是1722年当选的。箍桶匠的姓不是特伦特（线索3），也非米尔福德（线索7），我们知道他也不姓安德鲁、布莱克、索亚、沃顿，因此只能是萨金特。从线索7中知道，汉丽特的姓不是米尔福德，她的父亲不是旅店主人（线索7），也不是铁匠，所以只能是茅屋匠。线索5告诉我们，铁匠的女儿不是1726年的五月皇后，通过排除法，她应该是在1724年当选的，而沃里特是教区长布莱克的女儿，她在1723年当选（线索5），剩下旅馆主人的女儿是1726年当选的，通过排除法，可以知道她就是安·特伦特。现在从线索7可以知道玛丽就是沃顿，1724年的皇后。织工的女儿不是比阿特丽斯（线索4），则肯定是简，最后剩下比阿特丽斯就姓萨金特，她是箍桶匠的女儿。

答案：

1721年，苏珊娜·安德鲁，木匠；

1722年，简·索亚，织工；

1723年，沃里特·布莱克，教区长；

1724年，玛丽·沃顿，铁匠；

1725 年，比阿特丽斯·萨金特，箍桶匠；

1726 年，安·特伦特，旅馆主人；

1727 年，汉丽特·米尔福德，茅屋匠。

122...

雷蒙德往东走（线索3），从线索1中知道，骑摩托车去上高尔夫课的人不朝西走。去游泳的人朝南走（线索2），拍卖会不在西面举行（线索2），因此朝西走只可能是去看牙医的人。西尔威斯特坐出租车出行（线索5），不朝北走。同时我们知道雷蒙德不朝北走，安布罗斯也不朝北走（线索1和2），那么朝北走的只可能是欧内斯特。从线索4中知道，坐巴士的人朝东走。我们知道雷蒙德不去游泳，也不去看牙医，而他的出行方式说明他不可能去玩高尔夫，因此他必定是去拍卖会。现在通过排除法知道，骑摩托车去上高尔夫课的人肯定是欧内斯特。从线索1中知道，安布罗斯朝南出行去游泳，剩下西尔威斯特坐出租往西走，去看牙医。最后可以得出安布罗斯开小汽车出行。

答案：

北，欧内斯特，摩托车，上高尔夫课；

东，雷蒙德，巴士，拍卖会；

南，安布罗斯，小汽车，游泳；

西，西尔威斯特，出租车，看牙医。

123...

科拉·迪在药店工作（线索4），而艾米·贝尔不在面包店工作（线索1），所以她肯定在零售店工作，而埃德娜·福克斯则在面包店工作。艾米·贝尔在半岛商店工作（线索1），斯蒂德商店店员穿蓝色工作服（线索2），因此，穿黄色工作服的埃德娜，肯定在梅森商店工作。通过排除法，艾米的工作服肯定是粉红色的，而在斯蒂德商店工作的一定是科拉，她穿蓝色的工作服。

答案：

艾米·贝尔，半岛商店，零售店，粉红色；

科拉·迪，斯蒂德商店，药店，蓝色；

埃德娜·福克斯，梅森商店，面包店，黄色。

124...

保持相同排名的不是贝林福特队和罗克韦尔·汤队（线索1），从第2跌到第7的是匹特威利队（线索2），而保持相同排名的也不是克林汉姆队和格兰地威尔队（线索3），也非内德流浪者队和福来什运动队（线索6），因此通过排除法，只能是米尔登队，它最后取得了第3名（线索5），而在圣诞节时也是第3名。线索5告诉我们，中场时罗克韦尔·汤队是第4名，而最后取得了第1名（线索1）。贝林福特队到赛季末下降了2个名次（线索1），在圣诞节时它不可能是第7和第8，我们知道它也不可能是第2、第3和第4。既然我们已经知道了圣诞节时第3和第7名的队伍，而贝林福特队不可能从第1和第5开始下降的，那么只能从第6下降到第8（线索1）。从第1下降到第5的队（线索7）不可能是福来什运动队（线索6），克林汉姆队和格兰地威尔（线索3），因为他们的名次都是上升的，那么，只可能是内德流浪者队。现在从线索3中已经可以知道，在圣诞节时，克林汉姆队是第7，格兰地威尔是第8。剩下当时福来什运动队是第5。福来什运动队最后不是第4（线索4），那么肯定是第2名。最后，从线索3中知道，克林汉姆队以第4结束，而格兰地威尔队以第6告终。

答案：

圣诞

1. 内德流浪者队

2. 匹特威利队

3. 米尔登队

4. 罗克韦尔·汤队

5. 福来什运动队

6. 贝林福特队

7. 克林汉姆队

8. 格兰地威尔

赛季末

1. 罗克韦尔·汤队

2. 福来什运动队

281

3. 米尔登队

4. 克林汉姆队

5. 内德流浪者队

6. 格兰地威尔

7. 匹特威利队

8. 贝林福特队

282

125…

弹吉他的不是1号（线索1），1号也不是变戏法者（线索3），也非马路艺术家（线索4），因此1号肯定是手风琴师，他不是泰萨，也不是莎拉·帕吉（线索2），而内森是2号（线索5），因此1号只能是哈利。因内森不玩吉他（线索5），线索1可以提示吉他手就是4号。4号不是莎拉·帕吉（线索2），而莎拉·帕吉不是1号和2号，因此只能是3号。因此，她不是变戏法者（线索3），通过排除法，她肯定是街边艺术家，剩下变戏法者就是2号内森。从线索4中知道，他的姓一定是西帕罗，而4号位置肯定是泰萨。从线索2中知道，克罗葳不是泰萨的姓，则一定是哈利的姓，而泰萨的姓只能是罗宾斯。

答案：

1号，哈利·克罗葳，手风琴师；

2号，内森·西帕罗，变戏法者；

3号，莎拉·帕吉，街边艺术家；

4号，泰萨·罗宾斯，吉他手。

126…

杰克获得了第3名（线索2），因此他的母亲不可能是丹妮尔（线索1），而梅勒妮是尼古拉的母亲（线索4），那么杰克只能是谢莉的儿子，剩下埃莉诺是丹妮尔的女儿，埃莉诺的服装像个蘑菇（线索3）。尼古拉不是第2名（线索4），我们知道她也不是第3名，因此她肯定是第1名，剩下埃莉诺是第2名，从线索1中知道，排名第3的杰克穿成垃圾桶装束，剩下第1名的尼古拉则穿成机器人的样子。

答案：

丹妮尔，埃莉诺，蘑菇，第2名；

梅勒妮，尼古拉，机器人，第1名；

谢莉，杰克，垃圾桶，第3名。

127…

姓巴克赫斯特的人不在欧的海和布赖特布朗工作（线索1），沃尔顿在罗克利弗工作（线索3），那么姓巴克赫斯特的人一定在海湾工作，但他的名字不是菲奥纳（线索1），菲奥纳也不在欧的海和布赖特布朗工作（线索1），那么她一定在罗克利弗工作，她姓沃尔顿。护士凯不在海湾工作（线索2），在欧的海阵营工作的是个演艺人员（线索1），那么凯一定在布赖特布朗，凯的姓不是郝乐微（线索2），我们知道她不是在海湾工作的巴克赫斯特，那么她只能是阿米丽。厨师不是保罗和菲奥纳·沃尔顿（线索3），那么只能是本。在欧的海阵营工作的演艺人员不是菲奥纳·沃尔顿，那么一定是保罗，而菲奥纳·沃尔顿则是阵营管理者。通过排除法，厨师本姓巴克赫斯特，保罗姓郝乐微。

答案：

本·巴克赫斯特，厨师，海湾；

菲奥纳·沃尔顿，管理者，罗克利弗；

凯·阿米丽，护士，布赖特布朗；

保罗·郝乐微，演艺人员，欧的海。

128…

12岁的小孩不可能是大卫（线索1）、卡米拉（线索3）、本和卡蒂（线索5），那么一定是杰茜卡，8岁小孩的小猪不是蓝色的（线索1），也不是绿色（线索2）、黄色（线索4）或者白色（线索5）的，那么一定是红色的。小猪E不是蓝色（线索1）、绿色（线索2）、黄色（线索4）或者红色的（线索6），那么一定是白色的。大卫的小猪储蓄罐不是红色的（线索1），也不是蓝色（线索1）、绿色（线索2）或者黄色的（线索4），那么白色的小猪E就是大卫的。红色小猪的主人8岁，不是卡米拉（线索3），或者本（线索5），那肯定是卡蒂，那么本今年9岁，而白色小猪的主人大卫今年10岁（线索5），通过排除法知道，卡米拉今年11岁。杰茜卡的小猪不是蓝色（线索1），或者黄色的（线索4），那么一定是绿色的小猪D（线索2），而C一定是黄色的（线索4），A不是卡蒂的红色小猪（线索3），那么只能是蓝色的，而红色的只能是小猪B。因此A是卡米拉的（线索3），而通过排除法知道，C是本的小猪。

答案：

位置A，蓝色，卡米拉，11；
位置B，红色，卡蒂，8；
位置C，黄色，本，9；
位置D，绿色，杰茜卡，12；
位置E，白色，大卫，10。

129...

保罗·翰德是以斯帖的搭档（线索4），因此玛蒂娜的搭档就是理查德，所以后者的花色就是红桃（线索2）。从线索1中知道，拉夫坐北边的位置，手握钻石花色。我们知道保罗·翰德的花色不是钻石和红桃，而在西边位置的人手握黑桃（线索3），那么保罗的一定是梅花，因此他不坐在南边（线索5）。我们知道他不在北边，也不在西边（线索3），那么只能在东边，而以斯帖则在西边，手握黑桃（线索3和4）。通过排除法，理查德不在北边，那么一定在南边，而拉夫在北边的位置上，那么他就是玛蒂娜。以斯帖不姓田娜思（线索3），那一定姓启克，剩下田娜思的名字就是理查德。

答案：

北，玛蒂娜·拉夫，钻石；
东，保罗·翰德，梅花；
南，理查德·田娜思，红桃；
西，以斯帖·启克，黑桃。

130...

1号，布雷特，定购4瓶，收到2瓶；
3号，汀斯戴尔，定购1瓶，收到4瓶；
5号，劳莱斯，定购3瓶，收到1瓶；
7号，克孜，定购2瓶，收到3瓶。

131...

1号，克里斯，LBW，7分；
2号，史蒂夫，犯规，4分；
3号，哈里，滚球，2分。

132...

1号，格丽尼斯·福特，布里斯班，滑冰；
2号，凯特·肯德尔，罗马，台球；
3号，黛安娜·埃尔金，洛杉矶，射击；
4号，斯特拉·提兹，东京，羽毛球；
5号，莫娜·洛甫特斯，卡萨布兰卡，高尔夫。

133...

7月28日，巴兹尔·菲什；
7月29日，波利·布尔；
7月30日，安格斯·基德；
7月31日，查尔斯·阿彻；
8月1日，内奥米·克雷布；
8月2日，安妮·斯盖尔斯；
8月3日，斯图尔特·沃特斯；
8月4日，威尔玛·拉姆。

134...

机器A，尤菲米娅·坡斯拜尔，蓝白相间；
机器B，拉福尼亚·马歇班克斯，红白相间；
机器C，贝莎·兰顿斯罗朴，黄白相间；
机器D，维多利亚·卡斯太尔，绿白相间。

135...

228号，加玛·巴伦，红色；
230号，路易丝·菲什贝恩，绿色；
232号，凯特·杰布，蓝色；
234号，阿琳·弗林特，黄色。

136...

1号，吉莉安，证券公司；
2号，纳尔逊，律师事务所；
3号，塞布丽娜，保险公司；
4号，格伦，银行；
5号，雷切尔，法律顾问公司；
6号，托奎，投资公司；
7号，马德琳，建筑公司。

137…

A 信封，马丁叔叔，Benedam，面值 5；

B 信封，理查德叔叔，W.S. Henry，面值 15；

C 信封，卡罗尔阿姨，HBS，面值 20；

D 信封，丹尼斯叔叔，Ten-X，面值 10。

138…

1 号别墅，格里泽尔达，86 岁，颇里安娜；

2 号别墅，马乔里，71 岁，凯特；

3 号别墅，塔比瑟，75 岁，尼克；

4 号别墅，罗赞娜，80 岁，托比。

139…

图片 1，卡罗尔·埃利斯，消防员；

图片 2，马里恩·帕日斯，交警；

图片 3，萨利·迪安，护理人员；

图片 4，盖尔·托马斯，救助队军官。

140…

卡罗琳·玛丽尔，销售部，扮演蒂娜·特纳；

海伦·凡尔敦，财务部，扮演伊迪丝·普杰夫；

帕慈·坦娜，人事部，扮演麦当娜。

141…

上午 10：00，7 号站台，古氏先生，林肯；

中午 12：30，4 号站台，斯坦尼夫人，北安普敦；

下午 3：00，9 号站台，德拉蒙德夫人，剑桥。

142…

墓碑 A，卢修斯·厄巴纳斯，职业拳击手，公元 96 年；

墓碑 B，泰特斯·乔缪尔斯，酒商，公元 60 年；

墓碑 C，马库斯·费迪尔斯，物理学家，公元 84 年；

墓碑 D，朱尼厄斯·瓦瑞斯，百人队长，公元 72 年。

143…

1 号信，格林夫人，斯坦修恩路 31 号；

2 号信，本德先生，特纳芮大街 10 号；

3 号信，雪特小姐，朗恩·雷恩街 6 号；

4 号信，梅尔先生，斯达·德弗街 45 号。

144…

星期五，利亚·凯尔，流行歌手，加拿大；

星期六，帕特丝·欧文，电影演员，澳大利亚；

星期天，阿比·布鲁克，小说家，美国。

145…

1 号，吉迪安·海力克，步兵，红色；

2 号，末底改·诺森，鼓手，蓝色；

3 号，伊齐基尔·费希尔，炮手，灰色；

4 号，所罗门·特普林，配枪士兵，棕色。

146…

1 号，曼迪·诺布尔，签售《业余占星家》；

3 号，大卫·爱迪生，签售《城市园艺》；

4 号，拜伦·布克，签售《自己动手做》；

6 号，卡尔·卢瑟，签售《超级适合》；

7 号，坦尼娅·斯瓦，签售《英式烹调术》；

10 号，保罗·帕内尔，签售《乘车向导》。

147…

1 号，来乐克别墅，达芙妮，8 只；

2 号，洁丝敏别墅，多勒，5 只；

3 号，罗斯别墅，戴西，7 只；

4 号，沃德拜别墅，迪力，6 只。

148…

布里格夫妇，1 个，新西兰，旅馆；

希金夫妇，3 个，澳大利亚，农场；

基德拜夫妇，2 个，加拿大，鱼片店。

149...

A 制片厂，枪战，鲍里斯·旭茨，海伦·皮奇；

B 制片厂，言情，奥尔弗·楞次，多拉·贝尔；

C 制片厂，警匪，沃尔多·特恩汉姆，拉娜·范姆帕；

D 制片厂，喜剧，卡尔·卡马拉，西尔维亚·斯敦汉姆。

150...

1 号，瓦内萨·斯琼，跳远；
2 号，戴尔芬·赫尔，100 米；
3 号，凯瑞·福特，标枪；
4 号，洛伊斯·哈蒂，400 米。

151...

比尔，科顿先生，沃克斯豪，红色；
卢克，派恩先生，福特，蓝色；
罗里，斯蒂尔先生，普乔特，黄色。

152...

安·贝尔，罗帕店，零售店，9 月份；
卡罗尔·戴，赫尔拜店，化学药品店，8 月份；
艾玛·发，万斯店，面包店，7 月份。

153...

位置 A，罗德尼，斯恩费希，钓鱼者休息处；
位置 B，费希尔，南尼斯，挪亚方舟；
位置 C，德雷克，罗特斯，升起的太阳；
位置 D，凯斯，帕切尔，狗和鸭客栈。

154...

位置 A，罕克·吉米斯，海军司令官，飞行员；
位置 B，弗朗茨·格鲁纳，空军上校，工程师；
位置 C，萨姆·罗伊斯，海军上尉，

宇航员；

位置 D，尤瑞·赞洛夫，陆军少校，军医。

155...

R	A	Y	T
L	O	R	A
V	T	C	G
R	I	A	F

156...

1 号，曼纳小屋，1770 年，巴兹尔·布立维特；

2 号，狗和鸭建筑，1685 年，詹姆士·皮卡德；

3 号，佛乔别墅，1610 年，丽贝卡·德雷克；

4 号，瑞克特立建筑，1708 年，史密塞斯上校。

157...

1 号位置，安东尼奥，绿色，38；
2 号位置，汉斯，红色，15；
3 号位置，曼纽尔，黄色，27；
4 号位置，菲利普，蓝色，9。

158...

A 面，美洲虎，埃克斯特里卡特尔，气候；

B 面，水怪，乌卡特克斯赖特，事业；

C 面，蝙蝠，爱克斯卡克斯特，战争；
D 面，水螈，奥克特拉克斯特，爱情。

159...

戴西·西尼尔，布莱伍德，1990 年；
亨利·艾尔德，威逊韦尔，1995 年；
玛格丽特·格雷，莫博里，1985 年。

160...

座位 1，罗斯，红色，7 层楼；

座位 2，夏洛特，绿色，4 层楼；

座位 3，安吉拉，蓝色，6 层楼；

座位 4，蒂娜，黑色，5 层楼。

161...

位置 1，珀西瓦尔，星期四，正厅后排座位；

位置 2，马克斯，星期六，包厢；

位置 3，亨利，星期三，剧院花楼；

位置 4，威洛比，星期五，正厅前排座位。

162...

位置 A，雷·肖，UMBM，4；

位置 B，吉姆·诺克斯，ABM，6；

位置 C，思德·塔克，BBT，3；

位置 D，阿尔夫·巴特，BBMU，7。

163...

布里奇特，54 岁，16 年，餐后甜点；

洛蒂，56 岁，18 年，主菜；

内尔，52 岁，20 年，饮料。

164...

1 号，红色沃尔沃；

2 号，棕色福特；

3 号，白色丰田；

4 号，黄色菲亚特；

5 号，绿色罗孚。

165...

1 号，布赖圣特恩镇；

2 号，亚克斯雷镇；

3 号，肯思费尔德镇；

4 号，欧德马科特镇；

5 号，摩德维尔镇；

6 号，威格比镇；

7 号，德利威尔镇；

8 号，科尔布雷杰镇；

9 号，波特菲尔得镇；

10 号，勒索普镇。

166...

5 月份，1986 年，科茨沃尔德，小汽车；

6 月份，1974 年，英国的湖泊地区，长途汽车；

8 月份，1971 年，康沃尔，火车。

167...

A 镇，国王乡村，罗德斯，潜水中心；

B 镇，蓝色海湾，莱斯特，卡西诺赌场；

C 镇，纳尔逊镇，巴瑞特，宜人海滩；

D 镇，白色沙滩，沃德尔，游艇港湾。

168...

1 号展厅，米兰达，牙科接待员，粉红色；

2 号展厅，夏洛特，蔬菜水果商，黄色；

3 号展厅，艾里斯，健康访问员，白色；

4 号展厅，卢斯，家庭主妇，蓝色。

169...

克劳普先生，53 号病房，莱德雪姆，26 号；

唐纳斯夫人，47 号病房，萨克森比，81 号；

菲尔夫人，39 号病房，多赫尔蒂，65 号。

170...

1 号窗口，迈根，亨利，挂号信；

2 号窗口，大卫，艾莉斯，养老金；

3 号窗口，路易斯，玛格丽特，公路收费执照；

4 号窗口，亚当，丹尼尔，邮票集锦。

第 5 章

提高计算力的思维游戏

1.9 个空格

将 1 至 9 几个数字分别填入 9 个空格里 (每个数只用一次)，使得每一行的 3 个数字组成一个三位数。如果要使第二行的三位数是第一行的 2 倍，第三行的三位数是第一行的 3 倍，问应该怎样填？

2.补充数字

在数字圆圈里填什么数？

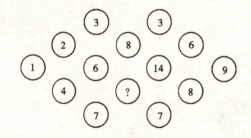

3.奇妙六圆阵

图中有 6 个圆，圆上有 9 个交点。把 1 ~ 9 几个自然数分别填入小圈内，使每个大、小圆周上 4 个数字之和都等于 20。

4.数字运算

请在空格内填入 1 ~ 9 的正确数字，以符合各行各列的运算式。(1) 共计 6 个运算式，而每个空格均代表一个 1 ~ 9 的独立数字，切莫重复使用。(2) 在数学运算过程中，当然要记得先乘除后加减。

$$\Box + \Box + \Box = 16$$
$$\times \quad \times \quad \times$$
$$\Box + \Box \div \Box = 11$$
$$+ \quad - \quad -$$
$$\Box + \Box \times \Box = 8$$
$$\downarrow \qquad \downarrow \qquad \downarrow$$
$$62 \qquad 35 \qquad 13$$

5.巧算线段

15 个点均匀地分布在圆周上，任意两点间都有线段相连，你知道其中共有多少条线段吗？

6.寻找最大和

下图中，每格里都有一个数字，假设下端是入口，上端是出口，一步只能走一格，不允许重复，也不允许向下走，思考一下怎样才能使你走过的格里的数字之和最大？

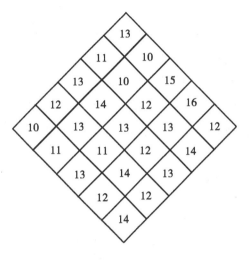

7.同一数字

如图示，如果 3 个空格里是同一个数（一位数）的话，该是哪个数和呢？

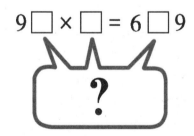

8.圆花周长

圆花饰是一种由许多通过一点的圆所组成的文饰。由半径为 1 的圆组成的圆花饰，其周长和半径为 2 的圆组成的圆满花饰的周长哪个大？下面的图示或许有帮助。

9.规律推数

根据圆圈图案的规律，问号处应该填哪个数字？

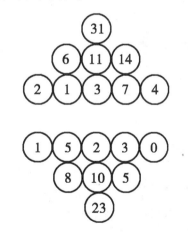

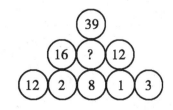

10.删数字

如下图所示，欲使直列和横列的数字总和等于 70，只须删掉 4 个数字即可。试问，应除去哪 4 个数字？

21	28	21	21
42	14	14	14
21	14	14	35
7	28	35	35

11.分割圆环

最后一个被分割的圆环里应该填什么数？

12.两数之差

请大家在图中的 8 个圆圈里填上 1 ~ 8 这 8 个数字，规定由线段联

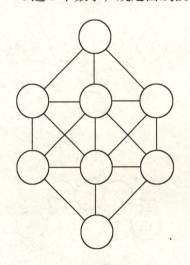

系的两相邻圆圈中两数之差不能为 1。例如，顶上一圈填了 5，那么 4 与 6 都不能放在第二行的某圆圈内。

13.双环填数

把 1 ~ 8 这 8 个数填入双环中的各个小圆中，如果填得正确，可使双环的每个环中的小圆圈里的数字相加之和都为 21，如下图所示。那么，你能否把从 7 ~ 14 这 8 个数填入双环中的圆圈里，使每一环数圆圈里的数字相加之和为 51？你还能不能把 13 ~ 20 这 8 个数填入圆圈里，使每一圆环的 5 个圆圈中的数字相加为 81？

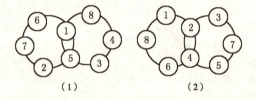

（1）　　　　　（2）

14.稀奇的算式

如果 12345679 × （9）=111111111；那么，你能不用计算就在下面的括号中填入合适的两位数使等式成立吗？

12345679 × (　) = 222222222

12345679 × (　) = 333333333

12345679 × (　) = 444444444

12345679 × (　) = 555555555

12345679 × (　) = 666666666

12345679 × (　) = 777777777

12345679 × (　) = 888888888

12345679 × (　) = 999999999

15.数字六边形

请把 1 ~ 24 共 24 个数，分别填进小圆圈里，使每个六边形 6 数之和皆为 75。你能填吗？

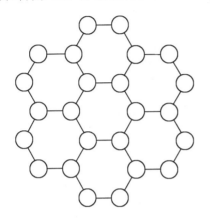

16.九宫格

在 9×9 的大九宫格里，已经给出了若干个数字，其他的空格留白，你能根据逻辑原则推断出剩下的空格中要填入什么数字吗？要求每一行、每一列中都有 1 到 9 的数字，且每个小九宫格中也要有 1 到 9 的数字，每一行、每一列、每一小九宫格的每个数字只能出现一次不能重复或缺少。

		7	4					5
							1	9
	2	8	3	1	5			
2	8		6			9		
6				9				2
		9			1		6	8
			8	5	4	6	9	
8	6							
5					6	2		

17.猜数字

猜猜看，问号处应该填上什么数字？

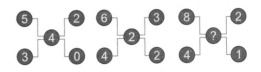

18.算一算

仔细算一算，哪些数字可以完成这道谜题？

7	3	4	6	1	9
1	1	0	9	0	7
5	2	4	2	3	2
9	9	5	0	0	1
6	7	8	2	9	7
1	5	4	8	?	?

19.六边形与球

每个六边形底部 3 个球对应的数之和减去六边形顶端的 3 个球所对应的数之和，等于六边形中间相对应的这个数。请填出空白处对应的数字。

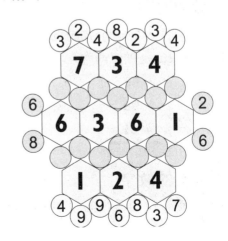

20.和为 245

最少需要做怎样的改变才能使下面的加法题之和变成 245？

$$89$$
$$16$$
$$+98$$

21.最后一个数字

以下的数字中，最后一个应该是多少？

84　12　2　$\frac{2}{5}$　$\frac{1}{10}$　?

22.半圆与数字（2）

找出下面的规律，填上最后一个图中所缺的数字。

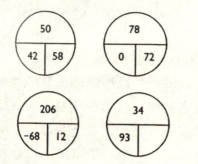

23.调整算式

若要使下面这个式子的结果为 173，最快的是做何调整？

$$68$$
$$99$$
$$+ 81$$

24.适当的数字

你能否找到适当的数字来代替

下面算式中的字母，从而解开这个谜题。

$$HE$$
$$\times ME$$
$$BE$$
$$YE$$
$$EWE$$

25.数字算式题

下面是一个数字算式题，你能完成这个算式吗？

$$SE.ES$$
$$TE.ES$$
$$+FE.ES$$
$$CA.SH$$

26.字母和星号

在这道算式题中，数字被字母和星号所取代。同样的字母代表同样的数字，一个星号代表任意数字。请你写出算式。

$$ABC$$
$$\times BAC$$
$$****$$
$$**A$$
$$***B$$
$$******$$

27.素数算式题

在这道算式题中，每个数字均是素数（2，3，5 或者 7）。这里不提供作为线索的数字和字母，但正

第 5 章　提高计算力的思维游戏

清华北大学生爱做的1500个思维游戏

确答案只有一个。

```
      ＊ ＊ ＊
    ×   ＊ ＊
  ─────────────
    ＊ ＊ ＊ ＊
  ＊ ＊ ＊ ＊
  ─────────────
  ＊ ＊ ＊ ＊ ＊
```

28.线段 AC

这是个很好看的几何思维游戏，而且要比想象的简单。下图中，圆的中心是 O，∠AOC 是 90°，线段 AB 与线段 OD 线平行，线段 OC 长 12 厘米，线段 CD 长 2 厘米。你要做的是计算线段 AC 的长度。

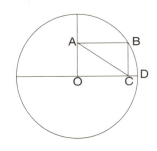

29.青蛙与井

一口井深 3.5 米，青蛙每天可以向上爬 1 米，当晚上休息时，就会滑落 0.6 米。那么，如果按照这个速度向上爬的话，这只青蛙需要用几天的时间才能从那口井里爬出来呢？

30.古玩

有一天，古董商加尔文·克莱克特伯尔买了一个铸铁的喷水龙头：上面是一只鳄鱼，嘴里吞着一条鱼。

他为这件绝妙的艺术品支付了 90% 的"账面"价值。第 2 天，一个收藏家看见后，说愿意支付高出他 25% 的费用将其买下。加尔文毫不犹豫地答应了，这样，他就从这笔交易中赚了 105 元。那么，你能推算出这件诱人的古玩的账面价值是多少吗？

31.数独（1）

在下面的空白格子里填上 1～9 这 9 个数字，使得横向或纵向上没有被深色格子截断的一条空白格子里的数字之和等于它左边的数字（横向）或上面的数字（纵向）。在同一条没有被截断的格子里每个数字只能使用一次。应该怎样填呢？

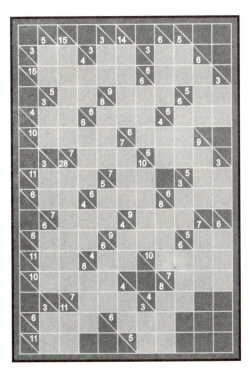

32.免费赠品

让我们来看看你是否有资格在润滑油补给站获得这份免费赠品。你所要做的就是将下图中数学表达式里的字母用数字代替，相同的数字必须代替相同的字母。竞赛的时限是10分钟。祝你好运！

```
              F   D   C
        ┌─────────────────
A   B   │ G   H   C   B
        │ A   B
        ├─────────────────
          F   F   C
          F   E   E
        ├─────────────────
              F   C   B
              F   C   B
```

33.草莓酱和桃酱

哈丽和桃瑞斯正在做开商店游戏。哈丽花了3.1元从桃瑞斯那里买了3罐草莓酱和4罐桃酱。那么，你能根据上面说的情况计算出每罐草莓酱和每罐桃酱的价钱吗？

桃瑞斯！我把这罐桃酱拿回来了，我想换成草莓酱。

好的，哈丽，给你草莓酱。

34.数字之和（1）

这道计算机题曾让有的人花费了好几个小时仍不得其解。问题是将1到9这几个数字排列成3行，并使第2行的3个数字相加的和比第1行的3个数字之和大3，而且使第3行的3个数字之和比第1行的3个数字之和大6。那么，请你试试看能否找到答案！

35.吹泡泡派对

爷爷以前经常说他年轻时最快乐的一件事就是参加吹泡泡派对。派对上，每个人都发一个管，谁吹的泡泡最大或者谁一次吹出来的泡泡最多谁就可以获得奖品。当我问爷爷一次最多吹出来多少个泡泡时，他是这么回答的：

"我要把这个数字放在一个思维游戏里！

"如果在那个数字的基础上加上那个数，然后再加上那个数的一半，接着再加上7，我就吹出来32个泡泡。"

那么，你能根据他所说的提示计算出他究竟一次吹出来多少个泡泡吗？

36.面布袋

当塞·科恩克利伯核对自己的补给品时，他在面布袋上发现了一些有趣的东西。面布袋每3个放在一层，共有9个布袋，上面分别标有从1到9这几个数字。在第1层和第3层，都是1个布袋与另外两个布袋分开放；而中间那层的3个布袋则被放在一起。如果他将单个布袋的数字（7）乘以与之相邻的两个布袋的数字（28），得到196，也就是中间3个布袋上的数字。然而，如果他将第3层的两个数字相乘，则得到170。

塞于是想出来一道题：你能否尽可能少的移动布袋，使得上、下两层上的每对布袋上的数字与各自单个布袋上的数字相乘的结果都等于中间3个布袋上的数字呢？

37.垫圈与螺钉

本上周日去了托特勒尔零件铺，在那里他玩了一会儿祖父的天平，这个天平是祖父1903年在一个古城带回来的。玩了一会儿，本发现：

（1）3个螺母加上1个螺钉等于12个垫圈的重量。

（2）1个螺钉等于1个螺母加上8个垫圈的重量。

本根据这些信息，想出来一道题：多少个垫圈等于1个螺钉的重量？

38.重新排列数字

这纯粹是一道数字题。有人向你挑战要将图表中的17个数字重新排列，使排列之后的每条直线上的数字相加之和都等于55。

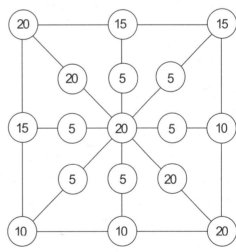

39.返航

巨轮出现在蒸汽运用的鼎盛时期，而纽约港便成了它们的停泊地。一天，有3艘轮船驶出纽约湾海峡

并驶向英国的朴茨茅斯。第 1 艘轮船 12 天后从朴茨茅斯返回，第 2 艘轮船用了 16 天完成了航行，而第 3 艘轮船用了 20 天才回到纽约港。因为轮船在港内的恢复时间是 12 个小时，所以轮船抵港的日期就是它们返航的日期。那么，需要多少天这 3 艘轮船才能再次同一天驶出纽约港，同时，在这期间每艘轮船将会航行多少次？

40.卖小鸡

艾米和贝茜是邻居，她们每天都去集市上卖小鸡。贝茜每天卖 30 只，两只卖 1 元，回家时她可以卖 15 元；艾米每天也卖 30 只，3 只卖 1 元，一共可以卖 10 元。有天，艾米生病了，于是她请贝茜帮她卖小鸡。贝茜带了 60 只小鸡去了集市，并以 5 只 2 元的价钱卖。当她回家时，她一共卖了 24 元。因此，这个

要比两人分别卖所赚的钱少了 1 元。那么，为什么会少 1 元呢？是贝茜拿走了吗？

41.交叉的圆圈

在解答这个题之前，你也许会发现自己在"看圆圈"。这里有 7 个相互交叉的圆圈，也就有 14 个有限区域。现在，请你把图中的字母用数字代替，这样在图中就只剩下从 1 到 14 的数字。同时，要使每个圆圈内的数字相加的和等于 21。

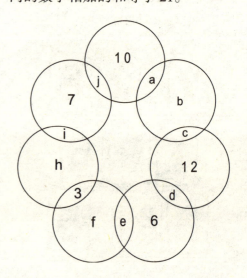

42.重叠的轨道

威拉德·斯达芬德在观看自己最新的发现。他发现太阳系中的6个恒星是在3个重叠的轨道上旋转的,他在它们会聚在一点产生超新星之前很快给它们起了名字。威拉德把这几个恒星从1到6标上号,这样就组成一个恒星思维游戏。那么,你能重新给这几个恒星标号,使每个轨道上的4个恒星相加的和是14吗?

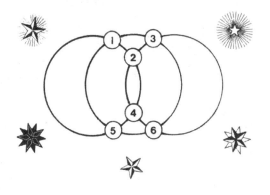

43.奈德·诺波的年龄

奈德·诺波是廉价小说中虚构的运动英雄,他在学校的运动生涯比历史上其他任何学生都要长。他运动生涯的 $\frac{1}{4}$ 是在从事橄榄球这个运动项目,接下来的 $\frac{1}{5}$ 是作为大学一年级学生,随后的 $\frac{1}{3}$ 是作为大学二年级和三年级学生,而他的最后13年则是作为大学四年级学生。这之后,他终于退役并且毕业,但他却是班里最后一个毕业的学生。那么,当奈德获得毕业证书时,他的年龄是多少呢?

44.单轮脚踏车赛

著名的佛塔纳兄弟是单轮脚踏车赛的冠军,他们总是在4个长为 $\frac{1}{3}$ 千米的圆形轨道上进行赛前练习。兄弟4人从中午开始每人沿着一个轨道进行骑车练习,他们各自的速度分别为每小时6千米、9千米、12千米以及15千米。直到他们第4次在圆圈中央相遇时才停下来。那么,他们需要骑多长时间呢?

巴里　　伯特　　哈利　　拉里

45.燃气式浴缸

威拉德·沃兹沃斯教授居住在马·巴斯卡姆的公寓里。二楼浴室有一个维多利亚燃气式浴缸,而他观察到了一些有关它的事情:如果打开凉水的水龙头,浴缸放满水需要6分40秒;如果打开热水的水龙头,放满水需要8分钟;如果拔掉塞子,放完水需要13分20秒。

现在，威拉德的题是：如果拔掉塞子，并同时打开热水和凉水的水龙头，那么，将浴缸放满水需要多长时间呢？

46.泰迪玩具熊店

下图中的 3 个女人在最近的教堂节日期间共同投资经营一家泰迪玩具熊店。在开业的当天上午，她们先将相同数量的玩具以 10 元出售；下午的时候，她们更改了玩具

我卖了 33 只！

我卖了 29 只！

我卖了 27 只！

熊的数量，但仍以 10 元出售。有趣的是，一天结束的时候，她们虽然卖了不同数量的玩具熊，但是赚的钱数却相同。那么，你能知道这是怎么回事吗？

47.磨面

对于安格斯的讨价还价，你不能怪他。然而，他的确遇到了麻烦。如果在伊恩扣除 10% 之后要正好带回 100 千克的玉米面，他应该带来多少玉米呢？

假设磨面的过程当中没有浪费。

伊恩，如果把我带来玉米的 $\frac{1}{20}$ 作为你磨面的报酬，你觉得怎么样呢？

你是不是疯了，安格斯？我要的是你所带玉米的 $\frac{1}{10}$，这你应该很清楚！

48.数字模式

要解决这个思维游戏，完全依靠的是你在金字塔方面的能力。三角形中的数字遵循某种模式排列，如果你能够发现这种模式，那么，你就可以找出三角形中 5 个问号所代

表的数字。你要在沙漏中的沙子全部落在下面之前找出答案。

49.小费

克拉姆兹·卡拉汉是巴伐利亚花园餐厅里行走最快也是最邋遢的服务员，正是由于他快如飓风的步伐，他总是把客人的衣服弄脏。一天，一位愤慨的客人只给了卡拉汉1角钱的小费，并说："你把我的衣服给毁了，我就给你1角钱的小费。但是，如果你能够在不接触桌子、盘子以及硬币的情况下把硬币拿走，我就赏你25元的小费。"然而，克拉姆兹却没能解决。那么，你呢？

50.姑妈家的晚餐

年轻的奥斯汀·泰特科勒每个星期天都会去姑妈家和姑妈共进晚餐（17：00）。奥斯汀住在利佛格罗夫，而他的姑妈住在市中心。教堂的茶叙时间（12：00）一过奥斯汀就马上动身出发。很久以前他就知

道如果按每小时15千米的速度骑车，那么他会在晚餐开始前1个小时到。但是，如果以每小时10千米的速度骑，那么他会迟到1个小时。

如果奥斯汀想在晚餐时间正好到的话，他应该骑多快呢？他家和姑妈家相距多远呢？

51.扑克与正方形

可以用一种新方法构建一个有趣的正方形。在一副扑克当中抽出10张牌，要求从A到10，A可以看做1；然后，把它们拼成1个正方形，而且要使正方形的每条边上的数字相加都等于18。如果按下图的

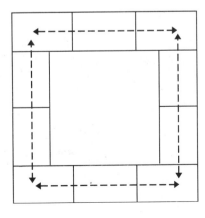

样子把牌放好，那么，顶部和底部的各3张牌相加等于18，两列的各4张牌相加等于18。

52.阴影的面积

这是一个很巧妙的几何题。下图中有两个正方形，小正方形的边长为3厘米，大正方形的边长为4厘米，大正方形的左上角正好位于小正方形的中心点 X，大正方形绕 X 点旋转直到它的顶边与线段 ac 相交于 b 点。那么，你能根据以上的提示信息计算出阴影部分的面积吗？

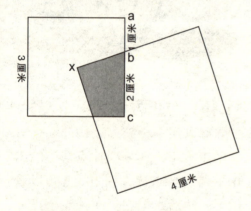

53.散步

亚特兰大市以数千米的木板路著称。每年夏天威兰·阿姆斯特朗都会推着妈妈在木板路上散步，一直走到钢铁码头才返回。威兰的行车速度保持不变：当逆风而行时，他4分钟可以走1千米；当顺风而行时，他3分钟就可以走1千米。根据这些信息，你能计算出他在没有风的时候走1千米用多长时间吗？

54.给父亲的信

"请多寄些钱过来。"这个大学生已经把钱花完了，他在向家要——而他的请求只有当他的父亲解读之后才能得到回复。信中的每个字母代表一个数位上的数字——数字是从0到9，其中的一些数字被重复使用。那么，这个大学生想要多少钱呢？

亲爱的爸爸：

SEND
+MORE
MONEY

55.埃德娜阿姨的钱

埃德娜阿姨总是在家存放大笔钱以备急用。仅有的问题就是她从来不相信纸币，所以她存放的都是硬币。同时，她把自己的存款藏在窃贼最不可能想到的地方——盛汤的碗里。当她数钱时，她发现了一个极巧的事：她的1500枚硬币正好是800元，硬币分为1元硬币、5角硬币以及1角硬币。那么，你能说出这些硬币各有多少个吗？

56.蜘蛛网

有一个雕像存放在格力姆斯力城堡的阴暗凹室里。凹室的部分入口被一张巨大的蜘蛛网挡住了，拱状的网的弧正好是圆周长的 $\frac{1}{4}$，长 20 厘米。那么，你能根据这些情况计算出蜘蛛网遮盖部分的面积是多少平方厘米吗？

阴影面积
弧

57.6 袋硬币

戴佛尔·邓肯在一艘失事的船里检查时，找到了一个保险库，而

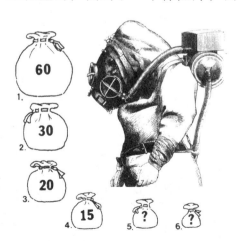

就在那一天，他赚了大钱。他先提出来 4 袋钱，里面各有 60 枚、30 枚、20 枚和 15 枚金币。当他数完剩下 2 个袋子里的钱时，他发现这 6 个袋子硬币的个数形成一个特殊的递进关系。那么，你能否计算出第 5 袋和第 6 袋里的硬币个数呢？

58.13 个 3

对那些在万圣节前夕迷信的人来说，这是一个很好的思维游戏。南瓜先生给你 13 个 3，让你把这些数排列成一个等式并使结果等于 100。

今天晚上够黑的，天上还有蝙蝠。这些不吉利的数字会让你害怕的！嘻……嘻……嘻！

59.千禧年幻方

第 2 个千禧年时人们用一个特殊的"千禧年幻方"思维游戏庆祝了一下。建立的这个幻方里的数字无论在水平方向、垂直方向还是对角线上相加的结果都是 2000。现在，我们已经为你填出了其中的 4 个数字，而剩下的 12 个范围在 492 到

503 之间的数要由你来填。你能解答这道题吗？

X	X	507	X
506	X	X	X
X	509	X	X
X	X	X	508

60.港口

著名的查普曼滚轮船建于 1895 年，这艘船通过转动两边的巨大滚轮在水中行驶，而滚轮则都是由电气机车在轨道上运行提供动力的。船在服役的第 1 年往返于亚马逊河上的两个港口，从 A 港口顺流而下，它的行驶速度可以达到 20 千米 / 小时，到达 B 港口后，等旅客上船并装载邮件，它开始返回上游的 A 港口。返航时，它的行驶速度只能达到 15 千米 / 小时，就是说相同的距离船要多走 5 个小时。那么，你能计算出 A 港口距离 B 港口有多远吗？

61.牲畜

苏巴克说："埃比尼泽，我用 6 头猪换你 1 匹马。这样，你的牲畜就是我的 2 倍。"

押沙龙说："等等，苏巴克，我用 14 只绵羊换你 1 匹马。这样，你的牲畜就是我的 3 倍。"

埃比尼泽说："我有个更好的主意，押沙龙，我用 4 头母牛换你 1 匹马。这样，你的牲畜就是我的 6 倍。"

听完这 3 个马匹交易者所说的话，你应该有足够的信息计算出他们各自有多少牲畜了。

62.隧道

弗瑞德是廉价小说中的英雄，他现在急需你的帮助！弗瑞德和他的朋友们抓住了一伙火车打劫者，现在他必须解救午后乘车的旅客。他想打信号使刚刚从死人隧道中出来的火车停下，但是距离太远。正好，有辆日常客车正从隧道另一端的入口进入，它的行驶速度是 75 千米 / 小时，隧道长 0.5 千米，火车需要 6 秒钟才能完全进入隧道。如果弗瑞德以最快的速度跑，他到达隧道的出口需要 27 秒的时间。那么，要使火车司机在看到信号后停车，他是否足够快呢？

63.正方形与数字（1）

仔细算一算，空着的小正方形中应该填上哪些数字？

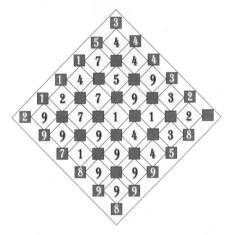

64.等式（1）

将数字 1～9 放进数字路线中，使各等式成立。

	10	−	43		20
+	×		÷		=
			11		
×	+		+		÷
			12		
÷		−		−	×

65.圆圈里的数字

从左上角的圆圈开始顺时针移动，求出标注问号的圆圈里应该填上的数字。

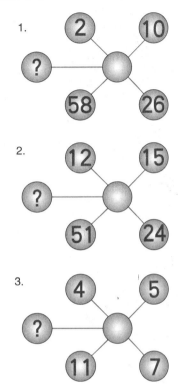

1. 2 10 ? 58 26

2. 12 15 ? 51 24

3. 4 5 ? 11 7

66.划分表格

将这个表格分成 4 个相同的形状，并保证每部分中的数字之和为 50。

8	8	3	6	5	5
8	4	4	7	7	4
5	5	5	8	3	5
9	8	3	4	7	3
7	5	9	3	5	8
6	4	4	8	3	4

67.等式（2）

在空格中填入正确的数字，使所有上下、左右方向的运算等式均成立。

	+		=	6
−		×		+
	+	4	=	
=		=		=
3	+		=	

68.数字之和（2）

把所有列示的数字都放到正方形的4条边上，以替换图中的问号，使每条边上的数字之和都相等。

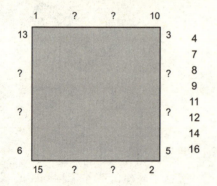

69.填数（1）

要完成这道题，最后那个正方形中，问号处应该换成什么数字？

3		23	6		7
	41			28	
7		8	2		13
4		19	14		3
	45			47	
17		5	11		?

70.填数（2）

填出空格内的数字。

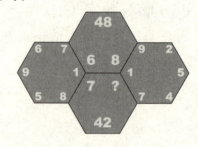

71.填数（3）

你能算出问号处应该填什么数吗？

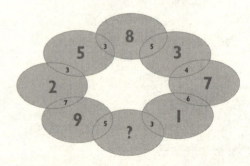

72.填数（4）

要完成这道题，问号的位置应该换成什么数字？

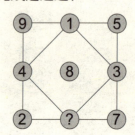

73.填数（5）

算一算，在问号处填上什么数字可以完成这道题？

74.填数（6）

要完成这道题，你认为问号处应该换成什么数字？

48	30	20
24	15	10
72	45	?

| 25 | 28 | 30 | 35 | 39 |

75.墨迹

哎呀！墨迹遮盖了一些数字。此题中，1～9每个数字各使用了1次。你能重新写出这个加法算式吗？

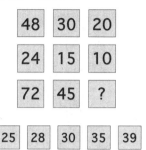

76.缺失的数字

你能算出缺失的数字吗？

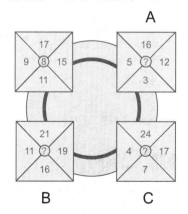

77.正方形与数字（2）

在最后那个正方形中，哪个数字可以替换问号？

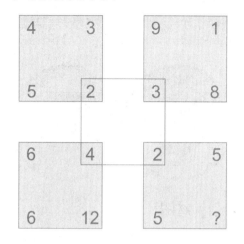

78.数字盘（1）

你能找出最后那个数字盘中问号部分应当填入的数字吗？

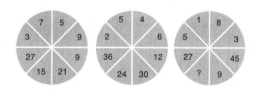

79.数字盘（2）

要完成这道题，你觉得问号部分应该替换成什么数字？

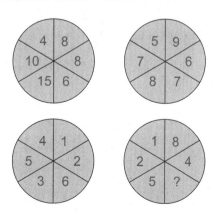

第5章 提高计算力的思维游戏

305

80.数学符号（1）

问号部分应当分别用什么数学符号替代才能使两个部分的值相同且大于1？你可以在"÷"和"x"之间选择。

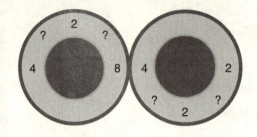

81.序列图

在问号处填上什么数字，可以完成这组序列图？

82.第3个圆

第3个圆中缺少什么数字，你能算出来吗？

83.椭圆里的数

应该在最后那个椭圆里填上什么数字？

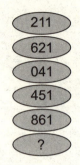

84.数学符号（2）

四边形中有3个数学符号没有填入。从顶部开始顺时针计算，你能算出问号部分应当填入什么数学符号吗？

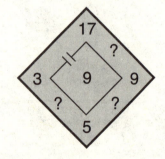

85.缺少的数字

问号处的数字应是多少？

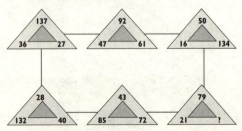

86.希腊人的年纪

据说，曾有位希腊人，孩童时

期占据了他生命中 1/4 的时间，青年时期占据了 1/5，在生命中 1/3 的时间里他是成人，而在生命的最后 13 年里，他成了位老绅士。那么他在去世时年纪有多大呢?

87.数字和

如果第 1 组 2 个数字之和为 9825，那么第 2 组 2 个数字之和为多少?

$$6128 + 9091$$

$$8159 + 1912$$

88.数值和

在如图所示的三角形中放入一个数，使得每横排、纵列及对角线上的数值之和为 203。

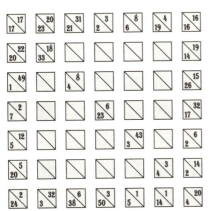

6 8 29 9 27 30 13

7 3 29 14 15 8 3

2 19 11 12 39 0

40 1 7 11 2 9 2

34 13 10 8 12 20

19 36 5 4 5 18 40

89.数学符号（3）

在这个四边形中，从顶部开始顺时针填入 4 个数学符号（+、一、×、÷），使位于中间的答案成立。

90.图表与数字和

将图表分成 4 个相同的形状，并且每部分所包含的数字之和要等于 134。

5	7	8	15	4	7	5	6
11	6	9	8	16	12	10	10
7	12	10	12	3	11	6	8
6	7	2	5	7	4	15	10
12	15	10	8	5	12	8	7
6	7	11	13	9	6	9	6
9	8	10	6	8	8	1	2
3	6	4	10	10	10	15	15

91.数值

第 3 行的值是多少?

A	E	D	E	E	E	= 64
D	B	B	D	A	E	= 40
C	B	A	A	C	F	G	= ?
E	F	G	F	B	F	E	= 81
B	A	A	E	E	C	E	= 45
A	C	B	A	G	D	E	= 47
=	=	=	=	=	=	=
30	37	34	46	49	56	72

92.魔数 175

将所提供的几排数字插入格子中适当的位置，使方格中每横排、纵列和对角线上数字相加的结果为175。例如：将（C）放入位置（a）。

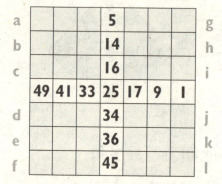

A

| 46 | 38 | 30 |

B

| 31 | 23 | 15 |

C

| 22 | 21 | 13 |

D

| 37 | 29 | 28 |

E

| 40 | 32 | 24 |

F

| 20 | 12 | 4 |

G

| 11 | 3 | 44 |

H

| 35 | 27 | 19 |

I

| 2 | 43 | 42 |

J

| 6 | 47 | 39 |

K

| 26 | 18 | 10 |

L

| 8 | 7 | 48 |

93.合适的数字

要完成这道题，你觉得问号部分应该换成什么数字？

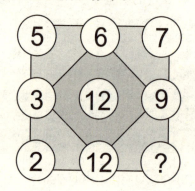

94.时间

最后那块手表应该显示几点？

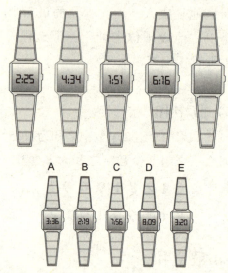

95.推算数字

你能推算出在中间的圆中应该填上什么数字吗？

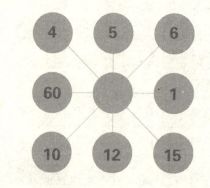

96.数字星

在最后那个星星上填上合适的数字，就可以解开这道题，算算看是哪个数字？

97.正确的数字（1）

在问号处填上正确的数字。

353	150	102
254	286	109
380	218	110
987	?	321

98.完成序列（1）

你能完成这个序列吗？

60
57
54
51
50
?

99.正确的数字（2）

问号处应该换成哪个数字？

100.完成序列（2）

如何让这个序列进行下去？

35
150
305
420
535
650
805
920
1035
1150
1305
1420
?

101.正确的数字（3）

你能填入缺少的数字吗？

```
        ?
    12     14
   6    2    7
  3   2   1   7
```

102.数字的逻辑

你知道问号处应填上什么数字吗。

1.	4 → 13	2.	6 → 2	3.	8 → 23	4.	6 → 10
	7 → 22		3 → 13		11 → 29		5 → 8
	1 → 4		17 → 24		2 → ?		17 → 32
	9 → ?		8 → ?				12 → ?

5.	18 → 15	6.	31 → 12	7.	10 → 12	8.	9 → 85
	20 → 16		15 → 4		19 → 30		8 → 40
	8 → 9		13 → 3		23 → 38		13 → 173
	14 → ?		8 → ?		14 → ?		4 → ?

9.	361 → 22	10.	21 → 436	11.	5 → 65	12.	15 → 16
	121 → 14		15 → 220		2 → 50		34 → 92
	81 → 12		8 → 59		14 → 110		13 → 8
	25 → ?		3 → ?		8 → ?		20 → ?

13.	5 → 38	14.	7 → 15	15.	36 → 12	16.	145 → 26
	12 → 80		16 → 51		56 → 17		60 → 9
	23 → 146		4 → 3		12 → 6		225 → 42
	9 → ?		21 → ?		40 → ?		110 → ?

17.	25 → 72	18.	8 → 99	19.	8 → 100	20.	29 → 5
	31 → 108		11 → 126		13 → 225		260 → 16
	16 → 18		26 → 261		31 → 1089		13 → 3
	19 → ?		15 → ?				40 → ?

103.符号与数值

格子中的每种符号都代表一个数值，你能算出它们分别代表的数值以及问号部分应当填入的数字吗？

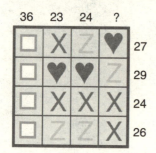

104.7 张纸条

准备 7 张纸条，写下数字 1 ~ 7，按照如图所示排列。现在，将其中的 6 张每张剪一下，重新排列时，还是 7 行 7 列，且每行、每列和每条对角线上的数字总和为同一个数。很难哦！

1	2	3	4	5	6	7
1	2	3	4	5	6	7
1	2	3	4	5	6	7
1	2	3	4	5	6	7
1	2	3	4	5	6	7
1	2	3	4	5	6	7
1	2	3	4	5	6	7

105.正确的数字（4）

问号处应填哪个数字？

106.圆形与数字

最后那个圆形的下方应该为几？

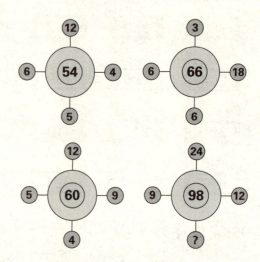

107.第 4 个正方形

根据规律，找出第 4 个正方形中的问号部分应当填入的数字。

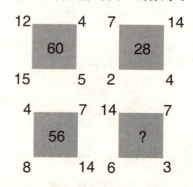

108.数的规律

算一算，问号处应该是多少？

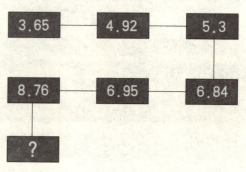

109.数字与圆

要解开这道题，应该由什么数字代替最后那个圆？

110.标志与数字

每个标志代表一个不同的数字。你能通过重新放置代表数字的每个标志同样组成这个和吗？

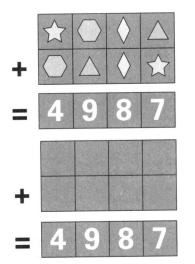

111.圆圈的个数

空白处的圆圈个数应该是选项中的哪个？

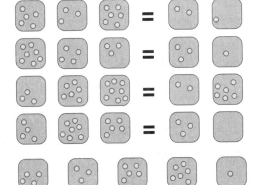

112.数独（2）

在下面的每个格子里填上数字 1 ~ 9，使得每一横行、每一竖行，以及每个 3×3 的小方框中这 9 个数字分别出现 1 次。

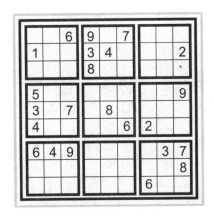

113.天平上的圆形

每个图形代表一个值。天平 1 和天平 2 已达到平衡。那么，天平 3 上需要多少个圆形才能达到平衡呢？

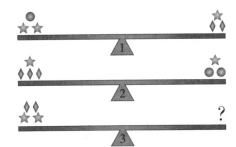

114.图形的值

该序列最后那个图形的值为多少？

115.运送土豆

每辆拖拉机的工作时间如图所标。拖拉机下显示的数字是其所运送的土豆的吨数。明显的是，其中存在着一定的规律，那么你能推算出拖拉机 A 所运送的土豆的吨数吗？

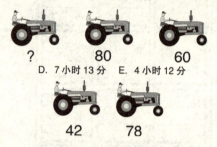

A. 4 小时 20 分 B. 3 小时 15 分 C. 6 小时 14 分
?   80   60
D. 7 小时 13 分 E. 4 小时 12 分
42   78

116.女孩的概率

琳达有 2 个孩子，那么都是女孩的可能性是多少呢？

117.猫的尾巴

房间的墙角有几只猫，每只猫的对面有 3 只猫，每只猫的尾巴指向 1 只猫。那么，一共有几只猫呢？

118.抽屉里的蛋糕

玛丽在厨房的第 1 个抽屉里放了两个巧克力纸托蛋糕，在第 2 个抽屉放了一个巧克力纸托蛋糕和一个香草纸托蛋糕，在第 3 个抽屉里放了两个香草纸托蛋糕。她哥哥知道蛋糕的放法但是不知道具体哪个抽屉放什么蛋糕。

玛丽打开一个抽屉，拿出一个

巧克力纸托蛋糕，并对哥哥说："如果你能告诉我这个抽屉里的另外一个蛋糕是巧克力味的概率是多少，我就给你想要的蛋糕。"

那么，这个抽屉剩下的蛋糕是巧克力味的概率是多少？

119.移动纸片

8 张纸片上分别写着数字 1，2，3，4，5，7，8，9，把它们按下图所示摆成两列。现在请你移动两张纸片，使两列数字之和相等。

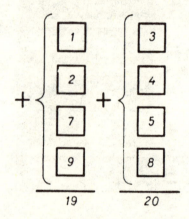

120.六位数的和

下面有组六位数，请你快速算出它们的和。怎么算简单些？

328645

491221

816304

117586

671355

508779

183696

882414

121.字母算式

在下面的算式中，如果你可以确定一个字母等于9，那么另外一个就等于5；同时还有一个字母一定等于4。已知，E=4，V=7。请完成算式。

```
  A F I V E
+ A F O U R
─────────────
  I F N I N E
```

122.地质课和地理课

共有100个学生申请了一所大学地质地理系的夏季助工。在这些学生中有10个人从未上过地质课和地理课，63个学生至少上过1门地质课，81个学生至少上过1门地理课。那么在这100个申请者中任选1个学生，他只上过地质课或者只上过地理课的概率有多大？有多少个学生至少上过地质课和地理课中的1门？

123.加法算式

在这个加法算式中，要求用5个0来替换其中任意的5个数字，使最后的和为1111。应该怎么办呢？

```
    111
    333
    555
    777
+   999
─────────
```

124.加号与乘号

一个等式中的2个2之间的加号可以换成乘号而不改变结果：

2+2=2×2

带3个数字的等式也很简单：

1+2+3=1×2×3

那么，请你找出带4个数字和5个数字的等式。

125.袋子里的球

有3个一样大的袋子，每个都装有1个黑球和1个白球。分别从3个袋子中取出1个球。取出的球中正好有2个白球的概率有多大？

袋子1　　　袋子2　　　袋子3

126.快速运算

快速说出240的 $\frac{3}{5}$ 的 $\frac{2}{3}$ 的 $\frac{1}{2}$ 再除以 $\frac{1}{2}$ 是多少？

127.数字的规律

下面的7个数字共有一个特殊的规律。你知道这个规律是什么吗？

**1961　6889　6119　8008
8118　6699　6009**

128.数字的关系

下题中，第2排的数字是由第1排的数字决定的。同样的，第

3排的数字是由第2排的数字决定的。你能确定这种关系，找出缺失的数字？

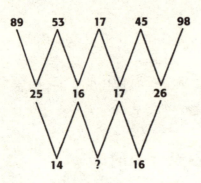

129.关于 1 的等式

不使用铅笔或者计算器，说出这个题的结果。

$$1 \times 1 = 1$$
$$11 \times 11 = 121$$
$$111 \times 111 = 12321$$
$$1111 \times 1111 = ?$$

130.字母的个数

1 个 bop（B）有 6 个 murk（M）；1 个 farg（F）有 8 个 bop（B）；1 个 yump（Y）有 3 个 farg（F）。拿 1 个 yump（Y）中 murk（M）的数目除以 1 个 yump 中 bop（B）的数目，结果是多少？

131.字母与数字

字母"E"后面缺失的数字是多少？

P7 H4 O6 N6 E ?

132.26a

如果 $16_a = 20$，$36_a = 32$，那么 26_a 等于多少？

133.求 Z 的值

Z 的值是多少？

12		18		26		38		49
	X		8		X		X	
		X		X		X		
			X		X			
				Z				

134.完成算式

下面是道数字算式题。已知 V=2，N=8，请列出此算式。

$$
\begin{array}{r}
F\,I\,V\,E \\
O\,N\,E \\
O\,N\,E \\
+\quad O\,N\,E \\
\hline
E\,I\,G\,H\,T
\end{array}
$$

135.求 F 的值

在下面的 5 个等式中，F 的值是多少？

A+B=Z　　　　　①
Z+P=T　　　　　②
T+A=F　　　　　③
B+P+F=30　　　④
A=8　　　　　　⑤

136.正整数等式

你能找出另外一个同样由正整

数组成的等式吗？并且如例中的等式左右的数字连续。

$$3^2+4^2=5^2$$
$$10^2+11^2+12^2=13^2+14^2$$

137.省略的数字

假如把省略的数字全算上，下面这个数列有多个数字？

0 3 6 9 12 15 18 … 960

138.图画的规律

你能确定下面的图画的规律吗？这些决定数和圆圈、方块、分割线是什么关系。第6个图中的数字应该是多少？

$$\frac{\bigcirc\bigcirc\bigcirc}{\square\square} = 2 \qquad \frac{\bigcirc\bigcirc}{\square\square\square} = -2$$

$$\frac{\bigcirc\bigcirc\square\square}{ } = 10 \qquad \frac{\square\square}{\bigcirc\bigcirc\bigcirc} = -2$$

$$\frac{ }{\square} = -4 \qquad \frac{\bigcirc\square\square}{ } = ?$$

139.棒球联赛

在很多年以前的棒球联赛赛场上，有这样一个做法，选手在参加完每场比赛之后都会得到报酬。而在早上的不多的时间里则会进行很多纸牌游戏，场面十分火爆。其中有一场有关来自海湾秃鹰队的4名选手的游戏。在一场棒球比赛中，这4个人——马尔文、哈维、布鲁斯以及罗洛要分享233元。比赛结束了，马尔文分得的钱比哈维多20元，比布鲁斯多53元，比罗洛多71

元。请问这4名选手分别获得了多少钱？

马尔文　　哈维

布鲁斯　　罗洛

140.铁圈枪游戏

铁圈枪游戏以前曾经是最棒的娱乐方式之一，同时，这个游戏也花不了多少钱。奈德·索尔索特又赢了一场比赛，对手是她的妹妹和威姆威尔勒家的男孩子们。奈德将25个铁圈打进靶槽里，且每个靶槽均有得分，一共得到500分。共有4个靶槽，每个槽内的分值分别为10，20，50，100。那么，你能算出奈德在每个靶槽内打进的铁圈数吗？

141.分遗产

我们现在所处的位置就是新牛津街上的布兰德魔宫，这个宫殿在维多利亚时期是个大型商场，这里也是著名的思维游戏大师霍夫曼教授经常到访的地方。我们和他约定下午1点在这里见面。那么，我们进去吧。

"你好，霍夫曼教授。我们来得

很准时。您今天有没有新的思维游戏跟我们分享呢？"

"那是当然的！先坐下，那么，就试试这个 3 份遗产的思维游戏吧。一位绅士临死前留下遗嘱，要将自己的遗产分给自己的 3 个仆人。会客室的那个仆人跟随主人的时间是女佣人的 3 倍，而厨师跟随主人的时间又是会客室那个仆人的 2 倍。遗产是按照跟随主人的时间来分配的。总共分出了 7000 元。那么，每个人各分得了多少遗产呢？"

142.分摊小费

"迈克，分摊午餐小费时，你把我骗了！"帕特抱怨说。

"为什么，我还以为你很大方呢，帕特！"迈克回答说，显得十分无辜。

事情是这样的：午餐后，当他们分摊小费时，帕特给迈克的钱与迈克已经有的钱数相同。迈克说："这太多了！"然后又还给帕特一些钱，

这些钱与帕特所剩下的钱数相同。帕特说："别，这也多了。"然后也还给迈克一些钱，这些钱与迈克现在所剩下的钱数相同。帕特现在一分钱也没留下，而迈克共得到 80 元。那么，他们刚开始各自有多少钱？

143.弹子游戏

这两幅图所示的就是 1908 年夏天进行的著名北泽西对决，对阵的双方分别是"荷兰人"杜伯曼和"鹿角"卡拉汉，两个选手的弹子袋都是满满的。在奥兰治这两人的拇指功夫最高，现在终于可以一决高低了。比赛开始时，两人的弹子数都相同。第 1 局，"荷兰人"的弹子数增加了 20 个，然而，在第 2 局和第 3 局，他损失了 $\frac{2}{3}$ 的弹子。而"鹿角"的弹子数则是"荷兰人"的 4 倍。那么，你能否计算出比赛过后，两人各有多少个弹子吗？

144.两个酒桶

这个思维游戏为老巴克斯所独创。你若想参加他的派对，你就必须计算出这两个酒桶中各有多少酒。这两个酒桶分别贴有字母 A 和 B，而 A 桶的酒比 B 桶的酒多。

首先，将 A 桶中的酒倒入 B 桶，倒入的酒与 B 桶的酒相等。然后，将 B 桶中的酒倒回 A 桶，倒入的酒与 A 桶中现有的酒相等。最后，再将 A 桶中的酒倒回 B 桶，倒入的酒与 B 桶中现有的酒相等。

这个时候，两个桶内都有 48 升的葡萄酒。那么，两个酒桶原来各有多少葡萄酒呢？

145.保险箱的密码

在世纪之初，那个放在大厅内的存有贵重物品的保险箱被采取了严密的保护措施。这个保险箱的主人是泰门尼·奥谢，他虽然十分富有，可记性却不怎么好。他这辈子总是记不住自己保险箱上的由 3 个号码（每个号码有两位数），组成的密码。但是，他却可以利用贴在保险箱上的线索提醒自己：

"第 1 个号码乘以 3 所得结果中的数字都是 1；第 2 个号码乘以 6 所得结果中的数字都是 2；第 3 个号码乘以 9 所得结果中的数字都是 3。"如果保险箱窃贼上过学的话，他们很可能会将这些线索转变成现金。那么，你能将这几个号码依次呈现吗？

146.圣诞老人的握手

圣诞老人学校又迎来了毕业典礼。今年，8 名圣诞老人已经做好准备到城市商场履行职责。当他们离开之前，每个圣诞老人都要彼此握手。那么，他们会握手多少次呢？

147.巧克力糖

很多年以前，3 个旅行者在黑眼睛客栈的一张桌子上用餐。吃完饭后，他们点了一盘巧克力糖，并打算平分。可是，巧克力糖还没上来他们就都睡着了。第 1 个人醒来时看见了糖，于是把他那份吃了，接着又睡着了。第 2 个人不久也醒了，也把认为属于他自己的那份糖吃了，然后很快又睡着了。最后，第 3 个人醒来发现了糖，把认为属于自己的那份吃了，然后也进入了梦乡。

他们在鼾声中度过了那一夜。

第 2 天，服务员将盛有糖的碟子收走了，这时桌上剩下 8 块儿糖。那么，你知道桌子上原来有多少块儿巧克力糖吗？

148.亚特兰大之行

这里我们看到的是哈蒂阿姨坐在她的奔驰 1903 年款帕西发尔轿车里外出旅行，她和丈夫巴斯托以及司机莫尔叔叔一起前往亚特兰大市。吃完午饭后过了一会儿，哈蒂阿姨问丈夫他们现在到哪里了，"那么，巴斯托，我们经过了分叉河，现在离亚特兰大市还有多远呢？"

"哈蒂，我的回答还是和 76 千米前我们在拉里坦河时一样！"

"说实话，巴斯托，如果我要是知道梅普尔伍德离亚特兰大市有这么远，我就去霍帕康湖了！"

那么，你能根据上面的信息计算出哈蒂到亚特兰大市的旅行一共要走多少路程吗？

巴斯托，我们到拉里坦河了，我快饿死了！从梅普尔伍德离开后，我们现在走了多远？

我们现在才走了从这里到快乐海滩一半的路程，下车吧，我们准备在戴夫海鲜店吃午饭！

149.结果的成立

结果是 12。你能想出为什么吗？

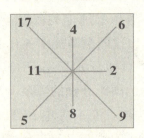

```
17        4        6


11                 2


5         8        9
```

150.数字填空（1）

标注问号的地方应该填上什么数字？

6	2	5	7
8	3	17	7
9	2	9	9
7	4	10	?

A.24　B.30　C.18
D.12　　E.26

151.最大的和

如图所示，沿着相邻的数字从图形的左上角到右上角可以走出多种路线。把每条路线上的数字分别相加得到多个和，找出这些和中的最大的一个。

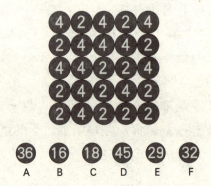

(36) (16) (18) (45) (29) (32)
A   B   C   D   E   F

152.数字填空（2）

你能在问号处填上正确的数字吗？

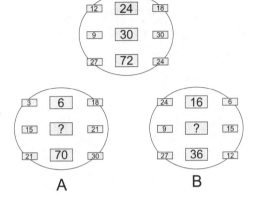

A

B

153.箱子的平衡

这个天平是平衡的。请问问号处箱子（杠杆作用忽略不计）的重量为多少？

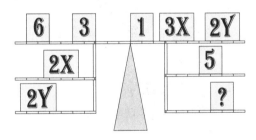

154.正方形中的数字

让我们看看这道题，最后那个正方形中缺少什么呢？

155.狗饼干

有条小狗长得真快。在它被收养的前5天，这条狗就吃掉了100块狗饼干。如果它每天比前一天多吃6块狗饼干，那么这条小狗第1天共吃掉多少块饼干呢？

156.总值60

用3条直线将这个正方形分成5部分，使得每部分所包含的总值都等于60。

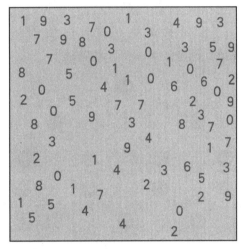

157.字母替代

猜一猜，哪个字母替代问号以后可以完成这道题？

13	INC	2
6	QRG	7
4	DOM	8
7	SUI	7
8	AD?	2

158.数字路线

从最顶端的数字开始，找出一条向下到达底部数字的路线，每次只能移一步。

1. 你能找出一条路线，使路线上所有数字之和为 130 吗？

2. 你能找出两条分开的路线，使路线上的数字之和为 131 吗？

3. 路线上可能的最大值是多少，你走的是哪条 / 些路线？

4. 路线上可能的最小值是多少，你走的是哪条 / 些路线？

5. 有多少种方式可以使值为 136，你走的是哪条 / 些路线？

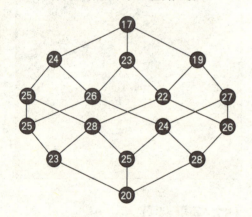

159.数字金字塔

金字塔每格中的数字都是下面两格中的数字之和。用哪个数字来替换问号呢？

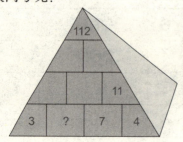

160.椭圆形与数字

在这两个椭圆里，你能找出哪些数字不同于其他的吗？

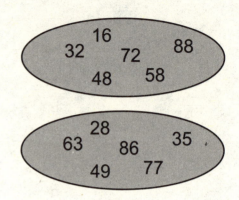

161.数字三角堆

动动脑筋，什么数字可以替代问号？

162.表情与数字

你能算出问号部分应当填入什么数字吗？

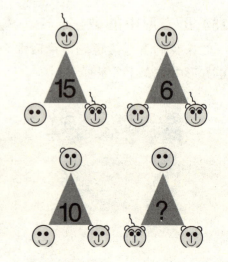

163.青蛙序列

想一想，最后应该填上什么数字，可以承接这组序列？

164.五角星与圆圈

五角星等于格子所代表的值，圆圈等于格子所代表值的2倍。表A和表B的值已经给出，请问表C的值为多少？

A

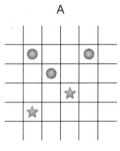

73

B

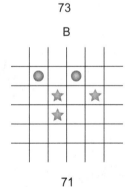

71

C

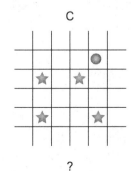

?

165.天平C

要使天平C平衡，右边需要放什么图形？应该放几个呢？

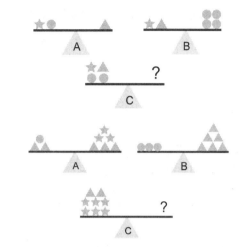

166.三角形与数学公式

4个三角形之间是通过一个简单的数学公式联系在一起的。你能找出其中不同的一个吗？

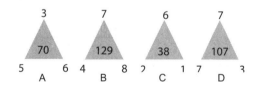

167.数字盘的规律

如果A对应于B，那么C对应于D，E，F，G中哪个数字盘？

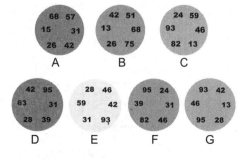

168.行星钟

这个钟是为某个行星设计的，它每 16 个小时自转 1 次。每个小时为 64 分钟，每分钟为 64 秒。现在钟上所显示的时间为差 15 分钟到 8 点。请问指针下次最快相遇的时间是什么时候？

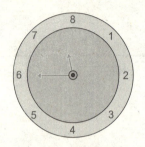

169.天平的平衡

图中每个标志都代表了一个数值。你认为在最后那个天平上应当再加入什么标志才能使其保持平衡？

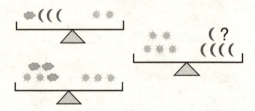

170.序列数

在这些序列中问号处应填哪些数？

A	7	9	16	25	41	?		
B	4	14	34	74	?			
C	2	3	5	5	9	7	14	?	?
D	6	9	15	27	?			
E	11	7	−1	−17	?			
F	8	15	26	43	?			
G	3.5	4	7	14	49	?		

171.数字方块

观察这 3 组由标有数字的方块组成的图形。你能否通过把每组中的一个（且只能是一个）数字方块与别组进行交换将整个图形重新排列，从而使得每组数字的总和都与其他各组中数字的总和相同呢？

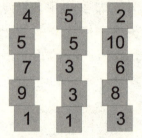

172.砝码的重量

如图所示的天平系统是平衡的。那么，问号处的砝码重量是多少（忽略杠杆作用）？

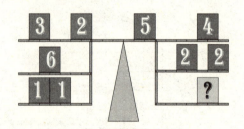

173.方框中的数字

你能算出第 3 个方框中的问号部分应当填入什么数字吗？

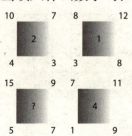

174.推测数字

推测一下，问号代表的是什么数字呢？

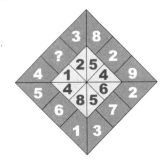

175.数字的排列

思考一下，问号的地方应该填什么数？

176.花园的小道

有位女士，她的花园小道有 2 米宽，道路一边都有篱笆。小道呈回形，直至花园中心。有一天，这位女士步行丈量小道到花园中心的长度，并忽略篱笆的宽度，假设她一直走在小道的中间，请问她走了多远？

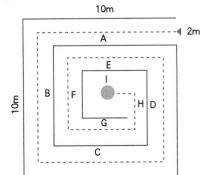

177.旗杆的长度

某天下午 3 点，有根旗杆和测量杆在地上的投影如图所示。请问旗杆的长度为多少？

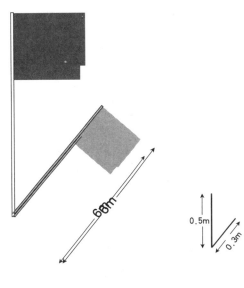

178.计算

A.265

B.（$2^{64}+2^{63}+2^{62}+\cdots+2^2+2^1+2^0$）

以下关于 A 与 B 值的比较中，哪个是正确的？

① B 比 A 大 264

② A 比 B 大 264

③ A=B

④ B 比 A 大 1

⑤ A 比 B 大 1

179.行星的轨道

一个行星仪的每条轨道上有 5 颗行星，5 条半径上各有 5 颗行星。在行星仪中，圆圈中应填入 1 ~ 25 的数字。圆圈里的数字和为 65，应

分别满足：

①在行星仪的每条半径上。

②在行星仪的每条轨道上。

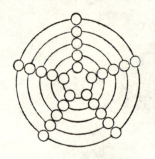

180.直径上的数

图中每条直径的两个端点上各有两个数字。两条直径上的数字相加的和可以等于与其相对的两个数字相加的和：

例如：10+1=5+6

不过，也有不相等的情况：

$1+2 \neq 6+7$

请重新排列数字，使所有这样的相邻数字之和都相等。

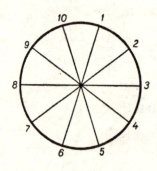

324

181.运送粮食

有个农民准备把粮食由农庄运到城里，他决定用卡车在上午 11 点时准时送进城里。如果卡车的速度是每小时 30 千米，那么他会在上午 10 点到达，提前 1 个小时；如果速度是每小时 20 千米，那么他会在中午 12 点到达，迟到 1 个小时。请问：农庄离城里有多远？如果要在上午 11 点整按时把粮食运进城，卡车的速度应该是多少？

182.库克拉

假设一种叫做"库克拉"的 1 枚硬币和 7 枚金币或者 13 枚银币在价值上相等。如果你想把 40 枚库克拉兑换成金币和银币，但是银行暂时只有 161 枚金币。除了这 161 枚金币外，你还应该得到多少个银币？

183.土壤的体积

玛莎要算出 3 个数的乘积，用它来计算一块土壤的体积大小。她把第 1 个数字与第 2 个数字相乘得到了一个乘积，当她再想用这个乘积与第 3 个数字相乘的时候，她注意到第 2 个数字写错了，错的数字比原来的数字大 $\frac{1}{3}$。为了避免重新计算，玛莎决定把第 3 个数减少 $\frac{1}{3}$ 来算，她觉得这样做就能够使得到的结果与正确的结果相符合。

"你不应该这么算，"苏伦告诉玛莎，"如果你这么算的话，最后的结果会与真实结果相差 20 立方米。""为什么？"玛莎问。那么，究竟为什么呢？正确的土壤体积是多少？

184.最小的项

下面的哪个选项是最小的？

A. $\frac{\sqrt{10}}{10}$ B. $\frac{1}{10}$ C. 10 D. $\frac{1}{\sqrt{10}}$ E. $\frac{1}{10\sqrt{10}}$

185.分隔正方形

图中的大正方形里包含标记着数字 1 ～ 4 的小正方形，这些标有数字的小正方形的边上曾经画有可将大正方形分隔开的分隔线，大正方形被分隔开的 4 个部分面积相同，有人把分隔线擦掉了。现在你能不能把分隔线再画出来呢？已知分隔后的每个部分都包含有带 1，2，3，4 这些数字的小正方形。

			3		1	1
			3	4		
				2		
	1		4	2		
	1					
		3	3			
					4	2	2
					4	

186.骰子上的三位数

背向你的朋友，请他掷 3 个骰子，然后把 3 个骰子摆成一排，这样 3 个骰子朝上的面组成了一个三位数。例如，图中的 3 个骰子组成的三位数是 254。然后将底面上的 3 个数字也加入到这个数字中作为后三位数（则例子中是 254523），然后让他把这个数除以 111，并把结果告诉你。之后，你能告诉他骰子上面的三位数是多少吗？

187.采蘑菇

玛露西亚、柯里、瓦尼亚、安德和佩提亚 5 个人一起去采蘑菇。只有玛露西亚在认真地采蘑菇，剩下的 4 个男孩躺在草地上聊天。到了该回去的时候，玛露西亚采了 45 个蘑菇，男孩们的手里一个也没有。于是，玛露西亚把自己的蘑菇分给每个男孩一些，自己什么也没留下。

回去的路上，柯里找到了两个蘑菇，安德找到了与自己手中数目相等的蘑菇。瓦尼亚丢了两个蘑菇，佩提亚丢了一半的蘑菇。到家后，他们查了一下蘑菇的数量，发现每个男孩手中的蘑菇数相等。那么，玛露西亚分给几个男孩各多少个蘑菇呢？

答 案

1...

1	9	2
3	8	4
5	7	6

图甲

2	1	9
4	3	8
6	5	7

图乙

2	7	3
5	4	6
8	1	9

图丙

3	2	7
6	4	5
9	8	1

图丁

2...

12。图形中左侧的1加2加3与4加6加8加3相差15；右侧的3加6加9与3加8加14加8相差15，所以1加4加7与2加6加？加7也应相差15；7加8加9与6加14加？加7也相差15。

3...

如图：

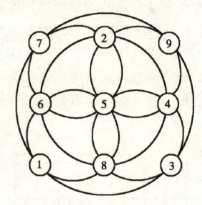

4...

如图：

$$\boxed{7} + \boxed{4} + \boxed{5} = 16$$
$$\times \quad \times \quad \times$$
$$\boxed{8} + \boxed{9} \div \boxed{3} = 11$$
$$+ \quad - \quad -$$
$$\boxed{6} + \boxed{1} \times \boxed{2} = 8$$
$$\downarrow \quad \downarrow \quad \downarrow$$
$$62 \quad 35 \quad 13$$

5...

不用数，你就能把它算出来。每个点引出14条边，15个点，共210条边。但每条边都有两个点相连接，即被算了两次，所以答案应为210的一半，105条边。

6...

　　这道题中虽然不可以向下，但是可以横着走，比如最下端的两个12，可以从其中的一格跳到另一个格中。那么每一个格子里都能走一步，这数字之和是最大的。

7...

　　由于左边两数字的个位是相同的，而且右边的个位是9，因此两个相同的数字相乘的结果个位是9的只能是3或7。把这两个数分别试一下也不麻烦。93×3=279（不等于目标数值）。97×7=679（符合条件）。

8...

　　圆花饰的周长与大圆的周长恰好相等。无论圆花饰中有多少个圆，或者这些圆如何排列（只要它们经过同一点），答案都是如此。

9...

　　11。在每个三角形中，把最长的边上相邻的三个数字之和写在其正上方或正下方的圆圈中，同理进行至三角形顶点。

10...

　　正确结果如下：

	28	21	21
42		14	14
21	14		35
7	28	35	

11...

　　6。每个圆中左右两数字之和再加3即为下面的数字。

12...

　　在1～8这8个数中，只有1与8各只有一个相邻数（分别是2与7），其他6个数都各有两个相邻数。图中的C圆圈，

它只与H不相连，因此如果C填上了2～7中任意一个，那么只有H这一个格子可以填进它的邻数，这显然不可能，于是C内只能填1（或8）。同理，F内只能填8（或1），A只能填7（或2），H只能填2（或7），再填其他4个数就方便了。

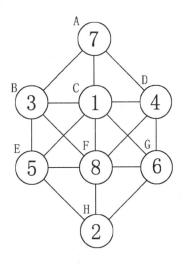

13...

（1）填数字7～14。如图：

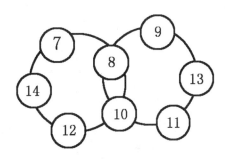

（2）填数字13～20。如图：

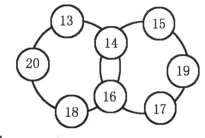

14...

　　18，27，36，45，54，63，72，81。

15...

如图：

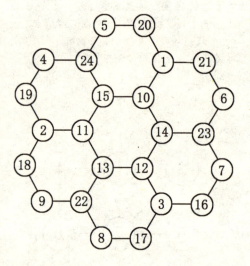

16...

如图：

3	1	7	4	6	9	8	2	5
4	5	6	2	8	7	3	1	9
9	2	8	3	1	5	7	4	6
2	8	5	6	4	3	9	7	1
6	4	1	7	9	8	5	3	2
7	3	9	5	2	1	4	6	8
1	7	2	8	5	4	6	9	3
8	6	3	9	7	2	1	5	4
5	9	4	1	3	6	2	8	7

17...

4。在每个图形中，左边2个数字的和除以右边2个数字的和，就得到中间的数字。

18...

8，1。如果你把每行数字都当做是3个独立的两位数，中间的这个两位数等于左右两边两位数的平均值。

19...

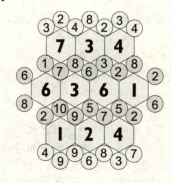

20...

1个数字都不用改变，把整个算式倒过来就可以得到245。

$$
\begin{array}{r}
86 \\
91 \\
+68 \\
\hline
245
\end{array}
$$

21...

所缺的数字是 $\frac{1}{30}$。规律如下：$12=\frac{1}{7}\times84$，$2=\frac{1}{6}\times12$，$\frac{2}{5}=\frac{1}{5}\times2$，$\frac{1}{10}=\frac{1}{4}\times\frac{2}{5}$，依据规律，所缺的数字为：$\frac{1}{30}=\frac{1}{3}\times\frac{1}{10}$。

22...

答案是23。整个圆里数字的和都是150。

23...

无须改变数字，只要将等式上下颠倒一下就可以了。

$$
\begin{array}{r}
18 \\
66 \\
+89 \\
\hline
173
\end{array}
$$

24...

$$
\begin{array}{r}
15 \\
\times 35 \\
\hline
75 \\
45 \\
\hline
525
\end{array}
$$

25...

$$
\begin{array}{r}
24.42 \\
54.42 \\
+14.42 \\
\hline
93.26
\end{array}
$$

26...

先看 A 与 ABC 的乘积。可以推出 A 是 1，2 或者 3，因为如果 A 大于 3，则乘积会有四位数。A 不是 1，否则乘积会以 C 结尾。如果 A 是 3，那么 C 是 1，（1×3=3），但 C 不可能是 1，否则 C×ABC 就会是三位数。那么可知 A 是 2。而 C 不可能是 1，所以 C 是 6。现在考虑一下 B 与 ABC 的乘积。B 等于 4 或者 8，因为，B×6 的最后 1 位数等于 B。但如果 B 是 4 的话，乘积是三位数（4×246=984）。因此，B 是 8。所以 ABC=286，BAC=826，可以得出：

$$
\begin{array}{r}
286 \\
\times 826 \\
\hline
1716 \\
572 \\
2288 \\
\hline
236236
\end{array}
$$

27...

$$
\begin{array}{r}
775 \\
\times\ 33 \\
\hline
2325 \\
2325 \\
\hline
25575
\end{array}
$$

28...

线段 OD 是圆的半径，它的长度是 14 厘米。四边形 ABCO 是个长方形，它与圆的中心以及圆周都相交。因此，线段 OB（即圆的半径）的长度为 14 厘米。因为长方形的两个对角线的长度相等，所以，线段 AC 与线段 OB 的长度相等，即 14 厘米。

29...

看起来，青蛙是按照每天 0.4 米的速度向上爬的。第 7 天的时候，它将向上爬了 2.8 米。到了第 8 天的白天时候，它就会从井里爬出。所以，答案就是 8 天。

30...

90% 的账面价值与 125% 的账面价值之间差了 35%。而 35% 相当于 105 元，所以 1% 就是 3 元。因此，原账面价值就等于 300 元。

31...

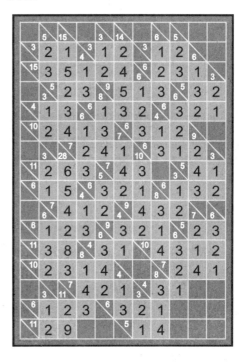

32...

答案如下：

$$
\begin{array}{r}
147 \\
25\overline{)3675} \\
25 \\
\hline
117 \\
100 \\
\hline
175 \\
175
\end{array}
$$

33...

其中的 1 个答案为：草莓酱每罐 0.5 元，而桃酱每罐 0.4 元。3 罐草莓酱花费 1.5 元，而 4 罐桃酱则花费 1.6 元，这样，一共花费了 3.1 元。

34...

这个思维游戏至少有两种解题方法：

2	1	9
4	3	8
6	5	7

3	2	7
6	5	4
9	8	1

35...

证明如下：

$10 + 10 + 5 + 7 = 32$。

答案就是 10 个泡泡。

36...

在第 1 层，将布袋（7）和（2）交换，这样就得到单个布袋数字（2）和两位数字（78），两个数相乘结果为 156。接着，把第 3 行的单个布袋（5）与中间那行的布袋（9）交换，这样，中间那行数字就是

33...（续）

156。然后，将布袋（9）与第 3 行两位数中的布袋（4）交换，这样，布袋（4）移到右边成为单个布袋。这时，第 3 行的数字为（39）和（4），相乘的结果为 156。总共移动了 5 步就把这个题完成了。

37...

9 个垫圈等于 1 个螺钉的重量。

38...

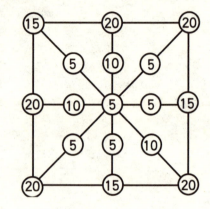

39...

这 3 艘轮船下次同一天驶出纽约港需要等到 240 天以后。因为 240 是 12，16，20 的最小公倍数，在这期间 3 艘轮船都可以完成航行。至于这段时间，每艘轮船所航行的次数，可以按以下方式计算。

第 1 艘轮船：$240 \div 12 = 20$ 次；

第 2 艘轮船：$240 \div 16 = 15$ 次；

第 3 艘轮船：$240 \div 20 = 12$ 次。

40...

如果按照正常计算，艾米和贝茜分别会卖得 15 元和 10 元，一共是 25 元。当贝茜带 60 只小鸡去集市，每 5 只小鸡中，2 只是自己的，3 只是艾米的，这样直到把艾米的小鸡卖完；接下来，她开始卖自己剩下的 10 只小鸡。按理说，她自己的 5 只小鸡应该价值 2.5 元，但是，在最后两笔交易中她每次都损失了 5 角。所以，最终少了 1 元。

41...

将字母用以下数字来代替：a ＝ 2，b ＝ 11，c ＝ 8，d ＝ 1，e ＝ 14，f ＝ 4，h ＝ 13，i ＝ 5，j ＝ 9。

42...

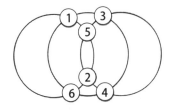

43...

当奈德毕业时，他已经 60 岁了。

44...

巴里、伯特、哈利和拉里骑车行走 1 千米所用的时间分别是 $\frac{1}{6}$ 小时、$\frac{1}{9}$ 小时、$\frac{1}{12}$ 小时和 $\frac{1}{15}$ 小时。所以，他们行走 1 圈所用的时间就分别是 $\frac{1}{18}$ 小时、$\frac{1}{27}$ 小时、$\frac{1}{36}$ 小时和 $\frac{1}{45}$ 小时。这样，他们会在 $\frac{1}{9}$ 小时之后第 1 次相遇（即 $6\frac{2}{3}$ 分钟）。4 乘以 $6\frac{2}{3}$ 分钟得出 $26\frac{2}{3}$ 分钟，即他们第 4 次相遇所需要的时间。

45...

需要 5 分钟的时间。解决这个问题，首先要把时间转换成秒。

（1）打开凉水的水龙头，浴缸放满水需要 400 秒，即每秒进 $\frac{1}{400}$ 的水。

（2）打开热水的水龙头，需要 480 秒的时间，即每秒进 $\frac{1}{480}$ 的水。

（3）浴缸放完水需要 800 秒的时间，即每秒排 $\frac{1}{800}$ 的水。

如果我们取 4800 作为它们共同的分母，便会得出以下等式：

$$\frac{1}{4800} + \frac{10}{4800} - \frac{6}{4800} = \frac{16}{4800} = \frac{1}{300}$$

这个值就是每秒放入浴缸的实际水量。这样，浴缸放满水就需要 300 秒，即 5 分钟。

46...

她们开始以 10 元出售 3 个玩具熊。第 1 个女人卖了 30 只玩具熊，赚了 100 元；第 2 个女人卖了 24 只玩具熊，赚了 80 元；第 3 个女人卖了 21 只玩具熊，赚了 70 元。下午的时候，她们开始以 10 元出售 1 只玩具熊。这样，第 1 个女人卖了她最后的 3 只玩具熊，赚了 30 元；第 2 个女人卖了剩下的 5 只玩具熊，赚了 50 元；第 3 个女人卖了剩下的 6 只玩具熊，赚了 60 元。所以，她们每个人都赚了 130 元。

47...

如果想要带回 100 千克的玉米面，那么，需要带来 $111\frac{2}{3}$ 千克的玉米（111.111 千克减去 10% 等于 100 千克）。

48...

三角形中每个处在内部的数字都是它上面与之紧密相连的两个数字的乘积。比如，数字 8 是 2×4 所得的结果，32 是 2×16 所得出的结果，依此类推。

```
                    2
                 2 — 2
              2 — 4 — 2
           2 — 8 — 8 — 2
        2 —16 —64 —16 — 2
     2   32  1024 1024  32   2
```

49...

把脸靠近这枚硬币，然后吹。如果用力吹，那么风会把这枚硬币从盘子上吹下来。你所挑选的盘子的边缘坡度要小。

50...

奥斯汀家和姑妈家相距 60 千米。如果他以每小时 15 千米的速度骑车的话，他会在下午 4 点到（即晚餐开始前 1 个小

清华北大学生爱做的1500个思维游戏

第 5 章 提高计算力的思维游戏

331

时）。如果他以每小时10千米的速度骑的话，他会花6个小时（即迟到1个小时）。所以，奥斯汀以每小时15千米的速度骑车，他会花5个小时，他将在下午5点准时到达。

51...

答案如下图：

4	9	5
A		8
7		3
6	10	2

52...

阴影部分的面积是边长为3厘米的正方形的 $\frac{1}{4}$。这个正方形的面积是9平方厘米，那么阴影部分的面积就是 $2\frac{1}{4}$ 平方厘米。将边长为4厘米的正方形围绕小正方形旋转到任何位置，遮盖部分的面积总是相等。在旋转过程中，当大正方形将线段ac平分时，遮盖部分的这个更小的正方形面积就是 $1\frac{1}{2}$ 厘米乘以 $1\frac{1}{2}$ 厘米，即 $2\frac{1}{4}$ 平方厘米。

53...

逆风而行时，他每小时可以行15千米，顺风而行时，他每小时可以行20千米，两种情况下每小时差了5千米。5千米的一半是2.5千米，所以，风的速度是每小时2.5千米。这样，在没有风的时候，他骑车的速度就可以达到每小时17.5千米，即15千米和20千米之间的数。

54...

这个大学生需要10652元。

$$\begin{array}{r} \text{SEND} \\ + \text{MORE} \\ \hline \text{MONEY} \end{array} = \begin{array}{r} 9567 \\ + 1085 \\ \hline 10652 \end{array}$$

55...

每种面值的硬币各有500枚，它们依次为：

500枚1元硬币＝500元；
500枚5角硬币＝250元；
500枚1角硬币＝50元。

56...

下面的步骤清楚地说明了计算过程：
步骤1：$20 \times 4 = 80$（周长）。
步骤2：$80 \div 3.14 = 25.48$（直径）。
步骤3：$25.48 \times 25.48 = 649.23$（正方形面积）。
步骤4：$25.48 \div 2 = 12.74$（圆半径）。
步骤5：$12.74 \times 12.74 \times 3.14 = 509.65$（圆面积）。
步骤6：$649.23 - 509.65 = 139.58$（四个角的面积）。
步骤7：$139.58 \div 4 = 34.9$ 平方厘米（蜘蛛网的面积）。

57...

在这个递进关系中，每袋里的硬币都比它前一袋的硬币少。每袋里的硬币数都是第1袋里的硬币数（即60枚硬币）与那袋的序数比。

第1袋＝60枚硬币
第2袋＝30枚硬币（$\frac{1}{2}$）
第3袋＝20枚硬币（$\frac{1}{3}$）
第4袋＝15枚硬币（$\frac{1}{4}$）
第5袋＝12枚硬币（$\frac{1}{5}$）
第6袋＝10枚硬币（$\frac{1}{6}$）

58...

这是个难题，但是它却有不止1个答案。下面是我们所知道的1个答案：

$3^3 + 3^3 + 3^3 + (\frac{3}{3})^3 + 3 \times 3 + 3 \times 3 = $

$27 + 27 + 27 + 1 + 9 + 9 = 100$

59...

因为正方形正中央的 4 个数字以及 4 个角的数字相加的结果也是 2000。同时，每个象限的 4 个数字相加的结果都是 2000。另外，还有两组数字的相加结果等于 2000，那么，就看你能不能找到了。

499	502	507	492
506	493	498	503
494	509	500	497
501	496	495	508

60...

A 港口距离 B 港口 300 千米。
船从 A 港口驶到 B 港口：
$20 \times 15 = 300$ 千米
船从 B 港口驶到 A 港口：
$15 \times (15 + 5) = 300$ 千米

61...

苏巴克有 11 头牲畜、埃比尼泽有 7 头牲畜、押沙龙有 21 头牲畜。

62...

以 75 千米 / 小时的速度，客车穿过 0.5 千米的隧道需要 24 秒。这就是说，当弗瑞德到达隧道出口时，火车头已经从隧道口出来并行驶了 3 秒；因此时间太晚，他无法引起司机的注意。但是，由于火车完全进入隧道需要 6 秒的时间，所以等最后的车厢从隧道出来也需要 6 秒的时间。从弗瑞德开始向隧道出口跑，整个火车需要 30 秒才能驶出隧道。而弗瑞德跑到隧道出口需要 27 秒，这足够可以吸引然车手的注意，从而拯救了乘车的旅客。

63...

答案如图所示：
将小正方形上下 2 个数字相乘，再将正方形左右 2 个数字相乘，然后用较大的值减去较小的值，其结果就是该正方形内的值。

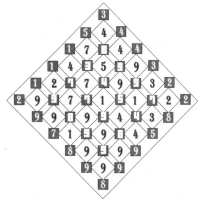

64...

7	10	−	43	20
+	×		÷	=
3	9		11	6
×	+		+	÷
2	1		12	8
÷	5	−		−	4	×

65...

下列答案中 n 指前 1 个数：
1. 122 （n+3）× 2
2. 132 （n−7）× 3
3. 19 2n−3

66...

8	8	3	6	5	5
8	4	4	7	7	4
5	6	4	8	3	5
9	8	3	4	7	3
7	5	9	3	5	8
6	4	4	8	3	4

67...

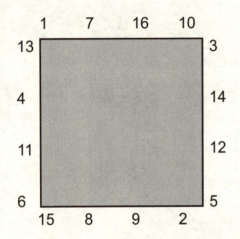

68...

69...

19。把这个图形水平、垂直分成4部分，形成4个3×3的正方形。在每个正方形中，把外面的4个数字相加，所得的和就是中间的数字。

70...

425。计算的规则是：由顶部数字颠倒排列顺序后组成的四位数减去由中间数字组成的四位数，所得结果再被由底部数字组成的四位数减去，这时所得的结果就是3个方格内的数字。

71...

6。
$6 \times 7 = 42$。

72...

4。把相邻2个椭圆中间的2个数字相减，所得结果放在2个椭圆交叉的位置上。

73...

6。无论是纵向计算还是横向计算，这些数字相加都等于15。

74...

30。按纵列进行计算，把上面的数字除以2，就是中间的数字，再把中间的数字乘以3，就是下面的数字。

75...

$$\begin{array}{r} 289 \\ + 764 \\ \hline 1053 \end{array}$$

76...

A=4，B=14，C=20。
中间的数字是上下数字的总和与左右数字总和的差的2倍。

77...

2。在每个正方形中，外面三个角上的数字之和除以中间角上的数字，所得结果都是6。

78...

72。将数字盘上半部分中的数字乘以1个特定的数，得到的积放入对应的下半部分的位置。第1个数字盘中乘以的特定数字为3，第2个为6，第3个为9。

79...

1。把下面2个圆中对应位置上的数字相乘，就得到左上角圆中的数字；右上角圆中的数字等于下面2个圆中对应位置上的数字和。

80...

上半个：÷，×；下半个：×，×。

81...

8。在每个正方形中，上面的数字与下面的数字相乘，再减去左右两边的数字之和，每次得到的结果都是40。

82...

1。在每个圆中，先把上面两格中的数字平方，所得结果相加，就是最下面的数字。

83...

281。从上向下进行，这些数字依次是14的倍数，从112到182颠倒数字顺序以后得到的。

84...

一，一，×。

85...

100。计算的规则是：每个三角形内的数字之和都等于200。

86...

60岁。如果将他的整个寿命设为"X"年，那么：

他的孩童时期 $=\frac{1}{4}X$

他的青年时期 $=\frac{1}{5}X$

他的成人期 $=\frac{1}{3}X$

他的老年时期 $=13$

$\frac{1}{4}X+\frac{1}{5}X+\frac{1}{3}X+13=X$

$X=60$

87...

8679。将题目所在的页面颠倒，然后把2个数字相加。

88...

89...

$6+7+11÷3×2+5 - 12=9$

90...

91...

47。A=2，B=3，C=5，D=7，E=11，F=13，G=17。

335

第5章 提高计算力的思维游戏

清华北大学生爱做的1500个思维游戏

92…

22	21	13	5	46	38	30
31	23	15	14	6	47	39
40	32	24	16	8	7	48
49	41	33	25	17	9	1
2	43	42	34	26	18	10
11	3	44	36	35	27	19
20	12	4	45	37	29	28

93…

4。按行计算，从中间一行开始，把左右两边的数字相加，结果填在中间的位置上。上下两行也按同样方法进行，但是把所得的和填在对面的中间位置上。

94…

A。在每块手表中，有两个显示时间的数字是相同的。

95…

60。把经过中间圆上的直线两端的数字相乘，就可以得到这个答案。

96…

10。在每个星星图形中，如果你把上面3个角上的数字相加，再减去下面2个角上的数字的和，所得结果就是中间的数字。

97…

654。每列的前3个数字相加，最后一列将显示为987654321。

98…

48。这6个数字都可以用于飞镖记分。60（20的3倍），57（19的3倍），54（18

的3倍），51（17的3倍），50（靶心）及48（16的3倍）。

99…

5。这个方框包括：
1个1
1（1×1）
4个2
2的平方（2×2）
9个3
3的平方（3×3）
16个4
4的平方（4×4）
25个5
5的平方（5×5）
36个6
6的平方（6×6）
49个7
7的平方（7×7）

100…

1535。这是1个24小时钟表显示的时间，每步向前走75分钟。

101…

168。每个方框里的数字都是它正下方2个方框中数字的乘积。

102…

1. 28（×3）+1
2. 6（−5）×2
3. 11（×2）+7
4. 22（×2）−2
5. 13（÷2）+6
6. 17（−7）÷2
7. 20（−4）×2
8. 20 原数的平方 +4
9. 8 将原数开方 +3
10. 4 原数的平方 −5
11. 80（+8）×5
12. 36（−11）×4
13. 62（×6）+8
14. 71（×4）−13

15. 13（÷4）+3
16. 19（÷5）−3
17. 36（−13）×6
18. 162（+3）×9
19. 361 +2，再平方
20. 6 −4，再开方

103…

23。

方形 =9，叉 =5，Z=6，心 =7。

104…

1	2	3	4	5	6	7
3	4	5	6	7	1	2
5	6	7	1	2	3	4
7	1	2	3	4	5	6
2	3	4	5	6	7	1
4	5	6	7	1	2	3
6	7	1	2	3	4	5

105…

4。在第 1 个五边形里，5×5×125 ＝ 3125 或者 55；在第 2 个五边形里，3×9×9 ＝ 243 或者 35；同样的，16×8×8 ＝ 1024 或者 45。

106…

4。角上的数字总和乘以 2 等于中间的数字。

107…

42。左上角数字乘以右下角数字或者右上角数字乘以左下角数字，都能得到中间的数字。

108…

8.6。有两个序列，分别加上 1.65 和 1.92。如：3.65+1.65＝ 5.3，4.92+1.92=6.84，然后依此类推。

109…

0。从左向右进行，把每 2 个数字当做 1 个两位数，这些数字都是 7 的倍数。

110…

111…

答案是 B。将各行前两个数值相乘，再加上第 3 个数值，其结果就是等号后两位数的数值。

那么，最后一行的表达式为 4×7 ＋ 5 ＝ 33。

112…

2	5	6	9	1	7	3	8	4
1	7	8	3	4	5	9	6	2
9	3	4	8	6	2	7	1	5
5	6	2	7	3	1	8	4	9
3	9	7	2	8	4	1	5	6
4	8	1	5	9	6	2	7	3
6	4	9	1	2	8	5	3	7
7	1	3	6	5	9	4	2	8
8	2	5	4	7	3	6	9	1

113…

2 个。

114...

456。

第 1 个图形代表的值是 789 ；

第 2 个图形代表的值是 456 ；

第 3 个图形代表的是 123。

115...

84。将 A 的小时数乘以 B 的分钟数，得到 C 的吨数；然后将 B 的小时数乘以 C 的分钟数，得到 D 的吨数……E 的小时数乘以 A 的分钟数，得到 B 的吨数。

116...

如果有 2 个孩子，那么他们性别的可能情况如下：男孩与男孩、男孩与女孩、女孩与男孩，以及女孩与女孩。所以，2 个孩子都是女孩的可能性是 25%。

117...

4 只猫，每只猫都紧邻相邻角落中的猫的尾巴。

118...

如图可以看出 3 个抽屉中纸托蛋糕的摆放形式。

在这 3 种可能中，下一个拿出的还是巧克力纸托蛋糕的有 2 种。

所以，答案是 $\frac{2}{3}$ 的可能性。

119...

把 9 上下颠倒过来当做 6，再把它与 8 交换位置，这样两边算式的和都得 18。

120...

第 1 行和第 5 行中，个位数相加等于 10，其余各位相加均得 9，2 个数之和等于 1000000。第 2 行和第 6 行、第 3 行和第 7 行、第 4 行和第 8 行相加均得 1000000。所有数相加得 4000000。

121...

```
  62174
+ 62980
-------
 125154
```

122...

如果 81 个学生曾经选修过地理课，那么 90 个学生（还有 10 个学生没有上过地质或者地理课）至少选修过 2 门课的学生中有 9 个学生只选修过地质课。既然 90 个学生中有 63 个选修过地质课，那么还剩下 27 个学生只选修过地理课。

27+9=36

36÷100 是 36%

答案是 36%。

既然有 36 个学生只选修过地理课或者地质课中的 1 门；10 个学生什么都没选，那么还有 54 个学生至少上过地质课和地理课中的 1 门。

123...

```
   111
   333
   500
   077
 + 090
------
  1111
```

124…

4 个数字的唯一解法：

1+1+2+4=1×1×2×4

5 个数字的 3 种解法：

1+1+1+2+5=1×1×1×2×5

1+1+1+3+3=1×1×1×3×3

1+1+2+2+2=1×1×2×2×2

125…

以下是各种可能性：

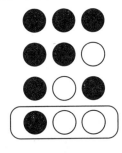

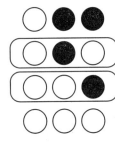

因此，取出的球中正好有 2 个白球的概率为 $\frac{3}{8}$。

126…

答案是 96。

127…

每个数字倒过来读都和原来的一样。

128…

把相邻 2 个数都拆成个位数相加就变成了下面的数字。例如：

8+9（89）+ 5+3（53）=25

5+3（53）+ 1+7（17）=16

所以，缺失的数字应该是 1+6（16）+ 1+7（17）=15

129…

答案是 1234321。

130…

答案是 6。由题意知：

6M=B，8B=F，3F=Y。

我们可以计算出 1 个 yump（Y）中 bop（B）的个数：8×3=24。1 个 yump（Y）中 murk（M）的个数是：24×6=144。所以 144÷24=6。

131…

缺失的数字是 3。这里的数字和手机键盘上的数字是一一对应的。

132…

答案是 26。20 和 32 的中点是（20+32）÷2=26。所以 16a 和 36a 的中点 26a 也是 26。

133…

Z=-7。每行的数字都是它上面那行的 2 个数字之差（后 1 个减前 1 个）。

```
12   18   26   38   49
   6    8    12   11
      2    4    -1
         2    -5
            -7
```

134…

```
  9021
   581
   581
 + 581
------
 10764
```

135…

F 的值为 23。

将①代入②得到：A+B+P=T

将⑤代入上式得：8+B+P=T ⑥
再将③代入④得到：B+P+T+A=30
将⑤代入上式得：22−B−P=T ⑦
将⑥和⑦相加得：30=2T，即 T=15 ⑧
将⑤和⑧带入③得到：F=15+8=23

136...

以下是 2 种答案：
$$21^2+22^2+23^2+24^2=25^2+26^2+27^2$$
$$36^2+37^2+38^2+39^2+40^2=41^2+42^2+43^2+44^2$$

137...

321 个。960 除以 3 再加上 1（数列第 1 个数）。

138...

答案是 −8。直线上方的每个图形，无论是圆圈还是方块，每个都加 2。直线下方的每个图形，无论是圆圈还是方块，每个都减 2。圆圈和方块谁先谁后没有区别。

139...

马尔文得到 94.25 元，哈维得到 74.25 元，布鲁斯得到 41.25 元，罗洛得到 23.25 元。

140...

奈德的得分如下：10 分靶槽内有 14 个铁圈，共得分 140；20 分靶槽内有 8 个铁圈，共得分 160；50 分靶槽内有 2 个铁圈，共得分 100；100 分靶槽内有 1 个铁圈，得分 100。这样，140 + 160 + 100 + 100 = 500。

141...

因为每个人所能分得的财产与各自服务的时间长短有关。女佣人分得了 1 份遗产，会客室的那个仆人分得了 3 份遗产，厨师则分得了 6 份遗产，这样，总共有 10 份。每份遗产为 7000 元的 $\frac{1}{10}$，即 700 元，也就是那个女佣人所得的遗产。同时，会客室的那个仆人得到 2100 元，而厨师得到 4200 元。

142...

帕特开始有 50 元，而迈克有 30 元。

143...

"荷兰人"所剩下的弹子占两人开始时弹子总数的 $\frac{1}{5}$，或者占"荷兰人"原来弹子数的 $\frac{2}{5}$。"荷兰人"的原弹子数在增加 20 个之后，就变成原来的 $\frac{6}{5}$；20 个弹子占原来的 $\frac{1}{5}$。所以，每个人在开始游戏之前，都各有 100 个弹子。而当游戏结束时，"荷兰人"有 40 个弹子，"鹿角"有 160 个弹子。

144...

A 桶中原来有 66 升的葡萄酒，B 桶中原来有 30 升的葡萄酒。

145...

答案为：37−37−37。计算如下：$37 \times 3 = 111$；$37 \times 6 = 222$；$37 \times 9 = 333$。

146...

8 位圣诞老人总共握手 28 次。A 与其他 7 位握手，B 因为已经与 A 握过手所以只需与其他 6 位握手，而 C 只需与其余 5 位握手，依此类推，握手的总次数为：
$$7 + 6 + 5 + 4 + 3 + 2 + 1 = 28.$$

147...

我们利用反向思维从剩下的 8 块儿糖算起。因为桌上剩下的糖是第 3 个旅行者醒过来时的 $\frac{2}{3}$，所以他醒来时，桌上的盘子内会有 12 块儿糖；同样地，这 12 块儿糖是第 2 个旅行者醒过来时的 $\frac{2}{3}$，所以，他醒来时，盘子里有 18 块儿糖；这 18 块儿糖是第 1 个旅行者醒来时的 $\frac{2}{3}$，这就是说盘子里原来有 27 块儿糖。

148…

一共为 114 千米。下面的图表向我们说明了一切。

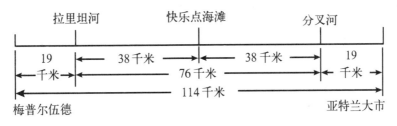

149…

（17+6+5+9）－（11+2+4+8）=12

150…

C。每行第 1 格的数字 × 第 2 格的数字 － 第 3 格的数字 = 第 4 格的数字。

（6×2）－5=7

（8×3）－17=7

（9×2）－9=9

（7×4）－10=18

151…

F。

152…

A=35，B=15。

每行小方格中的数字除以 3，然后再将它们相乘就得到中间的数字。

153…

箱子的重量为 3 个单位。

154…

1。把每排数字当成 1 个三位数，从上到下分别是 17，18，19 的平方数。

155…

8 块饼干。

156…

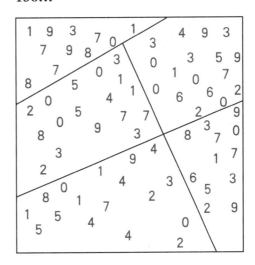

157…

K。在每行中，左右两边的数字相乘，所得结果等于中间 3 个字母的顺序值相加。

158…

1. 路线为：17—19—22—24—28—20，总值为 130。

2. 路线为：17—19—22—28—25—20，总值 131；17—23—22—24—25—20，总值为 131。

3. 路线为：17—24—26—28—25—20，最大值为 140。

4. 路线为：17—19—22—24—25—20，最小值是 127。

5. 一共有 2 种方式：17—24—26—24—25—20；17—23—22—26—28—20。

159...

设丢失的数字为X，然后一层层填满空格，那么顶部的数字就为3X+28。我们知道这个数字等于112，因而3X=112-28=84，所以X=28。

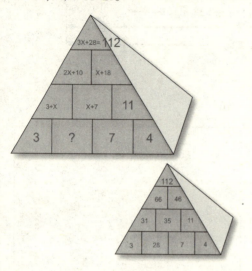

160...

58和86。在第1个椭圆中，所有的数字都是8的倍数。在第2个椭圆中，它们都是7的倍数。

161...

11。每组由圆圈组成的三角形中，从最长一排开始，把3个相邻的数字相加，所得结果填在这些数字的正上方或者正下方中间的位置，从每个三角形的底边向顶角进行计算。

162...

2。表情代表的是数字，根据其内部含有的或者周边增加的元素而计（不包括头本身）。将顶部代表的数字与右下角代表的数字相乘，除以左下角代表的数字，便得到中间的数字。

163...

66。从左向右计算，把前一个数字乘以2，再减去2，就得到下一个数字。

164...

表C的值为41。每个方格所代表的数字如表所示

16	9	8	1
15	10	7	2
14	11	6	3
13	12	5	4

165...

1. 圆形的数值为2，五角星的数值为3，三角形的数值为5。所以天平C的右端需要放4个五角星才能平衡。

2. 五角星的数值为1，三角形的数值为3，圆形的数值为6。所以天平C的右端需要放2个圆形才能平衡。

166...

C。三角形中间的数字为顶上各数平方数的和。

167...

F。奇数的个位和十位数字交换位置，其他不变。

168...

1点9分9秒。

169...

4个月亮。太阳=9，月亮=5，云=3。

170...

A.66。前2个数字相加的结果就是第3个数字。

B.154。计算的规则是：（n+3）×2。

C.9 和 20。该行两组数字排列的规律
为：1 个满足加 3、加 4、加 5，依此类推；
另外 1 个是每次都加 2。

D.51。计算的规则是：（2n-3）。

E.-49。计算的规则是：（2n-15）。

F.70。数字排列的规律为：（2n-12）、
（2n-22），依此类推。

G.343。计算的规则是：（n× 前一个数
字）÷2。

171...

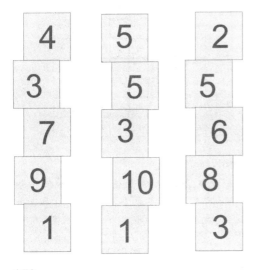

172...

砝码的重量是 2 个单位。由于它位于
第 8 个单位的位置上，所以，它的重量需
要 2 个单位（总重量为 8×2 = 16），才能
维持系统的平衡。

左右两边的平衡关系如下：

（3×8 + 2×4）＋（6×7）＋（1×6 +
1×8）=（5×2 + 4×8）＋（2×6 + 2×9）＋
（2×8）

173...

8。左上角数字减去左下角数字，得出
第 1 个差。右上角数字中减去右下角数字，
得出第 2 个差。将第 1 个差减去第 2 个
差，即为正方形中间的数字。

174...

10。菱形周围有 8 组数字，3 个数字 1
组，它们的和等于 15；10 + 3 + 2 = 15，
8 + 2 + 5 = 15 等。

175...

11。将上面的数相加，再除以 2，就
是最下面的数。

176...

49 米。她在各段路上行走的路程依次
如下：

A = 9 米；B = 8 米；C = 8 米；D =
6 米；E = 6 米；F = 4 米；G = 4 米；H =
2 米；I = 2 米。

一共 49 米。

177...

旗杆的长度为 10 米。

旗杆与它影子的比例等于测量杆与它
影子的比例。

178...

正确答案是⑤。这个例子把一个看似
不可行的问题转化成一个可行的简单问题。

举个例子，25=32。

24+23+22+21+20

=16+8+4+2+1=31

它就比 32 少 1。

179...

以下是其中的 1 种答案：

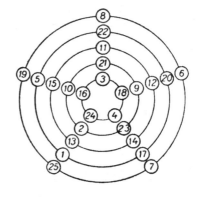

180..

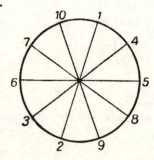

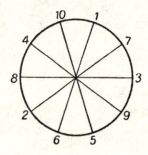

181...

　　卡车的速度是 30 千米 / 小时，那么它每 2 分钟走 1 千米；如果速度是 20 千米 / 小时，则它每 3 分钟走 1 千米，而且每走 1 千米要比前一种速度下慢 1 分钟。两种速度相差的 2 个小时即 120 分钟，即 120 千米就是农庄与城市之间的距离。

　　在速度为 30 千米 / 小时的情况下，卡车在 4 小时以内走完 120 千米。这个速度会提前 1 个小时到达，如果要在 11 点到达就应该用 120÷5=24，即速度为 24 千米 / 小时。

182...

　　221 个银币。如果把你的库克拉全部换成金币的话，你可以换到 40×7=280。但是只剩下 161 个金币了，还缺少 280−161=119 个金币。剩下的只能用银币补充。金币和银币的价值比为：13 : 7。

$$13 : 7 = X : 119$$
$$7X = 1547$$
$$X = 221$$

183...

　　玛莎把一个数的 $\frac{4}{3}$ 乘以这个数的 $\frac{2}{3}$。但

是 $\frac{4}{3} \times \frac{2}{3} = \frac{8}{9}$，或者说应该是正确答案减去本身的 $\frac{1}{9}$。正确的体积数的 $\frac{1}{9}$ 等于 20 立方米，所以，答案是 180 立方米。

184...

　　答案是 E。

185...

			3		1	1
			3	4		
				2		
1		4	2			
1						
	3	3				
					4	2	2
					4	

186...

　　设 A 是原来的三位数。因为骰子相对的两面的数字之和等于 7，则第 2 个数字是 777−A，那么，六位数字就是 1000A+777−A=999A+777=111（9A+7）。把这个数除以 111 后减去 7，得出的数再除以 9，就可以求出 A 是多少。例子中的算法是朋友将 254523÷111=2293 的最终结果告诉你，你就可以算出结果了。2293−7=2286，2286÷9=254。

187...

　　设最后每个男孩各有 x 个蘑菇。那么玛露西亚给了柯里（x−2）个蘑菇，给了安德 $\frac{1}{2}$ x 个蘑菇，给了瓦尼亚（x+2）个蘑菇，给了佩提亚 2x 个蘑菇。由题可得：

$$x-2+\frac{1}{2}x+x+2+2x=45$$
$$4\frac{1}{2}x=45$$
$$x=10$$

　　所以，玛露西亚分给柯里 8 个蘑菇，安德 5 个蘑菇，瓦尼亚 12 个蘑菇，佩提亚 20 个蘑菇。

第 6 章

提高推理力的思维游戏

1.旋转的物体

这是一个三维物体水平旋转的不同角度的视图，但是它们的顺序被打乱了，你能否将它们按照原来的顺序排列成一行？

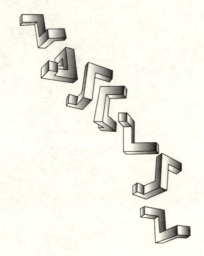

2.柜子里的秘密

我的电脑桌旁边的一面墙上有一些小的木柜子，平时可以放一些小东西，我就把自己的收藏分别放在这些柜子里。放的时候我按照了英文字母的排列顺序，如下图所示，这个顺序能够提示我记住密码。

你能猜出我的密码是什么吗？

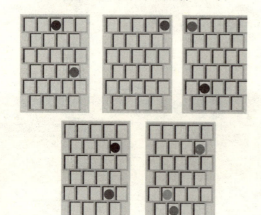

3.数字迷宫（1）

数字迷宫是在一个每一边包含 n 个格子的正方形里面填上从 1 到 n2 的自然数。填的时候按照横向或纵向移动，在相邻的格子里填上连续的数，每一个格子里只能填入一个数。下面给出了一个例子。

在 5×5 和 6×6 的方框中，有几个格子里已经填上了数字，你能否将剩余的数字补充完整？

4.数字迷宫（2）

下面是另外一个数字迷宫。规则同上题，但是这次要求填上的数字是 1 到 100。

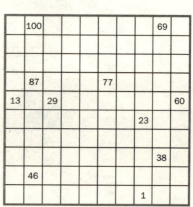

清华北大学生爱做的1500个思维游戏

第 6 章 提高推理力的思维游戏

有几个数字已经填入方格了，你能够将它补充完整吗？

5.数列（1）

你能否找出下面这个数列的规律，并写出它接下来的几项吗？

```
2  3  5  6  7  8
10  11  12  13  14
15  17  18  19
20  21  22  23
24  26  27…?
```

6.扑克牌

如图所示，15 张扑克牌摆成一个圆形，其中两张已经被翻过来了。

这 15 张牌中每相邻 3 张牌的数字总和都是 21。

你能否由此推出每张牌上的数字？

21

7.足球

如果这个足球的重量等于 50 克加上它重量的 3/4，那么这个足球的重量是多少？

8.类似的数列

一个有趣的数列的前 8 个数如下图所示。

请问你能否写出该数列的第 9 个数和第 10 个数？

1	1
2	11
3	21
4	1211
5	111221
6	312211
7	13112221
8	1113213211
9	?
10	?

9.等式平衡

一个等式就好比一个天平。英国教师罗伯特·柯勤设计了一个天平，即在一个常规天平上加一个

滑轮,如图所示。由此也就引入了"负数重物"的概念。

根据上面的图,你能否确定 x 的值?

2 个为蓝色。

任意拿出 3 个贴纸分别贴在 3 位数学家的帽子上,并将另外 2 个藏起来。

这些数学家的任务就是要说出自己帽子上贴纸的颜色(不许看镜子,不许把帽子拿下来,也不能做其他小动作)。

他们中的 2 个人分别说了一句话(如图所示)。

请问数学家 C 帽子上的贴纸是什么颜色的?

10.箭轮

这 9 个箭轮中哪一个是与众不同的呢?

12.彩票

一种奖品为高级小轿车的彩票一共发行了 120 张。

有一对情侣非常渴望得到这辆

11.帽子与贴纸

有 5 个贴纸,其中 3 个为红色,

车，因此购买了 90 张彩票。

请问他们不能赢到这辆车的概率是多少？

13. 轮盘赌

有没有一种方法让你在轮盘赌中一定会赢？

14. 灌铅色子

怎样才能迅速地辨别灌铅色子呢？

15. 有洞的色子立方

20 个规则的色子组成了一个大立方体，如图所示。在大立方体每一面的中间都有一个洞。你能否分别写出这 3 个我们看得见的洞四面的色子点数？

我们看不见的那 3 个洞呢？

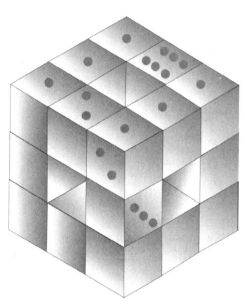

16. 帽子游戏（1）

在计算两三个单独的小组组合之后的总和和百分比的时候，我们非常容易犯错误，因此尤其要注意。

人们总是认为数据越大，结果也就更可信。辛普森悖论所研究的就是与这种假设完全不符的结果。有的时候数据越大结果反而越不好。

4 个帽子游戏就向你介绍一下这种悖论。

将 41 个小球放进如图所示的 4 个帽子中，其中 23 个小球为红色，18 个小球为蓝色。每个帽子中的小球数量如图所示。

从每组中（A 和 B 为一组，C 和 D 为一组）抽出一个小球。在这 2 次中如果你抽到红色小球就算你赢。请问在哪个帽子中抽到红色小球的可能性最大？

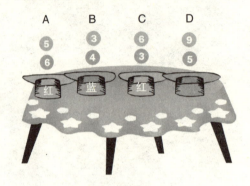

17. 帽子游戏（2）

在一个小一点的桌子上再玩帽子游戏，将 41 个小球放在下图这 2 个帽子中。各个帽子中小球的数量如图所示。

从哪个帽子中抽到红色小球的可能性更大？

18. 黑暗中的袜子（1）

在抽屉里放了 7 只红色、7 只黄色以及 7 只绿色的袜子。

在黑暗中，必须要拿多少只袜子才能拿到一双左右脚配套的袜子（任意颜色的都可以）？

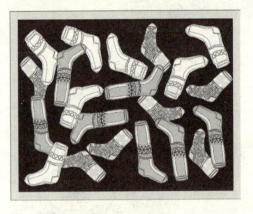

19. 黑暗中的袜子（2）

条件同 18 题，问要拿多少只袜子才能每种颜色的袜子各拿到一双？

20. 兔子魔术

魔术师将 6 只白色兔子和 6 只红色兔子放在 4 顶帽子里，每顶帽子上面都贴有标签，如图所示。但是这些标签全部都贴错了。

4 个选手每个人拿到一顶帽子和帽子上的标签（弄错了的标签）。每

个选手可以从他的帽子中拿出 2 只兔子。要求他们说出自己帽子里的 3 只兔子的颜色。

第 1 个选手拿出了 2 只红色兔子，他说："我知道剩下的 1 只兔子是什么颜色的了。"

第 2 个选手拿出了 1 只红色和 1 只白色的兔子，他说："我也知道剩下的 1 只兔子是什么颜色的了。"

第 3 个选手拿出了两只白色兔子，他说："我不知道我帽子里的第 3 只兔子的颜色。"

第 4 个选手说："我不需要拿兔子。我已经知道我帽子里所有兔子的颜色，而且我也知道了第 3 个选手的另外 1 只兔子的颜色。"

他是怎么知道的呢？

RRR
RRW
RWW
WWW

R 代表红色，
4 个弄混了的标签 W 代表白色

21.丢掉的袜子

假设你有 10 双袜子，丢掉了其中 2 只。请问下面这 2 种情况哪个可能性更高：

1．最好的情况：你丢掉的 2 只正好是 1 双，因此你还有 9 双完整的袜子。

2．最差的情况：你丢掉的 2 只都是单只，因此你只剩下了 8 双完整的袜子和 2 只单独的袜子。

这 2 种情况哪个更可能发生呢？

22.向上还是向下

如果将左下角的齿轮逆时针转动，图中的 4 个重物将分别怎样移动？哪 2 个向上，哪 2 个向下？

23.循环图形（1）

循环图形是由一个移动点的运动轨迹所组成的几何图形。你可以把它想象成是一只小虫根据一定的规则爬行：

这只小虫首先爬行 1 个单位长度的距离，转弯；再爬行 2 个单位长度，转弯；再爬行 3 个单位长度，转弯；依此类推。每次转弯 90°，而它爬行的最大的单位长度有一个特定的极限 n，之后又从 1 个单位长度开始爬行，重复整个过程。

你可以在一张格子纸上玩这个游戏。

下面已经给出了 n=1，2，3，4，5 时的循环图形，你能画出 n=6，7，8，9 时的循环图形吗？

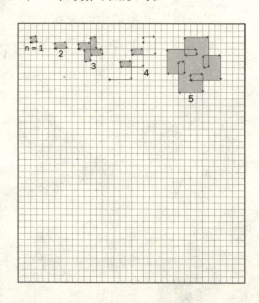

24.循环图形（2）

你能够画出 n=10，11，13 时的图形吗？

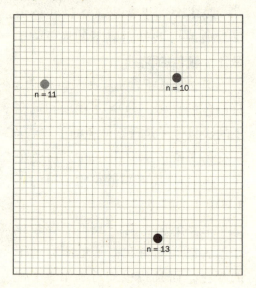

25.循环图形（3）

循环图形在转弯的时候除了转 90° 以外，还可以有其他角度。在如图所示的纸上可以画出每次转弯时顺时针旋转 120° 的循环图形，n=2，3，4 的情况都已经画出来了，现在请你画出 n=5 和 7 时的图形。

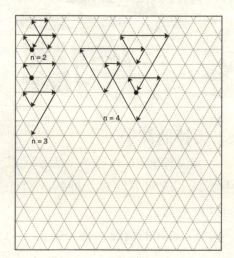

清华北大学生爱做的1500个思维游戏

第 6 章 提高推理力的思维游戏

26.循环图形（4）

下面的循环图形每次转弯时逆时针旋转60°。图中已经画出了n=1，2，3和4时的图形。

你能画出n=5，6，7和8时的图形吗？

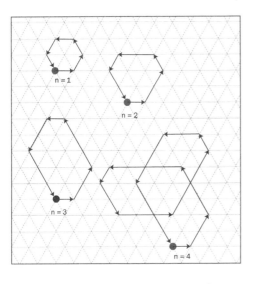

27.最长路线（1）

在这个游戏里，需要通过连续的移动从起点到达终点，移动时按照每次移动1，2，3，4，5，…个格子的顺序，最后一步必须正好到达终点。

必须是横向或是纵向移动，只有在两次移动中间才可以转弯，路线不可以交叉。

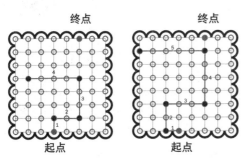

上面分别是连续走完4步和5步之后到达终点的例子。你能做出下边这道题吗？

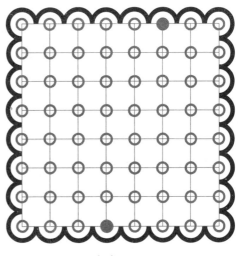

28.最长路线（2）

条件同27题，你能做出这道题吗？

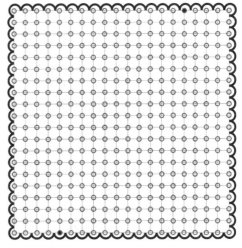

29.孩子的年龄

一个父亲说:"如果将我的 4 个小孩的年龄相乘,结果将会是 39。"

请问他的 4 个孩子分别是多大?

30.父亲和儿子

父亲和儿子的年龄个位和十位上的数字正好颠倒,而且他们之间相差 27 岁。

请问父亲和儿子分别多大?

31.弹子球

詹妮和杰迈玛本来有相同数量的弹子球,后来詹妮又买了 35 颗,而杰迈玛丢掉了 15 颗,这时他们两人弹子球的总数是 100。

请问刚开始时詹妮和杰迈玛分别有多少颗弹子球?

32.动物散步

图中的问号处应该分别填上什么动物?

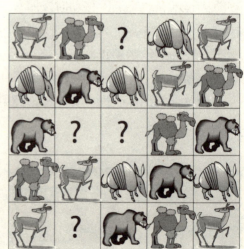

33.小鸟觅食

7 只小鸟住在同一个鸟巢中。它们的生活非常有规律，每一天都有 3 只小鸟出去觅食。

7 天之后，任意 2 只小鸟都在同一天出去觅食过。

将 7 只小鸟分别标上序号 1 ~ 7，请你将它们这 7 天的觅食安排详细地填在表格中。

时　间	觅食的小鸟序号
第 1 天	
第 2 天	
第 3 天	
第 4 天	
第 5 天	
第 6 天	
第 7 天	

34.猫鼠过河

3 只猫和 3 只老鼠想要过河，但是只有一条船，一次只能容纳 2 只动物。无论在河的哪一边，猫的数量都不能多于老鼠的数量。

它们可以全部安全过河吗？

船最少需要航行几次才能将它们全都带过河？

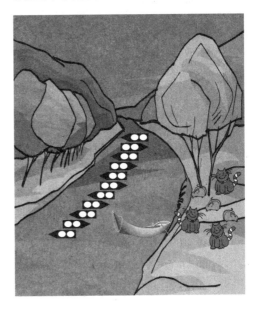

35.谁是谁

汤姆总是说真话；狄克有时候说真话，有时候说假话；亨利总是说假话。

请问图中的 3 个人分别是谁？

36.哪一句是真的

下面哪一句话是真的？

1. 12 句话中有 1 句是假的。
2. 12 句话中有 2 句是假的。
3. 12 句话中有 3 句是假的。
4. 12 句话中有 4 句是假的。
5. 12 句话中有 5 句是假的。
6. 12 句话中有 6 句是假的。
7. 12 句话中有 7 句是假的。
8. 12 句话中有 8 句是假的。
9. 12 句话中有 9 句是假的。
10. 12 句话中有 10 句是假的。
11. 12 句话中有 11 句是假的。
12. 12 句话中有 12 句是假的。

37.通往真理城的路

真理城的人总是说真话，而谎言城的人总是说假话。

你在去往真理城的路上看到了上面的这个路标，但是这个路标让人摸不着头脑，因此你必须要向站在路标旁边的人问路。

不幸的是，你并不知道这个人究竟是来自真理城还是谎言城，而你只能问这个人一个问题。

你应该问一个什么问题，才能找到通往真理城的路呢？

38.鲁勒奴都斯城市民

鲁勒奴都斯城的市民分 3 种：只说真话的人、只说假话的人以及一次说真话一次说假话的人。

你遇到了这个城市里的一个居民，你可以问他两个问题，最后你必须通过他的回答来判定他属于哪一种人。

你会问他哪两个问题？

39.真理与婚姻

国王有两个女儿，一个叫艾米莉亚，一个叫莱拉。她们中有一个已经结婚了，另一个还没有。艾米莉亚总是说真话，莱拉总是说假话。一个年轻人要向国王的两个女儿中的一个提一个问题，来分辨出谁是已经结婚了的那个。如果答对的话，国王就会将还没有结婚的女儿嫁给他。

他应该怎样问才能娶到公主呢？

40.理发师费加诺

小城里唯一的一位理发师名叫费加诺。在所有有胡子的居民中，费加诺给所有自己不刮胡子的人刮胡子，他从来不给那些自己刮胡子

的人刮胡子。也就是说，一个人要么自己刮胡子，要么让费加诺给他刮胡子，没有人两种方法都使用。我们的问题是，费加诺自己有没有胡子？

41.士兵的帽子

第二次世界大战中，一个军营里有 100 名士兵因违反纪律将被惩罚。司令官把所有的士兵集合起来，说：

"我本来想让你们全体罚站，不过为了公平起见，我准备给你们最后一次机会。一会儿你们会被带到食堂。我在一个箱子里为你们准备了相同数量的红色帽子和黑色帽子。你们一个接一个地走出去，出去的时候会有人随机给你们每人戴上一顶帽子，但是你们谁都看不到自己帽子的颜色，只能看到其他人的，你们要站成一列，然后每一个人都要说出自己戴的帽子是什么颜色。答对的人将免受惩罚，答错了，就要罚站。"

过一会后，每一个士兵都戴上了帽子，现在请问，士兵们怎样做才能逃脱惩罚呢？

42.男孩的特征

一个班有 20 个男孩，其中有 14 个人是蓝眼睛，12 个人是黑头发，11 个人体重超重，10 个人非常高。

请问一共有多少个男孩同时具备这 4 个特征？

43.规律线段

仔细观察下面 4 幅图形，选出规律相同的第 5 幅图。

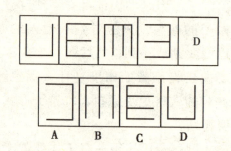

44.图形规律

仔细观察下面 4 幅图形，依据图形规律，选出适合的第 5 幅图形。

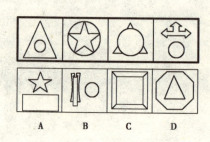

45.真正的出路

一个顽皮小孩独自闯入一座迷宫，在里面走了很久，一直没有找到出口，孩子吓坏了。这时，他走到一个三岔路口旁，发现每个路口上面都写了一句话，第一个路口上写着："这条路通向迷宫的出口。"第二条路口写着："这条路不通向迷宫的出口。"第三条路口上写着："另外两条路口上写的话，一句是真的，一句是假的，我们保证，上述的话绝不会错。"那么，他要选择哪一条路才能出去呢？

46.抢钱的破绽

一名女出纳员拎着一个空手提包向民警报案："我叫夏扬，是远华进出口公司的出纳员。上午 9 点钟，我去市农业银行取了 10 万元人民币放进手提包里，当我走到十字街口的时候，一个骑摩托车的歹徒，突然停在我身边，狠狠地打了我一拳，我头一晕，倒在了地上，当我醒来时，手提包里的 10 万元人民币不见了。"听完夏扬的叙述，民警冷笑一声，说："小姐，你涉嫌作案，请跟我们到公安局去！"在公安局，夏扬不得不交代了她伙同男友作案的过程。请问：民警是根据什么断定夏扬作案的？

47.奇怪的生日（2）

一对孪生姐妹，妹妹今天刚好过第4个生日，姐姐在昨天才过第一个生日，这是怎么一回事呢？

48.猜猜是谁

老师在一张纸条上写了甲乙丙丁4个人中的一个人的名字，然后握在手里让这4个人猜一猜是谁的名字。

甲说：是丙的名字。

乙说：不是我的名字。

丙说：不是我的名字。

丁说：是甲的名字。

老师听完后说："4个人中间只有一个人说对了，其他人都说错了。请再猜一遍。"这次4个人很快同时猜出了这张纸条上写的是谁的名字了。这张纸条上究竟写的是谁的名字？

49.谎言的破绽

在家休息的老罗接到一个电话，对方想在隔周的星期五拜访他。但老罗说："那天上午我要开会，下午1点要参加学生的婚礼，4点要参加一个朋友的孩子的葬礼，随后是我姐姐的公公60寿辰宴会……所以那天我没时间接待您了。"老罗的话里有一个地方不可信，是什么地方？

50.三姐妹

有3个大美女，其实是"天使"、"魔鬼"和"常人"三姐妹。天使总是说真话，魔鬼总是说假话，常人有时说真话，有时说假话。黑发美女说："我不是天使。"茶发美女说："我不是常人。"金发美女说："我不是魔鬼。"到底谁是谁呢？

51.正确的按钮

一户人家在大门的按钮旁边，贴有一张告示，上面写着："A在B的左边；B是C右边的第三个；C在D的右边；D紧靠着E；E和A中间隔一个按钮。"上面没有提到的那个按钮是正确的。究竟哪个是正确的呢？

52.马虎的校长

吴校长做事特别马虎，这天，他要给4名老师获得的奖品和奖状上写上名字，但是，他把一些人的名字和对应的奖项写错了。当然，他不会在一个奖项下写两个名字的，所以出错也不外乎这样三种可能：正好有三个人写对了；正好有两个人写对了；正好有一个人写错了。那么，他究竟写错了几个人的名字？

53.巨款仍在

已到暮年的北极探险家巴斯，过着独居生活。一天，他被暗杀在密室中，放在密室壁内保险柜里的40万美元被盗去。根据这里特有的

防范措施，警方认定罪犯并没有将这笔巨款带出住宅，而是藏在宅内某处，等日后伺机取走，于是当局公告拍卖巴斯的私人财产，警长布里和刑事专家伯纳来到了探险家的庄园。博物厅里，拥挤的顾客正在注视着死者一生中5次去北极探险获得的纪念品——两只北极熊标本、1只企鹅标本、3只大龟标本以及爱斯基摩人的各种服装、器皿和武器。警长预计罪犯会来，因为拍卖时间只有两天，但他担心警署人员不可能周密地注视到每个房间。伯纳说："很关键，罪犯肯定会到这个房间里来取某样东西。"请问：罪犯究竟到这个房间里来取什么呢？

54.撒谎村来的打工妹

晓庆、许薇、杨英3位打工妹在街头相遇。她们中间有一个是撒谎村的人。有人问晓庆："你是撒谎村来的？"她的回答大家都没听清。许薇说："晓庆说'我不是撒谎村来的'，我也不是。"杨英接茬儿说："许薇是撒谎村来的，我不是。"那么，到底谁是撒谎村来的呢？

55.有钱人

可怜的父亲在一个灾荒之年，都要面临断炊了，所以不得不求助于5个都已成家立业的儿子。他不知道哪个儿子有钱，但他知道，兄弟之间彼此知道底细，且有钱的说的都是假话，没钱的才说真话。

老大说："老三说过，我的四个兄弟中，只有一个有钱。"老二说："老五说过，我的四个兄弟中，有两个有钱。"老三说："老四说过，我们兄弟五个都没钱。"老四说："老大和老二都有钱。"老五说："老三有钱，另外老大承认过他有钱。"几个儿子中谁有钱？你知道吗？

56.加勒比海盗

10名加勒比海盗抢得了窖藏的100块金子，并打算瓜分这些战胜品。这是一些讲民主的海盗（当然是他们自己特有的民主），他们的习惯是按下面的方式进行分配：最厉害的一名海盗提出分配方案，然后所有的海盗（包括提出方案者本人）就此方案进行表决。如果50％或更多的海盗赞同此方案，此方案就获得通过并据此分配战利品。否则提出方案的海盗将被扔到海里，然后下一个最厉害的海盗又重复上述过程。所有的海盗都乐于看到他们的一位同伙被扔进海里，不过，如果让他们选择的话，他们还是宁可得一笔现金。他们当然也不愿意自己被扔到海里。所有的海盗都是有理性的，而且知道其他的海盗也是有理性的。此外，没有两名海盗是同等厉害的——这些海盗完全按照由上到下的等级排好了座次，并且每个人都清楚自己和其他所有人的等级。这些金块不能再分，也不允许几名海盗共有金块，因为任何海盗都不相信他的同伙会遵守关于共享金块的安排。最凶的一名海盗应当提出什么样的分配方案才能使他获得最多的金子呢？

57.百试百灵

算命先生给小李一个信封，并告诉他没有开心事不能打开。小李订婚的那天，打开信封，大吃一惊："怎么这么灵？"请问信封里写的是什么？

58.人鬼同渡

3个人和3个鬼同在一个小河渡口，渡口上只有一条可容2人的小船。如何用这条小船把他们全部渡到对岸去？条件是在渡河的过程中，河两岸随时都保持人数不少于鬼数，否则鬼会把处于少数的人吃掉。

59.乐极生悲

A，B，C和D4个人是中学同学，一次不期而遇，决定一起吃饭，当他们坐在一张正方形桌子边喝酒时，D突然中毒身亡。对于警探的讯问，每人各作了如下的供词：A：我坐在B的旁边，不是B就是C坐

在我的右侧，这个人不可能毒死D。B：我坐在C的旁边，不是A就是C坐在D的右侧，这个人不可能毒死D。C：我坐在D的对面，如果我们当中只有一个人撒谎，那人就是毒死D的凶手。警探在和酒吧的侍者交谈之后，证实他们中只有一个人撒谎，也确实只有一个人毒死了D。请问：到底是谁毒死了D？

60.找谁算命

有一个人十分迷信，在婚姻的问题上，左右为难，下不了决心，不知道何去何从，于是他想去听听算命先生的意见。街上有两个算命先生甲和乙，甲告诉他："我说的话，有60%是正确的。"乙告诉他："我说的话，只有20%是正确的。"这个人想了想，选择乙给他算命了。你知道这是为什么吗？

61.最后一个字母

英语字母表的第一个字母是A，那么最后一个字母是什么？

62.福尔摩斯

泰晤士河畔的一座公寓里发生了一起凶杀案。罪犯十分狡猾，当福尔摩斯赶到案发现场时，发现连时钟都被砸碎了。侦探找到了一块碎片，长针和短针正好各指在某一刻度上，长针比短针多1刻度，但

看不出具体时间（如图）。福尔摩斯却从中分析出了作案时间。你知道是几时几分吗？

63.无赖和愚蠢

一次，谢里登访友归来时，在伦敦街上迎面碰上了两个皇家公爵，这两个人平时总爱讽刺这位作家出身的议员。他俩假装很亲热地与谢里登打招呼，其中一个拍拍他的肩膀说："嗨，谢里登，我们正在讨论你这个人是更无赖些还是更愚蠢些呢。""哦，这样啊。"谢里登立即抓住他们两人，说道，"……"谢里登的反击巧妙而又辛辣，使这两位公爵无地自容。你知道他是怎么说的吗？

64.互联网狂躁症

英国研究各类精神紧张症的专家发现，越来越多的人在使用互联网之后都会出现不同程度的不适反应。根据一项对1万个经常上网的人的抽样调查，承认上网后感到烦躁和恼火的人数达到了1/3；而20岁以下的网迷则有44%承认上网后感到紧张和烦躁。有关专家认为，确实存在着某种"互联网狂躁症"。根据上述材料，以下哪项最不可能成为导致"互联网狂躁症"的病因？ A.由于上网者的人数剧增，通道拥挤，如果要访问比较繁忙的网址，有时需要等待很长时间。B.上网者经常是在不知道网址的情况下搜寻所需的资料和信息，成功的概率很小，有时花费了工夫也得不到预想的结果。C.虽然在有些国家使用互联网是免费的，但在我国实行上网交费制，这对网络用户的上网时间起到了制约作用。D.在互联网上能够接触到各种各样的信息，但很多时候信息过量会使人们无所适从，失去自信，个人注意力丧失。

65.完全吻合

下面哪个图与带问号的图组合在一起能够得到一个完整的长方形？

66.缺少的时针

表盘中缺少的时针应指向哪儿?

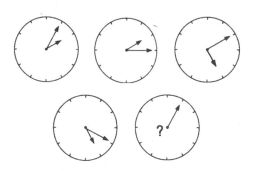

67.挑选人员

要从代号为 A, B, C, D, E, F 6 个侦查员中挑选若干人去破案, 人选的配备要求必须注意下列各点:

①A, B 两人中至少去一人;

②A, D 不能一起去;

③A, E, F 三人中要派两人去;

④B, C 两人都去或都不去;

⑤C, D 两人中去一人;

⑥若 D 不去, 则 E 也不去。

那么, 你知道都有谁去了吗?

68.类同变化

从 A 到 B 的变化, 类同于从 C 到哪一项的变化?

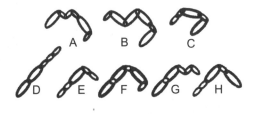

69.加薪

在某办公室听见这样的谈话:甲说:"如果给我加薪的话, 也会给乙加薪。"乙说:"如果给我加薪的话, 也会给丙加薪。"丙说:"如果给我加薪的话, 也会给丁加薪。"结果下来,3 个人的说法都是正确的, 但甲、乙、丙、丁 4 个人中只有 2 个人加了薪, 你知道加薪的是谁吗?

70.抓强盗

从前, 有个十分聪明的孩子叫柯南。一次, 他和父亲出门, 住在一家旅店里。到了半夜的时候, 有一个强盗手持钢刀闯进了他们的房间, 并用刀逼迫柯南和他的父亲交出财物, 否则就要对他们行凶。这时, 打更的梆子声由远而近地传来, 心虚的强盗就催促假装在找东西的柯南赶快交出财物。可柯南却告诉强盗, 如果着急的话就必须允许自己点亮灯盏来找。于是, 就在打更的梆子声在房间的门外响起的时候, 柯南点亮了灯盏, 并把父亲藏在枕头下面的钱交给了强盗。可就在这个时候, 门外的更夫却突然大声地发出了"抓强盗"的喊叫声, 很快, 人们就冲进了房间, 抓住了还来不及跑掉的强盗。你能想到柯南是怎样为走在门外的更夫做出屋里有强盗的暗示的吗?

71.合二为一

如图所示，钟表的长针和短针成为一条线（重合时除外），并且短针正指着整点刻度，这样的情况在一天中是几时（几分）呢？

72.爱撒谎的一家人

有一家人特别爱撒谎。这天中午吃饭，爷爷先在圆形的餐桌前坐了下来，问他4个人要怎么坐。没想到他们连这个也要说谎。妈妈："我坐女儿旁边。"爸爸："我坐儿子旁边。"女儿："妈妈是在弟弟的左边。"儿子："那我右边是妈妈或姐姐。"请问：他们一家人到底是怎么坐的？

73.移花接木

晶晶死在卧室里，尸体是被来访的记者朋友发现的。他立刻拨打了110，警察和法医以最快的速度赶到了现场。大约过了一个小时。"死因和死亡时间出来了吗？"警察问法医。"是他杀，大概已经死了

二十三四个小时了，但现场没有作案的痕迹。"法医回答。"那就奇怪了。"警察忽然注意到桌子上的蜡烛在燃着，他顺手打开日光灯，却发现停电了。猛然，他意识到了什么。"原来这尸体是从别处移过来的。"请问，警察是凭什么做出推理的？

74.推测符号

如图所示，将○、△、×符号填入25个空格中，每格一个。问号所在一格应该是什么符号？

○	×	△	○	○
△	×	△	×	×
×	○	○	△	△
○	△	×	○	○
?	×	○	△	×

75.图形变身

如果A变身为B，那么C应变身为哪个呢？

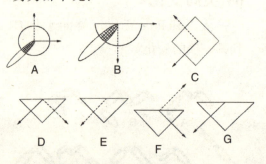

76.明察秋毫

市区的一家银店遭劫。营业员

指控欧文是作案者："银店刚开门，欧文就闯进来了。当时我正背对着门，他用枪抵在我背上，命令我不准转过身来，并叫我把壁橱内的所有银器都递给他。我猜他把银器装进了手提包，他逃出店门时，我看见他提着包。"警长问："这么说，你一直是背对着罪犯的，他逃出店门时又背对着你，你怎么知道他就是欧文呢？"营业员说："我看见了他的影像。我们的银器总是擦得非常亮，在我递给他一个大水果碗时，我见到他映在碗上的头像。"在一旁静听的亨利探长："你别装了，你就是罪犯。"探长为什么断定营业员是罪犯？

77.真实身份

有一个美丽的女孩在河边洗澡，当她洗完后发现放在岸边的衣服被人偷了。关于这件事，受害者、旁观者、目击者和救助者各有说法。她们的说法如果是关于被害者的就是假的，如果是关于其他人的就是真的。请你根据她们的说法判定谁是被害者。

玛亚："凯瑞不是旁观者。"

凯瑞："希尔不是目击者。"

波西："玛亚不是救助者。"

希尔："凯瑞不是目击者。"

78.正确答案

有4道测试题（每个问题都用Y或N来回答），小兰、小朋、小乐是如下表这样回答的。

	Q1	Q2	Q3	Q4
小兰	Y	Y	N	N
小朋	N	Y	Y	N
小乐	Y	N	Y	Y

这个测试题中，每答对一个问题得1分，3人的分数各不相同。以下陈述中，最低分的人的话是假的。那么请问，怎么答题才能得满分呢？小兰："问题4的正确答案是N。"小朋："小兰只得了1分。"小乐："小朋只得了1分。"

79.真正的藏宝箱

阿不拉不仅是个专业小偷，更是一名胆大妄为的冒险分子。有一次，他到德国旅行，途中意外拾获一张藏宝图。于是，在藏宝图的指引下，他来到了海德堡，并且如愿闯入一个古老而神秘的地窖中。地窖内有两个奇怪的大箱子，以及一张布满灰尘的字条。字条上面清楚地写道：我生前所掠夺的宝物都放在其中某个箱子里，但我希望将这些宝贝传给真正有智慧的人——换句话说，阁下若开对箱子，自可满载而归，万一开错了，就得跟我一样，永远长眠于地底之下了。

阿不拉紧接着发现，两个箱子上也分别贴有字条。

甲箱："乙箱的字条属实，而且

所有金银财宝都在甲箱内。"乙箱："甲箱的字条是骗人的，而且所有金银财宝都在甲箱内。"当下，阿不拉愣在原地，百思不得其解。然而，问题真有想象中那么困难吗？你可否帮阿不拉决定打开哪个箱子呢？

80.文字推数

下面 5 个选项中哪一个是最好的类比？"预杉"对于"须杼"相当于 8326 对于：

A.2368　B.6283　C.2683　D.6328 E.3628

81.循环赛

5 个球队进行篮球比赛，每队互赛一场进行循环赛。比赛的结果如下：

甲队：2 胜 2 败

乙队：0 胜 4 败

丙队：1 胜 3 败

丁队：4 胜 0 败

请问：戊队的成绩如何？

82.波娣娅的宝盒

在莎士比亚的《威尼斯商人》一剧中，波娣娅有 3 个珠宝盒，一个是金的，一个是银的，一个是铜的。在这 3 个盒子的某一个中，藏有波娣娅的画像。波娣娅的追求者要在这 3 个盒子中选择一个。如果他有足够的运气，或者足够的智慧，

挑出的那个盒子藏有波娣娅的画像，他就能宣布娶波娣娅为妻子。如下图所示，在每个盒子的外面，写有一句话，内容都是有关本盒子是否装有画像。

波娣娅告诉追求者，3 句话中最多只有一句是真的。这个追求者有可能成为幸运者吗？如果有的话，应该选择哪个盒子呢？

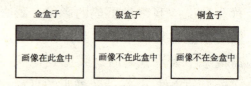

83.计算闯关

A 为 B 设计了一道游戏题，如图所示。要求是由出发点开始，经过每一关时，从＋、－、×、÷中选一个符号，对相邻的两个数字进行运算，使到达目的地时，答案恰好是 1。B 想了半天，也不明白该怎么前进。你知道该怎样过关吗？

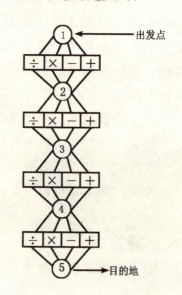

84.规律推图

仔细观察下面4幅图形，从A，B，C，D 4个选项中选出规律相同的第5幅图形。

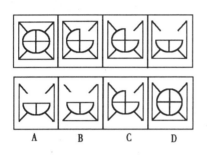

85.判断图形

仔细观察下面两组图形，依据第1组图形组合的规律，将第2组图形补齐。

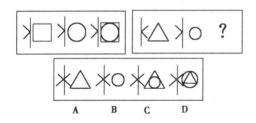

86.记忆填箭头

下面所示的图形中缺了两个箭头，请你用最快的速度补出来。

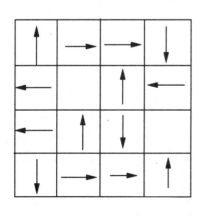

87.奇怪的家庭

一个家庭有5个孩子，其中一半是女孩，这是怎么回事？

88.智擒盗贼

华盛顿小时候就聪明过人，在他家乡威斯特摩兰至今还流传着他智捉盗马贼的故事。有一天，村里的一个孤寡老爷爷的马被人偷走了。村民们帮忙四处寻找，终于在牲口市场上找到了那匹马。可是，盗马贼死活不承认这是偷来的马。由于马的主人这时又拿不出有力的证据来，盗马贼反咬一口，说村民们诬陷他，说着骑上马就想溜。这时，华盛顿赶来了。他用双手分别蒙住马的眼睛，紧接着问了盗马贼几个问题，很快就诱使盗马贼在众人面前原形毕露，只好承认自己的丑行。那么你知道他问了什么问题吗？

89.数字矩阵

仔细观察这个矩阵，你能填上未给出的数字吗？

1	1	1	1
1	3	5	7
1	5	13	25
1	7	25	?

90.图形数字

请观察各图形与它下面各数间的关系，然后在问号处填上一个适当的数。

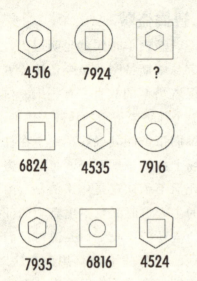

91.电话

某天早晨，3个女人都在同一时段打电话。从以下给出的线索中，你能说出打电话和接电话的人分别是谁吗？

1. 伯妮斯在她母亲接完电话之后打了一个电话。

2. 玛格丽特曾和艾莉森电话聊天。

3. 劳拉是接到电话的一方。

4. 女儿去接电话是在某人打电话给乔伊斯之后。

92.战舰（1）

这道题是按照一个古老的战舰游戏设计的，你的任务是找出表格中的船。方格中已填入了几个代表海或某种船的局部的图案，而紧靠行和列边上的数字表示这行或这列被占的方格总数。船和船之间可以水平或垂直停靠，但是任何两艘船或船的某个部分都不可以在水平、垂直和对角方向上相邻或重叠。

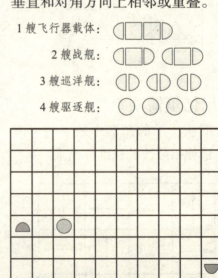

93.蜂窝

由 14 个小六边形组成了一个蜂窝状图形，每个小六边形都包含字母 A 到 N 中的一个，你能把各个字母按以下线索填进各个小六边形中吗？

1. 字母 A 在 F 的右下角，且紧挨着 F，并在 M 的左上方。

2. 六边形 1 中的字母是字母表中前 5 个之一。

3. 字母 H 在 D 的右上方，这两个字母的周围均不包含元音字母。

4. N 和 I 在垂直线上，N 在较高的位置。

5. 六边形 7 中的是字母 K。

6. 六边形 9 中的字母在字母表中的位置要比它上方六边形 4 中的字母前 2 位。

7. 六边形 14 中的字母是个元音字母，在字母表中，它紧排在六边形 5 的字母的前面。

8. G 和 L 相邻，L 更靠右边。

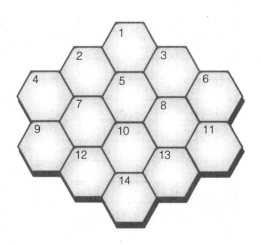

94.战舰（2）

这道题是按照一个古老的战舰游戏设计的，你的任务是找出表格中的船。方格中已填入了几个代表海或某种船的局部的图案，而紧靠行和列边上的数字表示这行或这列被占的方格总数。船和船之间可以水平或垂直停靠，但是任何两艘船或船的某个部分都不可以在水平、垂直和对角方向上相邻或重叠。

1 艘飞行器载体：

2 艘战舰：

3 艘巡洋舰：

4 艘驱逐舰：

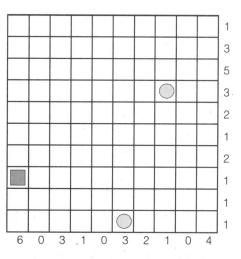

95.ABC（1）

按要求填表格。要求每行每列均包含字母 A，B，C 和两个空格。表格外的字母表示箭头所指方向的第 1 或者第 2 个出现的字母，如 B1 代表箭头所指方向出现的第 1 个字母为 B，你能完成要求吗？

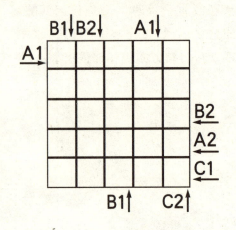

96.扮演马恩的个演员

马恩是 20 世纪最伟大的人物之一，最近，不列颠电视台将上演休·马恩的自传，电视台的新闻办公室公布了分别扮演马恩各个时期的 4 个演员的照片。从以下所给出的线索中，你能说出 4 个演员的名字以及所扮演的时期吗？

1.C 饰演孩童时代的马恩，他不姓曼彻特。

2.安东尼·李尔王不饰演晚年的马恩，马恩在晚年时期已经成为哲学家。

3.理查德紧贴在哈姆雷特的左边，哈姆雷特饰演的是那个正谈论他伟大军事理想的马恩。

4.A 是朱利叶斯。

名：安东尼，约翰，朱利叶斯，理查德
姓：哈姆雷特，李尔王，曼彻特，温特斯
时期：孩童，青少年，士兵，晚年

97.战舰（3）

这道题是按照一个古老的战舰游戏设计的，你的任务是找出表格中的船。方格中已填入了几个代表海或某种船的局部的图案，而紧靠

1 艘飞行器载体：

2 艘战舰：

3 艘巡洋舰：

4 艘驱逐舰：

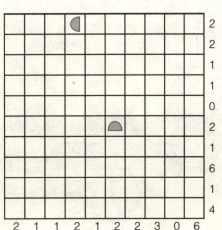

行和列边上的数字表示这行或这列被占的方格总数。船和船之间可以水平或垂直停靠，但是任何两艘船或船的某个部分都不可以在水平、垂直和对角方向上相邻或重叠。

98.路径逻辑（1）

运用你的逻辑推理能力，推导出符合以下条件的一条路径：从"开始"一直到"结束"，这条路径可以沿水平也可以沿垂直方向。各行各列起始处的数字代表这行或这列所必须经过的格子数（如下图例）。

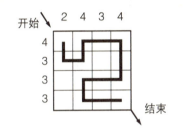

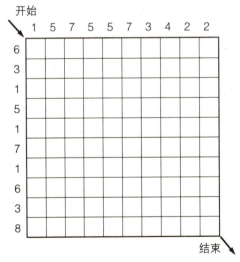

99.航海

在某个阳光灿烂的夏日午后，4

艘游船在某海湾航行，位置如图，从以下所给的线索中，你能说出这4艘船的名字、航海员以及帆的颜色吗？

1. 海鸠在马尔科姆掌舵的船东南面，马尔科姆掌舵的船帆是白色的。

2. 燕鸥在图中处于奇数的位置，它的帆是灰蓝色的。

3. 有灰绿色帆的那艘船不是图中的4号。

4. 维克多的船处于3号位置。

5. 海雀的位置数要比有黄色帆的游船小，但比大卫掌舵的船位置数要大。

6. 埃德蒙的船叫三趾鸥。

船名：海鸠，三趾鸥，海雀，燕鸥
航海员：大卫，埃德蒙，马尔科姆，维克多
帆：灰蓝色，灰绿色，白色，黄色

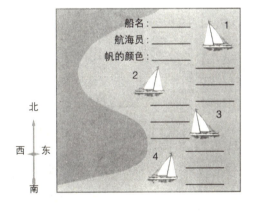

100.交叉目的

上星期六，住在4个村庄的4位女士由于不同的原因，如图所示，同时朝着离家相反的交叉方向出发。从以下所给的线索中，你能指出这4

个村庄的名字、4 位女士的名字以及她们各自出行的原因吗？

1. 波利是去见一位朋友。

2. 耐特泊村的居民出去遛狗。

3. 村庄 4 的名字为克兰菲尔德。

4. 西尔维亚住的村庄靠近参加婚礼的人住的村庄，并在这个村庄的逆时针方向。

5. 丹尼斯去了波利顿村，它位于利恩村的东面。

村庄：克兰菲尔德村，利恩村，耐特泊村，波利顿村
名字：丹尼斯，玛克辛，波利，西尔维亚
原因：参加婚礼，遛狗，见朋友，看望母亲

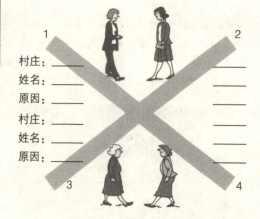

村庄：_____ _____
姓名：_____ _____
原因：_____ _____
村庄：_____ _____
姓名：_____ _____
原因：_____ _____

101.可爱的熊

我妹妹在她梳妆台的镜子上摆放了 4 张照片，这 4 张照片展示的是她去年去动物园时所看到的熊。从以下所给的线索中，你能说出这 4 只熊的名字、种类以及各个动物园的名字吗？

1. 布鲁马的照片来自它生活的天鹅湖动物园。

2. A 照片上的熊叫帕丁顿，它不来自秘鲁。

3. 格林斯顿动物园的灰熊的照片在一张正方形的明信片上。

4. 眼镜熊的照片在鲁珀特的右边，鲁珀特熊不穿裤子。

5. 泰迪的照片紧靠来自布赖特邦动物园那只熊的左边，后者不是东方太阳熊。

熊名：布鲁马，帕丁顿，鲁珀特，泰迪
种类：灰熊，极地熊，眼镜熊，东方太阳熊
动物园：布赖特邦，格林斯顿，诺斯丘斯特，天鹅湖

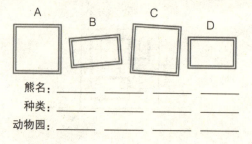

熊名：_____
种类：_____
动物园：_____

102.英国士兵的孩子们

退役士兵汤米·阿托肯的 3 个孩子都跟随他们的父亲加入了英国军队，并且都成了军官。从以下的线索中，你能说出汤米·阿托肯的 3 个小孩的出生年份、他们具体在哪种类型的部队服役以及他们现在驻扎的地方吗？

1. 在皇家工程队的阿托肯军官出生于 1977 年。

2. 皇家炮兵队的大卫·阿托肯要比在奥尔德肖特的兄弟年轻。

3. 詹姆士·阿托肯不在步兵团。

4. 布赖恩驻扎在伦敦的一个步兵团里。

	1976年	1977年	1978年	炮兵队	工程队	步兵团	奥尔德肖特	柯彻斯特	伦敦
布赖恩									
大卫									
詹姆士									
奥尔德肖特									
柯彻斯特									
伦敦									
炮兵队									
工程队									
步兵团									

103.寻找骨牌（1）

一副标准形式的骨牌已经展开，为了清楚起见，它使用数字而非点数来表示。用你尖锐的笔尖和灵活的脑瓜，你能把每个骨牌都画出来吗？

这些格子将对你非常有帮助。

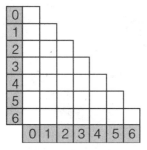

0	3	0	3	6	4	6	2
5	5	0	5	4	5	5	0
6	2	0	4	2	3	4	1
1	2	2	4	4	3	1	3
1	1	0	6	5	3	3	1
1	3	6	6	6	2	2	5
2	1	4	0	4	0	6	5

104.吹笛手游行

图中展示了吹笛手带领着哈密林镇的小孩游行，原因是他用他的笛声赶走了镇里的所有老鼠，但镇里却拒绝付钱给他。从以下所给的线索中，你能说出4个小孩的名字、他们的年龄以及他们父亲的职业吗？

1. 牧羊者的小孩紧跟在6岁的格雷琴的后面。

2. 汉斯要比约翰纳年纪小。

3. 最前面的小孩后面紧跟的不是屠夫的孩子。

4. 队列中3号位置的小孩今年7岁。

5. 玛丽亚的父亲是药剂师，她要比2号位置的孩子年纪小。

姓名：格雷琴，汉斯，约翰纳，玛丽亚
年龄：5，6，7，8
父亲：药剂师，屠夫，牧羊者，伐木工

105.堆积

下面的砖堆并不是孩子们玩耍时随意堆砌的，而是暗示了右边空白砖堆的最终结果，和其他砖堆一样，空白的一堆内有6块砖，每块上标有字母A，B，C，D，E，F中的一个，且各不相同。砖堆下面的

数字告诉你两个信息:

1. 每堆内符合以下条件的砖对数:这堆中相邻的砖对在结果中仍相邻且顺序相同。

2. 每堆内符合以下条件的砖对数:这堆中相邻的砖对在结果中仍相邻,但顺序颠倒。

如:

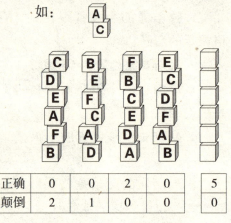

正确	0	0	2	0		5
颠倒	2	1	0	0		0

一堆内如有 AC,结果堆内包含相同的相邻的两块砖,若 A 在 C 上面,就在该堆下面的"正确"栏内标 1,相反,如果结果堆内相邻两块砖中 C 在 A 上面,就在相应的"颠倒"栏内标 1,根据所给信息,你能标出结果堆上面的字母序列吗?

106.顶峰地区

在安第斯山脉的某个人迹罕至之地,那里的 4 座高峰都被当地居民当做神来崇拜。从以下所给的线索中,你能说出 4 座山峰的名字以及它们之前被当做哪个神来崇拜吗?最后将 4 座山峰按高度排序。

1. 最高那座山峰是座火山,曾经被当做火神崇拜。

2. 格美特被当做庄稼之神崇拜,是 4 座山峰中最矮那座的顺时针方向上的下一座。

3. 山峰 1 被当做森林之神崇拜。

4. 最西面的山峰叫飞弗特尔,而普立特佩尔不是第 2 高的山峰。

5. 最东面那座是第 3 高的山峰。

6. 辛格凯特比被崇拜为河神的山峰更靠北一些。

山峰: 飞弗特尔, 格美特, 普立特佩尔, 辛格凯特
峰高次序: 最高,第 2,第 3,第 4
神: 庄稼之神, 火神, 森林之神, 河神

山峰:_____
峰高次序:_____
神:_____

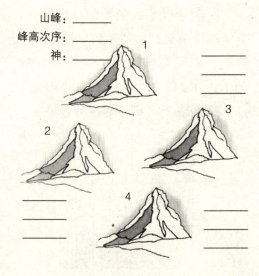

107.ABC(2)

填给出的表格,使得每行每列均包含字母 A、B、C 和两个空格。表格外的字母表示箭头所指方向的第 1 或者第 2 个出现的字母,如 B1 代表箭头所指方向出现的第 1 个字

母为 B，你能完成要求吗？

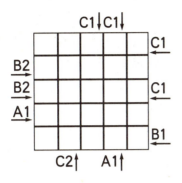

108.战舰（4）

这道题是按照一个古老的战舰游戏设计的，你的任务是找出表格中的船。方格中已填入了几个代表海或某种船的局部的图案，而紧靠行和列边上的数字表示这行或这列被占的方格总数。船和船之间可以水平或垂直停靠，但是任何两艘船或船的某个部分都不可以在水平、垂直和对角方向上相邻或重叠。

1 艘飞行器载体：

2 艘战舰：

3 艘巡洋舰：

4 艘驱逐舰：

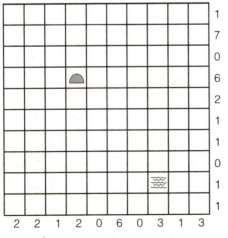

109.前方修路

正值度假高峰，政府委员会决定将通往景区的必经之路拓宽。6 辆游客车被堵在施工场地大概 40 分钟，从所给的线索中，你能说出每辆游客车的司机名字、车的颜色、游客的国籍以及每辆车所载的游客人数吗？

1. 阿帕克斯的汽车紧跟在载芬兰游客的车之后，后者要比黄色那辆少载 2 人，黄色那辆车载的人数少于 52 人，在阿帕克斯汽车后面。

2. 没有载俄罗斯游客的蓝色车辆紧靠在贝尔的车之前，前者比后者要至少多 2 人。

3. 红色汽车紧跟在载有 47 名游客的汽车之后，紧靠在载有澳大利亚游客的汽车之前。

4. 墨丘利的汽车在载有日本游客的车之后，而且相隔 1 辆车，后者亦在橘黄色车的后面，并不紧邻。墨丘利的汽车载的游客比这两者都要多，但要比美国游客乘坐的那辆少。

5. 乳白色汽车紧跟在 RVT 的汽车之后，后者紧跟在意大利游客乘坐的汽车之后。乳白色汽车载的游客比意大利游客多，但要比 RVT 少至少 2 人。

6. 肖的车紧靠在俄罗斯游客乘坐的车之前，而且要比后者多载 3

人，但它不是游客人数最多的车。

7.F 车要比 A 车多载 1 人，比 E 车少载 3 人，绿色汽车要比 D 车多不止 1 人，但要比 B 车少不止 3 人。

汽车司机：阿帕克斯，贝尔，克朗，墨丘利，肖，RVT
汽车颜色：蓝，乳白，绿，橘黄，红，黄
游客国籍：澳大利亚，芬兰，意大利，日本，俄罗斯，美国
游客人数：44，45，46，47，49，52

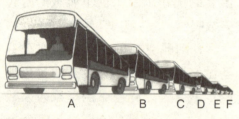

汽车司机：___ ___ ___ ___ ___ ___
汽车颜色：___ ___ ___ ___ ___ ___
游客国籍：___ ___ ___ ___ ___ ___
游客人数：___ ___ ___ ___ ___ ___

110.填空（1）

要求每行每列上均有字母 A，B，C，D，E，并且每个字母最多出现一次。同时，要求在用粗线条隔开的图形里，也均有字母 A，B，C，D，E，同样，每个字母最多只能出现一次。你能做到吗？

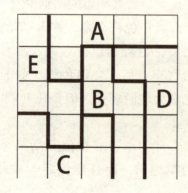

111.寻找骨牌（2）

一副标准形式的骨牌已经展开，为了清楚起见，它使用数字而非点数。用你尖锐的笔尖和灵活的脑瓜，你能把每个骨牌都画出来吗？这些格子将对你非常有帮助。

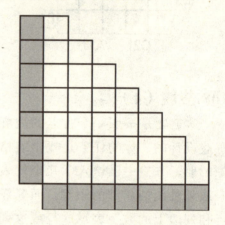

1	4	2	1	1	6	0	2
3	6	2	1	1	6	6	5
4	3	2	5	3	3	3	4
0	1	4	2	4	4	6	1
3	5	0	4	2	5	3	0
1	5	5	6	5	0	0	0
3	2	5	6	0	4	6	2

112.路径逻辑（2）

运用你的逻辑推理能力，推导出符合以下条件的一条路径：从"开始"一直到"结束"，这条路径可以沿水平也可以沿垂直方向。各行各列起始处的数字代表这行或这

列所必须经过的格子数（见图例）。

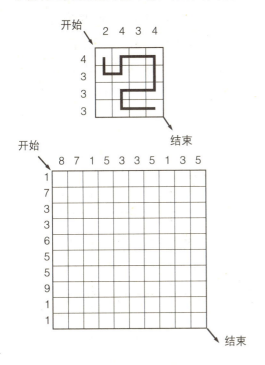

113.邮票的面值

下面是4种不同面值的邮票。根据给出的线索，你能找出每张邮票的设计方案（包括它们的面值、边框及面值数字的颜色）吗？

1.每张邮票中的数字5都不是棕色的。

2.画有大教堂的那张邮票面值中有个0，它在有棕色边框邮票的

右边。

3.第4张邮票的面值中有个1；而第3张邮票上画的不是海湾。

4.面值为15的邮票在蓝色邮票的正上方或正下方。

5.画有山峰的不是第1张邮票，它仅比有红色边框的邮票面值大。

图案：大教堂，海湾，山峰，瀑布
面值：10分，15分，25分，50分
颜色：蓝色，棕色，绿色，红色

114.寻找骨牌（3）

一副标准形式的骨牌已经展开，为了清楚起见，它使用数字而非点数来表示。用你尖锐的笔尖和灵活的脑瓜，你能把每个骨牌都找出来吗？你会发现这些格子对你非常有帮助。

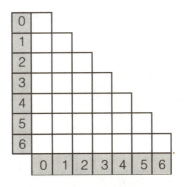

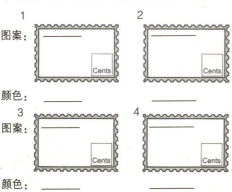

115.填空（2）

要求每行每列上均有字母 A，B，C，D，E，同时，在粗线条构成的图形里，也要有字母 A，B，C，D，E。你能做到吗？

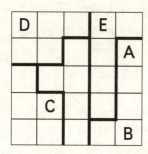

116.寻找骨牌（4）

一副标准形式的骨牌已经展开，为了清楚起见，它使用数字而非点数来表示。用你尖锐的笔尖和灵活的脑瓜，你能把每个骨牌都找出来吗？你会发现这些格子对你非常有帮助。

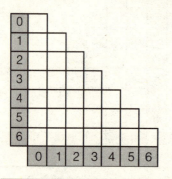

0	2	2	4	4	4	4
2	5	2	3	1	1	6
6	3	6	3	3	5	3
3	0	6	3	5	2	5
2	1	6	4	0	5	4
2	0	0	0	6	5	1
1	0	3	1	1	2	0

117.ABC（3）

填下边的表格，使得每行每列均包含字母 A，B，C 和两个空格。表格外的字母表示箭头所指方向的第 1 或者第 2 个出现的字母，如 B1 代表箭头所指方向出现的第 1 个字母为 B，你能完成要求吗？

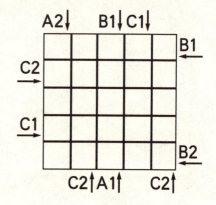

118.下火车后

4 名妇女刚刚乘火车从北方到达国王十字站，她们将搭乘 4 辆出租车。根据下面的信息，你能认出 1 到 4 号出租车的司机和乘客的名字以及乘客上车时的站名吗？

1.詹森所载的那名女乘客乘火车所走的路程比黛安娜长，黛安娜坐的是詹森后面的那辆出租车。

2.诺埃尔所载的不是在皮特博芮上车。

3.来自格兰瑟姆的那名妇女坐上了 1 号出租车，开车的司机不是伯尼，伯尼车上的乘客叫帕查。

4. 索菲是在多恩卡斯特上车。

5. 克莱德是4号出租车的司机。

司机：伯尼，克莱德，詹森，诺埃尔
乘客：安妮特，黛安娜，帕查，索菲
站名（按距离顺序，由远至近）：约克角，多恩卡斯特，格兰瑟姆，皮特博芮

119.填空（3）

要求每行每列上均有字母 A，B，C，D，E，同时，在粗线条构成的图形里，也要有字母 A，B，C，D，E。你能做到吗？

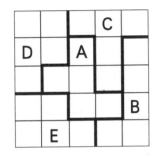

120.ABC（4）

填下边的表格，使得每行每列均包含字母 A，B，C 和两个空格。表格外的字母表示箭头所指方向的第 1 或者第 2 个出现的字母，如 B1 代表箭头所指方向出现的第 1 个字母为 B，你能完成要求吗？

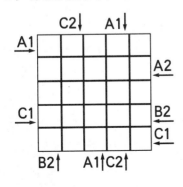

121.四人车组

英国电视台正在录制一部反映鸟类生活的纪录片。根据下面的线索，你能说出车中每个人的全名和他们的身份吗？

1. 瓦内萨·鲁特坐在录音师的斜对面。

2. 坐在 D 位置的鸟类学专家不姓温。

3. 姓贝瑞的摄像师不叫艾玛，而植物学家不在 C 位置上。

4. 盖伊不姓福特。

名：艾玛，盖伊，罗伊，瓦内萨
姓：贝瑞，福特，鲁特，温
身份：植物学家，摄像师，鸟类学专家，录音师

	A		B
名：			
姓：			
角色：			
	C		D
名：			
姓：			
角色：			

122.机车

在考伦喀斯特铁路展览馆里有 3 辆曾经服役于大盎格鲁人车站的机车。根据下面的信息，你能说出每辆机车的名字、颜色、各自所属的类型以及制造时间吗？

1. 顾名思义，沃克斯·阿比属于阿比类发动机。

2.外面被漆成深红色和白色的亚历山大曾被应用于制造机载导弹，而亚历山大不是越野类发动机。

3.罗德·桑兹不是那辆制造于1942年外表为橄榄绿的机车。

4.越野类型的机车直到1909年还没有被设计出来。

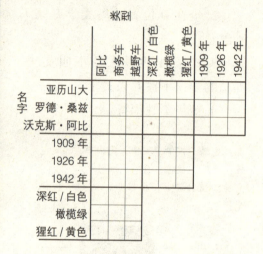

123.填空（4）

要求每行每列上均有字母A，B，C，D，E，同时，在粗线条构成的图形里，也要有字母A，B，C，D，E。你能做到吗？

124.寻找骨牌（5）

一副标准的骨牌已经摆出，为了表达清楚，我们使用数字替代圆点。运用锋利的笔和敏锐的头脑，你能标出每张骨牌的位置吗？每找到1张牌就把它去掉，你会发现下边的表格对你很有帮助。

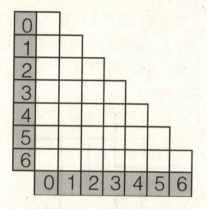

1	3	4	0	2	3	0	0
6	5	5	1	2	3	4	6
4	4	4	2	2	5	5	6
3	1	0	0	3	0	5	6
6	1	1	2	2	5	3	3
1	5	6	0	2	5	6	1
4	0	4	6	2	4	1	3

125.路径逻辑（3）

运用你的逻辑推理能力找出一条路径，使之符合以下条件：从"开始"到"结束"，可以水平也可以垂直方向。各行各列的起始处的数字代表这行或这列所必须经过的格子数。下面是一个简单的例子。

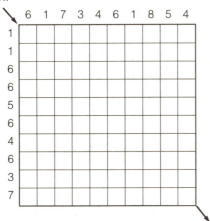

126.跨栏比赛

下图展示的是一次跨栏比赛中冲刺阶段的前 4 匹马。根据下面的信息，你能说出每匹马的名字，并具体描述每匹马的主人吗？

1. "跳羚"还没有到达栅栏。

2. 安德鲁领先于赫多尔两个名次。

3. 在图片中，迪克兰·吉姆帕稍稍领先于处于跨栏阶段的"杰克"。

4. 海吉斯是那个正在跳栏的职业赛马师。

5. 加百利所骑的"跳过黑暗"在

当时的比赛中稍稍落后于沃特的马。

马："小瀑布"，"杰克"，"跳过黑暗"，"跳羚"
（主人）名：安德鲁，迪克兰，加百利，吉斯杰姆
（主人）姓：海吉斯，赫多尔，吉姆帕，沃特为

127.龙拥有者俱乐部

龙拥有者俱乐部是为那些拥有多里卡特·龙跑车的人创办的，这些车都在 1930 ~ 1955 年之间制造。开始时没有多少位车主加入俱乐部，下图展示的是幸存的 4 辆在 1940 年之前制造的跑车。根据下面的线索，你能说出每辆车的主人、颜色以及制造时间吗？

1. D 号车是辆红色的龙跑车，它的主人不是加里·合恩，也不是 1934 年制造的。

2. B 号车在 1938 年由多里卡特工厂制造，当时他们没有生产线。

3. 特德·温的车在黄色跑车和 1932 年生产的车之间。

4. 伦·凯斯的跑车被漆成深绿色，曾被认为是绿色英国跑车，该车不是 A 号车。

5.C 号车不是蓝色的。

跑车主人：克里斯·丹什，加里·合恩，伦·凯斯，特德·温
跑车颜色：蓝色，绿色，红色，黄色
制造时间：1932，1934，1936，1938

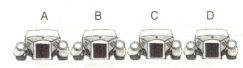

381

128.填空（5）

要求每行每列上均有字母 A，B，C，D，E，同时，在粗线条构成的图形里，也要有字母 A，B，C，D，E。你能做到吗？

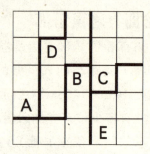

129.寻找骨牌（6）

一副标准形式的骨牌已经展开，为了清楚起见，它使用数字而非点数来表示。用你尖锐的笔尖和灵活的脑瓜，你能把每个骨牌都找出来吗？你会发现这些格子对你非常有帮助。

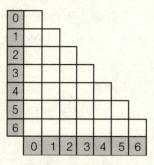

130.ABC（5）

填下边的表格，使得每行每列均包含字母 A，B，C 和两个空格。表格外的字母表示箭头所指方向的第 1 或者第 2 个出现的字母，如 B1代表箭头所指方向出现的第 1 个字母为 B，你能完成要求吗？

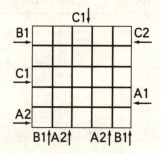

131.路径逻辑（4）

你能从正方形标有"开始"的一端找出一条途径到标有"结束"的另一端吗？要求途中只能横着走或

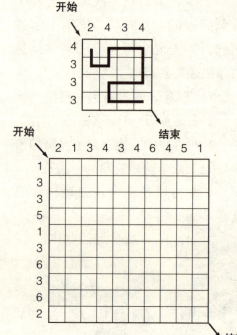

竖着走（不能对角走）。每行或列的开头标的数字提示你在那行或列里必须经过的方格数。下面是一个简单的示范。

132.环行线路

一条环行路线连着4个村庄，它的起始点即下图中标1的地方。开车的4位驾驶员分别住在4个村庄里。根据给出的线索，你能叫出每个村庄住的驾驶员的名字，并推算出环线上各村之间的距离吗？

1. 格里斯特里村是最北边的村庄，在环线上它与前面或后面的村庄的距离都不是7千米。

2. 驾驶员德莫特是提姆布利村的住户。提姆布利村不是最东面的村庄。

3.6千米长的那段路程起始在桑德莱比村，阿诺德不住在那里。

4. 环行车在5千米长的那段路上是朝往西南的方向开的，起始自罗莉住的村庄。

村庄：提姆布利，格里斯特里，桑德莱比，托维尔
驾驶员：阿诺德，德莫特，吉姆，罗莉
距离：4千米，5千米，6千米，7千米

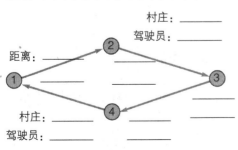

133.勋章

乔内斯特的宫廷博物馆有一个陈列橱，里面排放着14～19世纪中期的前乔内斯特的国王们保留的4个骑士团大勋章。从以下给出的线索中，你能填出下图的4个勋章分别代表的4个勋爵士团的名字、制造大勋章用的金属材料和它上面的绶带的颜色吗？

1. 勋章C上悬挂着绿色的绶带。

2. 大勋章A是用纯银制作的。

3. 为14世纪乔内斯特王位的继承人命名的赖班恩王子勋爵士团的勋章有一个紫色的绶带。

4. 铁拳勋爵士团的勋章，顾名思义是铁制的大勋章，上面烙印着代表性图案：握紧的拳头。展示在有蓝色绶带的勋章旁边。

5. 青铜制的勋章紧靠在由纯金制造的勋章的右边，金制勋章不是伊斯特埃尔勋爵士团的代表。

勋爵士团：赖班恩王子，圣爱克赞讷，伊斯特埃尔，铁拳
勋章的材料：青铜，金，铁，银
绶带的颜色：蓝色，绿色，紫色，白色

134.方格填数

在下图中，构成矩形的每个方格都包含了一个不同的数字，数字从 1～21 不等。从所给的线索中，你能在每个方格中填上正确的数字吗？

1.数字 20 在第 1 行中，7 在它的左边，6 在它的右边。

2.方格 A4 中的数字比它的邻居 A3 大 2，同时又是它另一个邻居 A5 的 2 倍。

3.C3 中的数字是 2，而数字 3 不在 B 行中。

4.数字 10 与 15 在同一水平行中，而且 10 在 15 左边第 3 个方格中。

5.方格 B1 中的数字是方格 A1 中数字的 2 倍，而方格 A1 中的数字是方格 C1 中数字的 2 倍。

6.B3 中的数字比 C6 中的数字少 1，同时 B3 又比 C2 中的数字少 2。

7.数字 1 所在的方格是在 18 的上面，1 又在 13 的左边。

8.数字 12 所在纵列的 3 个数字之和是 31，而第 7 纵列的 3 个数字之和大于 25。

9.数字 21 和 9 都在 C 行内，它们位于相邻的两个方格之内，前者上面方格的数字是个位数，后者上面方格的数字是两位数。

135.聪明的女士

这周没有牛奶或报纸送到彭姆布雷庭院来，而且每家每户都关着灯，因为 6 个公寓的居住者都因不同的原因离开了家。从以下给出的线索中，你能确定图中是谁住在哪个公寓里、因什么原因而不在家的吗？

1.同一楼层相邻的两户户主的性别没有一个是相同的。

2.在女儿手术后陪着女儿的那个人住在近期要住院的人的左边。

3.两个楼层之间有很好的隔音效果，但是隔壁房间则不尽如人意。当戴克斯先生的超强音乐打扰到他邻居格蕾小姐时，她还是非常和善的，而她现在去了新西兰。里弗斯夫人右手边的邻居去度假了。

4.6 号楼里住着一位女士。

5.沃特斯小姐右边的隔壁邻居去商业旅行了，而她跟布洛克先生则隔了个楼层。

6.伯恩斯先生不在家的理由跟工作没有关联，他也没有跟女儿在

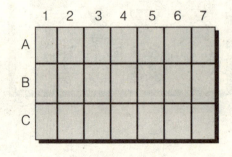

一起。格蕾小姐没有参加商业会谈。

居住者：布洛克先生，伯恩斯先生，戴克斯先生，格蕾小姐，里弗斯夫人，沃特斯小姐
原因：住院，在新西兰，谈生意，商业旅行，度假，陪女儿

136.ABC（6）

填下边的表格，使得每行每列均包含字母 A,B,C 和两个空格。空格外的字母表示箭头所指方向的第 1 或者第 2 个出现的字母，如 B1 代表箭头所指方向出现的第 1 个字母为 B，你能完成要求吗？

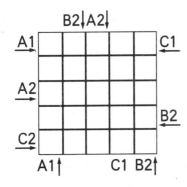

137.宠物

4 个毗邻而居的家庭各自拥有一条不同品种的狗。从以下给出的线索中，你能说出编号 17 ～ 23 的房子住户和每家宠物的品种和名字吗？

1.阿尔萨斯犬住在萨姆的隔壁人家，萨姆是利德家的狗。

2.17 号的住户的宠物是一只拳师犬。

3.克勒家有一只吉娃娃狗。

4.弗雷迪住的房子是 21 号。

5.19 号的那户人家不姓肯内尔。

6.马克斯是一只约克夏小猎犬。

家庭：波尼家，可勒家，肯内尔家，利德家
品种：阿尔萨斯犬，拳师犬，吉娃娃狗，约克夏小猎犬
狗名：迪克，弗雷迪，马克斯，萨姆

138.路径逻辑（5）

运用你的逻辑推理能力，推导出符合以下条件的一条路径：从"开始"一直到"结束"，这条路径可以沿水平也可以沿垂直方向。各行各列起始处的数字代表这行或这列所必须经过的格子数（见图例）。

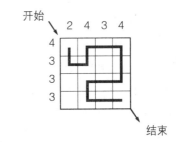

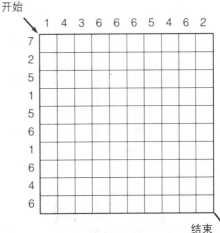

385

139.ABC（7）

填下边的表格，使得每行每列均包含字母A，B，C和两个空格。表格外的字母表示箭头所指方向的第1或者第2个出现的字母，如B1代表箭头所指方向出现的第1个字母为B，你能完成要求吗？

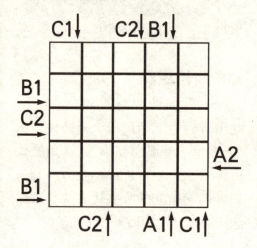

140.填空（6）

要求每行每列上均有字母A，B，C，D，E。同时，在粗线条构成的图形里，也要有字母A，B，C，D，E。你能做到吗？

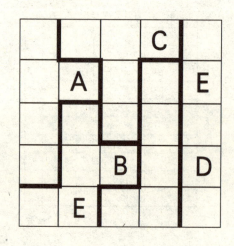

141.寻找骨牌（7）

一副标准形式的骨牌已经展开，为了清楚起见，它使用数字而非点数来表示。用你尖锐的笔尖和灵活的脑瓜，你能把每个骨牌都找出来吗？你会发现这些格子对你非常有帮助。

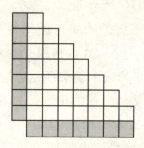

0	5	2	2	5	4	6	5
3	6	2	2	4	4	4	1
3	6	1	2	3	4	6	1
0	1	4	3	0	2	2	1
3	5	3	0	3	1	5	6
6	4	0	3	6	0	4	1
1	6	0	0	2	5	5	5

142.随意的图形

这是一个真正的智商测试题。图中有6个随意的图形，它们由圆

圈、三角形和正方形构成，这个题要求你判断接下来该是哪3个图形。各就各位，预备，开始画！

143.叶轮

想一想，在 A, B, C, D 选项中，哪个可以放入 5 中？

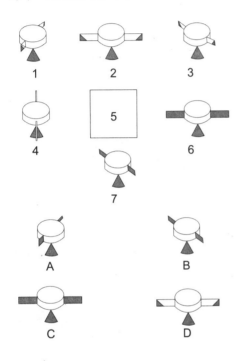

144.找不同

哪幅图不同于其他 4 幅？

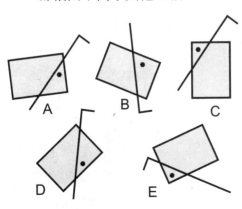

145.农民的商店

根据以下所给的线索，你能说出每个农场商店的店主名字以及所出售的主要蔬菜和肉类吗？

1. 理查德管理希勒尔商店，但他不是以卖猪肉为主。

2. 火鸡和椰菜是其中一家商店的主要商品，但这家店并不是希勒尔商店，也不是布鲁克商店。

3. 康妮不在冷杉商店工作，她也不卖土豆。而且土豆和羊肉不是在同一家商店出售的。

4. 珍的商店有很多豆角，而基思的商店有很多牛肉。

5. 霍尔商店以卖鸵鸟肉著称。

6. 老橡树商店正出售一堆相当不错的卷心菜。

146.蒙特港的游艇

在这个美好的季节，蒙特港到处都是大大小小的游艇。从以下关于5艘游艇的信息中，你能推断出各游艇的长度、它们所能容纳的人数以及各个游艇主人的身份吗？

1.迪安·奎是美人鱼号游艇的主人，而游艇曼特是属于一位歌手的。

2.游艇米斯特拉尔号的主人和雨果·姬根都不是一位职业车手。

3.比安卡女士号的主人不是雅克·地布鲁克，也不是电影明星。

4.杰夫·额的游艇有22.9米长，它的名字既不是最长的也不是最短的。

5.汉斯·卡尔王子的游艇名字的字母数，比33.5米长的那艘游艇的少一个。

6.极光号长30.5米。工业家的游艇是最长的。

游艇：极光号（Aurora），比安卡女士号（Lady Bianca），曼特号（Manta），美人鱼号（Mermaid），米斯特拉尔号（Mistral）

	22.9米	30.5米	33.5米	38.1米	42.7米	迪安·奎	雅克·地布鲁克	杰夫·额	汉斯·卡尔	雨果·姬根	电影明星	工业家	职业车手	王子	歌手
极光号															
比安卡女士号															
曼特号															
美人鱼号															
米斯特拉尔号															
电影明星															
工业家															
职业车手															
王子															
歌手															
迪安·奎															
雅克·地布鲁克															
杰夫·额															
汉斯·卡尔															
雨果·姬根															

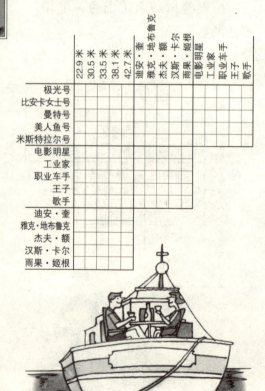

147.马蹄匠的工作

马蹄匠布莱克·史密斯还有5个电话要打，都是关于各地马匹的马蹄安装和清理的事情。从以下所给的信息中，你能推断出布莱克何时到达何地，并说出马的名字和工作的内容吗？

	高下马群	骑术学校	石头桥农场	韦伯斯特农场	瓦特门	本	乾坡	佩加索斯	波比	王子	安装运输蹄	安装普通蹄	安装赛板	重装蹄钉	清理蹄钉
上午9:00															
上午10:00															
上午11:00															
中午12:00															
下午2:00															
安装运输蹄															
安装普通蹄															
安装赛板															
重装蹄钉															
清理蹄钉															
本															
乾坡															
佩加索斯															
波比															
王子															

1.布莱克其中的一件工作，但不是第一件事，是给高下马群中的一匹赛马（它不叫佩加索斯）安装赛板。

2.叫本的那匹马不是要安装普通蹄的马。

3.布莱克在中午要为一匹马安装运输蹄，这匹马的名字比需要清理蹄钉的马长一些。

4.布莱克给瓦特门的波比做完活之后，接着为石头桥农场的那匹马做活。而给叫王子的马重装蹄钉的活是在韦伯斯特农场之前完成的。

5.乾坡不是韦伯斯特农场的马，也不是预约在 10:00 的那匹。

6.布莱克预计在 11:00 到达橡树骑术学校。

148.继承人

104 岁的伦琴布格·桑利维斯是爱吉迪斯公爵家族成员之一，他最近的病情使人们把目光都聚集在他的继承人身上。但他的继承人，即他的 5 个侄子，却都定居在英国。从以下所给的线索中，你能推断出这 5 位继承人的排行位置、在英国的居住地以及他们现在的职业吗？

1.施坦布尼的首席消防员和他的堂兄妹一样是继承人身份，但他从不炫耀这个头衔，在家族中他排行奇数位。

2.盖博旅馆的主人在家族中排行不是第 2 也不是第 5，他的家不在格拉斯哥。

3.在沃克叟工作的继承人在家族中排行第 4。

4.跟随家族中另一位继承人贝赛利（他在利物浦的邻居叫他巴时）从事管道工作的是西吉斯穆德斯，他也是继承人之一，他更喜欢人家称他为西蒙王子。

5.家族中排行第 3 的继承人在他英国的家乡从事出租车司机的工作。

6.吉可巴士继承人（吉可）在家系中排行第 2。

7.通常被人家称为帕特里克的帕曲西斯继承人不住在坦布。

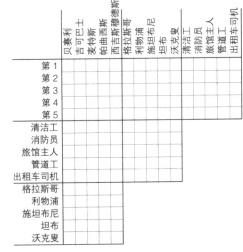

149.皮划艇比赛

今年在玛丽娜海岛举行的"单人皮划艇环游海岛比赛"最后由泰迪熊队获胜。由于此项比赛是接力赛，也就是说在比赛的各个路段是由不同的选手领航的。你能根据所给的线索，在下面填出各个地理站点的名称（1～6号是按照皮划艇经过的时间顺序标出的，即比赛是沿着顺时针方向进行的）、各划艇选手的名字，以及比赛中第一个经过此处的皮划艇名称吗？

1.6号站点叫青鱼点，海猪号皮划艇并不在此处领航；格兰·霍德率先经过的站点离此处相差的不是2个站点。

2.派特·罗德尼的皮划艇在波比特站点处于领航位置上，它刚好是城堡首领站点的前一个站点。

3.在2号站点处领航的皮划艇是改革者号。

4.由盖尔·费什驾驶亚马逊号皮划艇率先经过的站点离圣·犹大书站点还有3个站点的距离。

5.去利通号率先经过的那个站点，沿着顺时针方向往下的一站是安迪·布莱克率先经过的那个站点。

6.科林·德雷克驾驶的皮划艇在5号站点处于领航位置。

7.五月花号皮划艇是在斯塔克首领站点领航。

8.魅力露西号率先经过的站点的编号是露西·马龙率先经过的站点的编号的一半，而且它不是海盗首领站点。

站点：波比特站点，城堡首领站点，青鱼站点，圣·犹大书站点，斯塔克首领站点，海盗首领站点

选手：安迪·布莱克，科林·德雷克，盖尔·费什，格兰·霍德，露西·马龙，派特·罗德尼

皮划艇：亚马逊号，改革者号，魅力露西号，五月花号，海猪号，去利通号

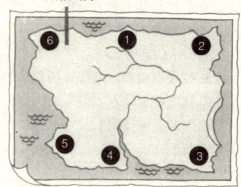

开始／结束

	1	2	3
站点：			
选手：			
皮划艇：			

	4	5	6
站点：			
选手：			
皮划艇：			

150.兜风意外

5个当地居民在上周不同日子的不同时间驾车时都发生了一些意外。从以下所给的线索中，你能推断出发生在每个人身上的不幸事件具体是什么，以及这些不幸事件发生的具体时间吗？

1. 伊夫林的车胎穿孔比吉恩的灾祸发生的时间晚几个钟头，却是在第二天。

2. 星期五那天，一个粗心的司机在启动车子时把车撞到门柱上。

3. 姆文是在星期二发生意外的，意外发生的时刻比那个司机因超速而被抓的时刻早。

4. 西里尔的不幸发生在下午3:00钟。

5. 格兰地的麻烦事发生的时刻比发生在早上10:00的祸事要早。

6. 其中一个司机在下午5:00要启动车子的时候发现蓄电池没电了。

	星期二	星期三	星期四	星期五	超速	蓄电池没电	压倒栅栏	车胎穿孔	撞到门柱	上午 10:00	上午 11:00	下午 2:00	下午 3:00	下午 5:00
西里尔														
伊夫林														
格兰地														
吉恩														
姆文														
上午 10:00														
上午 11:00														
下午 2:00														
下午 3:00														
下午 5:00														
超速														
蓄电池没电														
压倒栅栏														
车胎穿孔														
撞到门柱														

151.酒吧老板的新闻

这周的"思道布自由言论"主要是关于5个乡村酒吧老板的新闻。从以下所给的线索中，你能找出他们所经营的酒吧分别在哪个村以及他们上报的原因吗？

1. 每条新闻都附有一张照片，其中一张照片是关于"格林·曼"酒吧的，它被允许延长营业时间；而另一张照片所展现的是一个以外景闻名的酒吧。

2. "棒棒糖"酒吧的经营者是来·米德，他在他的啤酒花园拍了一张照片，这张照片不是来自蓝普乌克，蓝普乌克也不是"独角兽"所在的地方。

3. 位于法来乌德的酒吧主人因被抢劫而上报，图中展示的是他在吧台的幸福时光。

4. 罗赛·保特以前经营过铁道旅舍，现在经营着位于博肯浩尔的酒吧。

	"格林·曼"	"里程碑"	"皇后之首"	"棒棒糖"	"独角兽"	博肯浩尔	法来乌德	蓝普乌克	摩歇尔	欧斯道克	延长营业时间	举办民间音乐晚会	中彩票	更换新证	遭劫
彻丽·白兰地															
佛瑞德·格雷斯															
来·米德															
罗赛·保特															
泰德·塞尔维兹															
延长营业时间															
举办民间音乐晚会															
中彩票															
更换新证															
遭劫															
博肯浩尔															
法来乌德															
蓝普乌克															
摩歇尔															
欧斯道克															

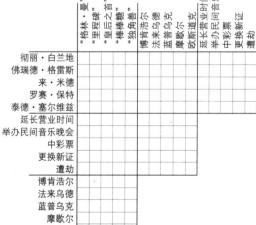

5. 泰德·塞尔维兹（他其实叫泰得斯，不是本地人，他出生于朗当）刚刚更换了新的酒吧经营许可证。图中展示了他站在酒吧外面的照片。他的酒吧不是位于欧斯道克的"皇后之首"。

6. 佛瑞德·格雷斯的酒吧名字与动物有关。彻丽·白兰地（结婚前称彻丽·品克）并没有在自由言论所报道的民间音乐晚会中出现。这场民间音乐晚会是为当地收容所筹款，并在其中一个乡村的酒吧举行。

152.单身男女

在最近一次"单身之夜"上，5位单身女士不久即被5位单身男士所吸引，并且他们发现彼此都有一个共同爱好。从以下给出的详细信息中，你能分别找出每一对的共同爱好以及每位男士的迷人之处吗？

1. 詹妮被一个非常高的男士所吸引，但他们的共同爱好不是古典音乐。古典音乐的爱好者也不是克莱夫，克莱尔不是靠他的声音及真诚的举动吸引其中一位女士的。

2. 马特是依靠他的真诚举动赢得了一位女士的芳心，但他不爱好老电影。

3. 罗斯发现她并不渴望和克莱夫及彼特聊天，彼特不爱好园艺，他不靠他的幽默感吸引人。

4. 爱好园艺的人同样有着最迷人的眼睛。

5. 比尔爱好烹饪。

6. 凯茜和休约定下次再见面，布伦达和她的舞伴也是如此。

153.外微人家

上星期一，外微路上的4户人家都收到了房屋理事会代表的访问调查，主要是因为他们的一些行为妨碍了居民的权益。从以下所给的线索中，你能找出各户人家的名字、他们做了哪些不合理的事以及去调查他们的理事会代表的名字吗？

1. 毛里阿提家庭在他们的屋前开了一家汽车修理铺，他们住的不是 16 号。

2. 外微路 12 号持续地焚烧花园

里的垃圾，产生的烟雾使周围的人感到极为不快。

3. 另外一户家庭老放流行音乐，而且把音量放到最大，他们不是席克斯家庭，而且这一家的门牌号要比理事会代表多尔先生调查的那家门牌数小 2。

4. 格林先生调查 18 号家庭。

5. 哈什先生调查了卡波斯一家，卡波斯一家和养了不少于 5 条大且凶猛的狗的那户人家中间隔了一户。

	卡波斯	霍克	毛里阿提	席克斯	恶狗	焚烧垃圾	音量大	修车	多尔	格林	哈什	斯特恩
12 号												
14 号												
16 号												
18 号												
多尔												
格林												
哈什												
斯特恩												
恶狗												
焚烧垃圾												
音量大												
修车												

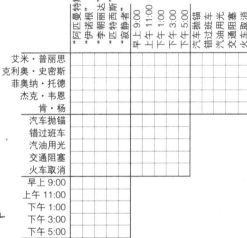

154.直至深夜

剧院打算上演新剧《直至深夜》，原本打算早上 7：00 预演，可演员们不约而同都迟到了。从以下所给的线索中，你能说出这 5 个演员分别扮演剧中的哪个角色、他们到达剧院的时间以及迟到的理由吗？

1. 肯·杨把他的姗姗来迟归咎于错过了发自伦敦的早班车，并"为迟到几分钟真诚的向大家道歉"，他要比在剧中出演"阿匹曼特斯"的演员早到 2 小时，后者称由于工作人员短缺，他的火车被取消所以迟到的。

2. 在 A12 大道上由于汽油用尽而迟到的那个演员是在早上 9:00 到的。

3. 另外一人由于汽车抛锚而迟到（已经不是第一次了），把一群人

	"阿匹曼特斯"	"伊诺根"	"李朝丽达"	"匹特西斯"	"寂静者"	早上 9:00	上午 11:00	下午 1:00	下午 3:00	下午 5:00	汽车抛锚	错过班车	汽油用光	交通阻塞	火车取消
艾米·普丽思															
克利奥·史密斯															
菲奥纳·托德															
杰克·韦恩															
肯·杨															
汽车抛锚															
错过班车															
汽油用光															
交通阻塞															
火车取消															
早上 9:00															
上午 11:00															
下午 1:00															
下午 3:00															
下午 5:00															

搁在卡而喀斯特和斯坦布之间很长时间，他不是最后一个到达并出演"伊诺根"的演员。

4.已经疲惫于向人们解释的杰克·韦恩和约翰·韦恩没有任何关系，以致于正考虑要不要把名字换成卢克·奥利维尔，他是在11:00到的剧院。

5.在M25大道上塞车塞了很长时间的不是克利奥·史密斯。

6.菲奥纳·托德是扮演"寂静者"的演员，也是剧中对白最多的人，不是比出演"匹特西斯"的演员早到2小时的那个人。

155.牛群

在西部开发的日子里，5群牛从农场被赶到遥远的铁路末端去运送来自东部的货物。从以下所给的线索中，你能找出每个牛群的老板、他的目的地、牛群的数目以及每次运货所需的时间吗？

1.斯坦·彼定的路途大约要4个星期，他的牛群要比去往圣奥兰多的牛群小。

2.里格·布尔有一群牛，共300头，他赶牛群的路途不是最短的。路途最短的牛群数量比朗·霍恩带队的牛群的数量少。

3.波·维恩的牛群不是400头，瑞德·布莱德朝科里福斯铁路终点出发。

4.数目最少的牛群要花5个星期的时间到达目的地，他的目的地不是查维丽。

5.赶一群牛到斯伯林博格要花费3个星期的时间。

6.数目是500头的牛群要去往贝克市。

156.品尝威士忌

最近的一次品酒会上，5位威士忌专家被邀请来品尝5种由单一麦芽酿造而成的酒，每种酒的生产年份不同，且产自苏格兰不同地区。从以下所给的信息中，你能说出每种威士忌的详细信息以及每位专家

所给出的分数吗？

1.8 年陈的威士忌来自苏格兰高地，它不是斯吉夫威士忌，也不是分数最低的酒。

2. 格伦冒不是用斯培斯的麦芽酿成的。因沃那奇是 10 年陈的。

3.14 年陈的威士忌得了 92 分，名字中有"格伦"两个字。

4. 布兰克布恩是用伊斯雷岛麦芽酿成的，得分大于 90 分。

5. 来自苏格兰低地的威士忌要比得分最高的那个早 4 年生产。

6. 来自肯泰地区的威士忌得了 83 分。

	布兰克布恩	格伦奥特	格伦冒	因沃那奇	斯吉夫	苏格兰高地	伊斯雷岛	肯泰	苏格兰低地	斯培斯	79分	83分	85分	92分	96分
8 年															
10 年															
12 年															
14 年															
16 年															
79 分															
83 分															
85 分															
92 分															
96 分															
苏格兰高地															
伊斯雷岛															
肯泰															
苏格兰低地															
斯培斯															

157.品牌代言人

根据最新消息，5 位知名女性刚刚分别签下利润可观的广告合同，成为不同品牌的代言人。从以下所给的信息中，你能说出她们的职业、即将为哪个制造商代言以及所要代言的产品吗？

1. 卡罗尔·布和阿丽娜系列产品的制造商签了合同。和玛丽·纳什签了合同的不是普拉丝制造商，也不是丽晶制造商。

2. 范·格雷兹将为一个针织品类产品做广告，她不是电视主持人。

3. 电视主持人不代言化妆品和摩托滑行车，也没有和普拉丝制造商签约。为罗蕾莱化妆品代言的不是那位电影演员。

4. 流行歌手将为一种软饮料产品做广告，但她不为丽晶系列做广告，丽晶的产品不是肥皂。

5. 网球选手将为阿尔泰公司的产品做广告。

	电影演员	流行歌手	电视主持人	网球选手	电视演员	阿尔泰	阿丽娜	罗蕾莱	普拉丝	丽晶	化妆品	针织品	摩托滑行车	肥皂	软饮料
卡罗尔·布															
范·格雷兹															
简·耐特															
玛丽·纳什															
休·雷得曼															
化妆品															
针织品															
摩托滑行车															
肥皂															
软饮料															
阿尔泰															
阿丽娜															
罗蕾莱															
普拉丝															
丽晶															

6. 简·耐特不演电影，她是出演电视肥皂剧《河岸之路》的明星，在剧中她扮演富有魅力的财政咨询师普鲁·登特。

158.职业迁徙

电脑技术专家爪乌在最近的 12 年里，曾为 5 个公司工作过，而每换一次工作，他都要搬一次家，所以称之为"职业迁徙"。从以下所给的线索中，你能找出他每次换工作的年份、公司的名字以及他新公司所在的城镇及新家的地址吗？

1.1985 年，爪乌住在金斯利大道，那时他不在查普曼·戴尔公司。

	公司					城镇					地址				
	阿斯拜克特	查普曼·戴尔	戴特	欧洲奎斯特	马太克	伯明翰	加的夫	福尔柯克	格拉斯哥	普雷斯顿	地恩·克罗兹	济慈路	金斯利大道	麦诺路	香农街
1985 年															
1988 年															
1991 年															
1994 年															
1997 年															
地址 地恩·克罗兹															
济慈路															
金斯利大道															
麦诺路															
香农街															
城镇 伯明翰															
加的夫															
福尔柯克															
格拉斯哥															
普雷斯顿															

2.1991 年之后的一段时间，他在福尔柯克工作。

3. 他离开马太克公司之后，就在地恩·克罗兹居住，之后又紧接着在加的夫居住。

4. 他卖了麦诺路的住宅之后就去了伯明翰，为欧洲奎斯特公司工作。

5. 当他为戴特公司工作时住在香农街，戴特公司的基地不在苏格兰。

6. 普雷斯顿的济慈路是他曾经住过的一个地方。

159.周游的骑士

某一年，亚瑟王厌倦了他那帮骑士的懦弱，在和他的顾问梅林商量之后，他决意培养他们成为真正的骑士——在不指派具体任务的情况下，让他们周游去找寻骑士的勇气（当然，结果是令人失望的）。从以下所给的线索中，你能找出每个骑士开始周游的时间、所去的地方以及在返回卡默洛特王宫前所花的时间吗？

1. 一个骑士很喜欢待在海边，于是在海边整整待了 7 个星期。他当然没有达到此行的目的。

2.9 月份离开去寻找灵魂之途的骑士周游的时间要比少利弗雷德多 2 个星期。

3. 蒂米德·少可先生不是在 1 月份开始周游的，但他周游的时间要比他在森林中转悠的同伴长一个星期。

4. 把时间花在村边的骑士不是9月份开始周游的。

5. 保丘·歌斯特先生离开后曾在沼泽荒野逗留，逗留时间不是4星期。

6. 某骑士长达6星期的沉思开始于3月。

7. 斯拜尼斯·弗特周游的时间有5个星期。

8. 考沃德·卡斯特先生在7月开始周游。

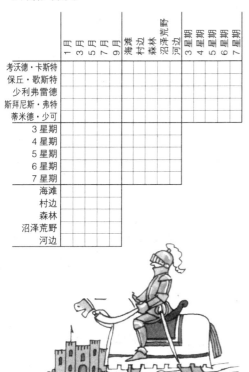

160.收藏古书

我是一个古书的爱好者和收藏者，在近期的拍卖会上，我对其中的5本拍卖书非常感兴趣，从以下

所给的信息中，你能说出它们的拍卖号、书名、出版时间以及吸引我的独特之处吗？

1. 小说《多顿公园》的这个版本包含了所有的注释，它的拍卖号是个奇数。1860年《大卫·科波菲尔》不是5号，也不是曾经是著名的收藏书的一部分。

2.《哲学演说》是21号拍卖物，它不是1780年出版的，1780年出版的书要比《伦敦历史》的拍卖号数字大。

3.《马敦随笔》不是16号，1832年出版的书不是5号和8号。

4.8号拍卖书是让人非常想得到的第一版发行书。

5.13号是1804年出版的书。

6.1910年出版的书有作者的签名。

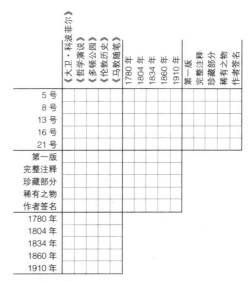

161.时尚改装

在格林卡罗琳制作的广受欢迎的电视节目《时尚改装》中，通过一

397

位资深室内设计师的帮助，很多夫妇重新设计了他们朋友或邻居们的房子。下面详细描述了5对夫妇的信息，你能猜出每位设计师和哪对夫妇搭档吗，以及他们将要改装什么房间并且选择了什么新风格吗？

1. 利萨和约翰不是跟梅·克文或刘易斯·劳伦斯·贝林搭档，梅不会改装起居室，也不会使用哥特式风格。

2. 刘易斯·劳伦斯·贝林不会装修餐厅，因为他所喜欢的墨西哥风格无法应用于餐厅的装修。

3. 艾玛·迪尔夫将把一个房间设计成维多利亚风格的，但他设计的不是卧室。

4. 当雷切尔·雷达·安妮森装修的是厨房。起居室被改装成了墨西哥风格。

5. 休和弗兰克将相互协作着把房间设计成前卫时尚的未来派风格，但他们不是装修餐厅。

6. 林恩和罗布是与设计师贝琳达·哈克合作，而海伦和乔治装修的是浴室。

162.便宜货

在一个汽车流动售货处，玛丽买了很多她喜欢的东西。根据下面的线索，你能说出玛丽购买每件商品的顺序、品名、价格以及售货摊主的姓名吗？

1. 玛丽从摊主威里手中购买的东西比她买的第1件东西和她买的

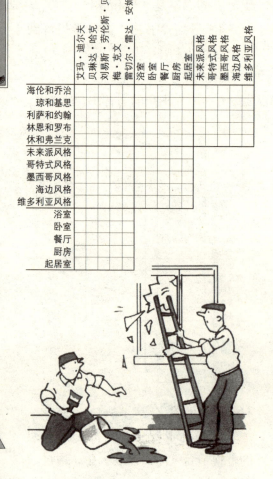

花瓶都便宜。

2.玛丽买完书后去了莫利的货摊。

3.玛丽从一位女摊主手中买到的玩具仅仅花了30美分，这不是她买的第2件东西。

4.玛丽最后购买的是一块她非常喜欢的头巾。

5.玛丽买的第3件东西最贵。

6.玛丽从吉恩那里买了一个杯子。

7.在去莎拉的货摊之前，玛丽从弗兰克手中购买的商品仅仅花了25美分，在莎拉那里购买的商品不到60美分。

163.拔河

前几年的村庄运动节总会吸引多支实力强大的拔河队，每队的成员都是5个高大健壮的当地人。根据下面的信息，你是否能说出问题中提到的获胜队伍的具体细节（包括每个队员的姓名、职业及所在位置）？

1.铁匠在队伍最后，他是帮助本队取得胜局的关键人物。

2.学校的教师姓布尔。

3.当各队准备就绪等待拔河开始时，邮局局长站在承办者的前面，但并不紧邻。邮局局长不是约翰。

4.站在队伍最前面的那个人姓辛和吉，听起来很奇怪。

5.欧克曼就在莱斯利的前面。

6.哈罗德·格雷特就在教区牧师的前面。

7.拔河队伍中第2个位置上的人叫雷金纳德。

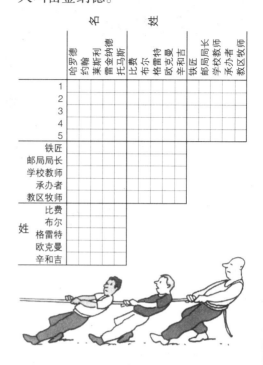

164.西部牛仔

上周五晚上在斯托波里的车马酒吧喝酒时，我情不自禁地被5位身着牛仔装的顾客吸引了，通过交谈，我发现他们实际上是一个重新组建的西部表演队的成员，正要去参加一个周末派对。根据下面的信息，你能说出每个人的真实姓名和职业，以及他在周末扮演的西部角色的名字和职业吗？

1.罗伊·斯通是赫特福德郡地区理事会的职员，他性格狂野不羁，以自我为中心，但是他并没有饰演赌徒。

2.大卫·埃利斯所扮演的西部

角色叫萨姆·库珀。

3.一个戴着徽章扮演州长代表的人告诉我，他的角色名字是布秋·韦恩。

4.来自伦敦郊区的那位代理商一旦戴上他的宽边帽和配枪腰带，就变成了一个粗暴的牧牛工，幸亏在车马酒吧里他不是那副打扮。

5.在周末扮演坦克丝·斯图尔特的那个人并不是被国家税务局录用的税务检查员，他实际上是雷丁·普赖斯兄弟中的一个。

6.马克·普赖斯和那位来自哈罗的办公用品推销员，都饰演西部行动的执法官。

7.来自克罗伊登的那名会计师所选择的角色叫马特·伊斯伍德，他的角色不是州长，真实姓名也不是奈杰尔·普赖斯。

接了5个电话。根据下面的线索，你能说出接线员接到每个电话的时间、联系到的司机、接客地点以及预约人的姓名吗？

1.马特的电话在泰姬陵·马哈利餐馆的电话之后，而在丹尼斯先生的电话之前。

2.米克的出租车被预约在11:25，但不是从狐狸和猎犬饭店打来的，也不是梅森打的电话。

3.卢的出租车不是那辆要在11:10接拉塞尔的车。

4.赖安在火车站接客人。

5.布赖恩特先生从黄金国俱乐部打电话预约了一辆出租车。

6.11:20那个电话的预约地点在斯宾塞大街。

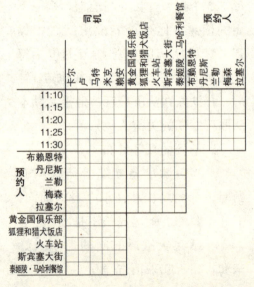

166.枪手作家

枪手作家鲍勃·维尔刚刚签了另一个合同，要在6个月内为一个

165.候车队

密克出租车公司的接线员昨晚

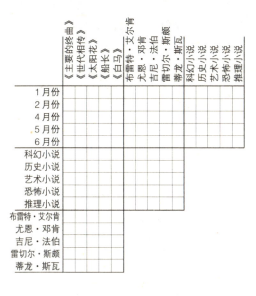

出版商写5本书，这个出版商想找一个没有什么主见、只会照搬照抄、但是很有销售潜力的作家，而这正是鲍勃·维尔所擅长的。根据下面的信息，你能推论出每本书的出版时间、以哪位作者的名义出版以及这本书的类型吗？

1. 鲍勃1月份以尤恩·邓肯的名义出版的那本书并不是历史小说。

2. 他的推理小说在2月份出版，而《船长》在4月份出版。

3. 那本科幻小说和其他此类型的书一样，或多或少受到了《指环王》的影响，该书比以蒂龙·斯瓦名义出版的那本书晚出版两个月。

4. 《白马》比以吉尼·法伯的名义出版的那本书早出版一个月。

5. 鲍勃以雷切尔·斯颇名义所写的《世代相传》有一个非常鲜艳的封面，就是品位低了点，而背面的那张作者的照片，实际上是鲍勃

的妻子戴着黑色假发和墨镜伪装的。

6. 鲍勃在写那本恐怖小说时使用了布雷特·艾尔肯这个笔名，《主要的终曲》这本书的创意不是出版商想要的。

167.愈久弥香

诺曼是一名出色的酿酒师。最近他给5位女亲戚每人一瓶不同种类、不同制造年份的酒。根据下面的信息，你能说出每个人与诺曼的关系以及获赠酒的种类和酿造时间吗？

1. 米拉贝尔收到的是一瓶欧洲防风草酒，这瓶酒比诺曼送给已婚女儿的那瓶提前一年酿造。

2. 卡拉的那瓶酒是1999年酿造的。

3. 诺曼把他在2000年酿造的酒送给了他侄女。乔伊斯收到的酒不是1998年酿的。

4. 诺曼的阿姨对大黄酒大加赞扬，可是他的阿姨不是安娜贝尔。

	阿姨	女儿	母亲	侄女	妹妹	黑莓酒	蒲公英酒	接骨木果酒	防风草酒	大黄酒	1997年	1998年	1999年	2000年	2001年
安娜贝尔															
卡拉															
格洛里亚															
乔伊斯															
米拉贝尔															
1997年															
1998年															
1999年															
2000年															
2001年															
黑莓酒															
蒲公英酒															
接骨木果酒															
防风草酒															
大黄酒															

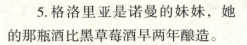

5. 格洛里亚是诺曼的妹妹，她的那瓶酒比黑草莓酒早两年酿造。

6. 诺曼的母亲收到的不是 1997 年酿造的蒲公英酒。

168.自力更生

彭妮公司举办了一个单人快艇比赛，上个月的第一周我们终于看到了返回普利茅斯的 4 艘船只。根据下面的线索，你能说出每艘船的返回时间、船上仅有的一名船员的名字，以及这个活动中每位赞助商所做的是何种生意（谁出资赞助这次活动中的每名参赛者）吗？

1. 上月 6 号靠岸的"海盗船"不是挪威的托尔·努森的船，托尔的船是由欧洲的一家印刷公司赞助的。

2. 罗宾·福特的船最先到达普利茅斯，裁判在查看了他的航行日志本后宣布他就是这场比赛的获胜者。

3. 名为"信天翁"的一艘船由一家和他同名的唱片公司资助，它

比那艘由银行资助的船早到一天。

4. 电脑制造商赞助的不是由乔·恩格驾驶的"曼维瑞克Ⅱ"。

169.退休的警察们

我叔叔在迪克萨克福马警察队工作了 30 年，终于在 1994 年退休了。上个月，他把我带到了一个聚会，并且把我介绍给了其他 5 位刚刚退休的警察，他们和叔叔有过合作，但都因为各种各样的原因没能像叔叔那样工作 30 年后退休。从下面的信息中，你能找出每个人提前退休的原因、退休时间以及他们后来所从事的工作吗？

1. 其中一人因为有心脏病而提前离开了警察队，退休后成了一名专业摄影师，他比麦克·诺曼早退休 4 年。

2. 还有一位退休后开了一家名为"牧羊狗和狗"的酒馆，并营业至今。患有溃疡病的切克·贝克比

	3号	4号	5号	6号	乔·恩格	尼克·摩尔斯	罗宾·福特	托尔·努森	银行	电脑制造商	印刷公司	唱片公司
"信天翁"												
"半月"												
"曼维瑞克Ⅱ"												
"海盗船"												
银行												
电脑制造商												
印刷公司												
唱片公司												
乔·恩格												
尼克·摩尔斯												
罗宾·福特												
托尔·努森												

	车祸	从屋顶跌落	心脏病	被刀刺伤	溃疡	1968年	1972年	1976年	1980年	1984年	出租车司机	驯狗员	机修工	摄影师	酒馆老板
切克·贝克															
乔·哈里斯															
罗伯特·肯特															
麦克·诺曼															
思考特·罗斯															
出租车司机															
驯狗员															
机修工															
摄影师															
酒馆老板															
1968年															
1972年															
1976年															
1980年															
1984年															

他早几年离开了警察队。

3. 乔·哈里斯不是那个因为在一次车祸后严重受伤而被迫退休的人。

4. 退休后成了一名出租车司机的那个人，在罗福特·肯特离开警察队后的第 4 年也离开了。

5. 在 1976 年，其中一位在追捕一个夜贼时从屋顶上跌落下来，之后他不得不退休，退休后的职业不是出租车司机。

6. 思考特·罗斯现在靠替人驯狗来维持生计，在他退休后，有一名警察因在抓捕犯人时被嫌疑犯刺伤而残废，并不得不因此离开了警察队。

7. 有一个人是在 1980 年离开的萨克福马警察队，目前他在一个修车场做机修工。

170.庄严的参观

作为国家遗产协会的成员，我们在上星期的每一天都去了一个有纪念意义的地方，这些地方都有着独特并吸引人的景点，而且我们在每个景点的礼品店买了一样纪念品。根据下面的信息，你能推论出每次参观的具体细节吗？

1. 在星期一的参观中我们买了书签作为纪念品，但购物地点不是保恩斯城堡。同时微型铁路也不是这个城堡的特色。

2. 我们在星期二参观了哈特庄园，星期四参观了儿童农场，这个农场是其中一处住宅的特色。

3. 游玩迷宫后的第三天我们买了一个杯子。

4. 参观了哈福特礼堂后我们买了一支钢笔。

5. 我们买的盘子上没有欧登拜住宅的照片。

6. 披肩是在有服饰展的景点买的。

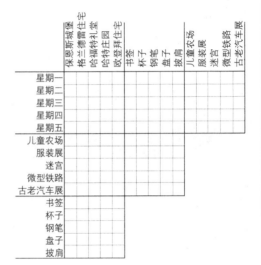

171.默默无闻的富翁

希腊的一位富翁索普科尔思·格特勒塔布瑞斯很多年来一直保持低调，而在今年年初的 5 个月中，当他派出的代表在各种欧洲国家级拍卖会上又为他的私人艺术收藏竞拍到 5 件艺术品时，富翁索普科尔思·格特勒塔布瑞斯再次成为各大报纸的头版头条。根据下面的信息，你能说出他每个月所竞拍下的是谁的作品、每次交易的地点以及每幅画的价格吗？

1. 为了买下马耐特的一幅画，

索普科尔思的代表比前一个月他在马德里竞拍多付了 50 万欧元。

2. 他为 3 月份竞拍下的收藏品花费最多。

3. 卡尼莱特的某一幅画的成交价是 250 万欧元，其后的一个月，他在罗马用 100 万欧元得到了觊觎已久的一幅画。

4. 在阿姆斯特丹所买的画不是 200 万欧元。

5. 他在 4 月份得到了格列柯的画。

6. 弗米亚的作品是在巴黎买到的。

	卡尼莱特	格列柯	马耐特	毕加索	弗米亚	阿姆斯特丹	布鲁塞尔	马德里	巴黎	罗马	100 万	150 万	200 万	250 万	300 万
1 月															
2 月															
3 月															
4 月															
5 月															
100 万															
150 万															
200 万															
250 万															
300 万															
阿姆斯特丹															
布鲁塞尔															
马德里															
巴黎															
罗马															

172.得克萨斯州突击队

1872 年，得克萨斯州突击队抓住了一群隐匿在里约·布兰可郡德克萨斯州的逃犯。下面是其中 5 名突击队员的具体信息。你能从中找出每名突击队员的全名、家乡，以及迫使他们放弃成为一名执法官的原因吗？

1. 特迪·舒尔茨是一个德国移民的儿子。有一名突击队员曾经是逃犯，现在仍然在美国被通缉，特迪和海德警官都不是这个人。

2. 来自圣地亚哥的那个人姓海德，埃尔默·弗累斯在没有工作时总是酗酒。

3. 突击队员马修斯并非来自福特·沃氏，他把业余时间和部分工作时间都花在了玩女人上。

4. 突击队员多比出生在位于墨西哥边界的拉雷多，奇克不姓弗累斯。

5. 来自休斯顿的那名突击队员在工作中表现很好，但可惜他遇到的囚犯都被他击毙了。

6. 皮特在艾尔·帕索出生长大，乔希不是通缉犯。

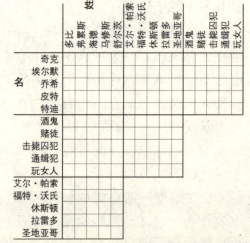

答 案

1...

如图所示：

2...

密码是 CREATIVITY。

3...

如图所示：

5	6	23	24	25
4	7	22	21	20
3	8	17	18	19
2	9	16	15	14
1	10	11	12	13

15	14	13	12	3	2
16	23	24	11	4	1
17	22	25	10	5	6
18	21	26	9	8	7
19	20	27	28	29	30
36	35	34	33	32	31

4...

如图所示：

99	100	95	94	81	80	73	72	69	68
98	97	96	93	82	79	74	71	70	67
89	90	91	92	83	78	75	64	65	66
88	87	86	85	84	77	76	63	62	61
13	14	29	30	31	32	33	34	35	60
12	15	28	27	26	25	24	23	36	59
11	16	17	18	19	20	21	22	37	58
10	45	44	43	42	41	40	39	38	57
9	46	47	48	49	50	51	52	53	56
8	7	6	5	4	3	2	1	54	55

5…

数列里面去掉了所有的平方数。

6…

设有 4 张牌，前 3 张的和为 21，后 3 张的和也为 21。那么就说明第 1 张牌和第 4 张牌一定相等。因此在这些牌中，每隔 2 张牌都是一样的。

7…

这个足球的 1/4 重 50 克，那么这个足球的总重量就是 200 克。

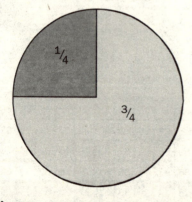

8…

第 9 个数：31131211131221。
第 10 个数：13211311123113112211。
在这个数列里的每一个数都是描述前一个数各个数字的个数（3 个 1，1 个 3，1 个 2，等等）

这个数列里的数很快就变得非常大，而且这个数列里的数字不会超过 3。比如，这个数列里的第 16 个数包含 102 个数字，而第 27 个数包含 2012 个数字。

这个数列是由德国数学家马利欧·西格麦尔于 1980 年发明的。

9…

4−x=x−2
6=2x
3=x

10…

这 9 个轮中除了最底行中间的那个之外，其他都是同一箭轮经旋转或反射所得。

11…

如果 B 和 C 的贴纸都是蓝色的，那么 A 就会知道自己头上的是红色的，但是 A 并不知道自己的颜色，因此 B 和 C 中至少有一个或者两个人都是红色的。如果 C 是蓝色的，B 应该知道自己是红色的，但是 B 不知道，因此 C 的贴纸一定是红色的。

12…

这对情侣有 90 种途径会赢，有 30 种途径会输，因此他们不能赢到这辆汽车的概率是 30/120，即 1/4（25%）。

13…

有一个答案是："如果赌场是你的，那么你在轮盘赌中就一定会赢。"除此以外还有另一种可以让你必胜的方法，不过必须要准备很多钱。这种方法从赌注为 1 美元开始，它保证你无论如何都会赢 1 美元。

它是这样操作的：你押 1 美元的赌注押红色。如果出现的是红色，那么你赢 2 美元，也就是净赢 1 美元，你就可以退出了。

如果出现的不是红色，那么你再押 2 美元押红色，出现的是红色，你就赢 4 美元，也就是净赢 1 美元。如果出现的不是红色，你再押 4 美元押红色。如果出现红色，那么你赢 8 美元，即净赢 1 美元。

如果还是没有出现红色，你就继续这个策略，每次都将赌金加倍，直到红色出现（最后一定会出现），这种方法一定会起作用。

问题是如果你想赢1000美元，那么你必须以1000美元开始，而且几轮之后，赌金会变得相当大（即使你最开始押的是1美元，但如果连输15次之后，你就必须押16000美元才能赢1美元）。而且即使你有足够多的钱，还有一个问题就是赌场规定有注码上限，因此你的策略可能不能一直使用，也就是说你可能会输掉所有在达到这个上限之前押的赌金。

如果一个人最开始押注为2n — 1美元，那么当黑色出现n次后，他所押的赌金就输光了。

14...

将色子慢慢地放进一杯水中。灌了铅的色子在下沉的过程中会不断打转，而普通色子则会直接沉下去，不会打转。

15...

看得见的洞（逆时针方向）如下。
上面的洞：4 — 2 — 3 — 6
左边的洞：5 — 4 — 1 — 3
右边的洞：6 — 2 — 1 — 2
看不见的洞如下。
底部的洞：3 — 5 — 3 — 2
左边的洞：5 — 6 — 1 — 2
右边的洞：3 — 1 — 3 — 6
要记住现在的色子都是沿逆时针方向增加点数的。

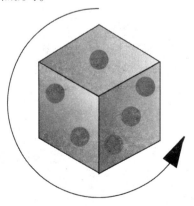

16...

如图所示，在这2个帽子中抽到红色小球的可能性最大。

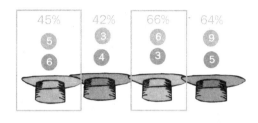

17...

出人意料的结果是，这次从蓝色帽子中抽到红色小球的可能性最大。这个悖论也可能出现在实践中。它通常是由变动的组合和大小不等的组结合成一个组所引起的，但是在精确的设计实验中可以避免。

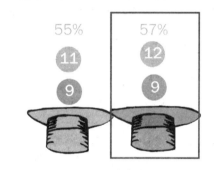

18...

要保证至少拿到一双左右脚配套的袜子，至少要拿4只袜子。

19...

要保证每种颜色的袜子各拿一双，至少要将2种颜色的袜子全部拿出来，即14只，然后再拿2只袜子，也就是一共16只袜子。

20...

第1个选手帽子上的标签可能是RRR或者RRW。我们假定是RRR，那么由于标签是错的，他马上就可以推断出他帽子里的另外一只兔子是白色的。

那么第2个选手的标签肯定是RRW

407

（因此他也可以推测第 3 只兔子的颜色）。那么第 3 个选手的标签不是 RWW，就是 WWW，他应该可以推断他帽子里另外一只兔子的颜色（如果是 WWW，就是红色，如果是 RWW，就是白色）。但是题目中已经告诉我们了，他说不出第 3 只兔子的颜色，因此第 1 个选手的标签应该不是 RRR，而是 RRW，也就是他的帽子里 3 只兔子都是红色的。

由此第 2 个选手的标签只可能是 RWW，他的帽子里有 2 只红色兔子，1 只白色兔子。如果第 3 个选手的标签是 WWW，他应该知道另一只兔子的颜色，因此他的标签是 RRR。第 4 个选手的标签是 WWW。由上面已经知道了 8 只兔子的颜色（5 红 3 白），那么第 4 个选手的兔子只有可能是 3 白或者 1 红 2 白。由于他的标签是错的，那么他的兔子只有可能是 1 红 2 白。因此第 3 个人剩下的那只兔子是白色的。

21...

20 只袜子配对一共有 190 种情况。你可以自己来检验：将 1 ～ 20 写在一张纸上。与 1 可以配对的有剩下的 19 个数。然后跳过 1（因为我们已经考虑了所有含有 1 的配对情况）看 2，有 18 种配对情况，因此现在已经有 19+18=37 种配对情况了。然后再跳过 2 看 3，依此类推，直到数到最后的一对。你会得到下面这个等式：

19+18+17+16+15+14+13+12+

11+10+9+8+7+6+5+4+3+2+1=190。

20 只袜子配成一双的只有 10 种情况。也就是说，在 190 种可能中，最好的情况只有 10 种，而最差的情况则有 180 种，即最差的情况发生的可能性是最好的情况的 18 倍，这意味着你很可能只剩下 8 双袜子。

22...

重物 1：向上
重物 2：向下
重物 3：向上

重物 4：向下

23...

当 n 能被 4 整除时，图形不是闭合的。如图所示：

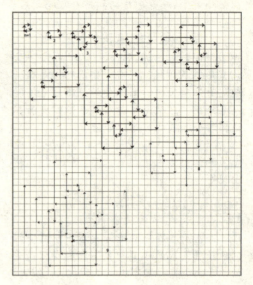

24...

如图所示：

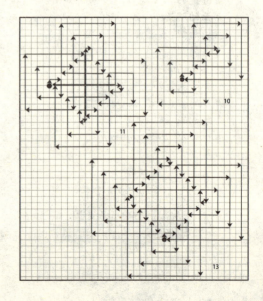

25...

如图所示：

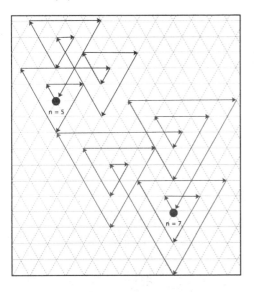

26...

如图所示：

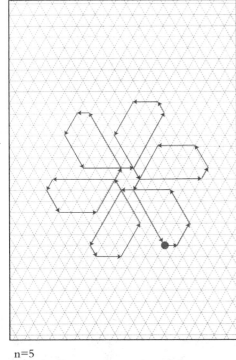

n=5

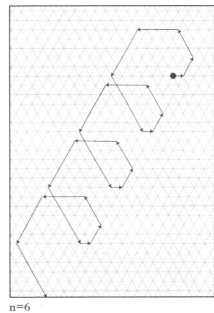

n=6

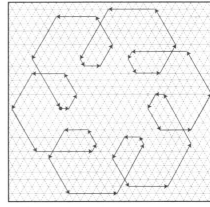

n=7

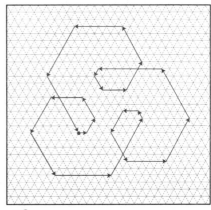

n=8

27…

最多可以走 5 步。

终点

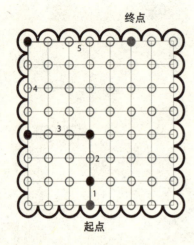

起点

28…

最多可以走 11 步。

终点

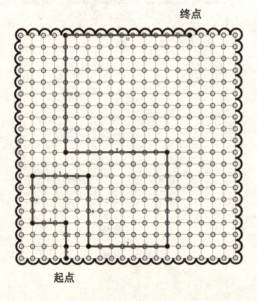

起点

29…

$1 \times 1 \times 3 \times 13 = 39$。

30…

可能的情况有以下几种：

父亲 96 岁，儿子 69 岁；父亲 85 岁，儿子 58 岁；

父亲 74 岁，儿子 47 岁；父亲 63 岁，

儿子 36 岁；

父亲 52 岁，儿子 25 岁；父亲 41 岁，儿子 14 岁。

从图中看，应该是最后一种情况。

31…

刚开始时他们各自有 40 颗弹子球。

设他们刚开始时的弹子球数为 x，

$2x+35-15=100$，因此 $2x+20=100$，$2x=80$，$x=40$。

32…

如图所示，从左下角开始，沿逆时针方向旋转，每 4 个动物的顺序相同。

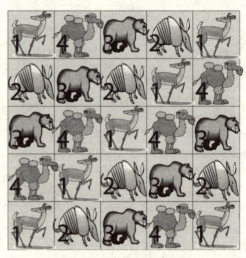

33…

时 间	觅食的小鸟序号		
第 1 天	1	2	3
第 2 天	1	4	5
第 3 天	1	6	7
第 4 天	2	4	6
第 5 天	2	5	7
第 6 天	3	4	7
第 7 天	3	5	6

34…

一共有 4 种不同的解法，最少都需要 4 次才能将它们全都带过河。如图所示是其中的一种解法，其中 M 代表老鼠，C

代表猫。

左岸	船	右岸	
		CCCMMM	
	C C	CMMM	1
C	○ C	CMMM	2
C	C C	MMM	3
CC	○ C	MMM	4
CC	M M	CM	5
C M	C M	C M	6
CM	M M	CC	7
MMM	○	CC	8
MMM	C C	C	9
MMMC	○ C	C	10
MMMC	C C		11

35…

右边的是汤姆，中间的是亨利，左边的狄克，而且狄克说谎了。

36…

第11句话肯定是真的。因为这11句话中每一句都与其他11句矛盾，因此只可能有一句是真的，即其中11句都是假的。

37…

问题是："请告诉我通往你来自的那个城市的路。"如果他来自真理城，他会指给你通往真理城的路；如果他来自谎言城，他也会指给你通往真理城的路。

这道题非常有趣的一点就是，尽管你能够通过这个问题得到你想要的答案，但是你仍然不知道这个人说的究竟是真话还是假话。

38…

问他两次同一个问题："你是一次说真话一次说假话的人吗？"

如果他两次都回答"不是"那么他一定是只说真话的人。

如果他两次都回答"是"，那么他一定是只说假话的人。

而如果他两次答案都不同，那么他一定是一次说真话一次说假话的人。

39…

他应该问其中一位公主："你结婚了吗？"

不管他问的是谁，如果答案是"是的"，那么就说明艾米莉亚已经结婚了；如果答案是"没有"，那么就说明莱拉已经结婚了。

假设他问的是艾米莉亚，她是说真话的，如果她回答"是的"，那么就说明她已经结婚了。如果她的回答是否定的，那么结婚了的那个就是莱拉。

假设他问的是莱拉，莱拉总是说假话。如果她回答"是的"，那么她就还没有结婚，结婚了的那个是艾米莉亚；如果她回答"没有"，那么她就已经结婚了。

因此尽管这个年轻人仍然不知道谁是谁，但是他却能告诉国王还没有结婚的公主的名字。

40…

费加诺没有胡子。

在所有有胡子的人中，他们要么自己刮胡子，要么让费加诺刮胡子，并且没有人两种方法都使用，即他不可能既自己刮胡子，又让费加诺给自己刮胡子。因此对于费加诺来说，他永远都不可能给自己刮胡子。因为如果这样，那么他就同时给自己刮，并且让费加诺刮了，而没有人是两种方法都使用的。因此费加诺没有胡子。

41…

如果这些士兵能够正确地站成一列，所有人都能被释放。

第1个士兵站在这一列的最前面，其他的人依次插入，站到他们所能看到的最后一个戴红色帽子的人后面，或者他们所能看到的第一个戴黑色帽子的人前面。

这样一来，这一列前一部分的人全部都戴着红色帽子，后一部分的人全部都戴着黑色帽子。每一个新插进来的人总是插到中间（红色和黑色中间），当下一个人插进来的时候他就会知道自己头上帽子的颜色了。

如果下一个人插在自己前面，那么就能判定自己头上戴的是黑色帽子。这样能

使 99 个人免受惩罚。

当最后一个人插到队里时，他前面的一个人站出来，再次按照规则插到红色帽子与黑色帽子中间。这样这 100 个士兵就都能免受惩罚。

42...

从表格可以很直观地看出，最少有 1 个人、最多有 10 个人同时具备这 4 个特征。

1	2	3	4	5	6	7	8	9	10	11	12	13	14	15	16	17	18	19	20
				蓝眼睛															
	黑头发																		
					超重														
						非常高													

1	2	3	4	5	6	7	8	9	10	11	12	13	14	15	16	17	18	19	20
			蓝眼睛																
												黑头发							
		超重																	
														非常高					

43...

D。

44...

B。

45...

走第三条路。这个题的前提是相信第三条路口上的话是真实的。如果第一条路写的是真话，那么，它就是迷宫的出口，如果说第二条路上的话也是正确的，这和只有一句话是真话相矛盾。如果说，第一条路上的话是假的，第二条路上的话是真的，它们都不是通往迷宫出口的路，所以真正的路就是第三条。

46...

如果真是歹徒抢钱，是不会把钱一捆一捆地拿出来，给出纳员留下一个空包的。

47...

姐姐在 2 月 29 日夜里将近零时诞生，而妹妹是在 3 月 1 日凌晨零时过后诞生。

两人生日虽然只差一天，但 2 月 29 日，要 4 年才有一次。

48...

将第一次猜的结果做一个比较，就会发现甲的判断和丙的判断是矛盾的，则其中必然有一真、有一假。如果甲的判断真，那么乙的判断也真，这样就与老师所说的"只有一个人说对了"相矛盾了。所以甲的判断必假。这样丙的判断就是真的了。于是，其余三个人的判断就都是假的了。这样，乙的判断就与事实相反，所以纸条上就一定写着的是乙的名字。

49...

谎言再圆满也会有疏漏，通过严密推理，人们可以看穿诸多骗局。老罗的谎言也不例外，且不说一个人的当天都可能安排得这么满满当当，何况两星期后的事。通常，人们是不会提前那么多天就预订好葬礼日期的。

50...

首先，黑发美女不是天使，因为天使只说真话，如果她是天使，她就不能说自己"不是天使"。并且，黑发也不是魔鬼，否则她说的"我不是天使"就成了真话，而魔鬼总是说假话的。所以，黑发只能是常人。接下来，再看茶发美女。她不可能是常人（因为前面已经确定黑发美女是常人），她也不可能是魔鬼，否则"我不是常人"就成了真话，而魔鬼是不说真话的。所以，茶发美女是天使。

两个已经确定了，那余下的金发美女，就只能是魔鬼了。

51...

正确门铃的按钮是从左边数第五个。如果 F 表示该按钮，则 6 个按钮自左至右的位置依次是 DECAFB。

52...

他写对的是 2 个人，那么他写错的也

是 2 个人。3 种可能中，第 1 种和第 3 种是一样的，并且绝对是不可能发生的。

53…

伯纳注意到在纪念品中有一件鱼目混珠的物品，即那个企鹅标本，它是罪犯留下的而不是老探险家的，因为企鹅仅生活在南极。

54…

关键在于晓庆那句没人听清的回答。如果晓庆是撒谎村来的，她会说："我不是撒谎村来的。"如果她不是撒谎村来的，她还是会这么说。因此，许薇照原样复述了晓庆的话。这说明许薇不是撒谎村来的。而杨英咬定许薇是撒谎村来的，这说明杨英是撒谎村来的。由于只有 1 个人来自撒谎村，所以，晓庆也不是撒谎村来的。

55…

老大、老四和老五有钱，说假话；老二和老三没钱，说真话。

56…

为方便起见，我们按照这些海盗的怯懦程度来给他们编号。最怯懦的海盗为 1 号海盗，次怯懦的海盗为 2 号海盗，如此类推。这样最厉害的海盗就应当得到最大的编号 10 号。10 海盗提出的方案是 96 块金子归他所有，其他编号为偶数的海盗各得 1 块金子，而编号为奇数的海盗则什么也得不到。

57…

信封里写的是"今天有开心事"。

58…

（1）一个人和一个鬼过河；（2）留下鬼，人返回；（3）两个鬼过河；（4）一个鬼返回；（5）两人过河；（6）一人和一鬼返回；（7）两人过河；（8）一个鬼返回；（9）两个鬼过河；（10）一个人返回；（11）一

人一鬼过河。

59…

经过推断，他们 4 人正确的坐法是：

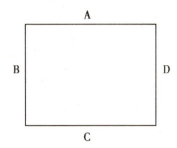

是 C 把 D 毒死了。

60…

因为乙的错误可能达到 80%，如果按照乙的意见的相反方向去办，正确率比甲的要高。

61…

正确答案应该是 T。因为 alphabet（字母表）的第一个字母是 A，最后一个字母是 T。

62…

作案时间是 2 时 12 分。短针走一刻度相当于长针的 12 分钟，故当短针正指着某一刻度时，长针必有 0 分、12 分、24 分、36 分、48 分等几个位置。研究两针的位置之后便可得出答案。

63…

我相信我正处于这两者之间。

64…

选项 C 从时间上弱化了论据。无因无果，所以最不可能成为导致"互联网狂躁症"的病因。

65…

C。

66…

指向 10。从左上方开始，沿顺时针方向进行，每个钟上时针与分针所指的数字之和从 3 开始，每次加 2。

67…

挑了 A，B，C，F 4 个人去。

68…

F。大的部分变小，小的部分变大。

69…

加薪的是丙和丁。

70…

柯南特意选在更夫走到屋子门外的时候点亮了灯盏，这样一来强盗拿着刀的影子就很清楚地映在了窗户上，这就给更夫提供了一个最好的暗示，所以更夫才得以知道屋子里有强盗。

71…

早晨 6 点和傍晚 6 点。如果只考虑表盘的话，只有一次（6 点），但一天有 24 小时，所以有早晨和傍晚两次。

72…

如图所示，从爷爷的右边开始，依次是儿子、女儿、爸爸、妈妈。

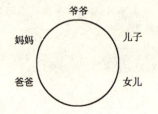

73…

警察看到蜡烛后产生了怀疑，再加上停电，蜡烛一直没有熄灭。假如晶晶是在自己屋里被杀，过了 24 小时，蜡烛早就燃尽了，一定有人夜里把尸体弄来，走时忘了灭蜡烛。

74…

填△。其排列规则是从中心向外，按照○、△、× 的次序旋转着填充。

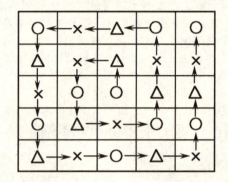

75…

E。图形等于折叠成一半。

76…

依据在银碗中见到的影像，营业员不可能认定罪犯是谁，因为碗中反射出来的影像是个倒影。

77…

假设玛亚是受害者，那么波西的话虽然是关于受害者的，却是真的，所以，玛亚不可能是受害者。假设凯瑞是受害者，那么玛亚和希尔的发言虽然是对被害者说的却又是真的。所以，凯瑞不可能是受害者。假设希尔是受害者，那么凯瑞的话是对受害者说的却又是真的，所以希尔不可能是受害者。

综上可知，波西就是受害者。

78…

因为不存在同样分数的情况，所以小兰和小朋不可能都得 1 分，所以，小朋或者小乐有一个人撒谎了。假设小乐得了最低分的话，根据小朋的话（真实），小兰只得了1分，小乐比他还要低就是0分。就是说，4个问题的正确答案应该是与小乐的答案相反，即"NYNN"，如此小兰则得了3分，这是相互矛盾的。所以，最低分的是小朋，根据小乐的话（真实），小朋应该得了1分。根据小兰的话（真实），小朋答对的题只有第四题。所以可知，正确答案就是"YNNN"。

79…

金银财宝藏在乙箱内。推理步骤如下：

（1）如果甲箱的字条属实，那么"乙箱的字条属实，而且所有金银财宝都在甲箱内"的两个陈述也都是真的。

（2）若乙箱的字条属实，那么"甲箱的字条是骗人的，而且所有金银财宝都在甲箱内"的前一个陈述，也就是"甲箱的字条是骗人的"这个陈述显然违反了之前的假设，所以不能成立。

（3）由此可进一步推论，甲箱的字条是假的，即其中至少有一个陈述并不属实（可能是前面的句子，也可能是后面的句子）。若"乙箱的字条是骗人的"，则表示甲箱的字条是真的，但这个理论又已经证明不成立了。因此，所有的金银财宝一定都藏在乙箱内！

80…

D。予：8，页：3，木：2，彡：6

81…

3胜1败。全部共有10场比赛，各队都必须跟其他4队对打一场，4×5=20（场），但是每场有两队出赛，所以20÷2=10（场）。也就是说，总共应该会有10胜。甲至丁合计共有7胜，那么剩下的3胜便是戊队的了，并可以马上算出戊队有一败。

82…

金盒子上的话和铜盒子上的话是矛盾

的，所以两句话必有一真。又3句话中至多只有一句是真话，所以银盒子上的是假话。因此，画像在银盒中。

83…

如图：

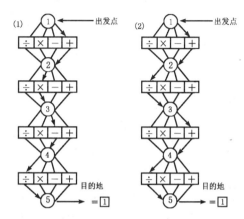

84…

B。

85…

C。

86…

如图所示：

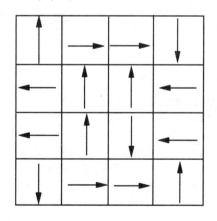

87…

另一半也是女孩。也就是说，5个孩子全都是女孩。

88...

华盛顿用双手分别蒙住马的眼睛，问盗马贼："你说这马是你的，那你说这匹马哪只眼睛是瞎的？"盗马贼愣住了，他可没有注意马的眼睛呀，他只好瞎猜："是左眼。"华盛顿马上放开左手，马的左眼亮闪闪的，一点也不瞎。盗马贼一看，马上改口说："我记错了，是右眼。"华盛顿又把右手放开，马的右眼同样也是亮闪闪的，根本也不瞎。盗马贼无话可说了，只得低头认罪。

89...

63。

90...

应该是6835。六边形在图形外面表示45，在里面表示35；圆在外面表示79，在里面表示16；正方形在外面表示68，在里面表示24。

91...

劳拉接到了朋友的电话（线索1，2，3），所以女儿（不是乔伊斯）一定是艾莉森，是玛格丽特打电话给艾莉森的。通过排除法，乔伊斯肯定是其中1位女性的母亲，这位女性不可能是伯妮斯（线索1），得出乔伊斯肯定是波林的母亲，因此伯妮斯是打电话给她的朋友劳拉的人。伯妮斯（线索1）和玛格丽特（线索2）都不是在9：20打的电话，因此，9：20时，肯定是波林在打电话。而从线索1中知道，伯妮斯是在9：22打的电话，剩下只能是玛格丽特在9：25打电话。

答案：

9：20，波林打电话给母亲乔伊斯；

9：22，伯妮斯打电话给朋友劳拉；

9：25，玛格丽特打电话给女儿艾莉森。

92...

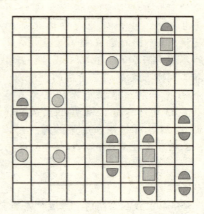

93...

字母K在六边形7（线索5）中，从线索1中知道，A不在1，2，4，6，7，9，10，11，13，14中，因此A只可能在3，5，8，12中。M不可能在14中，因其里是个元音（线索7），A不可能在12（线索1）中，也不可能在5（线索7）中，线索2又排除了F在1中的可能性，而A也不可能在六边形3中（线索1），所以只能在8里。F在5中，M在11里（线索1）。从线索7中知道，14里的元音一定是E。线索3排除了H在3，4，6，9，10，12，13中的可能性，而且我们早就知道它不可能在5，7，8，11，14中，因此只能在1和2里。但是线索2排除了1，因此H在2中，而D在4中（线索3），线索6可以提示B在9中。现在我们已经知道了A，B，D，E的位置，从线索2中知道1里的肯定是C。从线索4中知道，N只可能在3中，I在13里。现在从线索8中可以推出G在12中，L在10中，剩下J位于六边形6中。

答案：

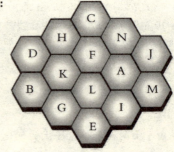

第6章 提高推理力的思维游戏

清华北大学生爱做的1500个思维游戏

94...

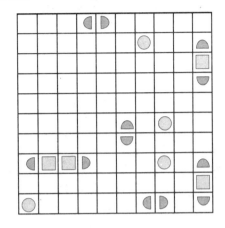

人物 C，理查德·温特斯，孩童；

人物 D，约翰·哈姆雷特，士兵。

95...

	A	C		B
B			A	C
C	B			A
	C	A	B	
A		B	C	

96...

朱利叶斯是人物 A（线索 4），而哈姆雷特紧靠在理查德的右边（线索 3），不可能是人物 A 或者 B，他将饰演士兵（线索 3），他不可能是人物 C，因为人物 C 扮演孩童时代的马恩（线索 1），那么他必将是人物 D，理查德是扮演儿童时期的 C。我们现在知道 3 个人的名或者姓，因此安东尼·李尔王（线索 2）一定是 B。通过排除法，哈姆雷特肯定是约翰。安东尼·李尔王不扮演哲学家（线索 2），因此他肯定扮演青少年，而朱利叶斯扮演的是哲学家。最后，通过线索 1 知道，理查德不是曼彻特，他只能是温特斯，剩下曼彻特就是朱利叶斯，即人物 A。

答案：

人物 A，朱利叶斯·曼彻特，晚年；

人物 B，安东尼·李尔王，青少年；

97...

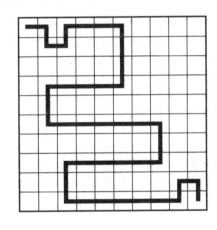

98...

99...

图中 3 号游艇是维克多的（线索 4），从线索 1 中知道，海鸥不可能是游艇 4，有灰蓝色船帆的燕鸥也不是游艇 4（线索 2）。线索 5 排除了海雀是 4 号的可能性，因此 4 号游艇只能是埃德蒙的三趾鸥（线索 6）。游艇 1 不是海鸥也不是海雀（线索 1），那么它一定是燕鸥。我们知道燕鸥的主人不是埃德蒙，也不是拥有白色帆游艇的马尔科姆（线索 5），那么只能是大卫，而剩下马尔科姆是游艇 2 的主人。从线索 1 中知道，游艇 3 是海鸥，而剩下游艇 2 是海雀。三趾鸥的帆不是灰绿色的（线索

1），那么肯定是黄色的，剩下海鸠是灰绿色的帆。

答案：

> 游艇1，燕鸥，大卫，灰蓝色；
> 游艇2，海雀，马尔科姆，白色；
> 游艇3，海鸠，维克多，灰绿色；
> 游艇4，三趾鸥，埃德蒙，黄色。

100...

村庄4的名字为克兰菲尔德（线索3），从线索5中知道，波利顿肯定是村庄2，那么利恩村肯定是村庄1，而剩下村庄3是耐特泊。村庄3的居民是出去遛狗的（线索2），从线索5中知道，这个居民一定是丹尼斯。而婚礼发生在利恩村（线索5），参加婚礼的人住的村庄一定是村庄4，即克兰菲尔德，因此，现在从线索4中可以知道，西尔维亚一定住在村庄2，即波利顿村。现在我们已经知道了村庄2和3的居民，以及村民4出行的目的，那么线索1中提到的去看朋友的波利一定住在利恩村。通过排除法，最后知道玛克辛住在克兰菲尔德，而西尔维亚出行的目的是去看望她的母亲。

答案：

> 村庄1，利恩村，波利，见朋友；
> 村庄2，波利顿村，西尔维亚，看母亲；
> 村庄3，耐特泊村，丹尼斯，遛狗；
> 村庄4，克兰菲尔德村，玛克辛，参加婚礼。

101...

照片A是帕丁顿（线索2），D不是鲁珀特（线索4），也不是泰迪（线索5），因此只能是布鲁马，来自天鹅湖动物园（线索1）。照片B不是格林斯顿的灰熊（线索3），也不是来自天鹅湖的熊。线索5排除了它来自布赖特邦动物园的可能性，因为布赖特邦动物园的熊就在泰迪的右边，因此照片B上的熊一定来自诺斯丘斯特。现在，从线索5中可以知道，泰迪不可能在照片C上，因此，只能是B照片上的来自诺斯丘斯特的熊，而C则是鲁珀特。来自天鹅湖的布鲁马是1只眼镜熊（线索4），

从线索5中知道，鲁珀特肯定是在布赖特邦动物园，剩下帕丁顿则是来自格林斯顿的灰熊。来自布赖特邦动物园的不是东方太阳熊（线索5），那么肯定是极地熊，最后剩下东方太阳熊肯定是照片B中的来自诺斯丘斯特动物园的泰迪。

答案：

> 照片A，帕丁顿，灰熊，格林斯顿动物园；
> 照片B，泰迪，东方太阳熊，诺斯丘斯特动物园；
> 照片C，鲁珀特，极地熊，布赖特邦动物园；
> 照片D，布鲁马，眼镜熊，天鹅湖动物园。

102...

在皇家工程队的阿托肯军官出生于1977年（线索1），而在皇家炮兵队的大卫·阿托肯，他要比在奥尔德肖特的兄弟年轻（线索2），那么他一定是1978年出生的，而年纪最大的兄弟一定在步兵团，他不是詹姆士（线索3），因此他肯定是在伦敦的布赖恩（线索4）。现在，通过排除法知道，在工程队的一定是詹姆士。从线索2中知道，大卫不在奥尔德肖特，那么他一定在柯彻斯特，而他在皇家工程队的兄弟肯定在奥尔德肖特。

答案：

> 布赖恩，1976年，步兵团，伦敦；
> 大卫，1978年，炮兵队，柯彻斯特；
> 詹姆士，1977年，工程队，奥尔德肖特。

103...

104...

6岁的格雷琴不可能是4号（线索1），而3号今年7岁（线索4），1号是个男孩（线索3），因此，通过排除法，格雷琴肯定是2号。现在从线索1中知道，3号是7岁的牧羊者。玛丽亚的父亲是药剂师（线索5），不可能是1号（线索3），那么只能是4号，从线索5中知道，她今年5岁，剩下1号男孩8岁。所以1号不是汉斯（线索2），则一定是约翰纳，剩下汉斯是7岁的牧羊者。从线索3中知道，格雷琴的父亲不是屠夫，那么只能是伐木工，最后知道约翰纳是屠夫的儿子。

答案：

1号，约翰纳，8岁，屠夫；

2号，格雷琴，6岁，伐木工；

3号，汉斯，7岁，牧羊者；

4号，玛丽亚，5岁，药剂师；

105...

从上到下：A，E，D，B，C，F。

106...

位置3的山是第3高峰（线索5），线索2排除了格美特是位置4的山峰，格美特被称为庄稼之神，而山峰1是森林之神（线索3）。山峰2是飞弗特尔（线索4），通过排除法，格美特是位置3的高峰。通过线索2知道，第4高峰肯定是位置1的山峰。辛格凯特不是位置4的山峰（线索6），通过排除法，它一定是山峰1，剩下山峰4是普立特佩尔。它不是第2高峰（线索4），那么它肯定是最高的。因此它就是被人们当做火神来崇拜的那座（线索1）。最后通过排除法，飞弗特尔是第2高峰，而它是人们心中的河神。

答案：

山峰1，辛格凯特，第4，森林之神；

山峰2，飞弗特尔，第2，河神；

山峰3，格美特，第3，庄稼之神；

山峰4，普立特佩尔，最高，火神。

107...

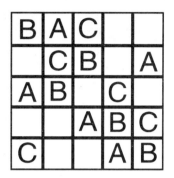

108...

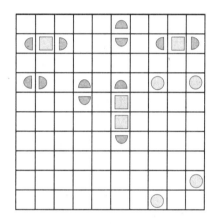

109...

从线索7中知道，F车不可能载有44，45，47，49和52个旅客，那么它一定载46个人，而从同一条线索中知道，A车载有45个旅客，E车有49个。A不是阿帕克斯开的（线索1），也不是贝尔（线索2）、墨丘利（线索4）和RVT（线索5）开的，因为没有载42个人的车，因此也不可能是肖开的（线索6），那么一定是克朗。A不是黄色的（线索1），因为没有载43人的车（线索2和7），因此也非绿色，也不是红色（线索3）或者乳白色的（线索5），那么A一定是橘黄色的。从线索7中知道，B车载有52个旅客，它不是绿色的，而D不是载47人，那么一定是44人。剩下汽车C载有47人。因此D是红色的，而澳大利亚游客在车E中（线索3）。我们知道B不是绿色的，也不是黄

色的（线索1），或者乳白色的（线索5），那么一定是蓝色的，而C是属于贝尔的（线索2）。车F载有46个游客，不是肖的（线索6），也不是RVT（线索5）和阿帕克斯的（线索1），那么一定是墨丘利的。从线索4中知道，红色车内的游客来自日本，现在从线索5中知道，乳白色的车不是E和F，那么肯定是C，蓝色的车是属于RVT的，橘黄色的车载了来自意大利的游客。阿帕克斯的汽车一定是D（线索1），那么乳白色的C车上游客肯定来自芬兰，而黄的那辆就是E。通过排除法，绿色那辆就是F。RVT的蓝色B车载的游客不是来自俄罗斯（线索2），那么一定来自美国，俄罗斯游客在墨丘利的F车中。另外，黄色的E车则是属于肖的。

答案：

A车，克朗，橘黄色，意大利，45人；
B车，RVT，蓝色，美国，52人；
C车，贝尔，乳白色，芬兰，47人；
D车，阿帕克斯，红色，日本，44人；
E车，肖，黄色，澳大利亚，49人；
F车，墨丘利，绿色，俄罗斯，46人。

110...

D	E	A	C	B
E	D	C	B	A
C	A	B	E	D
A	B	E	D	C
B	C	D	A	E

111...

1	4	2	1	1	6	0	2
3	6	1	1	1	6	5	5
4	3	2	5	3	3	3	4
0	1	4	4	2	5	4	5
3	5	0	4	2	5	3	0
1	5	6	5	0	0	0	0
3	2	5	6	0	4	6	2

112...

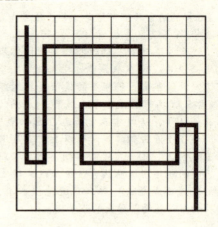

113...

数字5都不是棕色的（线索1），那么棕色邮票的面值一定是10分，但不是第4张（线索2），因此在面值中有个1的第4张邮票（线索3）面值一定是15分。这样根据线索4，第2张邮票是蓝色的。由线索2告诉我们，描写大教堂的那张邮票的面值中有个0，但不是第4张，而是第2张，从这个线索中，我们也可以知道第1张就是棕色的10分面值的邮票。根据同一个线索，第2张蓝色邮票的面值是50分。通过排除法，第3张邮票一定是25分面值的。山峰不是第1张10分邮票上的图案（线索5），也不是25分面值邮票上的图案（线索5），因为50分面值的邮票边框是蓝色的。而我们知道它也不是50分面值邮票上的图案，那只能是第4张15分邮票上的图案。这样根据线索5，25分邮票的边框是红色的，剩下15分邮票边框是绿色的。线索3告诉我们第3张邮票描写的不是海湾，那一定是瀑布，剩下海湾是棕色的、10分面值的、第1张邮票上的图案。

答案：

第1张，海湾，10分，棕色；
第2张，大教堂，50分，蓝色；
第3张，瀑布，25分，红色；
第4张，山峰，15分，绿色。

114…

2	0	6	6	3	6	2	1
1	0	6	3	4	3	3	6
5	1	1	1	3	6	0	0
1	2	5	2	2	5	5	1
2	0	5	2	5	4	5	4
4	6	6	4	0	1	0	4
0	3	3	3	5	2	4	4

115…

D	B	A	E	C
C	E	B	D	A
E	A	C	B	D
B	C	D	A	E
A	D	E	C	B

116…

0	2	2	4	4	4	4	4
2	5	2	3	1	1	6	6
6	3	6	3	3	5	3	5
3	0	6	3	5	2	5	6
2	1	6	4	0	5	5	4
2	0	0	0	6	5	1	4
1	0	3	1	1	2	1	0

117…

	A		C	B
B	C			A
A		B		C
		C	B	A
C	B	A		

118…

已知索菲在多恩卡斯特上车（线索4）。根据线索1，黛安娜不是从约克角旅行回来，线索1和3又排除了她来自格兰瑟姆的可能，而且搭乘1号出租车的妇女来自格兰瑟姆，所以可以得出黛安娜在皮特博芮上火车。我们现在知道从格兰瑟姆来的乘客不是黛安娜或索菲，也不是伯尼的乘客帕查（线索3），因此她是安妮特。排除法得出帕查从约克角旅行回来。黛安娜的司机不是詹森（线索1），也不是诺埃尔（线索2），那么他就是克莱德，而她搭乘的是4号出租车（线索5）。然后根据线索1，詹森是3号出租车的司机，他的乘客不是伯尼的乘客帕查，而是索菲。最后通过排除法，我们知道安妮特的司机是诺埃尔，伯尼的车是2号车。

答案：

1号，诺埃尔，安妮特，格兰瑟姆；

2号，伯尼，帕查，约克角；

3号，詹森，索菲，多恩卡斯特；

4号，克莱德，黛安娜，皮特博芮。

119…

B	A	E	C	D
D	C	A	B	E
E	B	D	A	C
A	D	C	E	B
C	E	B	D	A

120…

A	B	C		
	C		A	B
B	A		C	
C		B		A
		A	B	C

121…

因为摄像师姓贝瑞（线索3），坐在D位置的鸟类学专家是个男的（线索2），因此瓦内萨·鲁特（线索1）不是录音师，而是植物学家。她不在C位置上（线索3），又因为她的斜对面是录音师（线索1），所以她不在A位置上（线索2），我们知道她也不在D位置，那么她一定在B位置。这样根据线索1，录音师在C位置，通过排除法，摄像师贝瑞在A位置。坐在D位置的鸟类学专家不姓温（线索2），而姓福特，因此他不叫盖伊（线索4），而叫罗伊（线索2）。现在通过排除法，C位置的录音师姓温。A位置的贝瑞不叫艾玛（线索3），而叫盖伊，剩下C位置的录音师是艾玛·温。

答案：

位置A，盖伊·贝瑞，摄像师；

位置B，瓦内萨·鲁特，植物学家；

位置C，艾玛·温，录音师；

位置D，罗伊·福特，鸟类学专家。

122…

由于亚历山大是深红色和白色外表（线索2）。罗德·桑兹不是橄榄绿色（线索3），因此它是猩红色和黄色，而橄榄绿的机车是沃克斯·阿比，属于阿比类（线索1），并在1942年制造（线索3）。亚历山大不是越野类型的发动机（线索2），因此是商务车类型的，而越野类型的发动机是罗德·桑兹，它不是始于1909年（线索4），而是在1926年制造的，1909年的机车是亚历山大。

答案：

亚历山大，商务车类，深红/白色，1909年；

罗德·桑兹，越野类，猩红/黄色，1926年；

沃克斯·阿比，阿比类，橄榄绿，1942年。

123…

A	E	B	D	C
D	C	A	E	B
C	A	D	B	E
E	B	C	A	D
B	D	E	C	A

124…

1	3	4	0	2	3	0	0
6	5	5	1	2	3	4	6
4	4	4	2	2	5	5	6
3	1	0	0	3	0	5	6
6	1	1	2	5	3	3	3
1	5	6	0	2	5	6	1
4	0	4	6	2	4	1	3

125…

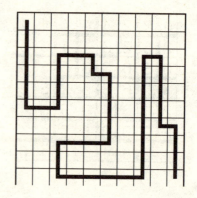

126…

海吉斯在2号位置（线索4）。由于4号马上的选手不是迪克兰（线索3）或沃特（线索5），因此他一定是赫多尔。这样根据线索2，安德鲁就是骑2号马的海吉斯。1号马不是"跳羚"（线索1），不是"杰克"（线索3），也不是被加百利骑着的"跳过黑暗"（线索5），因此一定是"小瀑布"。我们现在知道安德鲁的马不是"小瀑布"或"跳过黑暗"，也不是"跳羚"（线索1），那么就是"杰克"。现在线索3说明迪克兰·吉姆帕是骑1号马"小瀑布"的选手。通过排除法，沃特骑3号马。根据线索5，4号马是"跳过黑暗"，剩下沃特骑的是"跳羚"。现在已经知道赫多尔就叫加百利，而沃特是吉斯杰姆的姓。

答案：

1号，"小瀑布"，迪克兰·吉姆帕；

2号，"杰克"，安德鲁·海吉斯；

3号，"跳羚"，吉斯杰姆·沃特；

4号，"跳过黑暗"，加百利·赫多尔。

127...

由于特德·温的车不是黄色的（线索3），也不是红色的D号车（线索1和3）；伦·凯斯的跑车是绿色的（线索4），因此特德·温的车是蓝色，但不是C号车（线索5），根据线索3，一定是B号车，并且于1938年制造（线索2）。红车不是加里·合恩的（线索1），而是属于克里斯·丹什，剩下加里·合恩是黄车的主人。伦·凯斯的车不是A号车（线索4），因此一定是C号车，而加里·合恩的车是A号车。根据线索3，伦·凯斯的车是1932年的模型。1934年的模型不是D号车（线索1），而是加里·合恩的黄车，克里斯·丹什的D号红车始于1936年。

答案：

A号车，加里·合恩，黄色，1934年；

B号车，特德·温，蓝色，1938年；

C号车，伦·凯斯，绿色，1932年；

D号车，克里斯·丹什，红色，1936年。

128...

E	C	A	B	D
B	D	C	A	E
D	E	B	C	A
A	B	E	D	C
C	A	D	E	B

129...

2	5	1	1	1	2	0	6
5	0	6	6	5	3	4	4
2	3	4	5	2	5	4	2
1	1	6	5	0	5	0	4
0	0	4	5	3	3	3	2
6	6	6	3	3	2	1	6
4	1	0	0	0	1	4	3

130...

	B	C		A
A			B	C
C	A			B
	C	B	A	
B		A	C	

131...

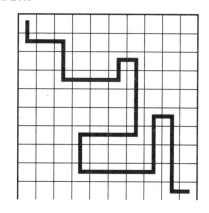

132...

德莫特住在提姆布利村（线索2）；村庄2是格里斯特里村，经过它的环线朝东方开（线索1）。5千米长朝南开的路程起始自罗莉住的那个村庄（线索4），所以

第6章 提高推理力的思维游戏

她不可能住在 6 千米路段的起始地桑德莱比村（线索 3），罗莉是住在托维尔村。7 千米路段不是起始自格里斯特里村（线索 1），同时已知它不可能起始自桑德莱比村或托维尔村，所以它一定是起始自德莫特家所在的提姆布利村。剩下 4 千米路段的起始自格里斯特里村。阿诺德不住在桑德莱比村（线索 2），所以他住在格里斯特里村。而桑德莱比村是吉姆住的村庄。提姆布利不是村庄 3（线索 1），所以它是村庄 4。因此，罗莉的村庄托维尔，自它开始的环城车朝南开（线索 4），一定是村庄 3，余下桑德莱比村庄 1，作为整个车程的开始点。

答案：

村庄 1，桑德莱比村，吉姆，6 千米；

村庄 2，格里斯特里村，阿诺德，4 千米；

村庄 3，托维尔村，罗莉，5 千米；

村庄 4，提姆布利村，德莫特，7 千米。

133…

因为勋章 C 有 1 个绿色的绶带（线索 1），根据线索 4，所以铁拳团的铁制勋章不可能是勋章 D。勋章 A 用的是银作材料（线索 2），勋章 D 不是金制的（线索 5），所以勋章 D 应该是青铜制的。根据线索 5，勋章 C 是金制的。综上可得，铁拳团的铁制勋章应该是勋章 B。因此，由线索 4 得出，悬挂蓝色绶带的勋章是勋章 A。现在已知 3 个勋章的团名或绶带颜色，所以赖班恩王子勋爵士团的有着紫色绶带的是青铜制勋章 D，因此，白色绶带的勋章是铁拳团的勋章 B。最后，由线索 5，不是伊斯特埃尔勋爵士团的、带绿色绶带的金制勋章 C 是圣爱克赞讷勋爵士团的。而伊斯特埃尔勋爵士团的是银制的蓝色绶带的勋章 A。

答案：

勋章 A，伊斯特埃尔勋爵士团，银，蓝色；

勋章 B，铁拳勋爵士团，铁，白色；

勋章 C，圣爱克赞讷勋爵士团，金，绿色；

勋章 D，赖班恩王子勋爵士团，青

铜，紫色。

134…

C3 中的数字是 2（线索 3），数字 1 不可能在 C 行（线索 7）。数字 6 不可能在 A1 中（线索 1），所以 C1 不可能是 3（线索 5）。如果 C1 是 5，那么 B1 中的数字是 20（线索 5），但这是不可能的（线索 1）。因此，C1 中的数字只可能是 4。A1 中的数字肯定是 8，B1 中的数字肯定是 16（线索 5）。数字 20 在第 1 行中（线索 1），但是我们知道它不可能在 A2 中，也不可能在紧靠 8 右边的位置上，也不可能在 A7 上（线索 1），同时它也不可能在 A3 中。A4 中的数字比 A3 大 2（线索 1 和 2），18 不可能在 A3 的方格中（线索 7），所以 20 不可能在 A4 中（线索 2）。线索 2 排除了 20 在方格 A5 中，所以，用排除法可知，20 必定在 A6 中。7 在方格 A5 中，6 在方格 A7 中（线索 1）。从线索 2 可知，方格 A4 是 14，方格 A3 是 12。我们知道数字 2 在 C3 中，而 B3 中的数字肯定是 17（线索 8），因此 C6 肯定是 18，C2 肯定是 19（线索 6）。那么 B6 就是数字 1，B7 就是数字 13（线索 7）。数字 21 和数字 9 分别是 C4 或者 C5 中的数字（线索 9）。10 不可能在 C 行或 A 行（线索 4），所以只能在 B 行中。既然 B7 是 13，B4 就不可能是 10，所以 10 肯定在 B2 中，而 15 就在 B5 中（线索 4）。从线索 9 看出，9 肯定在 C5 中，所以 21 肯定在 C4 中。B4 是个位数（线索 9），它不可能是 3（线索 3），所以它只可能是 5。既然第 7 列的 3 个数字之和大于 25（线索 8），数字 3 就不可能在方格 C7 中，所以它只可能在 A2 中，剩下 C7 中的数字是 11。

答案：

8	3	12	14	7	20	6
16	10	17	5	15	1	13
4	19	2	21	9	18	11

135…

因为 6 号楼是 1 位女士的（线索 4），

根据线索1，5号楼一定是1位男士，4号一定是位女士。所以剩下的两位男士一定是在1号和3号，最后那位女士则是住在2号。住在6号的女士不可能是里弗斯夫人（线索3）或沃特斯小姐（线索5），所以是格蕾小姐。现在在新西兰的那个人一定是位女士（线索3）。伯恩斯先生没有陪在女儿身边，也没去谈生意或进行商业旅行（线索6），所以他是在住院或度假，他不可能是住在1号的男士（线索2和线索3），他住在3号或5号。住在伯恩斯先生左边的女士（线索1）不可能是沃特斯小姐，因为她在去商业旅行的人的左边（线索5），去商业旅行的人不是伯恩斯先生（线索6），显然也不是格蕾小姐，所以是戴克斯，而这意味着伯恩斯先生是去度假了（线索3）。如果这两个人和格蕾小姐都住在楼上，那么沃特斯小姐和布洛克先生都只能住在楼下了，而这是不可能的（线索5）。所以，伯恩斯先生住在3号，里弗斯夫人住在2号；那个陪着女儿的男士（线索1）则是布洛克先生。因此，里弗斯夫人是在住院（线索2）。楼上的格局是：沃特斯小姐住在4号，戴克斯去商业旅行了，他住在5号，格蕾小姐住在6号，因为她不是去谈生意（线索6），所以她是去新西兰了。谈生意的是沃特斯小姐。

答案：

1号楼，布洛克先生，陪女儿；
2号楼，里弗斯夫人，住院；
3号楼，伯恩斯先生，度假；
4号楼，沃特斯小姐，谈生意；
5号楼，戴克斯先生，商业旅行；
6号楼，格蕾小姐，在新西兰。

136…

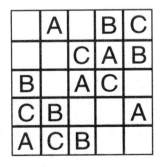

137…

17号，利德家，拳师犬，萨姆。19号，波尼家，阿尔萨斯犬，迪克。21号，克勒家，吉娃娃狗，弗雷迪。23号，肯内尔家，约克夏小猎犬，马克斯。

138…

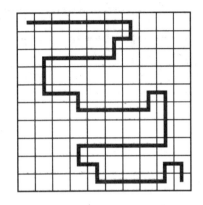

139…

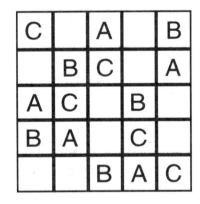

140…

141...

0 5 2 2 5 4 6 5
3 6 2 2 4 4 4 1
3 6 1 2 3 4 6 1
0 1 4 3 0 2 2 1
3 5 3 0 3 1 5 6
6 4 0 3 6 0 4 1
1 6 0 0 2 5 5 5

142...

每个图形都代表1个数字。第1个图形里有3个圆圈，我们可以得到数字3；第2个图形里有1个三角形，我们可以得到数字1；其余的图形依次可以得到数字4、1、5、9，即前5位数字。所以，接下来的3个图形应依次是2个嵌套的圆圈、6个嵌套的三角形、5个嵌套的正方形。

143...

A。这个图形按照顺时针方向旋转，每次旋转45°。与1，2和3相比，6和7表明叶轮完全处于阴影中。

144...

B。在该项中，没有形成1个三角形。

145...

康妮，老橡树商店，猪肉和卷心菜。珍，霍尔商店，鸵鸟肉和豆角。吉尔，冷杉商店，火鸡和椰菜。基思，布鲁克商店，牛肉和土豆。理查德，希勒尔商店，羊肉和甜玉米。

146...

极光号，30.5米，汉斯·卡尔，王子。比安卡女士号，42.7米，雨果·姬根，工业家。曼特号，38.1米，雅克·地布鲁克，

歌手。美人鱼号，33.5米，迪安·奎，职业车手。米斯特拉尔号，22.9米，杰夫·额，电影明星。

147...

上午9：00，瓦特门，波比，安装普通蹄。上午10：00，石头桥农场，本，清理蹄钉。上午11：00，骑术学校，王子，重装蹄钉。中午12：00，韦伯斯特农场，佩加索斯，安装运输蹄。下午2：00，高下马群，乾坡，安装赛板。

148...

第1，麦特斯，坦布，旅馆主人。第2，吉可巴士，格拉斯哥，清洁工。第3，贝赛利，利物浦，出租车司机。第4，西吉斯穆德斯，沃克叟，管道工。第5，帕曲西斯，施坦布尼，消防员。

149...

1号，圣·犹大书站点，安迪·布莱克，海猪号。2号，海盗首领站点，格兰·霍德，改革者号。3号，波比特站点，派特·罗德尼，魅力露西号。4号，城堡首领站点，盖尔·费什，亚马逊号。5号，斯塔克首领站点，科林·德雷克，五月花号。6号，青鱼站点，露西·马龙，去利通号。

150...

西里尔，星期五，撞到门柱，下午3：00。伊夫林，星期四，车胎穿孔，下午2：00。格兰地，星期一，蓄电池没电，下午5：00。吉恩，星期三，超速，上午11：00。姆文，星期二，压倒栅栏，上午10：00。

151...

彻丽·白兰地，"皇后之首"，欧斯道克，中彩票。佛瑞德·格雷斯，"独角兽"，法来乌德，遭劫。来·米德，棒棒糖，"摩歇尔"，举办民间音乐会。罗赛·保特，"格林·曼"，博肯浩尔，延长营业

时间。泰德·塞尔维兹，"里程碑"，蓝普乌克，更换新证。

152...

布伦达和马特，线性舞，真诚。凯茜和休，古典音乐，幽默感。詹妮和彼特，老电影，身高。凯丽和克莱夫，园艺，眼睛。罗斯和比尔，烹饪，声音。

153...

12号，卡波斯，焚烧垃圾，哈什。14号，霍克，音量大，斯特恩。16号，席克斯，恶狗，多尔。18号，毛里阿提，修车，格林。

154...

艾米·普丽思，伊诺根，下午5：00，交通阻塞。克利奥·史密斯，阿匹曼特斯，下午3：00，火车取消。菲奥纳·托德，寂静者，早上9：00，汽油用光。杰克·韦恩，李朝丽达，上午11：00，汽车抛锚。肯·杨，匹特西斯，下午1：00，错过班车。

155...

瑞德·布莱德，科里福斯，200头，5星期。里格·布尔，斯伯林博格，300头，3星期。朗·霍恩，圣奥兰多，600头，6星期。斯坦·彼定，查维丽，400头，4星期。波·维恩，贝克市，500头，2星期。

156...

8年，格伦冒，苏格兰高地，85分。10年，因沃那奇，肯泰，83分。12年，布兰克布恩，伊斯雷岛，96分。14年，格伦奥特，斯培斯，92分。16年，斯吉夫，苏格兰低地，79分。

157...

卡罗尔·布，电视主持人，阿丽娜，肥皂。范·格雷兹，电影演员，丽晶，针织品。简·耐特，电视演员，罗蕾莱，化妆品。玛丽·纳什，网球选手，阿尔泰，摩托滑行车。休·雷得曼，流行歌手，普拉丝，软饮料。

158...

1985年，阿斯拜克特，格拉斯哥，金斯利大道。1988年，查普曼·戴尔，普雷斯顿，济慈路。1991年，马太克，福尔柯克，麦诺路。1994年，欧洲奎斯特，伯明翰，地恩·克罗兹。1997年，戴特，加的夫，香农街。

159...

考沃德·卡斯特，7月，海滩，7星期。保丘·歌斯特，3月，沼泽荒野，6星期。少利弗雷德，1月，森林，3星期。斯拜尼斯·弗特，9月，河边，5星期。蒂米德·少可，5月，村边，4星期。

160...

5号，《伦敦历史》，1910年，作者签名。8号，《马敦随笔》，1780年，第一版。13号，《多顿公园》，1804年，完整注释。16号，《大卫·科波菲尔》，1860年，稀有之物。21号，《哲学演说》，1832年，珍藏部分。

161...

海伦和乔治，艾玛·迪尔夫，浴室，维多利亚风格。琼和基思，刘易斯·劳伦斯·贝林，起居室，墨西哥风格。利萨和约翰，雷切尔·雷达·安妮森，厨房，海边风格。林恩和罗布，贝琳达·哈克，餐厅，哥特式风格。休和弗兰克，梅·克文，卧室，未来派风格。

162...

第1件，杯子，60美分，吉恩。第2件，书，25美分，弗兰克。第3件，花瓶，75美分，莫利。第4件，玩具，30美分，莎拉。第5件，头巾，50美分，咸里。

163...

位置1，托马斯·辛和吉，邮局局长。位置2，雷金纳德·布尔，学校教师。位置3，哈罗德·格雷特，承办者。位置4，约翰·欧克曼，教区牧师。位置5，莱斯利·比费，铁匠。

164...

大卫·埃利斯，推销员，萨姆·库珀，州长。约翰·基恩，会计师，马特·伊斯伍德，赌徒。马克·普赖斯，税务检查员，布秋·韦恩，州长代表。奈杰尔·普赖斯，代理商，坦克丝·斯图尔特，牧牛工。罗伊·斯通，职员，得丝特·邦德，美洲野牛猎人。

165...

11：10，卡尔，泰姬陵·马哈利餐馆，拉塞尔。11：15，马特，狐狸和猎犬饭店，兰勒。11：20，卢，斯宾塞大街，丹尼斯。11：25，米克，黄金国俱乐部，布赖恩特。11：30，赖安，火车站，梅森。

166...

1月份，《主要的终曲》，尤恩·邓肯，艺术小说。2月份，《世代相传》，雷切尔·斯颇，推理小说。4月份，《船长》，蒂龙·斯瓦，历史小说。5月份，《白马》，布雷特·艾尔肯，恐怖小说。6月份，《太阳花》，吉尼·法伯，科幻小说。

167...

安娜贝尔，侄女，接骨木果酒，2000年。卡拉，女儿，黑莓酒，1999年。格洛里亚，妹妹，蒲公英酒，1997年。乔伊斯，阿姨，大黄酒，2001年。米拉贝尔，母亲，防风草酒，1998年。

168...

"信天翁"，3号，罗宾·福特，唱片公司。"半月"，5号，托尔·努森，印刷公司。"曼维瑞克Ⅱ"，4号，乔·恩格，银行。"海盗船"，6号，尼克·摩尔斯，电脑制造商。

169...

切克·贝克，溃疡，1980年，机修工。乔·哈里斯，被刀刺伤，1984年，酒馆老板。罗福特·肯特，心脏病，1968年，摄影师。麦克·诺曼，车祸，1972年，出租车司机。思考特·罗斯，从屋顶跌落，1976年，驯狗员。

170...

星期一，欧登拜住宅，书签，古老汽车展。星期二，哈特庄园，披肩，服装展。星期三，哈福特礼堂，钢笔，迷宫。星期四，格兰德雷住宅，盘子，儿童农场。星期五，保恩斯城堡，杯子，微型铁路。

171...

1月，卡尼莱特，阿姆斯特丹，250万欧元。2月，毕加索，罗马，100万欧元。3月，弗米亚，巴黎，300万欧元。4月，格列柯，马德里，150万欧元。5月，马耐特，布鲁塞尔，200万欧元。

172...

奇克·多比，拉雷多，通缉犯。埃尔默·弗累斯，福特·沃氏，酒鬼。乔希·海德，圣地亚哥，赌徒。皮特·马修斯，艾尔·帕索，玩女人。特迪·舒尔茨，休斯顿，击毙囚犯。

清华北大学生爱做的1500个思维游戏

第6章 提高推理力的思维游戏

第7章

提高想象力的思维游戏

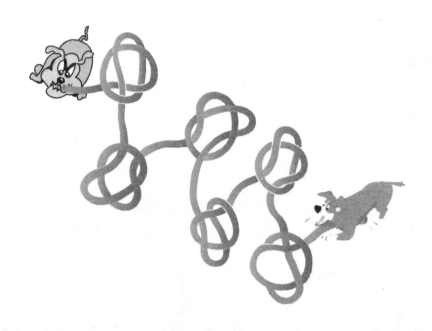

1.倒三角形

如图所示，每一块积木上面有两块积木。

问这样的结构可以搭多高都不倒塌？

2.相邻的数（1）

你能够否将0～5这6个自然数填入下面的圆圈中，使得每个数的所有相邻数之和如右侧图所示（相邻指的是有实线直接相连）。

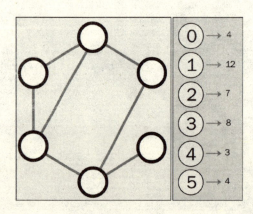

3.相邻的数（2）

你能够否将1～9这9个自然数填入下面的圆圈中，使得每个数的所有相邻数之和如右侧图所示。

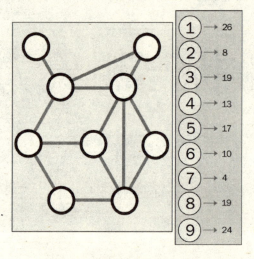

4.拉格朗日定理

你能否将下面的两个整数分别写成平方数相加的形式？

$$35 = ? + ? + ?$$

$$48 = ? + ? + ? + ?$$

5.计算器故障

计算器总是可信的。但是我的

0,1,2,3,4,5,6,7,8,9,11,22,33,44,55,66,77,88,99,101,111,121,…?

计算器上除了 1，2，3 这 3 个键以外，其余的键都坏了。

只用这 3 个键，可以组成多少个一位、两位或者三位的数？

6.凯普瑞卡变幻

任意列出 4 个不同的自然数，例如 2435。

把这 4 个数字依次递减所组成的四位数与依次递增组成的四位数相减，得到的数再用相同的方式相减（不足四位补 0）：

5432 － 2345

几轮之后你会得到一个相同的数。

我已经猜到这个数是什么了，你呢？

7.数列（2）

下面的数是按照一定的顺序排列的，你能否在画有问号的方框内填上一个恰当的数？

如果你做到了，下图中那块蛋糕就是你的了！

8.11 的一半

你能否找到一种方法，使得 6 等于 11 的一半？

$$6+6=11$$

9.加一条线

在下面这个等式中加一条线，使等式成立。

$$5+5+5=550$$

10.瓢虫花园

图中的格子里一共藏有 13 只瓢虫，请你把它们都找出来。

方框里的每朵花上面都写有一个数字，这个数字表示的是它周围的8个格子里所隐藏的瓢虫的总数。见图1的例子。

有花的格子里没有藏瓢虫。

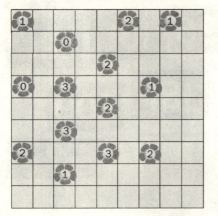

图1

11.西瓜

一辆卡车将总重量为1000千克的西瓜运往一个超级市场，西瓜的

含水量达到99%。

由于天气炎热，路途遥远，当卡车到达超级市场时，西瓜的含水量已经下降到了98%。

不用纸笔计算，仅凭直觉，你能说出到超级市场时西瓜的总重量是多少吗？

12.滚动色子（1）

1963年，马丁·加德纳发明了在不同规格的棋盘上滚动色子的思维游戏。

使色子的一面与棋盘格的大小相等，然后将色子滚动到邻近的棋盘格，那么每移动一次，色子朝上那一面的数字就会变化。

如图所示，一个色子放在棋盘格的中央，要求滚动6次色子，每次滚动一面，使得它最后落在图中所示的格子里，并且色子的"6"朝上。

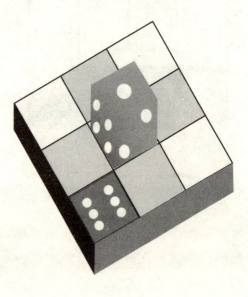

第7章 提高想象力的思维游戏

清华北大学生爱做的1500个思维游戏

13.滚动色子（2）

如图所示，你能否将6个色子分别滚动6次，滚动到指定的格子里，并且最后朝上的那一面分别是"1"，"2"，"3"，"4"，"5"，"6"？

14.旋转的窗户

将给出的窗户和鸟复制或剪下来，用胶水粘成上图的样子。在粘之前用一个夹子将小鸟夹在窗户上，如图所示。

将粘好的窗户和小鸟挂在一根绳子上，让它慢慢旋转。然后站得远一点，闭上一只眼睛看这个结构。

几秒钟后你会看到什么呢？你一定会大吃一惊的。

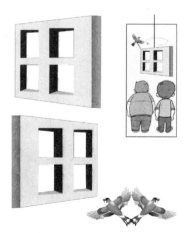

15.宝石

下面是一个为世界级宝石展览特制的架子。展品包括7块宝石，如图所示。但是架子上只能放下6块宝石，怎样才能使这个架子放得下7块宝石，并且每块宝石都在一个重要的位置呢？

16.不幸事件

5岁的艾尼不会游泳，在一个平均水深仅为3英尺（约0.9米）的湖里面淹死了。

这个不幸的事件怎么会发生呢？

17.X 问题

X 在 9 与 11 之间，如果你不知道 X 的值，让你猜一个值，使得错误率最小（即你猜的数与 X 的真实值之间的差距与其真实值的比），你应该猜什么数？

18.预测地震

X 女士正确地预测了去年加利福尼亚的每一次地震，她是怎样做到的？

19.神秘的洞

谜题大师约翰·P.库比克为了对自己的能力加以证明，他向人们展示了一张正方形的纸板，在纸板上偏离中心的位置上有一个洞。"通过将这张纸板剪成两部分，并且将这两部分重新排列，我就能把这个洞移到正方形中心的位置上。"你能想出他是怎么做的吗？

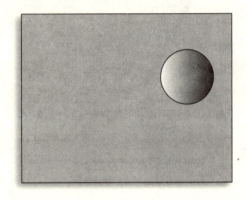

20.有几个结

如下图所示，如果这两只狗朝着相反的方向拉这根绳子，绳子将会被拉直。

问拉直后的绳子上面有没有结，如果有的话，有几个？

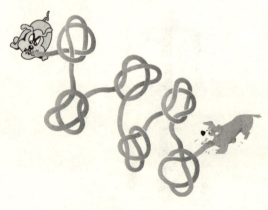

21.看一看

请仔细看下面这张图，想想看它是什么？

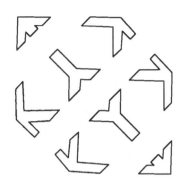

22.工具平面图

这张图里有哪7件工具的平面图（至少讲出4种）？

23.上下颠倒

由10个硬币排成一个三角形，你能否只移动其中的3个，就让三角形上下颠倒呢？

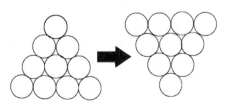

24.巧锯正方形

乐乐家有一块奇形怪状的木板（如图）。一天，爸爸想让乐乐把它拼成一个正方形，前提是只能锯两次。乐乐看了半天也不敢动手，你能帮帮乐乐吗？

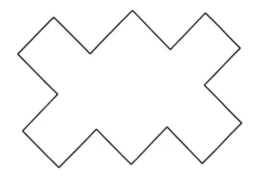

25.多了一把伞

火柴棒排成一把伞的形状（如图所示）。在只能移动4根火柴棒的情况下，要使这一把伞变成两把，该怎么做？

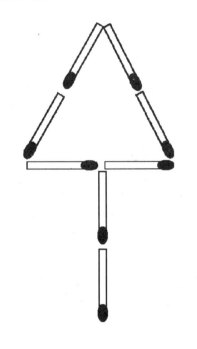

26.火柴图形变幻

用24根火柴按下图摆好。（1）拿掉4根，拼成同样大小的5个正方形。（2）拿掉6根，拼成3个不同大小的正方形。（3）拿掉8根，拼成2个不同大小的正方形。

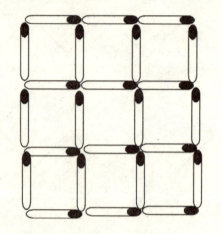

27.等分方孔图

如何将以下图形分为大小和形状均相同的6等份？

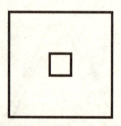

28.省份分组

图中A，B，C，D 4幅有趣的图分别是我国的4个省份，你能根据这些图的外形判断它们是哪些省份吗？

29.小舟变形

移动4根火柴，把这只小舟变成3个梯形。

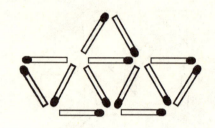

30.双板拼图

数学家高斯因其杰出贡献而被誉为"数学王子"，但并不是所有的人都对他能得到这一殊荣而心悦诚服。有一天，一个自诩为天才的傲慢青年来找高斯，妄图出一道难题难倒高斯，让他出丑，以夺过"数学王子"的桂冠。他拿出一些模型，选出两块拼成一个图形（如图所示）。高斯一眼扫去便发现了其中的诀窍，并想出了3种拼法。那青年自知冒失，便灰溜溜地走了。你知道高斯是怎么拼的吗？

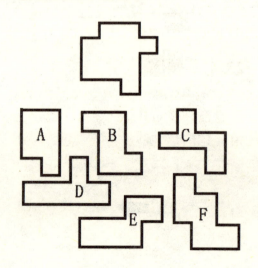

31.万字花拼图

将下图割成4块，然后拼出一个正方形来。

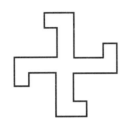

32.母鸡下蛋

一只母鸡想使每行（包括横、竖和斜线）中的鸡蛋不超过两个，它能在蛋格子里下多少蛋？你能在表格中标注出来吗？图中有两个鸡蛋已下好了，因而不能再在这条对角线上下蛋了。

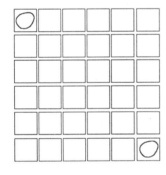

33.相切的圆

3个圆两两相切，图中用黑色标明切点。如果要得到9个这样的切点，最少要有几个圆相切？

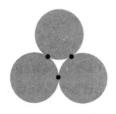

34.妙手回春

下面3个字：田、禾、田是用24根火柴组成。移动其中的4根火柴，它们就能变成一个成语。你会移吗？

35.连点画方

如图所示，25个点整齐排列，连接其中一些点可以画出正方形。那么，到底能够画出多少个面积不等的正方形呢？

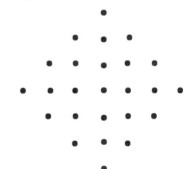

36.单词变身

下图是英文单词FOOT。你能移动一根火柴，使它变成另外一个英文单词吗？

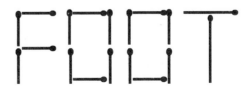

第 7 章　提高想象力的思维游戏

清华北大学生爱做的1500个思维游戏

37.巧分农庄

阿凡提周游世界，有一天来到一个村庄。一个地主对他说："都说你很聪明，我有一块地，你能把它分成大小相等、形状相同的两份，我就把地送给你。"聪明的阿凡提不慌不忙，用木棍画了一道线，地主傻了眼，只好履行诺言。阿凡提把地分给了最穷的两户人家。你知道阿凡提是怎么分的吗？

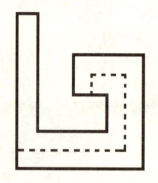

38.兄弟姐妹

迈克夫妇有7个子女，老大至老七分别为甲、乙、丙、丁、戊、己、庚。目前我们知道7个人的如下情况：

1. 甲有3个妹妹；

2. 乙有一个哥哥；

3. 丙是女的，她有两个妹妹；

4. 丁有两个弟弟；

5. 戊有两个姐姐；

6. 己也是女的，但她和庚没有妹妹。

根据这些条件，你能推算出谁是男性，谁是女性吗？

39.巧移冬青

花坛里有25棵冬青（如图）。你能只移动其中几棵，重新栽上后，使它们成为共12行每行5棵吗

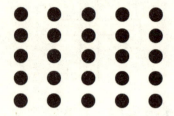

40.比赛排名

张、李、赵、丁、周、方、王、胡与8个人参加了100米竞赛。比赛结果是：1.李、赵、丁3个人中李最快，丁最慢，但不是第8名；2.方的名次为张、赵名次的中间数；3.方比周高4个名次；4.王第4名；5.张比赵跑得快。请排出他们的名次。

41.生活减法

在算术里，4-4=0，是唯一答案。而在生活中，4-4的结果，却可以不等于0。例如，等于12。当然，这种减法不是算术意义的减法，而是在生活中更广泛意义上的一种减。你能想出个中缘由吗？

42.最大的影子

获过诺贝尔奖的著名法国物理学家居里夫人曾经问她的孩子这样一个问题："世界上最大的影子是什么？"你能回答吗？

43.如何站立

如果有一张不大的报纸，要求你和你的一位朋友同时站在这张报纸上，报纸不能撕开，而且你们彼此也不能碰到对方，你可以做到吗？

44.分隔十八点

如图1有9个点，现要求用两组平行线把9个点隔开，每格只有一个点，如何分法？又如图2，当遇到分布不均匀的18个点时，要用三组平行线隔成每格一点，该如何分隔呢？

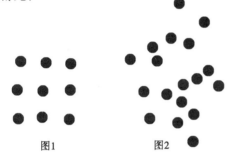

图1　　　　　图2

45.字母序列

在下面的字母序列中，后面一个字母应该是哪个？

LNQU?

46.雷击

小明放风筝时，突然电闪雷鸣，暴风雨倾盆而下，他不得不躲在屋檐下，但却仍被雷电击中。这是为什么？

47.拼汉字

想象一下，5根横排的火柴和3根竖排的火柴能拼几个汉字？

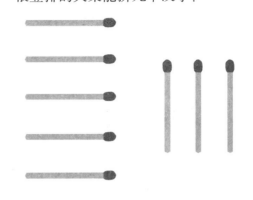

48.各走各门

一个院子里住了3户人家。这3户人家的关系简直坏透了，不只是互不说话，而且谁也不想看到谁。他们想各走各的门，也就是像图上所画的那样，A走A门、B走B门、C走C门。为了避免相遇，他们走的道也不能交叉，那么，他们该怎样走法才好呢？

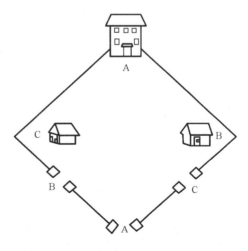

49.数字代码

题目中的问号可以用什么数字代替?

7628	5126	3020
9387	6243	1088
8553	2254	?

50.兔子难题

直线 AA 上有 3 只兔子, 直线 CC 上也有 3 只兔子, 直线 BB 上有 2 只兔子。有多少条直线上有 3 只兔子? 有多少条直线上有 2 只兔子? 如果拿走 3 只兔子, 将余下的 6 只兔子排成 3 排, 且每排有 3 只兔子, 该怎么排列?

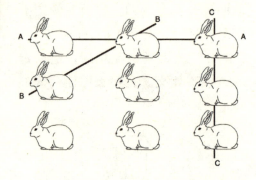

51.火柴算式

如图所示, 有 6 根火柴棍, 请问, 再加上 5 根, 你能将它变成 9 吗?

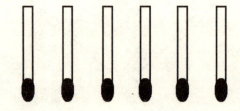

52.翻跟头的小鸟

下面是一个用 10 根火柴摆的头朝下的小鸟, 你能只移动 3 根火柴, 使小鸟的头能够朝上吗?

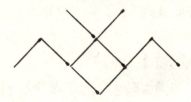

53.搬碗

有 5 个碗, 按次序叠好放在甲盘里, 一次一只往丙盘搬 (如图), 大碗不能压小碗, 试试应该怎样搬?

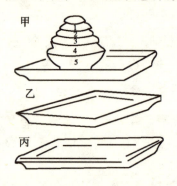

54.放不下的榻榻米

一个日本人在买榻榻米 (日本人铺房间的一种草垫子, 尺寸大小一般和中国的单人凉席差不多) 之前, 量了一下房间地面尺寸, 正好是铺 7 张榻榻米的面积 (见下图,

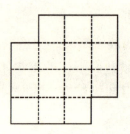

清华北大学生爱做的1500个思维游戏

两方格铺一整张榻榻米）。可是，当他买回来后却发现7张榻榻米在他的房间里怎么也铺不下。你知道其中原因吗？

55.破解密码算式

这是一道算式，数字被人用英文密码隐藏了。隐藏了的英文字母是个奇特的式子。请你运用聪明的智慧来想出算式到底是怎样的。

$$\frac{\begin{array}{r} VEXATIBN \\ V \end{array}}{EEEEEEEE}$$

56.找出异己

在下列5个字母中，哪个与其余4个差别最大呢？

ABDEF

57.四人头像

把下面6块图形剪下来，可以拼出4个人物头像，你能做到吗？

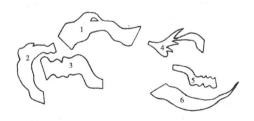

58.找出真凶

凯莉发现梅思和汤米死在了地板上，感到十分伤心。在尸体旁边有一些碎玻璃，地毯湿乎乎的，两个都没有穿衣服。你知道凶手是谁吗？

59.奇特的算式

什么情况下 7+8=3 ？

60.形状想象

两条宽度和长度相同的纸带做了两个圆圈。把这两个圆圈在P处相互粘在一起，然后沿虚线剪下来（如图所示）。请问剪下来的形状是什么样子？

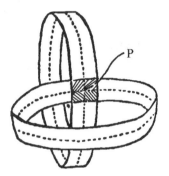

61.三鸟拼母鸡

将飞翔中的大、中、小3只鸟儿，组合成一只母鸡。

62.五边形瓷砖

新建的波尔多城堡大厅要铺地砖，可是，主管部门要求只准铺五

边形的地砖，且每个五边形瓷砖大小、形状要一样，只有铺到边上才可用碎瓷砖。那么，用五边形的瓷砖可以把地板铺得没有缝隙吗？

63.六角变花

这是一个由18根火柴组成的六角星，你能不能移动其中的6根火柴，把它变成6个菱形组成的图案？

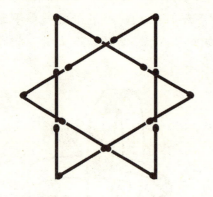

64.扑克暗示

数学家葛教授出差，住在一家星级酒店里。一天深夜，人们发现他昏迷在酒店的一间包房内，而随身带的钱包却不见了踪影。罪犯在现场没有留下任何痕迹，只是教授的手里握着一张扑克牌"K"。然而，这间酒店的房门号都是三位数，如果说这张牌代表"013"号房间，酒店又恰好没有这个房间号。但聪明的探长还是一下就明白了，很快便抓到了罪犯。你能想出来吗？

65.积木空缺

卡娅一个人在家玩积木，她用

A，B，C，D，E，F，G 7块积木搭成一个三角体（如图1所示）。图中每刻度都为1厘米，可以看出底边是8厘米，高是11厘米。但当卡娅用同样7块积木搭成图2的形状时，虽然底边与高的长度不变，正中却有一个2×1厘米的空缺。这是怎么回事？

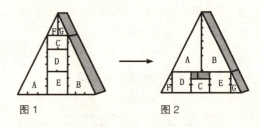

图1   图2

66.移动三角

用18根火柴组成了下面这幅图形，其中共包括8个三角形。现在如果移走其中的2根火柴，可以使三角形的数量减为6个；移动其中的2根火柴呢，也可以使图中的三角形变成6个。想想看，都该怎么移？

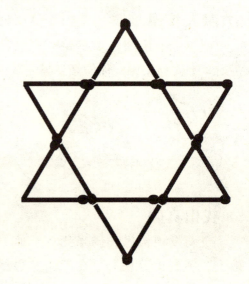

67.钟表异事

从窗子向外看，汤姆能看到城镇的大钟。每天他都会按照城镇大钟上的时间来核对一下他家壁炉架上的钟表，两者的时间基本上吻合。但是有一天早晨，发生了一件奇怪的事情。汤姆家壁炉架上的钟表显示的时间是 8：55。1 分钟后显示的时间是 8：56；又过了 2 分钟显示的时间依旧是 8：56；又过了 1 分钟，显示的时间是 8：55。当到了 9 点钟时，汤姆突然意识到问题出在哪里了。你能解释其中的原因吗？

68.双胞离体

将下面 5 种图形分别分成形状、大小都相同的双胞图形。

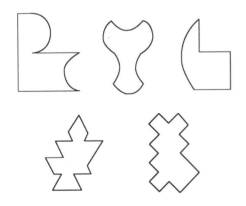

69.入睡妙招

一个人躺在旅馆的床上翻来覆去无法入睡，他起身给隔壁房间打了个电话，什么也没说，然后挂了电话就睡着了，这是怎么回事？

70.灯笼"101"

为庆祝 10 月 1 日国庆节，东东、南南、西西 3 人动脑筋，把板灯锯成 4 块，分为 3 盏灯笼，3 盏灯笼合起来还能成"101"。怎样分？

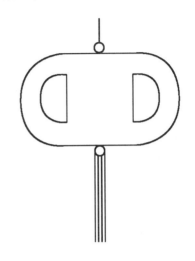

71.直线画三角

用 7 条直线最多可能画出几个不重叠的三角形？

72.箱子不见了

阿弟要和妈妈出远门。走之前，妈妈从家门口数了 30 步，挖个坑，把木箱埋了下去。阿弟从家门口数了 10 步，把自己的小木箱也埋到了地下。第二天妈妈带着阿弟走了。过了 4 年，他们又回到了家。房子还在。妈妈数了 30 步，挖出了大木箱。阿弟数了 10 步，挖呀挖呀，怎么也挖不到小木箱，他着急了！他换了个地方挖下去，一下子就挖出了小木箱。为什么？

清华北大学生爱做的1500个思维游戏

73.穿越六边形

画一条直线让它穿过正六边形全部的六条边。

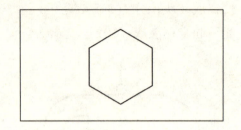

74.差距

在一个无风的天气，从甲地骑摩托车到乙地，车速每小时30公里，途中并无坡道，只有一处需要轮渡，过轮渡时并没有等待，车一到就上船过渡了，共用了80分钟。回来时仍是原来的路线，在轮渡处也正好赶上班次，车速也一样。可是到了目的地一看表，却走了一个小时又20分钟，这是怎么一回事？

75.罗马数字变身

下面是一个罗马数字运算题，"7-2=2"显然是错误的，现移动2两根火柴，使运算题成立。

清华北大学生爱做的1500个思维游戏

第7章 提高想象力的思维游戏

444

76.你中有我，我中有你

220和284是一对相亲相爱的数字，表示："你中有我，我中有你"。

你能看出其中奥妙吗？

77.完整的方糖

可可在他的咖啡中加了一块方糖，然后被叫去接电话。当他10分钟后回来时，他直接从咖啡中将方糖完整地取了出来，他是怎样做到的？

78.共有几堆

5元钱一堆香蕉，3元钱一堆苹果，2元钱一堆橘子，合在一起，问共有几堆？

79.奇怪的回答

A问B："我要泡咖啡。你是喝热的还是冷的？"B的回答是一串绕口令似的数字："1475369123698741 23580。"B的回答是什么意思？

80.铁路工人的反常举动

两名铁路工人正在检修路轨，这时一辆特快列车向他们迎面高速驶来。火车司机没有注意到他们正在路轨上工作，因此来不及减速了。这两名工人沿着特快列车所在的铁轨朝列车迎面跑去。这是为什么？

81.奇怪的大小比较

有一个问题很奇怪，那就是：5比0强，2又比5强，但0却又比2强。这到底是怎么一回事？

82.增添杯子

图中有 3 只杯子，加一笔再增加 2 个杯子。你能做到吗？

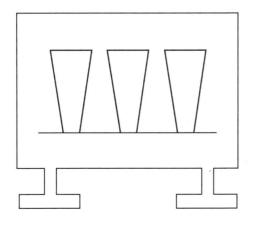

83.果皮形状

苹果是人们常吃的水果，削苹果几乎人人都会，假如把苹果皮按一定宽度连续削下来（中间不能断）。平放在桌面上，应该是什么形状呢？

84.直角拓展

3 根火柴可以形成 5 个直角（如图所示），如果让用 3 根火柴形成 12 个直角，你认为可能吗？

85.数字巧妙推

充分发挥你的想象力，推算出下一行的数字是什么？

1
11
21
121
111221
312211
13112221
1113213211

86.扑克牌与日历

一副扑克牌至少在 6 个方面与日历有着惊人的相似之处。你能猜出几处呢？

87.轨迹想象

（1）把轮子放在一个平面上，轮上边缘有一个黑点（如图示），使轮子在平面上滚动，画出黑点在轮子滚动时留下的轨迹。

（2）让轮子在大铁圈内侧滚动（如图示），画出黑点在轮子滚动时留下的轨迹。

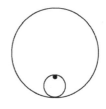

88.分图陷阱

如果把图（a）分成大小相等、形状相同的4份，可以照图（b）的方法来分。如果要把图（a）分成大小相等、形状相同的3份，该怎么分呢？

(a)

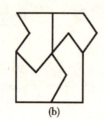
(b)

89.剪刀魔法

用剪刀将两只啄木鸟变成一只猫头鹰，将下面的荷花、荷叶变成比翼双飞的鸳鸯。

90.椅子倒了

图中这把椅子翻倒了，谁能把它扶起来？很简单，移动两根火柴，就能把它正过来。

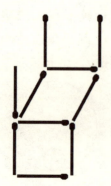

91.过河

有个小学生想跳过两米宽的一条河，试了几次都失败了。可是后来，他什么工具也没用就达到了目的。你知道他用的是什么好办法吗？

92.火柴组图形

请你用8根火柴摆成2个正方形、4个三角形，但是不能把火柴弄断或弄弯。

93.高难度动作

动物园里，有一只猴子专爱模仿人的动作。人们逗它，它的姿势、手势简直像一面镜子，立刻模仿得毫无半点差错。一个人走到猴子跟前，右手抚摸自己的下巴，猴子就用左手抚摸下巴；人闭上左眼，猴子闭上右眼；人再睁开左眼，猴子也立刻照办。

可是，有人却说："猴子再有本事，有时一件很简单的动作它却永远不会模仿。"请问，到底什么动作那么难呢？

94.W变三角

在字母"W"上画3条直线，使得三角形的数量最多。应该怎样画呢？

95.画

名画家塞尚在家里装了一个特制的"画框"，可到了第二天，画框内的风景虽没变化，但原来画上的一对男女却不见了，而这张画并没有被换掉。这是为什么？

96.妙取 B 字

A，B，C 是用坚硬的金属制成的。不损坏 A，B，C，不剪断绳索。怎样取下 B 字形？

97.魔法变数

在不能折叠纸的前提下，若仅用一根线，将如图的罗马数字变成6，请问要怎么做？

98.不向左转

吉姆和汤米在一条马路上走着，眼见前面的马路就要向左拐弯了，汤米便考吉姆说："你能不往左转，就把这条马路走完吗？"吉姆笑道："这还不容易？"说罢，便快步向转

弯处走去。没多一会，他果然没有向左转弯，就走完了这条向左转弯的路。你知道他是怎么做到的呢？

99.只剩一点

有 17 个如图中所画的点。从任何一点画一条比点粗的直线连接其他的点，最后应可让每一个点至少都能与另一点连接起来。但是，某人做这项工作，虽然连接了所有的点，最后却还是剩下一点。有这种可能吗？

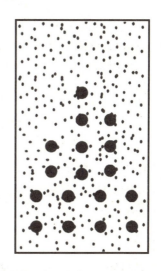

100.三角分隔术

你能否只用 4 个圆，把图中 9 个三角形一一分隔开？

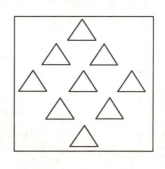

101.让三角消失

用9根火柴做了3个三角形。动其中两根火柴，能不能使3个三角形都不存在？

102.剪绳子

约翰很小的时候就表现出超常的智慧，常常想出绝妙的办法来解决生活中的问题，得到了老师和同学的称赞。有一次，约翰的爷爷买回了几个拼装的玩具飞机，约翰和几个兄弟都想得到它。但是爷爷说："我这里有一条绳子，你们谁能从绳子的中间剪开，让绳子还是一条绳子，我就把玩具飞机给他！"兄弟几个都冥思苦想，最后还是约翰做到了。你知道他是怎么做到的吗？

103.镜中人

镜子前站了7个人。只要镜子里有影，哪怕只能看见一只手，都算"能看见"。请问：①有多少人能从镜子中看见1号？②有多少人能从镜子中看见4号？③4号向后退2个方块的距离，有多少人能看见他？

104.大白菜

主持人将一颗白菜放在桌子上，要求猜谜者做一动作，猜一历史名人。大家都在默默地思考着。忽然丁丁拿起白菜，不分青红皂白，劈下许多菜帮子扔在桌子上，然后拿着白菜心前去领奖。有的同学对丁丁的所作所为不满，认为开玩笑也应讲究场合。但没想到，丁丁这个"玩笑"正好猜中谜底。你知道谜底是什么吗？

105.奇怪的选择

有一个人想过河，便大声问渡船上的船夫："你们中间哪位会游泳的？"话音刚落，马上就有许多船夫应声围上来，只有一个人没有走近来。那个人就问："喂，你水性好吗？""对不起，我不会游泳。""好，我就坐你的船过河！"请问：那个人为什么要坐这条船过河呢？

106.不变的数字

用8根火柴可排成数字10，其实，用9根火柴也可排成10。仔细想一想其中的奥妙吧。

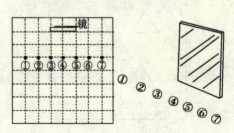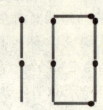

107.两只小鱼

想办法从白色和黑色的三角形中各剪下相同形状和大小的一块，相互交换位置贴上去，使这个图形看上去真的像两条鱼。应该怎么做呢？

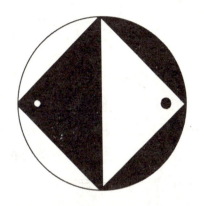

108.变大的正方形

在图中，有相同大小的正方形纸9张，全部排列成一个大正方形。现在想再加一张小正方形纸片，以便和原先的9张一同做出一个更大的正方形。纸张可视需要自由裁剪，只是不能有多出来或重叠的部分。你准备怎样做呢？

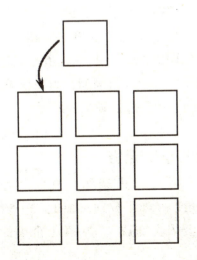

109.菱形叠加

下面是由火柴棒组成的菱形图案，你能每移动两根火柴增加一个菱形，连续5次直到使它变成8个菱形吗？

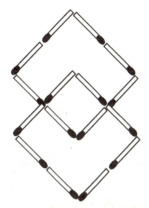

110.只动一点点

如图，请加上一根火柴棒，使两边的式子成立。

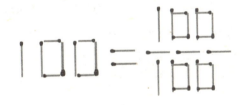

111.一层变双层

如图所示。有一栋一层楼的家，如果要建造成二层楼的家，至少要动到几根火柴？

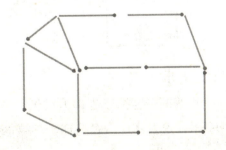

112.巧变"88"

这是用 18 根火柴组成的图形，请你移动其中的两根火柴，使它变成"88"。

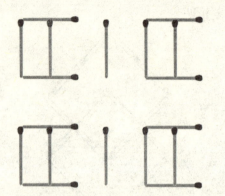

113.重叠的长方形

将 3 个相同的长方形（长宽比例为 2:1）叠加在一起，边线最多将会出现多少个交叉？（提示：根据一个交叉必须由两条线组成，长方形的角不算在内。下图是示例，并不是最大交叉数。）

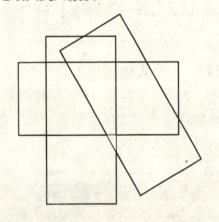

114.让水上升

图为两个容积都是 10 升的桶，里面各装了 9 升水。现在给你一个盛满

了水的水勺（形状如图），勺里的水是 1 升。在不移动水桶的情况下，你能使两桶水都上升到桶口处吗？

115.字母变小

如图所示，排列火柴棒组成英文字"E"。有人说加一根火柴棒可以把"E"变小，他是如何做到的？

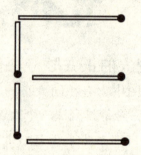

116.栩栩如生的鹰蛋

在《一千零一夜》的书中有一个故事叫水手辛巴达。一天他被一只老鹰抓到窝里，看到许多老鹰蛋。据说该书中这一故事的插图，是由一位画家画的。那些鹰蛋是只用圆规一次一个画出来的，画得很逼真。请问，他是怎样画出来的呢？

117.变化无穷

用 18 根火柴组成 9 个全等的三角形，如果分别拿掉 1，2…5 根，就会依次变成 8，7…4 个全等的三角形。开动你的大脑，发挥你的想象，你肯定能做到！

118.中间的绳子

如图所示，地面并排立着白色和黑色的木杆。有个人用一条细绳拴住两根白木杆，那条绳子却不会碰到黑木杆，也不会松脱。到底为什么呢？

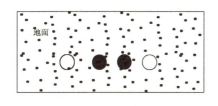

119.规律勾勒

下面3幅图是按一定规律排列的，请你绘出第4幅图来。

120.半杯咖啡

你知道如何从一杯到杯口的咖啡里倒出半杯吗？

121.巧做十字标

将下面的木板做成一个十字标志，应该怎样做呢？

122.单摆

图中是一个单摆，绳一头系着一个小球，当球摆动到最高点的一刹那，绳子突然断了，请问球将如何落下？

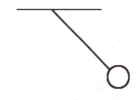

123.设计桌面

下图是一块边角料，小花想把它做成一张方形桌面，请你帮她设计一下，怎样剪拼，才能完成呢？

124.字母散步

从某个字母向左走 2 步，再向右走 3 步，再向左走 2 步，再向右走 3 步，正好停在字母 E 上。这个字母是什么？

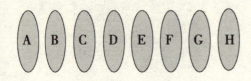

125.连环纸带

将下图的纸带沿中线裁开，就会得到一个长度是原来的 2 倍，并扭了 2 次的环。那么，如果在其宽度 1/3 处把纸带裁开，情况又会如何呢？

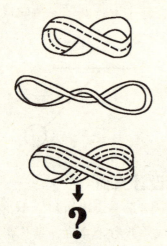

126.乌龟信

一位目不识丁的农妇惦记在外做工的丈夫，于是托人捎去一封信。她的丈夫拆开一看，一页全都画着排列整齐的乌龟，最后却是一只竖着的大乌龟。丈夫立刻明白了，收拾起铺盖卷儿，回家去了。你能从信中看出它的意思来吗？

127.连环诗

下面是一首连环诗，请你发挥你的想象力，你能读出几种读法？

```
        一    痕
   卷            秋
 半                月
 帘                曲
 楼              如
    画        上  钩
```

128.孪生成语

把图中的方框填满，组成像双胞胎一样的成语。

第 7 章 提高想象力的思维游戏

129.水果汉字

以下 5 个盘子中，放着香蕉、梨和苹果。这 3 种水果分别代表一个汉字。请问代表什么汉字时，每个盘子中的水果都能组成一个新字？

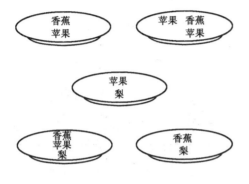

130.心连心

请在圈中填上适当的字，使它们组成相关的 6 条成语（3 个圈内已有 3 个"心"字，要求"心"字在成语中的位置：第 1 个到第 4 个至少有一个）。

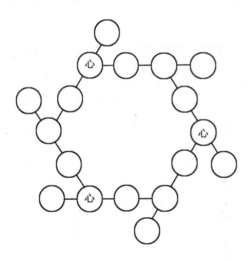

131.字画藏唐诗

下面每一幅图片都是由一句唐诗组成的，分别写出来。

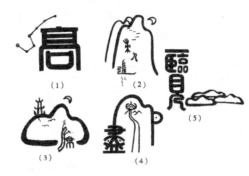

132.人名变成语

下列表格中有 14 个人名，要求在人名前后的空格里填上适当的字，使之成为成语。

①		关	羽		⑧		马	忠	
②		张	飞		⑨		张	松	
③		马	超		⑩		乐	进	
④		黄	忠		⑪		李	通	
⑤		赵	云		⑫		黄	盖	
⑥		孔	明		⑬		孙	权	
⑦		马	良		⑭		丁	奉	

133."5"字中的成语

请你把不、开、百、以、花、为、然、争、齐、道、岸、家、锣、放、貌、鸣 16 个字，填在下面的"5"字形格子里，使横竖读起来都是成语。

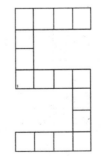

134.看图片猜成语

仔细观察每一幅图片，猜一个成语。

135.回文成语

在图中填上适当的字，使每则回文组成8条成语，要求前句中的最后一字是下句中的第一个字。

136.剪读唐诗

下图图形中含有唐贯休的《春野作五首》，将它剪为4块形状面积相同的部分，拼组成诗。

137.一环扣一环

请在图中空格里填上适当的汉字（部首边旁字不宜填入），使上下左右每两个汉字相扣、相连起来，拼成新汉字。你能将它全部填拼成功吗？

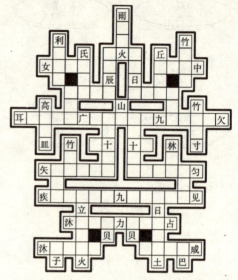

138.棋盘成语

看棋盘，猜两条成语。

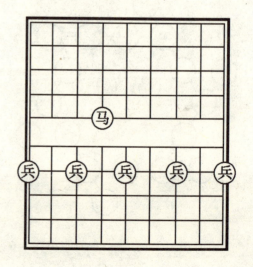

139.识图猜字

下面这 4 幅画，每幅画可猜一个字，请你猜猜看。

① _____ ② _____ ③ _____ ④ _____

140.猜一猜

什么字，一滴水？什么字，两滴水？什么字，三滴水？什么字，四滴水？什么字，六滴水？什么字，十滴水？什么字，十一滴水？

141.更正影片名填成语

图表中的每部影片名都有一个错字，请更正片名后，根据意思填出一句成语。

	错误片名	更正片名	猜填成语
例	陈奂中上城	陈奂生上城	无中生有
(1)	小二白结婚		
(2)	张二嫂改嫁		
(3)	煤店旧主人		
(4)	二十次列卒		
(5)	但愿己长久		
(6)	伪是烦死人		
(7)	激战无实川		
(8)	长虹号起生		
(9)	最聪暗的人		
(10)	英雄坦克病		

142.虎字成语

请你填一填。

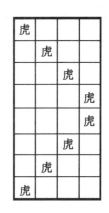

143.邮票与十字形

这里有 6 张来自世界各国的不同邮票，问题是如何将这些邮票摆成一个十字形。但是，要保证十字架的每条线都有 4 张邮票。

144.印第安箭头

有一种办法可以只通过移动位置就能将这4支印第安箭头变成5支。你有什么好办法来解决这个难题，请想一想。

145.箭头

这是一个很巧妙的手段，每次都会把别人迷惑住。在一小张硬纸板上画一支箭，越别致越好。然后，把这幅画对准桌上的某个物体，使箭头正好指向它（如图所示）。现在，跟任何一个人打赌，说你可以在不接触这张纸板或者移动桌子的情况下使这支箭改变方向转向左边。这听起来不可能完成，但是……

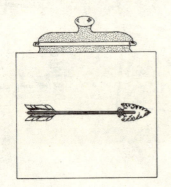

146.管状面包

这是一个有关螺旋状的思维游戏。奥拉夫刚刚从烤箱里取出热腾腾的"深红色种子面包"，他的这种管状面包非常有名。当他的顾客走过来时，他就问他们："如果我拿刀子从任意地方将面包切开，那么，我最多可以把它分成多少份呢？"你知道答案吗？

147.陷阱

这是一个伟大的"陷阱"思维游戏。在桌子上放4个矩形硬纸板，然后请几个朋友将它们重新排列，使它们拼成一个完整的正方形,图中的数字表明了各自的尺寸数。当他

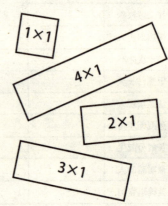

们屡次失败后，你再得意地告诉他们你可以向他们展示这个过程。当然，你在看答案之前，要先自己尝试一下。

148.设计图

艺术家遇到了一大堆麻烦。他画的那个五角星上有 5 条线路和 10 个金字塔，每条路上各有 4 个金字塔，每个金字塔都可以直接通往沙漠。虽然这个设计图也符合法老所要求的 5 条直线路、每条路上各有 4 个金字塔，但是除此之外，他还要求设计图内要有 2 个金字塔，这样，任何一个从沙漠来的人只有通过外线的一条路才能进入金字塔内。那么，他应该设计什么样的设计图呢？

149.巧移钉子

年迈的查理·克罗斯卡特·卡拉威是我们当地木场的地方长官，他早上刮脸的时候遇到了一个麻烦。

仓库里男孩子跟他打赌，说他不可能将下图构造中的 4 根钉子移到别的地方，使原来的 5 个正方形变成 6 个。那么，你来试试，看能否把答案想出来。

150.一张纸

下面这个看似"不可能"的纸张思维游戏只用一张纸就完成了。"内折边"是纸的一部分，它可以向前后移动，但是它并没有被剪掉也没有被粘住。内折边的面积正好与剪掉的两个部分的面积相等。这个纸张思维游戏是如何完成的呢？

151.老钟表匠

这个小个子的老钟表匠过来考验你对准确性和规律的把握能力。他从自己的名贵手表当中拿出9块，他要求你做的是将这些手表排成10个组合、每个组合3块。你能在15分钟之内解决吗？

152.智慧之星

在古埃及，每逢举行娱乐集会，人们总是在修建金字塔的闲暇时刻聚在一起做思维游戏。阿布辛贝神庙的祭司们把智慧之神斯塔姆尤莫斯特的巨大盾牌拿了出来，并把它放在拉美西斯二世雕像的对面。在这个六边形的盾牌上有9颗智慧之星。要想解答这个题，答题者必须在上面画出9条长度相同的直线并使每颗星单独享有自己的长方形。如果谁成功解答了问题，那么他会受到埃及王室的邀请；但是如果失

败，那么他将受邀参加鳄鱼赛跑。读者朋友们，你们有没有兴趣参加比试呢？

153.可可豆盒

在这个甜味题当中，你遇到的是一个密封的贝克早餐可可豆盒，里面装满了可可豆。另外，还有一把15厘米长的尺子。那么，你能否在不打开盒子的情况下，测量盒子内部的尺寸并计算出盒子主要对角线的长度呢？

比如这条从底部右侧前角（B）到顶部左侧后角（A）的直线，盒

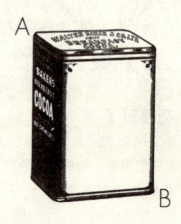

子内有 4 条这样的直线。盒子侧面、底顶部以及底部的厚度可以忽略不计。通过数学计算你可以得出结果，但是有一个更为简单的方法，即只利用尺子直接测量，我们要找出这个方法。

我们已经将体积因素排除在外，因为它们并不是找出这个方法的关键所在。那么，你能找到这个题的解答方法吗？

154.动物管理员

沃尔特·斯奈尔特拉普是当地动物园里的公园管理员，他在为一群动物划分界线时遇到了麻烦，可以说都怪狮子不安分守己。斯奈尔特拉普把 9 只动物混合圈在一个正方形的围栏里。可是，没过多久，狮子开始咬骆驼，而大象却把狮子踩了，这让大家很是不悦。于是，斯奈尔特拉普决定把每只动物分别圈在各自的围栏里。他只在大围栏

里建了两个围栏就把所有的动物各自分开了。那么，你知道他是如何修建围栏的吗？

155.摆放骰子

这个题需要你准备 3 个骰子。先在桌子上放一个骰子，然后把另外两个骰子夹在拇指和食指之间。接着，与在场的人打赌，说他们不能（按照下图所示的角度）将两个骰子并排放在桌上的那个骰子的顶部。不用说，他们每次都会失败。当他们最终认输时，你可以毫不犹豫地将骰子稳稳当当地放在上面。你如何去做呢？

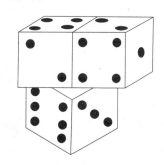

156.等边三角形

哪个图形能组成等边三角形呢？在一张纸上复制 3 个该图形，将它们组合成一个等边三角形。

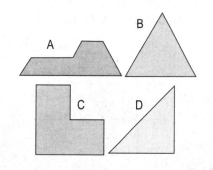

157.不合规律的图

你能把不合规律的图找出来吗?

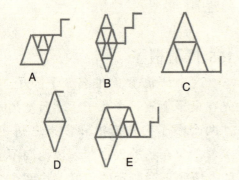

158.组图

如果 A 对应于 B，那么 C 对应于 D，E，F，G，H 中的哪组图?

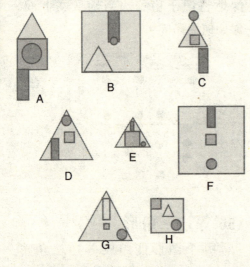

159.拆开正方体

这里是把正方体拆开的一种方式。除此之外，还有多少种方法来拆开一个正方体?

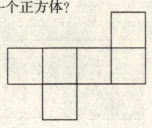

160.物体的面

下面是一个由几个完全相同的小立方体构造成的物体的 5 个面。它的第 6 个面是什么样子?

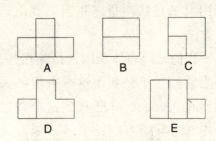

161.窗户

把 12 根牙签摆成如图所示的窗户形状。你能不能移动 3 根牙签，组成 8 个三角形呢?

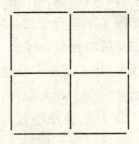

162.单独的立方体

在这个图形中，有多少个单独的立方体? 除非你可以看到它们的边界，否则每行每列都是完整的。

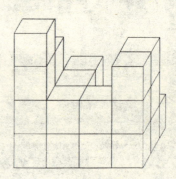

清华北大学生爱做的1500个思维游戏

第7章 提高想象力的思维游戏

答 案

1...

　　这个结构理论上你想搭多高都可以。当你将一块积木放在另一块积木上时，只要它的重心在比它低的积木上面，就不会倒。

　　如果所有的积木都摆放得非常完美，那么整个结构会非常平稳（当然，在实际操作中，即使是很小的误差也会导致积木全部倒塌）。

2...

　　如图所示：

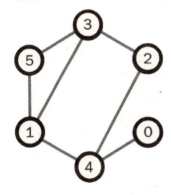

3...

　　如图所示：

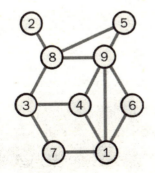

4...

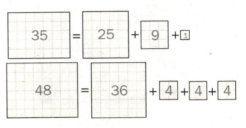

5...

　　一位数有3个：1，2，3

　　两位数有32个，也就是9个：11，12，13，21，22，23，31，32，33

　　三位数有33个，也就是27个：111，112，113，121，122，123，131，132，133，211，212，213，221，222，223，231，232，233，311，312，313，321，322，323，331，332，333。

　　一共可以组成39个数。即3+32+33=39

6...

　　你最终总是会得到6174。

　　D. R. 凯普瑞卡发现了这一类的数，因此这一类数都以他的名字命名，称为凯普瑞卡数。

　　如果你以一个两位数开始，结果会是这5个数中的一个：9，81，63，27，45。

　　如果是以三位数开始，结果会是495。

7...

　　这个数列包含的数字都是上下颠倒过来也不会改变其数值的数字。

8...

罗马数字中的11就是这样的，如图所示：

9...

如图所示：

$$5+5+5=550$$

10...

有多种解法，下图是其中的一种。

11...

大部分人的直觉答案是"大约800千克"，但这与结果相差甚远。

正确答案应该是500千克，这个结果出人意料。但是如果你拿起纸笔计算一下，就会马上得出这个结果。右边的图示可以帮助你更好地理解。

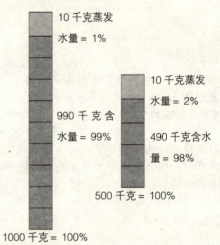

10千克蒸发

水量 = 1%

990千克含水量 = 99%

10千克蒸发

水量 = 2%

490千克含水量 = 98%

500千克 = 100%

1000千克 = 100%

12...

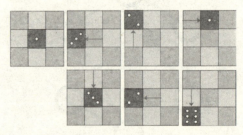

13...

从起点开始滚动色子，你可以使它最后在任何格子里以任何数字朝上。

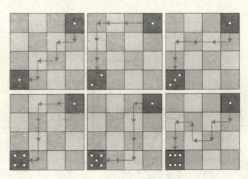

14...

如果窗户慢速旋转，你看到的将是一个摆动的长方形！

如果你在窗户的一个洞里面插上一支铅笔，甚至会出现更奇特的现象。有些人会看到铅笔改变了方向——它看上去像是从中间弯折或者扭曲了，并且随着旋转，它的速度和形状看上去都发生了改变。

窗户边的阴影会引起更多复杂的错觉。

在旋转的窗户上附上任何小东西（如小鸟），这个小东西看上去都在与窗户做反方向运动。

15...

把这个架子倒过来就可以了，如图所示。

16...

平均水深并不代表着每一个地方的水深都一样。我们必须要考虑到这个湖不同地方的水深会有差别。

如果这个湖 3/4 部分的水深都是 1 英尺（0.3048 米），而剩下的 1/4 水深 9 英尺（约 2.7 米），那么它的平均水深仍然是 3 英尺（约 0.9 米）。

17...

你的第一反应肯定是 10，但是在这道题中如果 $x = 9$，那么你的错误率将高于 10%。

因此，在这道题中，猜 $x = 9.9$ 将是最好的答案，猜它的错误率最高只有 10，它与 9 相差 0.9，与 11 相差 1.1。

18...

她预测那里 365 天每天都有地震。

19...

沿 L 形的方向剪下正方形的一部分，然后将其向对角翻转，令有洞的部分居于纸张中心。

20...

如图所示，绳子拉开之后有两个结。

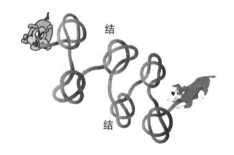

结

结

21...

如图：

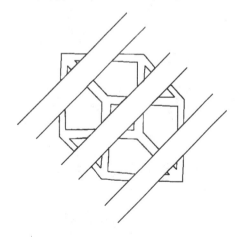

22...

工具有锯子、榔头（铁锤）、镰刀、电筒、显微镜、刀、电喇叭。

23…

如图：

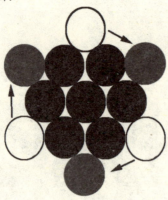

24…

如图：

25…

依箭头指示，即可多变出一把伞。

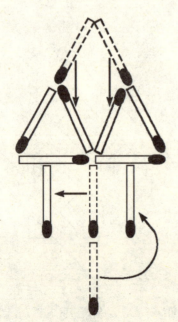

26…

如图：

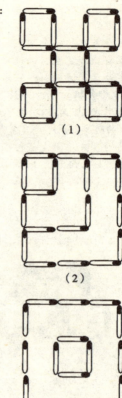

（1）

（2）

（3）

27…

有两种方法，如图：

（1）

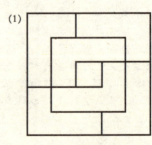

（2）

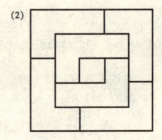

清华北大学生爱做的1500个思维游戏

第7章 提高想象力的思维游戏

28...

江苏、江西、浙江、山东。

29...

如图：

30...

如图所示，共有 3 种拼法。

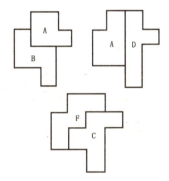

31...

如图：

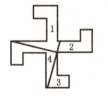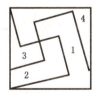

32...

母鸡能在格子里下 12 个蛋。

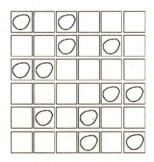

33...

需要 6 个圆。如图：

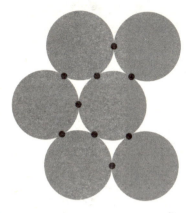

34...

如图：

35...

7 个。如图所示，其中比较难以找出来的是⑥和⑦。

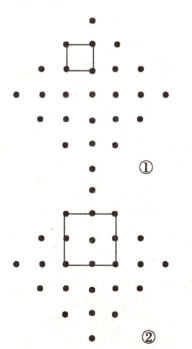

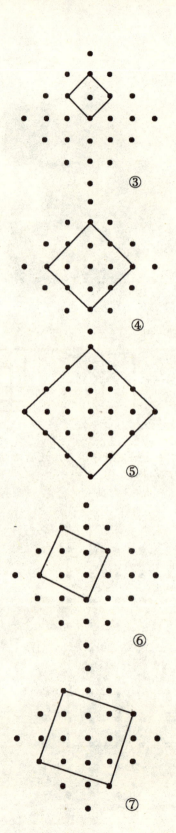

③

④

⑤

⑥

⑦

36...

如图：

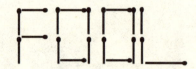

37...

如图：

38...

甲、乙、戊、庚为男性；丁、丙、己为女性。

39...

如图：

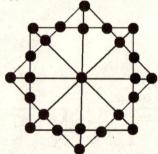

40...

名次顺序为：张、李、方、王、赵、丁、周、胡。

41...

吃粽子的时候，顺次在它的 4 个角上各咬一小口，每咬一口，在粽子上留下一个三角形截面，咬 4 口以后，留下 4 个三角形截面，粽子剩余部分，共有 12 个角。

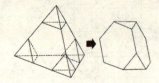

42...

夜晚地球的影子是世界上最大的影子。

43...

在打开的一扇门下放这张报纸，你站在门这边的报纸上，你的朋友站在门另一边的报纸上，你们就可以不碰到对方了。

44...

如图所示：

（1）

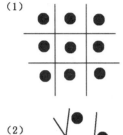

（2）

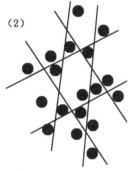

45...

Z。按照26个英文字母顺序，字母之间相继跳过1、2、3、4个字母。

46...

因为小明的手上还拉着风筝。

47...

4个。如图：

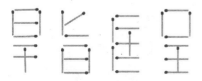

48...

走道的设计如下图。既然关系不好，不想见面，走路就别怕绕路。用铅笔画一画，就能找到答案，由于A直行必然与B，C相遇，只好让他躲开一点，绕过B，C。与此图中的路线大同小异，也可以让C直行，A，B去绕行，方法是相同的。

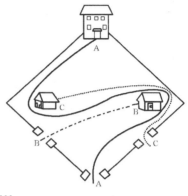

49...

0108。前一个数字中的外面两位数相乘，乘积就是下一个数字中的外面两位数。前一个数字中里面的两位数相乘，乘积就是下一个数字中的中间两位数。

50...

有8条直线上有3只兔子；有28条直线上有2只兔子；6只兔子排成3排且每排3只，可以如下图排列：

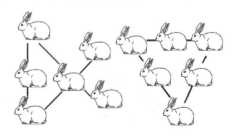

51...

如图所示，由原来的6根火柴加上后来的5根共11根拼成了英文 nine（9）。提

到 9，我们容易想到阿拉伯数字 9 或汉字九，英文虽然早已进入了我们的生活，但未能形成惯性思维，容易被忽略。根据火柴棍的特点，nine 的摆法仔细思考是可以想到的。

52…

如图所示：

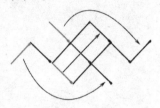

53…

1入丙；2入乙；1入乙；3入丙；1入甲；2入丙；1入丙；4入乙；1入乙；2入甲；1入甲；3入乙；1入丙；2入乙；1入乙；5入丙；1入甲；2入丙；1入丙；3入甲；1入乙；2入甲；1入甲；4入丙；1入丙；2入乙；1入乙；3入丙；1入甲；2入丙；1入丙。

54…

日本人的房间确实是 7 张榻榻米面积，但该房的形状是不能整铺 7 张榻榻米的，而是铺 6 张整的和两个半张的。

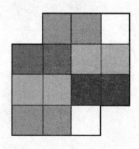

55…

如图：

$$9\ 8\ 7\ 6\ 5\ 4\ 3\ 2$$
$$\times\qquad\qquad\qquad 9$$
$$\overline{8\ 8\ 8\ 8\ 8\ 8\ 8\ 8}$$

56…

F。其余 4 个字母都具有对称性，或上下对称，或左右对称。

57…

如图：

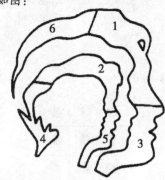

58…

是猫。梅思和汤米是两条金鱼，猫将鱼缸打碎了。

59…

在时间上，上午 7 点钟再加上 8 个小时是下午 3 点钟。

60…

形状如图所示，是一个正方形。

61…

如图：

62…

可以做到，不过，不能用正五边形瓷砖。只有使用一些设计巧妙的五边形瓷砖才可以达到要求。除了下图中的2种形状，你还可自行设计一些五边形瓷砖。实际上，说到五边形瓷砖，我们很容易误入正五边形的圈套。如果一直停留在固有观念上，就很难找到正确的解题法了。

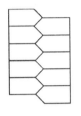

63…

如图：

64…

"牌"与"π"谐音，"K"旋转一下，形状也类似于"π"。π即圆周率3.1415926……一般取3.14计算。数学家用π的数值提醒人们，罪犯是住在这间酒店314号房间的人。

65…

这个三角体其实并不是完全标准的三角体，如图所示，下图中标有斜线的部分，就是空缺部分的体积。

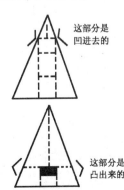

这部分是凹进去的

这部分是凸出来的

66…

如图：

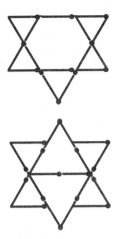

67…

汤姆的钟表是数字钟表，组成数字的线段中有一段不起作用了。

68…

沿虚线剪开。

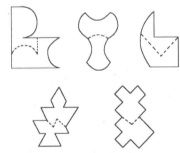

69…

他住在旅馆里，不能入睡是因为隔壁房间的人鼾声如雷。他的电话吵醒了打鼾的人，所以他就能入睡了。

70…

如图：

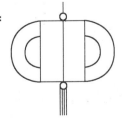

469

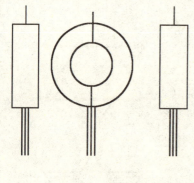

71…

可画出 11 个三角形。

72…

4 年后他长大了，步子也大了，只要小步走 10 步就挖到了。

73…

像图中那样把画着正六边形的纸卷起来，然后再画一条线就可以了。

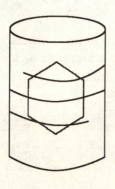

470

74…

80 分钟和一小时又 20 分钟一样长。

75…

如图：

$$VII - V = II$$

76…

220 的全部约数是：1，2，4，5，10，11，20，44，55，110，它们的和是 284；而 284 的全部约数是：1，2，4，71，142，它们的和是 220。由此表示"你中有我，我中有你"。

77…

这是速溶咖啡，他只放了咖啡粉末，还未向咖啡里倒水。

78…

合在一起变成一堆了。

79…

B 想喝热咖啡。把他所说的数字代入电话键盘，就成为如图所示的"HOT"。

	2	
	8	
※	0	#

	8	
※	0	#

4		6
7		9
※		#

80…

他们正在一座很长的桥上工作，并且路轨旁边没有多余的空间。火车到来时，他们离大桥的一端已经很近了。所以他们可以跑到大桥的一端，然后跳到一边去。

81…

它是"石头、剪刀、布"的猜拳游戏。

82…

像图中那样画一条线就得到了 5 个杯子。

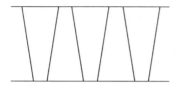

83…

如图所示：

84…

这 5 个直角是一个平面上形成的，为了得到更多的直角，只有向空间拓展，那么就先在一个平面摆上 2 根火柴，使它们互相垂直，然后再让另一根火柴和这两根火柴都垂直，也就是每两根火柴之间都会形成一个十字架，总共形成的直角就是 12 个。如图所示：

85…

每一行数字就是对其上面一行数字的描述。最下一行应该是 31131211131221

86…

（1）常用的扑克牌有 52 张（除两张王牌），而一年则有 52 周；（2）每一种花色的扑克牌都有 13 张，而每个季节都有 13 周；（3）扑克牌有 4 种花色，而一年有四季；（4）一副扑克牌有 12 张肖像画（J，Q，K 的总数），而一年则有 12 个月；（5）红色的扑克牌代表白天，而黑色的扑克牌则代表黑夜；（6）如果你把所有的数值都相加，其中 J 等于 11，Q 等于 12，K 等于 13，总数等于 364。再加上一张王牌或两张王牌（每张当做 1 看），就得到一年的天数。

87…

（1）

（2）

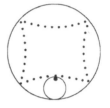

88…

如图：

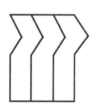

89…

如图：

471

90...

如图：

91...

他长大成人后，实现了自己的愿望。

92...

如图所示：

93...

闭眼再睁眼，人紧闭两眼，猴子也两眼紧闭。可是，人什么时候睁开眼睛，猴子是永远不知道的。

94...

如图：

95...

画家将窗框当做"画框"，画框中的"画"指的是窗外实际的风景。

96...

如图：

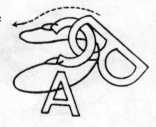

97...

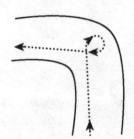

SIX

英文的"6"

IX6

算式所得的"6"

98...

他走的路线如图虚线所示：

99...

有可能。那个人像图中所显示的一样画直线，所以留下一个"点"的简体字。

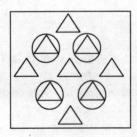

100...

如图：

101…

你可能想每个三角形移动出一根火柴后，3 个三角形就完全不完整了。但本题要求是只动其中两根火柴，寻常的办法是行不通的。但有更巧妙的方法，如下图所示：

102…

约翰把绳子接成一个圈，最后从中剪开，还是一条绳子。

103…

① 3 个人，② 5 个人，③ 3 个人。镜面反射的原理是入射角＝反射角。即射入镜子的光，将以同样的角度射向相反方向，在反射进入人眼，人就能看见。

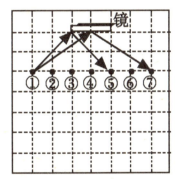

104…

刘邦（"留帮"的谐音）

105…

因为这个船夫自己不会游泳，所以必然小心行船，比较安全。

106…

如图：

107…

如图：

108…

如图，依照实线部分加以切割组合即可。中央 4 个小正方形维持原状，四周的 12 个片断刚好可组合成 6 个小正方形，合计 10 个小正方形。

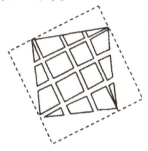

109…

如图：

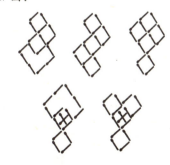

110…

如图所示（把火柴棒竖起来当作小数点）。还可以将一根火柴棒放在等号上，变成"不等于"。

把火柴棒竖
起来当小数点

111...

0根。如图所示，将房子变个方向就是两层楼的家了。

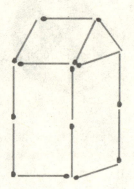

112...

把图竖起来，移动两根火柴，即成为"88"的汉语拼音：BA、BA。如图：

113...

如图所示：

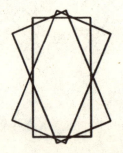

474

114...

把水勺里的水全倒进其中一个桶里，这样，这个桶的水就正好是10升了，即刚好到达桶口处。然后，让水勺的口向

上，底向下，垂直地把水勺慢慢插进另一桶水里，直到桶里的水升到桶口处。这样，两桶水就都上升到桶口处了。

115...

如图所示：加上火柴棒，就成小写的"e"。

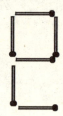

116...

如图所示。在瓶子或圆柱杯子的曲面上卷一张纸，使一头翘起来，然后用两脚规像画普通圆那样，在上面转一圈，就能画出一个卵圆状的圆形。

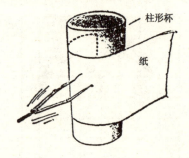

柱形杯

纸

117...

如图：

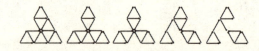

118...

如图所示，原因就是白木杆比黑木杆长。

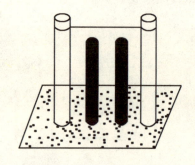

119...

前3个图案分别是由两个反方向的"2"、"4"、"6"组成，所以第4幅图应该是由两个"8"组成。

120...

将咖啡杯倾斜45°，倒出的咖啡正好半杯。

121...

沿虚线锯开。

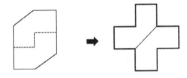

122...

当球摆动到最高点的刹那间，球即不再向上，也不向下摆动，这时因绳断而球不再下摆，球是垂直下落的。

123...

如图：

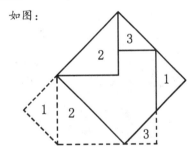

124...

C。

125

大环扭了一次，2个环像锁链一样套在一起（如下图所示）。

126...

这是谐音"龟"（归）字。归、归……速归（竖龟）。

127...

一共有5种读法：
（1）秋月曲如钩，
如钩上画楼。
画楼帘半卷，
半卷一痕秋。
（2）月曲如钩，
钩上画楼。
楼帘半卷，
卷一痕秋。
（3）月，
曲如钩，
上画楼。
上画楼，
帘半卷。
帘半卷，
一痕秋。
（4）秋，
月曲如钩上画楼。
帘半卷一痕秋。
（5）秋痕一卷半帘楼，
卷半帘楼画上钩。
楼画上钩如曲月——秋。

128...

一波末平，	一波又起
一夫当关，	万夫莫开
十年树木，	百年树人
只可会意，	不可言传
成事不足，	败事有余
宁为玉碎，	不为瓦全
机不可失，	时不再来
有则改之，	无则加勉
道高一尺，	魔高一丈
言者无罪，	闻者足戒

129...

香蕉（立）、苹果（日）、梨（十）

130...

如图：

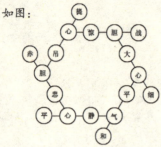

131...

（1）北斗七星高；（2）山月随人归；（3）月出惊山鸟；（4）白日依山尽；（5）一览众山小。

132...

①生死攸关、羽扇纶巾
②剑拔弩张、飞黄腾达
③千军万马、超凡脱俗
④飞苍走黄、忠言逆耳
⑤完璧归赵、云开见日
⑥千疮百孔、明察暗访
⑦招兵买马、良师益友
⑧单枪匹马、忠心赤胆
⑨改弦更张、松柏之茂
⑩及时行乐、进贤任能
⑩投桃报李、通风报信
⑪信口雌黄、盖世无双
⑫不肖子孙、权倾天下
⑬目不识丁、奉公守法

133...

134...

狡兔三窟；枯木逢春；蛛丝马迹；水滴石穿。

135...

大快人心、心口如一、一马当先、先声夺人、人才辈出、出其不意、意志风发、发扬光大。

136...

137...

闲步浅青平绿，流水征车自连。谁家挟弹少年，拟打红家啄木。

138...

一马当先、按兵不动。

139...

①朋②驯③闪④鲁

140...

永、冰、江、泗、洲、汁、汗。

141...

（1）《小二黑结婚》，颠倒黑白。
（2）《李二嫂改嫁》，张冠李戴。
（3）《煤店新主人》，喜新厌旧。
（4）《二十次列车》，丢卒保车。
（5）《但愿人长久》，舍己为人。
（6）《真是烦死人》，去伪存真。
（7）《激战无名川》，有名无实。
（8）《长虹号起义》，舍生取义。
（9）《最聪明的人》，弃暗投明。
（10）《英雄坦克手》，手到病除。

142...

生龙活虎 虎头蛇尾
龙潭虎穴 为虎作伥
骑虎难下 狼吞虎咽
虎视眈眈 降龙伏虎
虎背熊腰 三人成虎
养虎遗患 龙行虎步
龙吟虎啸 调虎离山
九牛二虎 虎口余生

143...

将2枚邮票叠放在一起，放在中间的
位置上。这样，在十字架的每条线上就都
有4枚邮票。

144...

按照下图的样子放置箭头，你就会"发
现"在中间的位置上出现第5个箭头的轮廓。

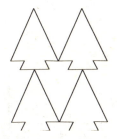

145...

将一个高的直边玻璃杯装满水，然后
把这个玻璃杯放在纸板的前面，杯子里的
水相当于一个透镜，透过透镜箭头的方向
会发生改变。当你透过玻璃杯观看箭头

时，你会发现它指向了左边。

146...

从下图的水平方向可以将这个面包切
成10份。

147...

将这4个矩形按照下图中的样子放在
一起。它们的4条边可以在中间（即阴影
部分）组成一个边长为1厘米的空正方形。

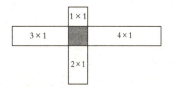

148...

149...

如果将下图中虚线所示的钉子拿走的
话，那么将有5个小正方形和1个大正方
形，一共是6个。

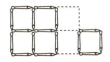

150...

准备一张硬纸，按下图的样子将它剪
3下，每次剪到纸张的中间部位。将内折
边A沿着中间线折起来，使它与BB边垂
直。将C边旋转180°。接着，将这张纸
放在桌子上面。这时，你会发现这个著名
的看似不可能的纸张已经完成了。

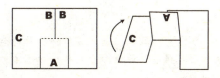

151…

答案如下图所示：

152…

下面的图形展示了所要画的9条线的位置。

153…

将盒子的一边沿着桌边放置，并在桌子上留出与盒子一样宽的长度（即，a的长度与b的长度相等，如图所示）。现在，拿起尺子，并将它放在桌子角的末端，然后，测量桌角与盒子后面左侧顶顶角的长度。而这个长度与盒子主对角线的长度相等。

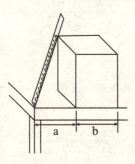

154…

答案如下图：

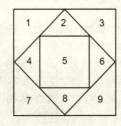

155…

当你拿起骰子之前，偷偷地把你的食指弄湿。接着，让这个手指将一个骰子的一个面沾湿。然后，把第2个骰子贴在那个骰子的沾湿面上，用拇指与食指将两个骰子夹住，这样持续夹住两个骰子，接着，把它们放在桌上那个骰子的上面，并把手指松开，两个骰子将粘在一起，并会稳稳地停在下面的骰子之上。

156…

A。

157…

C是唯一一个没有横向阶梯线的图形。

158…

G。顶部和底部的元素互换位置，中心较小的元素变得更小，在外的两个元素都转移到中心较大元素的内部。

159…

除了已经给出的形状，还有10种形状是可能的。

160…

这个物体由6块立方体组成的。这里是它的形状和第6个面。

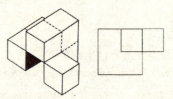

161…

这是1种解决方法。

162…

总共有25个单独的立方体。

第8章

提高创造力的思维游戏

1.三角形数

你能将前 10 个自然数（包括 0）分别填入下面的三角形中，使三角形各边数字的总和都相同吗？

你能找出几种方法？

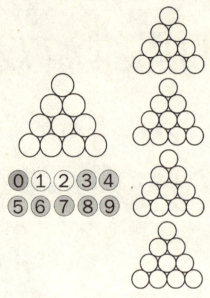

2. 哥伦布竖鸡蛋

有一个非常著名的问题：怎样把一个鸡蛋竖起来？ 根据记载，克里斯托弗·哥伦布知道答案。

故事是这样的：西班牙的贵族们给哥伦布出了一个难题，要求他把一个鸡蛋竖起来。

所有人都认为他不可能做到。哥伦布拿起鸡蛋，轻轻地敲破了鸡蛋一端的一点蛋壳，轻而易举地就把鸡蛋竖起来了。这个故事的寓意在于，很多看上去非常困难的事情很可能会有一种非常简单的解法。

如果要求不能弄破蛋壳，你还能把一个鸡蛋竖起来吗？

3.自创数

在多伦多安大略科学中心的数学展览上，可以看到这样一道引人注目的题。这道题要求按照下面的规则在一行 10 个空格里填上一个十位数：

第 1 个数字是这个十位数各位数字中所包含的"0"的个数；第 2 个数字是十位数各位数字中包含的"1"的个数，第 3 个数字是十位数各位数字中所包含的"2"的个数，依此类推，直到最后一个数字是十位数各位数字中所包含的"9"的个数。

这个结果就好像是这个十位数在创造它本身，也难怪马丁·加德纳把它叫做自创数。

怎样才能解决这个具有挑战性的难题呢？这道题究竟有没有解？

麻省理工学院的丹尼尔·希哈姆找到了一些思路来解决这个问题。他说，因为第 1 行一共有 10 个不同的数字，因此第 2 行的各个数字之和一定为 10，由此就决定了这个十位数中所包含的最大数字的极限。

你能按照他的逻辑，找到这道题唯一的解吗？

4.想一个数

随便想一个数。

加上 10。

乘以 2。

减去 6。

除以 2。

然后再减去你最开始想的那个数。

结果一定是 7。为什么？

5.盒子里的重物

你能否将连续整数 1 ~ 52 放进 4 个盒子中，使得每个盒子里的任意

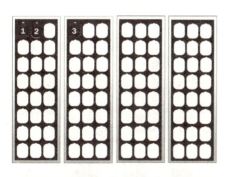

一个数都不等于该盒子里任意两个数的和？

我们已经把数字 1 ~ 3 放进盒子里了。

你能将 4 ~ 52 全部都放进这 4 个盒子里吗？

6.突变

4 张卡片上的 3 幅图已经画出来了，你能把第 4 张卡片上的图也画出来吗？

7.立方体上色

在一个 3×3×3 的立方体表面上涂上红色，然后再把它分成 27 个小立方体。

这里面分别有多少个有 3 个红色表面、有 2 个红色表面和没有红色表面的小立方体？

8.对角线的长度（1）

这个小男孩在玩4个全等的大立方体。

他只用一把直尺，能否量出立方体对角线的长度？

9.对角线的长度（2）

你能否算出一个由8个小立方体粘合而成的大立方体的对角线长度？允许你使用单独的小立方体（每个小立方体与组成大立方体的小立方体大小相等）作为计算的辅助工具。你需要多少个这样的小立方体？

482

10.瓢虫的位置

一共有19个不同大小的瓢虫，其中17个已经被分别放入了下面的图形中，每个瓢虫均在不同的空间里。

现在要求你改变一下上面图形的摆放方式，使整个图中多出两个空间，从而能够把19个瓢虫全部都放进去，并且每个瓢虫都在不同的空间里。

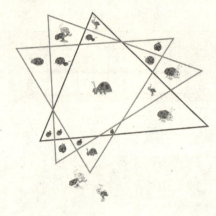

11.多格拼板（1）

如下图所示，有8个多格拼板，其中有1个多米诺拼板（即由2个大小相同的正方形组成）、2个三格拼板和5个四格拼板。

这后5个四格拼板的总面积为20个单位面积。请问你能将它们正好放进4×5的长方形中吗？

前3个多格拼板

后5个多格拼板

4×5长方形

12.多格拼板（2）

　　8个多格拼板的总面积为28个单位面积。请问你能将它们正好放进这个4×7的长方形中吗？

4×7长方形

13.五格拼板（1）

　　下面是12个五格拼板，你能否将它们正好放进8×8的正方形中，只留下中间4个黑色的格子？允许旋转拼板。

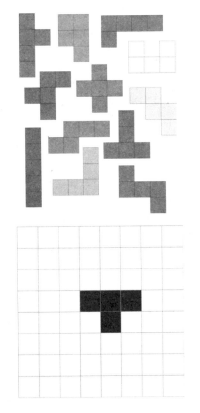

14.五格拼板（2）

　　你能否将12个五格拼板放进这6个表格中，只留下黑色格子的部分？允许旋转拼板。

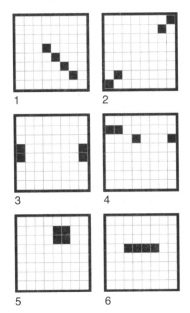

15.五格拼板（3）

　　在一个8×8的表格中，最少放入多少个五格拼板之后，就不能再放入其他的五格拼板了？

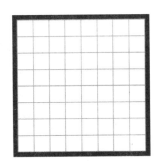

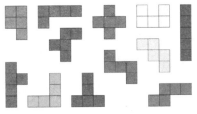

16.五格拼板（4）

你能在下面 4 个图形里面分别画上 3 个五格拼板吗？

12 个五格拼板中每个只能使用一次。

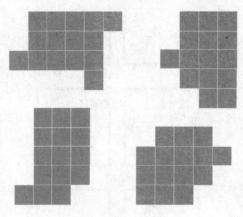

17.五格拼板围栏（1）

当 12 个五格拼板拼成一个矩形的轮廓时，在它们的内部能够围成的一个最大的矩形如下图所示。

你能把这 12 个五格拼板的位置画出来吗？

围住面积：
28 个单位面积

18.五格拼板围栏（2）

在 12 个五格拼板的内部能够围出一个 9×10 的矩形，其面积为 90 个单位面积。

你能把这 12 个五格拼板的位置画出来吗？

围住面积：90 个单位面积

19.五格拼板围栏（3）

当 12 个五格拼板拼成一个矩形的轮廓时，在它们的内部能够围出的一个最大面积，如下图所示。这 12 个五格拼板能够拼成 11×11 的矩形，围出的图形面积大小为 61 个单位面积。

你能把这 12 个五格拼板的位置画出来吗？

围住面积：61 个单位面积

20.五格拼板围栏（4）

在 12 个五格拼板内部能够围出的最大图形面积为 127 个单位面积。

你能把这 12 个五格拼板的位置分别画出来吗？

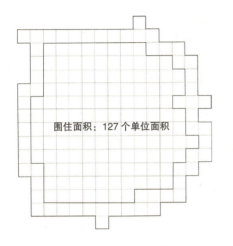

围住面积：127 个单位面积

21.锯齿状的五格拼板（1）

本题和下题分别有一个锯齿状的游戏板，你能否将 12 个五格拼板全部放进该游戏板里面去（每个游戏板上最后会留有一个空格）？

22.锯齿状的五格拼板（2）

23.六格拼板

六格拼板是包含 6 个格子的多格拼板。

六格拼板一共有 35 个，它们可以覆盖一个 15×15 的正方形，中间留下一个 3×5 的矩形。

你能将所给出的 12 个六格拼板填入下面的拼图中，将拼图补充完整吗？

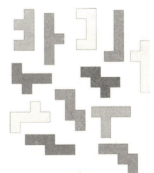

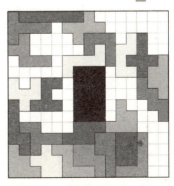

24.五格六边形（1）

5格正六边形有22种组合方法，如下图所示。

你能否将这22个五格六边形全部放进游戏板中去？

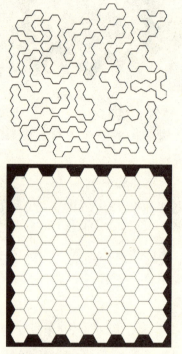

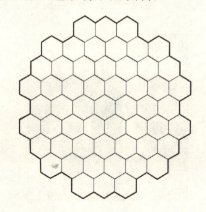

五格六边形游戏板

25.五格六边形（2）

你能否使用不同的方法，用22个五格六边形将下图填满？

26.六格三角形（1）

与五格拼板一样，六格三角形也有12个（图形的镜像不计算在内）。

图1中已经放入了3个六格三角形，你的任务就是将剩下的9个六格三角形放进去，将图补充完整（可以旋转六格三角形）。

12个六格三角形

图1

27.六格三角形（2）

条件同26题，请完成下图。

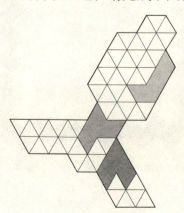

清华北大学生爱做的1500个思维游戏

第8章 提高创造力的思维游戏

28.六格三角形（3）

条件同 26 题，请完成下图。

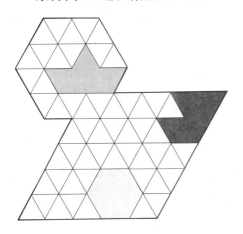

29.六格三角形（4）

条件同 26 题，请完成下图。

30.六格三角形（5）

1959 年，托马斯·欧贝恩注意到，在 12 个六格三角形中，有 5 个是对称的，有 7 个是不对称的。

如果我们将不对称的 7 个六格

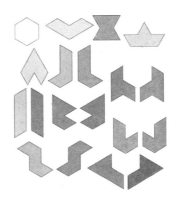

三角形的镜像也算上（如上图所示），一共就是 19 个六格三角形。它们与一个 3×3 的正六边形游戏板的总面积正好相等。因此，欧贝恩提出了下面的问题：

19 个六格正方形能否正好放进这个游戏板中呢？欧贝恩自己花了几个月才找出一种解决方法，你可以吗？

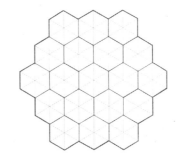

31.六格三角形（6）

你能否用 12 个六格三角形中的 9 个把这个六边形填满？必要的话可以旋转六格三角形。

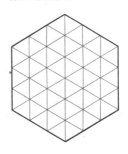

32.六角星

你能否用 12 个六格三角形中的 8 个把这个六角星填满？必要的话可以旋转六格三角形。

33.正方形里的三角形

如图所示，16 个边长分别为 1 和 2 的直角三角形组成了一个 4×4 的正方形。

你能否用 20 个这样的三角形组成一个正方形？80 个三角形呢？

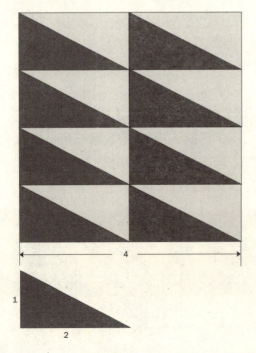

34.折叠 8 张邮票

你能否将这 8 张邮票沿着锯齿处折叠，使邮票折叠以后从上到下的顺序是图中的 1 ~ 8？

最后折出来的邮票朝上朝下都没有关系。

35.小钉板上的闭合多边形（1）

小钉板可以帮助我们学习和理解多边形的面积关系，在板上用线把各个钉子连起来可以得到不同的多边形。

这里要求在正方形的小钉板上用线连成一个闭合的，并且每两条

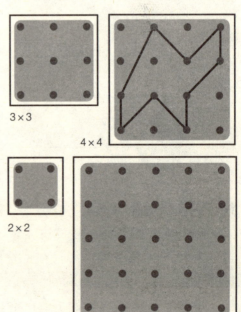

3×3

4×4

2×2

5×5

清华北大学生爱做的 1500 个思维游戏

第 8 章 提高创造力的思维游戏

边都不在同一条直线上的多边形。多边形的每个顶点都必须在板上的钉子上，并且每个钉子只能使用一次。

如图所示的是在一个 4×4 的小钉板上连成的有 9 个顶点的多边形，请问你能否在这个板上用线连成一个有 16 个顶点的多边形，即板上的每个钉子都使用一次，并且满足上面所讲的要求？

请你在从 2×2 到 5×5 的小钉板上，用上尽可能多的钉子连成符合要求的多边形。

36.小钉板上的闭合多边形(3)

请问你能否在这些三角形的小钉板上，用上尽可能多的钉子，连成符合 35 题要求的多边形？

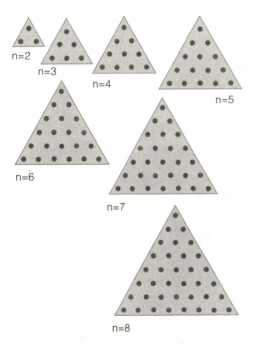

n=2
n=3
n=4
n=5
n=6
n=7
n=8

37.小钉板上的闭合多边形(2)

请问你能否在 6×6 到 9×9 的小钉板上，用上板上的每一个钉子，连出满足 35 题要求的多边形？

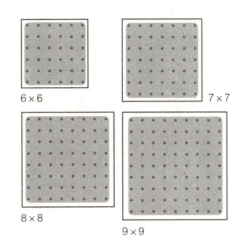

6×6
7×7
8×8
9×9

38.小钉板上的闭合多边形(4)

请问你能否在这些正六边形的小钉板上，用上尽可能多的钉子，连成符合 35 题要求的多边形？

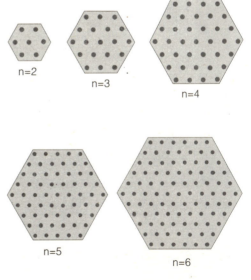

n=2
n=3
n=4
n=5
n=6

39.小钉板上的四边形（1）

在 3×3 的小钉板上连四边形，有多少种连法？

你能画出 16 种简单四边形吗？

40.小钉板上的四边形（2）

把 3×3 的小钉板分成面积相等的 4 块，请你至少找出 10 种分法。图像的旋转和镜像不算新的分法。

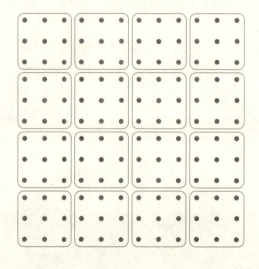

41.三角形的内角

请问你能不能用折纸的方式来

证明欧几里德平面里的三角形内角和等于 180°？

有没有这样的平面，在该平面上三角形的内角和大于或是小于 180°？我认为这样的平面在现实生活中是存在的。

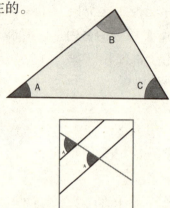

42.正方形和三角形

下图的凸多边形（从五边形到十边形）都是由全等的三角形和正方形组成的，现在请问组成十一边形至少需要多少个这样的三角形和正方形？

43.三分三角形

如下图所示，要把一个正三角形三等分非常简单。

现在的要求是沿直线将三角形剪成几片，使各片拼起来能够正好拼成3个一模一样的形状。且剪刀不能通过该三角形的中心。

请问应该怎样剪？

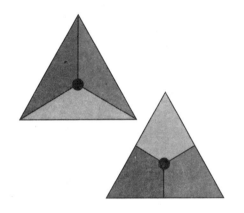

44.分割多边形

要把这些正五边形和正六边形分割成三角形，要求分割线只能是连接两个顶点的线段，而且这些分割线之间不能相交，问你能想出多少种分割方法？

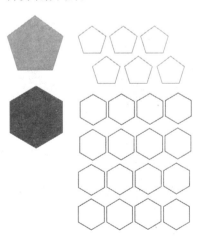

在该题中，同一个图形的旋转和镜像被认为是不同的图形。这个问题也被称为欧拉多边形分割问题。

45.把正方形拼起来

将5个边长为1个单位的正方形拼入一个正方形，此正方形的边长是2.828个单位。你可以把这5个小正方形重新拼入一个如下图所示的小一点的正方形吗？

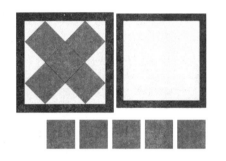

46.组合单位正方形（1）

把11个相同的深色单位正方形放进浅色的正方形区域。规则如下：

1. 正方形必须在浅色区域内。
2. 不允许出现重叠的正方形。

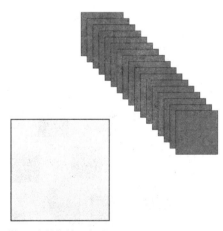

拼11个单位的正方形

47.组合单位正方形（2）

把 17 个相同的正方形放进正方形区域。

规则同 46 题一样。

拼 11 个单位的正方形

48.组合单位正方形（3）

把 19 个相同的正方形放进浅色的正方形区域。

规则同 46 题一样。

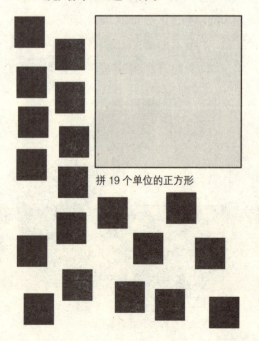

拼 19 个单位的正方形

49.用连续的长方形拼正方形

从给出的一组长方形中做出选择，拼出 4 个正方形，两个边长为 11，两个边长为 13（长方形可以重复使用）。

这 4 个正方形中的每一个都必须由这样的长方形组成：这些长方形的边长从 1 到 10，每个数字各出现一次。

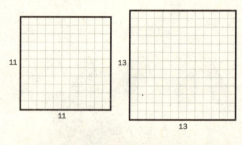

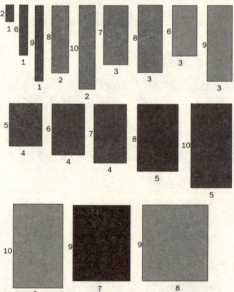

50.把三角形放进正方形（1）

可以放入 5 个等边三角形（边长为 1 个单位长度）的最小正方形

的边长是多少？

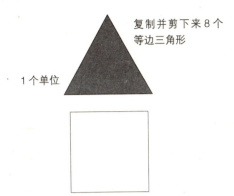

复制并剪下来8个
等边三角形

1个单位

51.把三角形放进正方形（2）

可以放入7个等边三角形（边长为1个单位长度）的最小正方形的边长是多少？

52.把三角形放进正方形（3）

可以放入8个等边三角形（边长为1个单位长度）的最小正方形的边长是多少？

53.不可比的长方形

在数学上，两个有整数边的长方形，如果它们互相都不能被放进

另一个里面（它们的边是平行的），那么我们称它们为不可比的长方形。

下面一组7个长方形互相不可比，而且可以被拼进一个最小的长方形。

1. 你能确定这个可以由7个不可比的长方形拼成的长方形边的比例吗？

2. 你能找到这类的图样吗？

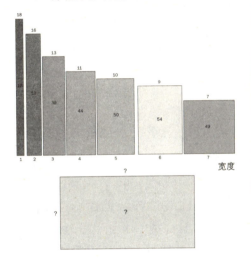

宽度

54.分巧克力

要把这块巧克力分成64块相同的部分，你最少需要切几次？

注意：你可以把已经切好的部分放在没有切的巧克力上面。

55.十二边形锯齿

将下图复制并剪下来，分成 15 个部分，把它们重新排列拼成一个十二边形，使十二边形表面上形成一条闭合的、曲折的线。

56.书架

这个问题是所谓的"整理箱柜问题"的一个变形。我们有许多不同长度（毫米）的厚木板，如图所示，我们的目的是选择一些木板并把它们组合成一根连续长度尽可能接近某一个特定的长度的木板——在这道题目里为 3154 毫米长的木板，如果可能，不要砍断任何木板。你能得到的最好结果是多少？

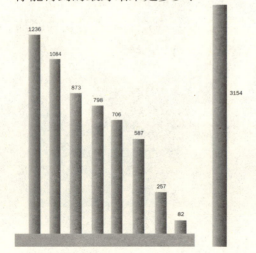

57.拼半圆

把 6 个半圆拼进正方形边框中。这 6 个半圆必须在白色区域内。

58.最小的排列

已知图形是一个被对角线分成 2 个三角形的正方形，这 2 个三角形分别为黑色和白色，而且这个正方形可以通过旋转得到 4 种不同的图案，如下图所示。

现在把 3 个这样的正方形排成一行，请问一共有多少种排列方法？

59.猫和老鼠（1）

下边的游戏界面上放了 3 只猫和 2 只老鼠，每只猫都看不见老鼠，同样老鼠也都看不见猫。（猫和老鼠都只能看见横向、纵向和斜向直线上的物体。）

现在要求再放 1 只猫和 2 只老鼠在该游戏界面上，使上面的条件仍然成立，你可以做到吗？不能改变游戏界面上原有的猫和老鼠的位置。

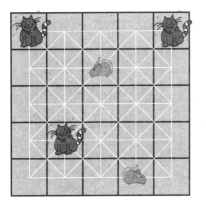

60.猫和老鼠（2）

请你在下边的游戏界面上放 4 只猫和 4 只老鼠，使猫和老鼠互相看不见对方（条件跟上一题相同）。

每个格子里只能放 1 只猫或者 1 只老鼠。

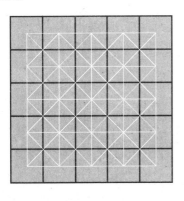

61.六边形（1）

正六边形的对角线将其划分为 6 个部分，用黑白两种颜色给这些部分上色，一共有 64 种上色方法。

下面已经画出了其中的 32 种情况。

你能够画出另外的 32 种吗？（同一图形的旋转被认为是不同的情况。）

当你把这 64 种情况全都找出来之后，你就可以玩下一个游戏了。

62.六边形（2）

请你用上题中的 61 个六边形来填充下面的图形，使每两个相邻的三角形的颜色都相同。

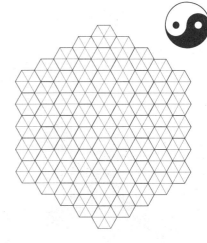

63.黑白正方形

如下图所示，一个正方形被分成相等的8个区。

如果正方形8个区中的2个区被涂上了颜色，我们称该正方形为"1/4上色正方形"；

如果正方形8个区中的4个区被涂上了颜色，我们称之为"1/2上色正方形"。

请问通过不同的涂色方法分别可以得到多少个"1/4上色正方形"和"1/2上色正方形"？图形的映像和旋转不算做新的图形。

1. 你能够画出6个不同的"1/4上色正方形"吗？

2. 你能够画出13个不同的"1/2上色正方形"吗？

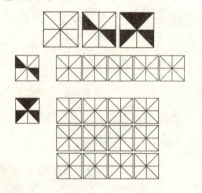

64.二进制图形

如下图所示，4×4的正方形分

别被涂上了黑色和白色。

现在的任务是通过下面的规则将正方形中所有黑色的格子都变成白色：

你每次可以选择任一横行或者竖行，将该行的所有格子都变色（全部变成黑色格子或全部变成白色格子），不限次数。

请问用这种方法将所有黑色格子全部变成白色格子最少需要变多少次？

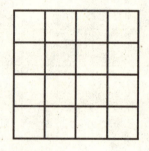

65.找出假币

一共有8个金币，其中1个是假币。其余的7个重量都相等，只有假币比其他的都要轻。

请问用天平最少几步能够把假币找出来？称重量的时候只能使用这8个金币，不能使用其他砝码。

66.数字分拆

高德弗里·哈代和锡里尼哇沙·拉玛奴江共同研究了数字分拆问题，即将正整数 n 分拆成几个正整数一共有多少种方法？

比如，数字 5 就有 7 种不同的分拆方法，如下图所示。

现在请问你：数字 6 和 10 分别有多少种分拆方法？

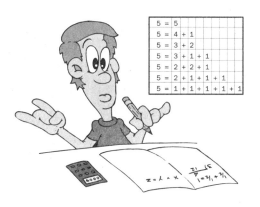

67.巧分月牙

用两条直线可以把状若月牙的图形分为 6 个部分，你来试试看吧。

68.让 a 相等

纵横都为六格的网格中有 36 个 a，能不能划掉 12 个 a，使得未划掉的 a 在纵、横每行的数目相等？

a	a	a	a	a	a
a	a	a	a	a	a
a	a	a	a	a	a
a	a	a	a	a	a
a	a	a	a	a	a
a	a	a	a	a	a

69.新增房间

动物园用围栏围成了 7 个房间，现在搬来两个新邻居，它不能和其他动物放在一起。工作人员开动脑筋，只移动了图中的 4 根围栏，就让原来的 7 个房间变成了 9 个。你知道他们是怎样移动的吗？

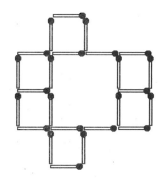

70.打开链条

只需打开一根链子就能分开整个链条的方法。你找出来了吗？

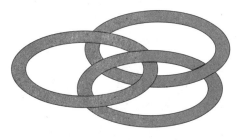

71.变家禽

如图，你能移动一笔就将duck（鸭子）变成另一种家禽吗？

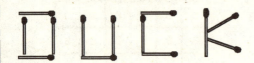

72.两鸡相斗

在下图中添上一笔，使之变成单鸡自嬉。你会吗？

73.直线分饼

用一次直线切割，可以把一个馅饼切成2块。第2次切割与第1次切割相交，则把馅饼切成4块。第3次切割（如图）切成的馅饼可多至7块。经过6次这样呈直线的切割，最多可把馅饼切成几块？

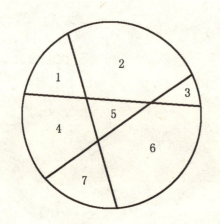

74.翻身

请你把下边的火柴图向箭头所指的方向翻一个身，它会变成图中哪一个？

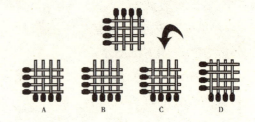

75.不平衡的天平

下图是用9个木棒摆成的一架天平，可是这架天平并不平。如果要把这架天平调整到水平状态，至少要移动几个木棒才能成功？

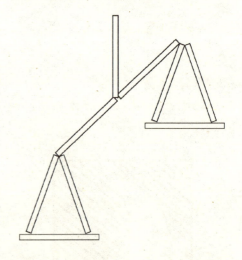

76.微调等式

在此等式中移动哪一根火柴，能使等式结果保持不变？

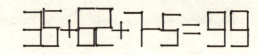

77.道路线

下图是一部分街道的道路图。

李小明住在 A 处, 王小平住在 F 处。现在李小明要去王小平家, 他行进中的每一个路口、每一条街道只许经过一次, 那么李小明从家到王小平家, 共有多少种不同的走法?

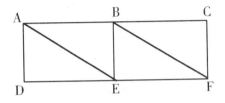

78.消防设备

某地有9座仓库, 为了防火, 需在这些仓库中放两套消防设备。一座仓库放了消防设备, 凡是与它有路连着的仓库都可以就近使用。请想一想, 这两套消防设备应该放在哪里, 才能使9座仓库都用得上。

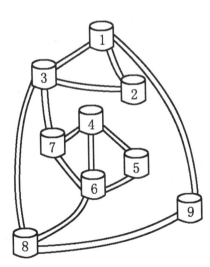

79.重新排列

如下图所示, 从1到5的25个数字规规矩矩地站在那里, 请你将它们打乱, 重新排列一下, 使纵、横各行数目的和都相等, 在同一行中一个数字不得出现两次。

1	1	1	1	1
2	2	2	2	2
3	3	3	3	3
4	4	4	4	4
5	5	5	5	5

80.巧妙喂鱼

有一个渔民在下面所有的池塘都养了鱼, 每天他都得给每个池塘投喂饲料, 帮他找出最佳喂鱼路线。

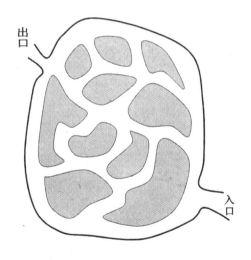

81.敬酒

阿凡提为老百姓教训了巴依老爷, 大家争相为他倒酒庆贺。酒杯

和酒瓶如图，你能移动 3 根，使瓶口对准酒杯吗？

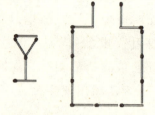

82.三头大象

给黑象补上耳朵，而两头白象上加一笔，变出了 3 头大白象。

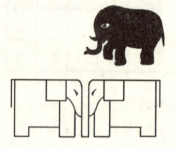

83.填数字

根据规律，填数字完成下列谜题。

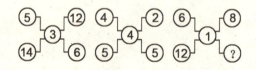

84.巧送牛奶

牛奶公司的送货员每天都要把牛奶送到各个销售点（图中的黑点），

要求路线不能重复，然后回到牛奶公司，送货员该怎么走？

85.分割场地

场上有 10 个人，请画出 3 条线，把场地分成 5 块，使得每一小块场内只有 2 个人。

86.谁先到达

如图所示，从甲点到乙点中间隔着一个小草坪，草坪的两边有两条小路。小明和小军同时从甲点出发，小明从左侧小路走，小军从右侧小路走，相同的速度下，谁先到达乙点？

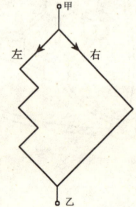

87.数字整队

鲁西西误入数学王国，被任命为某数字集团军的上尉。现在，她要给手下十几个士兵整整队，16个方格里已有"1"、"2"、"3"、"4" 4个五边形，要将另外的12个也排进去，不论横行、竖行或对角线都不能有相同的数字和图形，该怎么排呢？

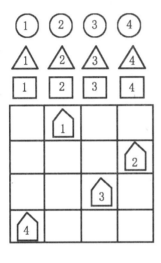

88.未来时光

一位将军在战场上，拿着望远镜观察远处的房屋，偶尔看见一家墙壁上的挂历有如图所示的黑字。根据这些字能不能推测出这个月的1号是星期几？

89.弯曲的眼镜蛇

有一条眼镜蛇，正好是图中所示的那样，躯体围成了一个圆圈。按常理设想，从这条眼镜蛇躯体中心线上任何一点到圆圈中点的距离一定是相等的。但假如这条眼镜蛇的躯体像下图那样，弯弯曲曲的呈曲线状态，其躯体的粗细在忽略不计的条件下，能不能在蛇体外找到一个点，使其到眼镜蛇的躯体上任何一点的距离都相等呢？

90.他们是双胞胎吗

有两个男孩上了同一所学校：他们的相貌一模一样，出生年月日及父母亲的名字也相同。但当人们问他们是否是双胞胎时，他们回答说："不是。"这是怎么回事？

91.花儿变风车

现在只要移动下图花儿中的 4 根火柴，就可以变出一个大风车来，怎么移呢？

92.地牢奇事

有一天，一群绑匪绑架了一家公司的董事长，并把这位董事长一人关在地牢里。地牢的进口只有一处，而且周围彻夜有人防守，没有一点漏洞。可第二天一看，里边却多出一个男的。请问，这个男的是怎么进去的呢？

93.奇怪的线

在西天取经的路上，机灵的悟空常捉弄八戒。一次，他对八戒说："我在几秒钟内画出一条线，你要花几天才能走完，信不信？"八戒不信。悟空画出一条线，八戒果然走了好几天，才算走完。你知道这到底是怎么回事吗？

94.太空人

在一次宇宙旅行中，太空人来

到了一个奇怪的星球，上面只有一种气体——氢气。由于光线太暗，太空人想点燃打火机照明，可有人阻止了他。如果他点燃打火机后，是带来光明还是引起爆炸？

95.过桥

一辆货车满载着 6 吨的钢索前进，但在行进中遇到了一座桥梁。桥头的标志牌上写着：最大载重量 7 吨。然而，光货车车身就重 2 吨，再加上钢索，明显超过了桥的载重量。你能想办法帮司机通过这座桥吗？

96.聪明的家丁

如图所示，这是一座从正上方俯视时呈正方形的城堡，堡主在每面都派了 3 个家丁日夜巡逻，自己在堡内每天都通过四面的窗口视察一下，看他们是否忠于职守。这差使如此辛苦，12 个家丁叫苦不迭。他们想了一个办法，既节省了人力，又让堡主视察时看到的仍是每面 3 人。他们是怎样做的？

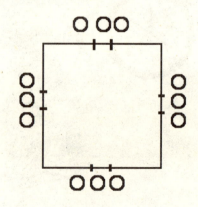

清华北大学生爱做的1500个思维游戏

第 8 章 提高创造力的思维游戏

97.空间三角形

把 3 根火柴的头连起来，很容易连成一个等边三角形（如图）。现在用同样的方法，如何把 9 根火柴连成 7 个等边三角形呢？

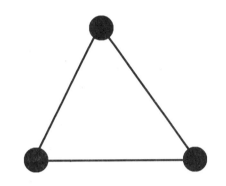

98.无桥河

有两个人想过同一条河，但找来找去却没有发现桥，只在岸边找到一条一次只能乘载一人的小船。这两个人高兴地打了声招呼，就都顺利地用这条船渡过了河。他俩是怎样渡过这条河的？

99.硬币钻洞

在一张纸上，做一个大小正好相当于一角硬币的圆孔。请问，要是不把纸弄破，让 1 元硬币从这孔通过去，怎么办？

100.抛硬币

有一枚普通的硬币，可可一共抛了 15 次，每次都是正面朝上。现在可可想再抛一次，你知道正面朝上的几率是多少吗？

101.自由下落

你拿一个生鸡蛋，让它自由下落。在地上没有任何铺垫物的情况下，你能够使鸡蛋下落 1 米而不破吗？

102.添数字

按照下列顺序，下一个数字应该是多少？ 2，3，5，7，？

103.蒂多公主

在很久以前，欧洲某个王国被另一个国家灭亡了。国王和王后、王子都被侵略者杀死了，只有小公主蒂多带领一些武士突出包围，逃到了非洲的海岸。蒂多公主带了一些金币登上海岸，拜访了酋长："我们都是失去祖国的逃难人，请允许我们在您神圣的领土上买一块土地生活吧。"酋长见蒂多公主只有几枚金币，便轻蔑地说："才这么一点金币就想买我们的土地？那你只能买下用一张牛皮所圈出的土地。"大家听了都很沮丧，可是蒂多公主却说："大家不必丧气，我有办法用牛皮圈出一块面积很大的土地。"蒂多公主真的做到了。你知道她是怎么办到的吗？

104.切割方形孔

一块中间有方孔的圆形图片上，对称地画了些标志符号。现需要将它切割成大小、形状相同的 4 块，使每块都恰好带有一个小圆圈和一个三角形。怎样切割才符合要求？

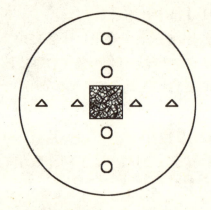

105.木板比较

下图是两块木板的素描图，若说"B 木板"与"A 木板"一样长，其道理何在？

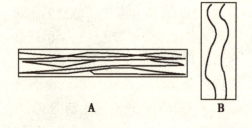

106.创意植树

将 13 棵树栽成 12 行，每行 3 棵，应该以怎样的排列栽培呢？

107.这可能吗？

用 6 个"3"和 6 个"·"组成几个数，使它们的和尽量接近自然

数"10"。这是否可能？

108.戒指放盒里

一只盒子上面放着一枚钻石戒指，你能否在一分钟内把它放到盒内去？

109.让正方形最多

如图所示，这里有 12 根长度相同的火柴棒。如果不折断火柴，最多可以排出几个大小相同的正方形？

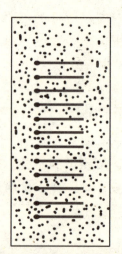

110.巧搬巨石

古时候，某城的城墙在雨中山脚崩塌，塌下来一块巨石挡在道当中。正巧，第二天，皇上要到城里

的寺庙去上香，必须要使道路畅通无阻。官员们四处寻找力工，要他们把石头搬走，但因下大雨，场地泥泞，石头怎么也搬不走。时间眼看就要到了，要是皇帝怪罪下来怎么办呢？正在这时，有人想出了一个办法，解决了这个问题。你知道他们用什么办法解决了这个问题吗？

111.聪明的匪徒

一群匪徒在沙漠中遇到困难了，必须扔下一个，于是狡猾的头目命19名匪徒排成一行，说："因为食物、饮水不足，所以在天黑前，凡点到第7名的人可以留在车上，数到最后第7名的那个人就必须留在沙漠中。"说完头目自己站到第6名匪徒后面（图中倒置的火柴是头目）。有个聪明的匪徒负责点数，他想让其他弟兄离开沙漠而让头目留在沙漠中。那么，他该如何点数？

112.一笔成字

有些文字是无法用一笔直画所能完成的，例如，"K"、"力"、"王"即为鲜明的例子。但若你有心完成，还是有办法把这些字一笔带过

的（下笔之后，笔头不再离开），请问到底应该怎么写呢？

113.创意过河

兄弟二人到冰天雪地的北极探险，被一条冰河挡住了去路。他们想游过去，但冰河很宽，水又很凉，很可能会被冻死；他们想绕过去，可是沿着河沿走了半天，也绕不过去。"要是有树就好了。"哥哥说，"我们有斧子、铁棍等工具，可以造一只木船。"可是，这里到处是厚厚的冰雪，上哪里去找树呢？后来，还是弟弟聪明，他想了一个办法过了河，而且他们的身体没有被河水沾湿，请问他们是用什么办法过河的？

114.切割菱形

下面的图是一个菱形，里面有几个数字，你能想办法在上面画一条直线，使各个区域的数字总和相等吗？

115.等距画点

下图是一张形状不规则的纸，要求你在纸的同一面上画4个点，4个点都要保持较大的距离。在不用任何东西测量的情况下，你能使其中有两点的距离与另两点的距离完全相等吗？

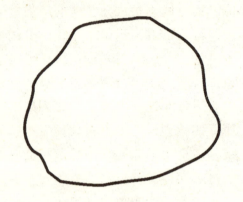

116.陆游与美酒

陆游年轻的时候曾经从军，可是长期得不到朝廷的重用，后来陆游来到四川后居住在梓州。梓州是个山清水秀的好地方，文人们常常在这里饮酒作乐，以诗会友。一天，有一位朋友带了一坛美酒来拜访他，陆游非常高兴，准备和好友痛饮一番。可是来访的朋友却说："如果你能不取出酒坛子上的软木塞，不打破酒坛，也不在酒坛上钻孔而能倒出美酒，那今天的这一坛酒就由你痛饮；如果不能的话，那就对不起，酒我就抱回去了。"陆游听了朋友的"刁难"，手捻胡须思索着，最后终于想出来打开酒坛的办法。那么你知道陆游是怎么倒出美酒的吗？

117.错变对

62-63=1是个错误的等式，能不能移动一个数字使得等式成立？移动一个符号让等式成立又应该怎样做呢？

62-63=1

118.一笔两线

用一支铅笔在一张纸上画线，请问，用什么方法可以一次就同时画出两条线？

119.香槟的分法

7个满杯的香槟、7个半杯的香槟和7个空杯，平均分给3个人，该怎么分？

120.训犬

住在伦敦的名流A夫人，特地从美国买回来一只长毛牧羊犬的幼犬，为了使这只狗变成世界第一的名犬，她便送它到以训练动物闻名的德国哈根别克大学。一年后，长毛牧羊犬学成后返回夫人身边，没想到它连坐、举手等基本动作都没有学会。根据训练师信中所写，这只狗能够做出主人所下达的命令和动作。夫人为此百思不得其解，请问这是怎么回事？

121.直线连点

用直线连接三角形的三个端点，

清华北大学生爱做的1500个思维游戏

第8章 提高创造力的思维游戏

只有一种方法，如图1所示。用直线连接正方形的四个端点，有两种不同的方法，如图2和图3所示。图4不是一种新的方法，只是从不同的方向看图3。用直线连接正五边形的五个端点，有4种不同的方法，如图5，6，7和8所示。用直线连接正六边形的六个端点，可能有点出乎你的意料，共有12种不同的方法。你能发现它们吗？注意，从选择的某个端点出发，每个端点必须经过一次，并且只能经过一次，最后仍回到起点。

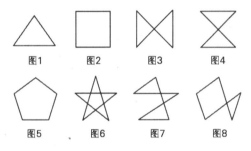

图1　　图2　　图3　　图4

图5　　图6　　图7　　图8

122.格拉斯哥谜题

如下图所示：有8个圆圈，其中7个圆圈上面依次标着字母G，L，A，S，G，O，W，连起来读作"格拉斯哥"，这是苏格兰西南部一个城市的名字。

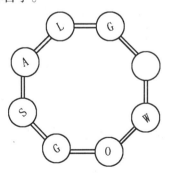

按照现在的排列，这个地名是按逆时针方向拼读的。解题的要求是，每次移动一个字母，使GLASGOW这个地名最后可以按照正确的方向（顺时针方向）拼读。移动字母的规则是：如果旁边有一个圆圈空着，可以走一步；可以跳过一个字母走到它旁边的空圆圈里去。这样，按照L，S，O，G，A，G，W，A，G，S，O，S，W，A，G，S，O的顺序移动字母，就可以达到目的。但一共要走17步。你能少走几步来实现上述目标吗？

123.创意拼音

你能用17块面积相同的正方形黑纸块在一张白纸上拼出一个正方形的"口"字吗（纸块不能重叠）？

124.如此坐监

国王视察监狱。他问一名犯人被判处何种徒刑。"终身监禁，陛下！""典狱长！传我的命令，判处他一半终身监禁。"天哪！没有一个人知道应该怎样执行国王的命令。后来有一个聪明的狱吏想出了一个绝妙的办法，解决了这个难题。你知道这个狱吏是怎样解决的吗？

125.符号

用3根火柴摆出一个符号，要大于3，小于4。应该怎么摆？

$$3 < ? < 4$$

126."岩"字变小

有人用石头排出了下图中的"岩"字。您能不能只拿走其中两个，让它变小呢？

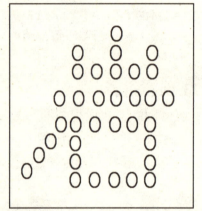

127.出征

据说，古希腊哲学家泰勒斯曾经做过吕底亚王克劳苏部下的一名士兵。一次，吕底亚王率部出征，来到一条河边。由于河水较深且湍急，又没有桥与渡船。正当吕底亚王无奈之际，泰勒斯献了一条计策，使大部队在一无桥、二无渡船的情况下，顺利地渡过了河。泰勒斯献了一条什么计策？

128.穿越山谷

站在左侧悬崖上的牛仔要想越过山谷到对面的悬崖上，需要怎么做？

129.妙运钢管

一次，一位工程师到国外去考察，回国时随身带了一根由特殊工艺制成的钢管，因为它正是国内的研究和试验所必需的东西。可直到工程师即将登上飞机的时候，才发觉该国航空公司规定随身携带的货物其长、宽、高都不准超过1米，而这根钢管直径虽然只有2厘米，但它的长度却有1.7米，是不允许被带到飞机上的物品。这可怎么办呢？工程师着急了。眼看着飞机就要起飞了，工程师突然想到了一条妙计，顺利地把这根钢管带到飞机上，而且既没有损坏钢管，又没有违反航空公司的有关规定。这位工程师想到了一条什么样的妙计呢？

130.纸带的漏洞

下图画的是把一条纸带紧紧地缠在竹竿上的情形。在这幅画中，有明显的漏洞，在哪儿？

131.聪明搬动

这是一座小型公寓的平面图，里面放着不少家具：办公室、钢琴、床、沙发和书橱。只有2号房间暂时没有放家具。租用这座公寓的房客想把钢琴和书橱对调一下位置，但房子太小了，任何一个房间都不能同时容纳两件家具。幸亏有工人帮忙，可以把家具从一个房间移到另一个房间，这样依次移动下去，最后总能解决这个难题的。但是，怎样做才能用最少的搬动次数来达到钢琴和书橱互相换位的目的呢？

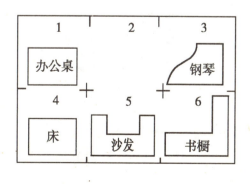

132.死里逃生

如图，两个人质的手腕连在一起。他们剪不断绳子，也解不开绳结，但他们却逃了出来，他们是怎么办到的？

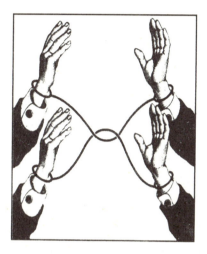

133.巧套纸靴

如图，一个方框和一双连在一起的纸靴以及一个小圆环。圆环的内径比方框的边宽略大一些，而连接纸靴的纸条长度超过方框边宽的2倍。想想看，怎样才能把纸靴和圆环套到方框上去（不能把纸靴折细后由圆环内径穿过再套上去）？

134.卡车

这个故事发生在很多年前。当时，有名卡车司机在警察举旗示意下停下来，警察要检查卡车是否超载。当司机把车开到量重器上后，他从驾驶室跳下来，然后拿起一根木棍敲打卡车的一边。一个旁观者不解地问他为什么要这样做。

"是这样，"他回答，"我的卡车里装了2000千克的金丝雀。我很清楚，卡车会超载，但是，如果我使鸟在车里飞起来的话，那么秤上就无法显示它们的重量了。"

请问，司机说得对吗？如果车内的鸟保持飞的状态，那么卡车的重量真的会比鸟栖止于卡车上时的重量小吗？

135.汉字拼凑

下图五角形图案外围有一至十10个数字，内围有10个汉字，请将数字与汉字相互拼凑起来，拼成30个新汉字。

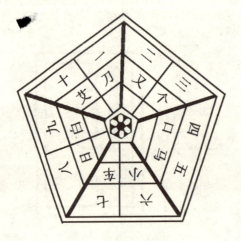

136.趣味课程表

下图是张课程表，请在空格填上字，使其成为成语，但不能重复。

#								
1				生		物		
2			化			学		
3			美					术
4		外			语			
5		科			学			
6		哲			学			
7		数			学			
8		物				理		
9		心				文		
10	天				乐			
11		音				理		
12	地				物			
13	生					科		
14	农				治			
15	政					育		
16	体				济			
17	经					律		
18	法				文			
19	语				史			
20	历							

137.组字

在图中的空白圆圈内填入一个适当的汉字，使其与左右的字都能组成一个新的字。

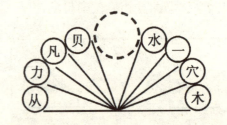

138.环形情诗

苏小妹给新郎秦少游出了3道

考题，全部答出方能入洞房。其中有一道题要求将环形的 14 个字断分成 4 句七言诗，每句首尾几个字可重叠。你能把苏小妹的诗准确地读出来吗？

139.香茶公司的标志

下面站着的那个人是余武陵，他是著名的香茶出口公司的广告经理人。他胳膊下面夹的是公司的标志——一个内有十字的正方形，表示整个世界。许多年前，余武陵根据这个标志想出来一道题。他说他可以用一把东方的喷水刷子在纸上把这个标志画出来，而且前提是笔不离纸、线不重复。那么，你知道他是如何做到的吗？

140.铜锣的秘密

这名罗马士兵不幸落入敌人手中。如果他无法解开这个铜锣的秘密，那么，他将成为太阳神的祭品。你能在铜锣上直切两下，把它分成至少 5 块儿吗？但是，在切第 2 下时，不可以把一块儿放在另一块儿上。

141.飞行计划

在离开北极之前，圣诞老人停下来制定到城镇——欢乐谷的飞行计划。欢乐谷共有 64 个家庭，它们的分布位置如下图所示。每个家庭都在他的计划名单上。圣诞老人想从塔克家开始，到维卡家结束。在这个过程中，他的前进路线需要保持直线，按照水平或者垂直方向在家与

家之间飞行；但是，不能重复走过的路线。那么，你能否只用21条直线就可以帮圣诞老人把飞行计划画出来呢？

142.巫师梅林

　　古代巫师梅林为你准备了一个有趣的问题。布置5行圆点，每行各有5个。现在，设法用一笔将圆点连成一个希腊十字架。完成的时候，十字架的外面应该有8个圆点，而里面则有5个圆点（十字架的架臂长度都相等）。

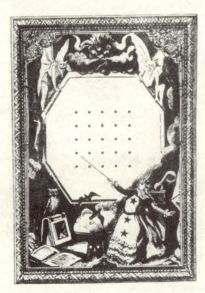

143.骨牌塔

　　准备7个多米诺骨牌，然后把它们搭建成一个小塔（如图所示）。再拿一个骨牌放在塔的前面，你可以在塔不塌的情况下利用这个骨牌将A骨牌从塔上移开吗？除了用B骨牌之外，你不可以用其他东西接触塔。

144.电池城

　　埃尔默·拉泽罗是电池城的主人，这个电池城位于威斯康星州的拉辛市。他举办了一场比赛，也就是下图中的两个人所提到的比赛。

快收拾东西，米尔德里德，我们很快就会在去海洋树林的路上！

他在陈列室的地上将 36 块儿电池摆成了一个正方形，并答应提供给任何一个答对的人一次为期两周的费用全免的新泽西州海洋树林之旅。但是要求如下：参加比赛的人必须从上面拿走 6 块儿电池，使剩下的每行电池不论在水平方向还是垂直方向都保持偶数。从图中我们可以看出威拉德好像找到了解决办法。

145.杂务工

海勒姆·鲍尔皮尼不仅是当地最好的杂务工人，而且也是一个思维游戏业余爱好者，他的作品都是自己通过切割创作的。梅尔是他忠实的助手，他买了一块儿胶合板，上面有 3 个正方形的洞。梅尔向海勒姆提出挑战：把它切成两块儿，并使它们正好可以拼成一个没有洞的矩形。那么，你认为海勒姆会从哪里下手呢？

146.小狗杰姬

我们的小狗杰姬约了它的几个朋友参加狗食饼干思维游戏派对。派对中的问题如图所示，即要求你在铅笔不离开纸的前提下用 4 条直线将这 9 块儿饼干连起来。这个游戏你可要好好想一会儿。

147.英王的皇冠

这里我们看到的是一位城堡的护卫，他的任务是保护英王的皇冠。这个坚强的小伙子注视这些世界瑰宝已经好几个小时了。当哈罗德注视这个装有 12 个镶嵌了宝石的箱子时，他突然想出来一道题，即能否用 5 条直线将这 12 个皇冠全部连起来？每条直线都是从前一条直线的

末端开始。10分钟之后，哈罗德就找出了答案。如果你也能找出答案，我们将授予你"思维游戏王子"的称号！

148.西德尼的土地

西德尼是当地的一个建筑商，他把一块长方形的土地分成了8块儿建筑用地，并打算在每块儿地上建造一间房子。按他的计划，每块儿土地的大小、形状都要一样。西德尼遇到的问题是有人把每块儿地上的边界碑偷走了，而且房产规划图也丢失了。他在猜测是谁做了如此卑鄙的事情。那么，你能帮助西德尼重新划定各块儿土地的边界线吗（图中的 H 表示每间房子所在的位置）？

149.长方形七巧板

在世界上的机械思维游戏当中，持续时间最长的莫过于七巧板。它

已经持续了大约100年。

下图是一个长方形的七巧板，在它的上面是一条东方好斗鱼的轮廓。这个游戏就是要把这7块儿七巧板重新排列成鱼的形状。那么，你能否展示这个过程呢？

150.两个玻璃杯

如果下次你和朋友外出，这里有个好办法让你白吃一顿饭。在桌子上放两个玻璃杯，它们之间的距离不要太远，然后，将一块儿较硬的纸放在两个杯口上面。接着，你就

说如果在纸的中间再放一个杯子，你可以使这张纸具有支撑第3个杯子的力量。这是个很好的题，但是在你去餐厅吃饭之前要好好练习一下。

151.老木匠

有一天，老木匠海勒姆·鲍尔皮尼在木场把所有人都给难住了。他拿出来一块儿不规则的胶合板，然后向工厂工人提出了挑战，看谁能把它切成3块儿并把它们拼成一个正方形。

152.不规则的地产

西德尼是当地房地产的内行，这次，他又把自己圈在了一个角里。他买了一处不规则的地产，现在他想把它分割成8块儿尺寸、形状相同的建筑用地。那么，你能告诉他应该把分界线布置在地产的哪些地方，以便他把这些精选品展示给可能的买家吗？

153.牙签与正方形

为了娱乐，苏珊今天把费尔韦瑟尔市长带到了思维游戏俱乐部。茶、三明治和牙签的题好像是菜单上的主要项目，可以容纳多人的房间总是在下午的时间开放。所以，你何不拉把椅子坐下，并且给市长一些帮助呢？在这种比赛上，他总能在很短的时间内把答案想出来。

费尔韦瑟尔市长，这里有一个很有趣的题。我已经把24根牙签摆好了，它们组成了9个小正方形。请您试试，看能不能从中拿走5根使桌上留下6个小正方形。

154.艾克和迈克

沃尔夫冈的豪斯啤酒店里最

聪明的服务员是阿达尔伯特孪生兄弟——艾克和迈克，除了端送啤酒和土豆，他们还用一些思维游戏招待喝酒的客人。下面这个啤酒搅拌器游戏展示的是一个由罗马数字组成的等式。这个等式是错误的，但是如果你只移动其中的一个搅拌器，将它放到另外一个地方，那么这个等式就是对的。请你试试，看能否成功过关。

155.棋盘与筹码

按照下图的样子画一个有 16 个方格的棋盘，然后，将 10 个扑克筹码放在棋盘上的 10 个方格内。你的任务是将它们分布在最多行列内，并使每行每列的筹码个数为偶数。

156.死亡三角

我们看到的是杂技团的芬顿·凯奇奥尔，他正在表演自己的拿手好戏——死亡三角，芬顿对这些像剃须刀一样锋利的钢碎片毫无惧色。这些碎片和他在表演中所使用的其他小道具一样都是源自一个著名的思维游戏。如果你把这 5 个三角形中的任意一个切成两半，那么，就可以把它们拼成一个完整的正方形。那么，你愿不愿意试一试这个游戏呢？

157.火柴金字塔

这是一个验证移动的思维游戏。做这个游戏时，你需要准备 4 根火柴。按照下图的样子，将其中的 3

根火柴摆成一个"金字塔"。接着，把第4根交给你的"受害者"。你来挑战他，看谁能只凭借第4根火柴杆就可以把那3根竖直放置的火柴提起来并且在保持金字塔形状的情况下把它们抬起来拿到屋子的对面并放在另一张桌子上面。

五金器具店的几个好朋友整个下午都在研究这个题。

158.棋盘与硬币

在下图的棋盘上将3枚5角硬币放在1，2，3号方格内，然后将3枚1角硬币放在5，6，7号方格内，接着再将它们的位置互换。在这个过程中，你可以将硬币移动到与之相邻的空格内或将其从与之相邻的硬币上跳到后面的空格内，你可以沿水平或者垂直方向移动。请设法在15步之内将硬币相互交换位置。

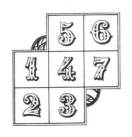

159."巨蛋"游戏

当你下次参加聚会时，就可以用这个"巨蛋"游戏为难你的朋友。挑战在场的所有人，跟他们进行鸡蛋平衡比赛。在桌子上放1个鸡蛋、2把叉子、1个瓶塞和1个拐杖。你事先声明自己可以用2把叉子和1个瓶塞把鸡蛋稳放在拐杖的末端。先让他们来尝试。在清理干净他们遗留的痕迹之后，你再来展示这个过程——但是，你得先下一个适当的赌注。

1…

查尔斯·W.崔格发现了136种不同的排列方法。如图所示是其中4种。

2…

如图所示，这个鸡蛋竖起来的道理与高空走钢丝是一样的。两个叉子给鸡蛋提供平衡力，降低鸡蛋的重心。多一点耐心就可以完成题目的要求。

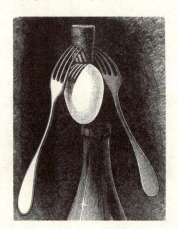

3…

如果我们系统地来试着往第1个格子里放一个数字，从"9"试起，我们就会发现"9"不可以，因为剩下的格子里放不下9个"0"了；"8"和"7"一样，如图所示。而将"6"放入的时候我们会发现这就是正确的答案。

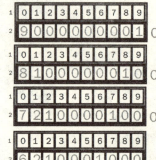

如果第一个数字是9，剩下的格子里只放得下8个0。

如果第一个数字是8，剩下的格子里只放得下7个0。

如果第一个数字是7，剩下的格子里只放得下6个0。

唯一的解。

4…

古埃及的数学家将未知数叫做"黑匣子"，我们这里也可以借用这个概念，我们把不确定的未知数称为"黑匣子"。运用这个概念，这个小游戏的秘密马上就会被破解了。你要完成两件事情：

1. 你要处理一个未知的变量。在代数学中我们这里的"黑匣子"用 x 表示。

随便想一个数		← 这就是这个数
加上 10		
乘以 2		
减去 6		
除以 2		
然后再减去你最开始想的那个数。结果是7。		

2. 与找某一个特定的数来测试不同，你应该用一种一般的方式，来表示这个思维游戏的结果总是7。

在代数学中，有很多复杂的证明可以用几何图表直观地表示出来，使这个定理的证明能够一目了然。

5…

1 ~ 52 全部都能放进盒子里，如图所示。存在其他解法。

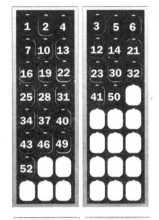

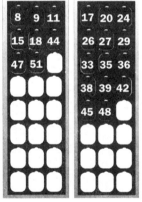

6…

如下图所示。比原始卡片的宽和高都增加了 1 倍。

7…

有 3 个红色表面的立方体：8 个；
有 2 个红色表面的立方体：12 个；
有 1 个红色表面的立方体：6 个；
没有红色表面的立方体：1 个。

8…

他可以把 3 个立方体排列成如图所示的样子，然后测量 x 的长度。

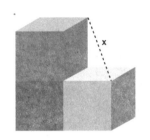

9…

6 个小立方体就足够了。将 6 个小立方体摆成如图所示的形状，然后测量 x 的长度。

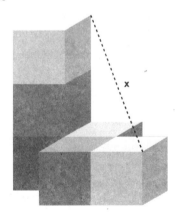

10…

一般情况下，3 个三角形相交，最多只能形成 19 个独立的空间。

这一点很容易证明。两个三角形相交，最多能够形成 7 个独立的空间，而第

3个三角形的每一条边最多能够与4条直线相交，因此它能够与前两个三角形再形成12个新的空间，所以加起来就是19个空间。

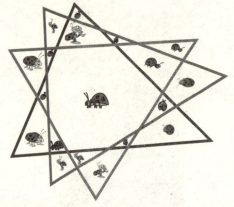

11...

5个四格拼板不能正好放入 4×5 的长方形中。T形的四格拼板放进去覆盖住了3个黑色格子和1个白色格子，剩下的4个都是覆盖住2个黑色格子和2个白色格子。因此这5个四格拼板覆盖的黑色和白色格子数必须分别都为奇数，但是题中长方形里的黑色和白色格子各10个，因此答案是不能放入。

12...

8个多格拼板可以正好放进这个 4×7 的长方形中，下图所示的是多种解法中的一种。

13...

这12个五格拼板在棋盘上的摆放位置有很多种，最后总是会留下4个方格。无论这4个方格选在哪里，总是可以将这12个五格拼板放进去。

14...

如图所示：

1

2

3

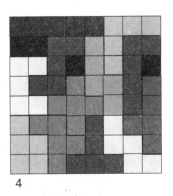

4

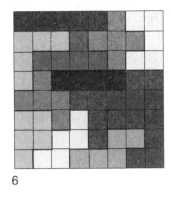

5

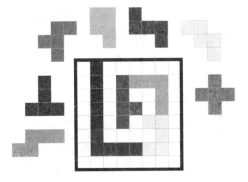

6

15...

如图所示，最少 5 个。

16...

如图所示：

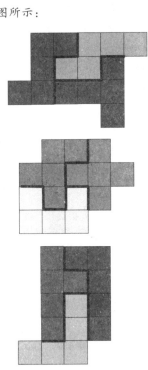

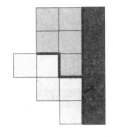

17...

如图所示：

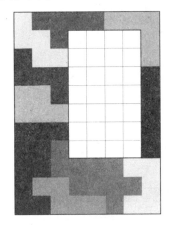

清华北大学生爱做的1500个思维游戏

第 8 章 提高创造力的思维游戏

521

18...

如图所示：

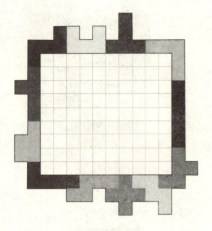

21...

如图所示：

19...

如图所示：

22...

如图所示：

20...

如图所示：

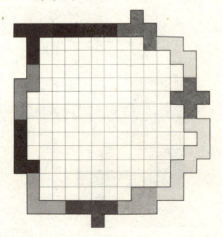

23...

如图所示：

24…

如图所示：

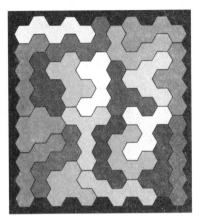

25…

如图所示：

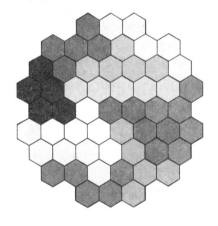

26…

如图所示：

27…

如图所示：

28…

如图所示：

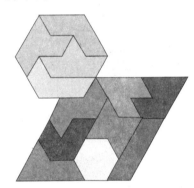

29…

如图所示：

欧贝恩花了几个月才找到一种解法，如图所示。究竟一共有多少种解法呢？理查德·K.盖伊给出了答案，根据他的猜想，一共约有50000种答案，他已经收集了4200多种。

31…

32…

对于六角星迄今只有一种解法。

33…

如图所示，下面是20个三角形所组成的正方形。这个正方形的4倍就是由80个这样的三角形所组成的正方形。

34…

首先左右对折，将右边的4张折到下面去。这样5在2上面，6在3上面，4在1上面，7在8上面。

然后再上下对折，这样4和5相对，7和6相对。

然后将4和5插到3和6中间，最后将1折在2上面。

35…

在3×3的小钉板上不论你怎么连，最终总是会剩下2个钉子；而在5×5的小钉板上则总是会剩下1个钉子；在4×4的板上可以把16个钉子全部用上，一个也不剩。如图所示：

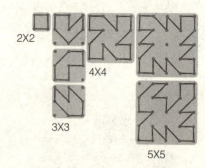

2X2
4X4
3X3
5X5

36…

答案如图所示。当然也可能有其他的解。

6X6

7X7

清华北大学生爱做的1500个思维游戏

第8章 提高创造力的思维游戏

8X8

9X9

37...

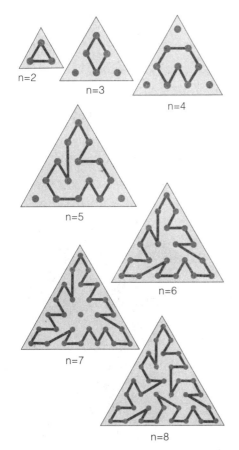

n=2

n=3

n=4

n=5

n=6

n=7

n=8

38...

答案如图所示。当然也可能有其他的解。

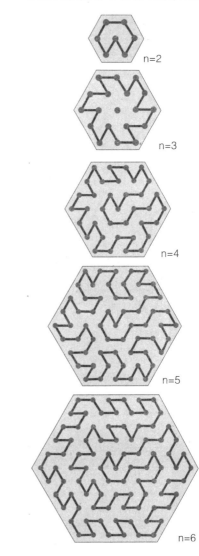

n=2

n=3

n=4

n=5

n=6

39...

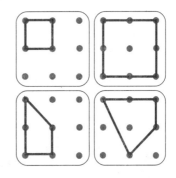

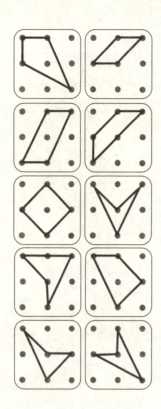

40...

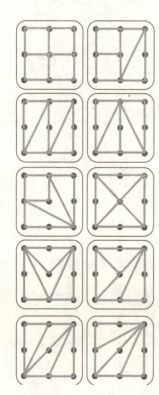

41...

如图将三角形的3个角分别向内折，中间形成一个长方形，这样A，B，C三个角加起来正好是一个平角，也就是相加之和等于180°。

除了欧几里德平面，还存在球面和双曲球面，在球面上的三角形3个内角之和大于180°，而在双曲球面上的三角形内角和则小于180°。

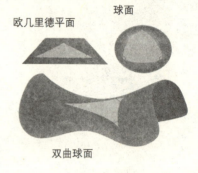

欧几里德平面　　球面

双曲球面

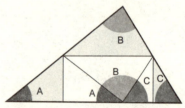

42...

如图所示，至少需要7个正方形和13个三角形；其中由6个正三角形所组成的凸五边形可以用来作为十一边形的核心。

43...

如图所示：

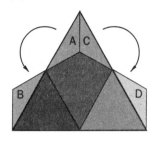

44...

一般情况下，正多边形能够分割成不相交的三角形的个数从三角形开始分别是：

1，2，5，14，42，132，429，1430，4862，…

这些数也被称之为加泰罗尼亚数字，以尤根·加泰罗尼亚（1814～1894）的名字命名。它们在组合数学的很多问题中都经常出现。

45...

5个边长为1个单位的正方形可以拼入一个边长是2.707个单位的正方形内。

下面是n（n从1到10）个单位正方形可以拼入的最小面积的正方形。k是正方形的边长。

n=1;k=1

n=2;k=1

n=3;k=2

n=4;k=2

n=7;k=3

n=5;k=2.707   n=6;k=3

n=8;k=3   n=9;k=3

n=10;k=3.707   n=10;k=3.707

46...

正方形的边长是3.877个单位长度。倾斜的正方形以40.18°的角度倾斜。

47...

这17个单位正方形可以拼进一个边长是4.707的正方形中。

48...

这种解决方法是罗伯特·威莱特等人发明的。

这个正方形的边长是 4.885 个单位长度。

49...

如果前 10 个正整数是这 5 个可以被拼成一个正方形的长方形的元素，那么这个正方形的面积一定在 110 和 190 之间。正方形的边长应该是 11，12 或 13。

因为长方形的 10 个元素完全不同，4 个长方形一定包围着一个在中间的长方形。

对于边长为 12 没有解法。只存在 4 种解法：两种边长为 11，两种边长为 13。解法如下图所示：

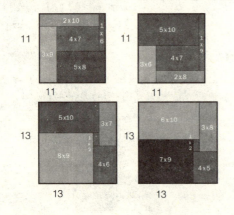

50...

可以放入 5 个等边三角形的最小正方形的边长为 1.803 个单位。

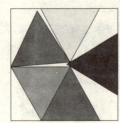

51...

可以放入 7 个等边三角形的最小正方形的边长为 2 个单位。

52...

可以放入 8 个等边三角形的最小正方形的边长为 2.098 个单位。

53...

可以用不可比的长方形拼出的最小的长方形的长和宽的比例是 22：13。

这 7 个不可比的长方形的总面积是 286 个单位正方形。由于这个长方形的一边最小是 18，而且边长必须是整数，就出现两个可能的比例：

26：11 和 22：13

我们这道题目的答案是第 2 种，它有更小的周长。

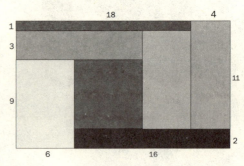

54…

如图所示切 6 次。

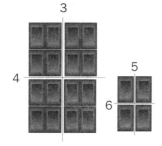

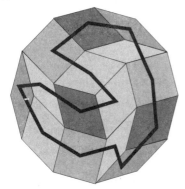

55…

56…

$1236 + 873 + 706 + 257 + 82 = 3154$，加起来可以精确地达到所要求的长度。

虽然把 5 个数字加起来得到 3154 很容易，但是从 8 个数字中准确地找出这 5 个数字就不容易了。

从一个方向操作很简单，但是从反方向操作就相当困难了，我们的题目对于这个事实是一个很好的佐证。这种思想被广泛地应用于密码学的一个新分支，叫做公钥加密。

57…

58…

一共有 64 种排列方法，如下图所示：

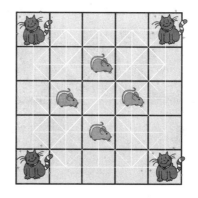

59…

不可能做到。

60…

下面提供了一种解法，如下图。还有其他多种可能性。

1/4 上色正方形

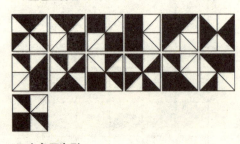

1/2 上色正方形

64

如图所示，至少要变4步，分别是第1行、第4行、第2列和第3列。

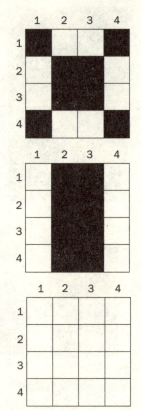

把8个金币分成两部分，一部分8个金币，一部分两个。

不管假币在哪一部分，我们只用两步就可以把它找出来：

先将第一部分的金币一边3个分别放在天平的左右两边。如果天平是平衡的，那么假币一定在剩下的两个中。

第8章 提高创造力的思维游戏

530

清华北大学生爱做的1500个思维游戏

再将剩下的两个金币分别放在天平的两端，翘起的那一端的金币较轻，这个就是假币。

如果第一步分别将3个金币放在天平的两端，天平是不平衡的，如下图所示，天平右端翘起了，说明右边较轻。那么假币是天平右边所放的3个金币中的1个。

再取这3个金币中的任意两个分别放在天平的两端，如果天平不平衡，那么轻的那一端放的就是假币。

如果天平仍然是平衡的，那么剩下的那个就是假币。

66…

数字6有11种分拆法，数字10则有42种分拆法。

随着数字增大，分拆的方法数迅速增加。

n=50 时，有 204226 种；

n=100 时，有 190569292 种。

67…

如图：

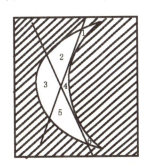

68…

如图（空格为划掉的"a"）：

a		a	a	a
		a	a	a	a
a	a	a			a
a	a		a		a
a	a			a	a
	a	a	a	a	

69…

如图：

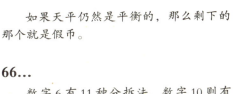

70…

只需要打开最下面的链子。上面的两根链子并没有连接在一起。

71…

如图，则变成COCK（公鸡）

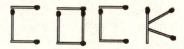

72…

添一个圆圈围住其中一只鸡，示意一面镜子。

73…

6次切割馅饼切成22块，如图：

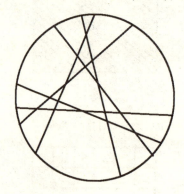

74…

D。

75…

至少要移动5根木棒。

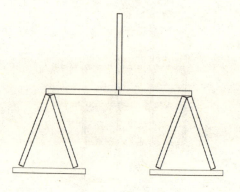

76…

变成35+52+7+5=99。如图所示：

77…

从李小明和王小平住的街道图不难看出，李小明从A出发，首先有3条路可走，就是AD、AE、AB。当他由A到达D时，又有3条通向F的路，即从D经过E到F；从D经过E到B再到F；从D经过E到B再到C，最后到F。当他由A到达E时，又有3条通向F的路，即从E到F；从E经过B再到F；从E到B再到C，最后到F。当他由A到达B时，又有3条通向F的路，即从B到F；从B到C再到F；从B到E再到F。

由此得出，李小明从A出发到王小平家F，共有3×3=9种不同的走法。

78…

消防设备应该放在仓库1和仓库6。

79…

如图：

2	5	4	3	1
5	4	3	1	2
4	1	5	2	3
1	3	2	5	4
3	2	1	4	5

80…

如图：

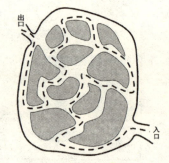

81...

如图：

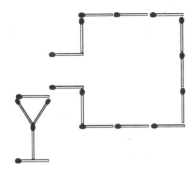

82...

如图：

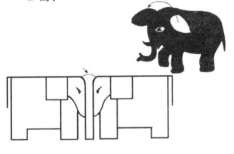

83...

3。每个图形上面三个数字之和与下面两个数字之和相等。

84...

如图：

85...

如图：

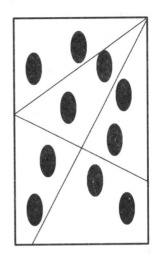

86...

两条小路的路程相同。如图，线路一的各分段距离之和，正好等于线路二的距离。

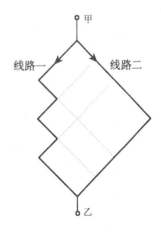

87...

如图：

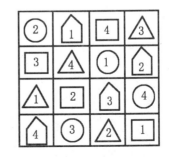

要回答这个问题，对日历的形式必然熟悉，日历通常把每月的日期写成 5 行，看 24/31 添加栏的月份，1 号将是星期五或星期六。已经知道 24 日是黑体字，说明这天不是休息日。因此，1 号排除了星期五的可能，必然是星期六。请参照下面的日历。

日	一	二	三	四	五	六
						1
2	3	4	5	6	7	8
9	10	11	12	13	14	15
16	17	18	19	20	21	22
23/30	24/31	25	26	27	28	29

89...

开动脑筋思考问题不能离开实际，这道题看似没有办法，实际上，不管眼镜蛇躯体怎样弯曲，若躯体粗细不计，就有可能。当眼镜蛇爬在一种球形笼子或者圆石头上时，则躯体上任何一点到圆球中心距离应该是相等的。

90...

他们是三胞胎（或三胞胎以上）中的两个人。

91...

如图：

92...

这位董事长是女的，她在地牢里生了一个男孩。

93...

其实根本不是什么法术。悟空在八戒的鞋底上画了一条线，八戒走了几天才能磨完。

94...

既不会带来光明，也不会引起爆炸。因为没有氧气。

95...

钢索的总重量虽然很大，但是整个重量是分布在全部长度上的。所以，可以把钢索放在地上，由货车拖着过桥，使分摊在桥上的重量不超过桥的载重量，便可以顺利通过大桥。等过了桥，再把钢索装到车上。

96...

如图：

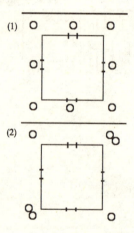

97...

解这道题，不能局限在一个平面上，譬如说，不能把 7 个三角形都放在桌面上。必须"向空间发展"，搭成带公共底的两个棱锥体。

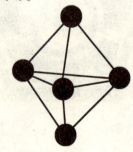

98...

　　两个人分别处于河的两岸，因此，只要岸边有船的这个人先行渡过河，将船交给对岸的另一个人，对岸的那个人也就顺利地渡过河了。

99...

　　把纸折弯，两边拉引，使孔成椭圆形，那么，1元钱硬币就很容易过去了。

100...

　　毫无疑问是1/2。无论谁来抛，也无论抛多少次，这个几率是不会变的。千万不要让惯性思维把你带入陷阱。

101...

　　可以。只要将生鸡蛋的高度拿到1米以上，然后让鸡蛋自由下落，当它下落了1米的时候，并没有碰到地面，当然不会破。

102...

　　11，质数数列。

103...

　　蒂多和大家上岸后，向酋长买来一张野牛皮，用小刀把它割成细细的牛皮条，然后把这些牛皮条一个个都连接起来。接着，在平直的海岸上选好一个点作圆心，以海岸线做直径，在陆上用牛皮绳圈起了一个半圆来。酋长一看，大吃一惊，自己部落的一半领土都被蒂多圈起来了。

104...

　　圆中的孔为正方形，将板材切割成4

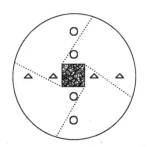

块，每块应占有正方形的一个边，围绕这个中心思考，才能找到途径。可按下图中虚线所示进行切割。

105...

　　实际状况如下图所示：

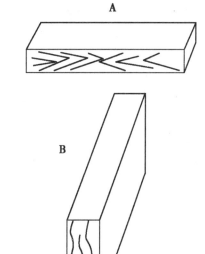

106...

　　如图：

107...

　　可以。3.3+3.3+3.3 ≈ 10。

108...

　　添3根直线。

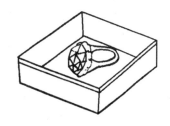

109…

把火柴棒按照如图所示排列，就可以排出 25 个正方形。

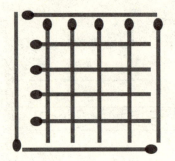

110…

在石头前挖个大坑，把石头埋起来就可以啦。谁说一定要把它搬到不挡道的地方，埋起来不一样可以不挡道吗？

111…

这位聪明的匪徒是从头目前两名开始数起的。当他点到第 1 个第 7 名时，一名弟兄就得救。再往下数，数到第 2 个第 7 名，又一名弟兄得救。依次点下去，弟兄们全部得救留在车上，最后一个第 7 名正好轮到狡猾的头目。

112…

如图所示，采取二重书写法，并取其空白部分。

113…

弟弟建议用冰造一条船，兄弟俩乘冰船过了河。因为冰比水轻，所以冰船是可以浮在水面上的。

114…

把 18 切成两个"1"和两个"0"。

115…

把纸卷起来（如图），然后在纸的边缘上点两个点，使每一点都落在两层纸上。打开纸后，就见到 4 个点，其中有两个点与另两个点的距离相等。

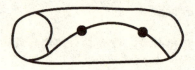

116…

将软木塞压入坛内，可以轻松地倒出美酒。

117…

（1）把 62 移动成 2 的 6 次方。$2^6-63=1$

（2）把后面等于号上的"−"移动到前面的减号上，使等式成为 62=63−1。

118…

如图所示，有两种方法可以用一支铅笔一次画出两条线。第一种是把铅笔削成如图 1 的模样，就可以画出有间隔的两条线；第二种是如图 2 一样，用两端削尖的铅笔，在左右两端的纸上同时画一条线。

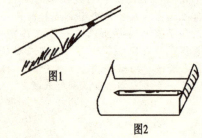

图1

图2

119…

把 4 个半杯的倒成 2 杯满香槟，这样，满杯的有 9 个，半杯的有 3 个，3 个人就容易平分了。

120…

因为这只狗受的是德语教育，它听不懂夫人所说的英文。

121...

如图：

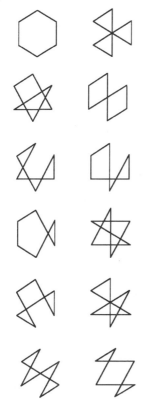

122...

只需要走8步。两个G哪个做字头都可以。如用下面的G作字头，按下列顺序移动字母就可以达到目的：G，A，S，L，S，A，G，O。

123...

如图。每边有5块纸块，中间再放上一块这就形成了一个白色的"口"字。

124...

这个狱吏向典狱长说："遵照国王陛下的命令，这个犯人应该坐一天牢，释放回家一天，然后再坐一天，释放一天，如此下去，直到他死。"

125...

如图所示：

126...

如图一样，变成"小石"，不就变小了。

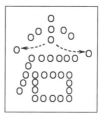

127...

如图所示，泰勒斯指挥部队在营寨后面挖了一条很深的弧形沟渠，使其两端与河水沟通。这样，湍急的河水分两股而流，原来河道的河水就变得浅而流缓，大部队足可以涉水过河。

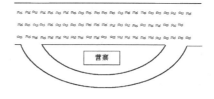

128...

如图：

第8章 提高创造力的思维游戏

工程师向乘务人员要了一个长、宽、高均为1米的货运箱子，然后再将钢管斜着放了进去，因为1米的立方体其对角线长刚好超过1.7米，所以自然就顺利地把钢管带上了飞机。

130...

缠纸要想缠得很紧，显然不是图中的样子，一条纸带如果按画中角度缠在竹竿上，纸带的间距就要很宽，宽到当中还可缠4条纸带，这就是画的漏洞。参见下图：

131...

两件家具互换位置，至少要把家具搬动17次。搬动的顺序是：1. 钢琴；2. 书橱；3. 沙发；4. 钢琴；5. 办公桌；6. 床；7. 钢琴；8. 沙发；9. 书橱；10. 办公桌；11. 沙发；12. 钢琴；13. 床；14. 沙发；15. 办公桌；16. 书橱；17. 钢琴。

132...

很容易就能使他们分开。一个人质用双手抓住他的绳子，使他的绳子在他同伴的另一侧形成一个松弛的绳圈。然后他把绳圈塞进同伴手腕上的套索中，并将绳圈绕过同伴的手指。当他把绳圈绕过同伴的手并从套索中拉出后，他们就自由了。

133...

如图所示，把纸靴夹在方框中，再把方框对折起来，从下端套小圆环，然后套在纸靴上。

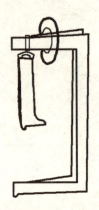

134...

这种情况只有当卡车的平板是敞开的时候才会发生。但是，这辆卡车的车厢是封起来的，当鸟保持飞的状态时，它们必然会利用与自身体重相当的力量在空气中挥动翅膀。这样，这种力量就会通过空气施加于卡车的平板上。因此，无论鸟是静止还是保持飞的状态，卡车的重量均会保持一致。

135...

旦、亘、旭、臾、杳、早、示、末、全、驷、目、吾、口五、叱、叭、叶、由、甲、申、田、古、芰、百、自、皂、阜、切、分、轨、支。

136...

①痛不欲生、物尽其用
②出神入化、学而不厌
③十全十美、不学无术
④九霄云外、语无伦次
⑤照本宣科、学以致用
⑥既明且哲、学富五车
⑦胸中有数、学贯中西
⑧风云人物、理屈词穷
⑨万众一心、理直气壮
⑩烽火连天、文章盖世

⑪弦外之音、乐不思蜀
⑫顶天立地、理所当然
⑬妙趣横生、物美价廉
⑭贫下中农、开科取士
⑮精兵简政、治病救人
⑯不识大体、封山育林
⑰一本正经、济济一堂
⑱奉公守法、严于律己
⑲甜言蜜语、文经武略
⑳历历在目、史无前例

137...

如图：

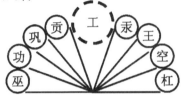

138...

久慕秦郎假乱真，假乱真时又逢春；
时又逢春花含玉，花含玉久慕秦郎。

139...

首先，按照图1所示的样子，将纸折叠。然后，再连画3笔。现在，握住笔不动，并按照图2所示的样子将纸打开。接下来，你就可以按题中的要求，即笔不离纸、线不重复，将这个标志画出来了。

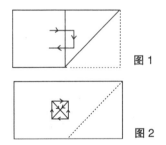

图1

图2

140...

沿图中的切线可以将铜锣切成5部分。

141...

下图是解决方案中的1种：

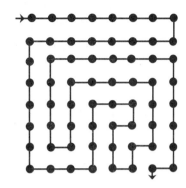

142...

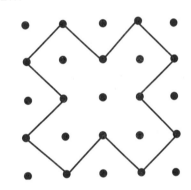

143...

这个题的答案就是快速行动。移动B骨牌使其垂直竖立时正好可以碰到A骨牌的边。将你的食指穿过塔的拱门，然后放在B骨牌的底边并且按紧；之后，"弹起"并迅速击打A骨牌。这样，A骨牌便会从塔上分离，它上面的骨牌随即落在两边竖立的骨牌上，而塔安然无恙。

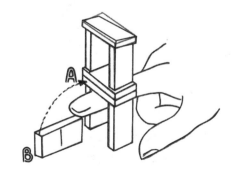

144...

下面是其中的1种方法：

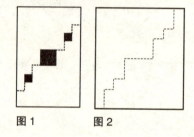

145...

先沿着图1中的虚线切割，然后，将上面那块儿板向下滑动，使它挪到左边，这样便可得到一块儿实心板（如图2所示）。

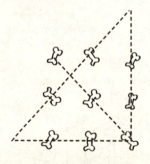

图1   图2

146...

答案如下图所示：

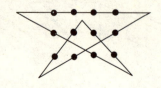

147...

答案如下图：

540

148...

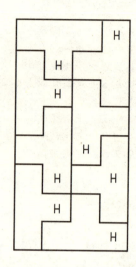

149...

答案如下图：

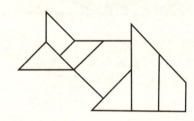

150...

你所要做的就是按照下图所示的样子把纸打成褶，这样问题就解决了。

151...

下图展示了胶合板的切法以及3块板的拼法。

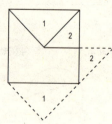

152...

答案如图所示:

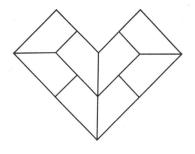

153...

从一个边上的两个角上取走4根牙签,然后从这个边对面的边的中间再取走1根牙签。

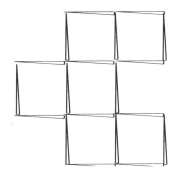

154...

155...

下面是其中的1种答案。

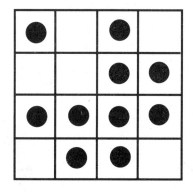

156...

答案如下图所示:

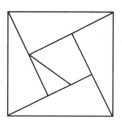

157...

首先,将第4根火柴点着,然后,用它点燃3根按金字塔形状放置的火柴。之后,快速将这4根火柴熄灭。这时,你会发现组成金字塔的3根火柴已经熔合在一起,这样,你就可以用第4根火柴轻而易举地把它们从桌子上抬起来。

158...

答案为:从1号移到4号、从7号移到1号、从6号移到7号、从5号移到6号、从3号移到5号、从2号移到3号、从1号移到2号、从7号移到1号、从6移到7号、从5号移到6号、从3号移到5号、从2号移到3号、从1号移到2号、从7号移到1号、从4号移到7号。

159...

将两把叉子插在瓶塞上,使它们与瓶塞保持60°(如图所示)。然后,把瓶塞底部挖空,使它能够紧贴在鸡蛋大头那边。现在,把插有叉子的瓶塞放在鸡蛋上面;然后把鸡蛋放在拐杖的末端。稍微调整之后,你就可以把鸡蛋完好地放在上面。

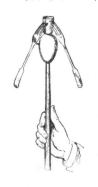